FUNDUS QUELLEN FÜR DEN GESCHICHTSUNTERRICHT

Gerhard Schneider

Die Französische Revolution

1789-1799

WOCHEN
SCHAU
GESCHICHTE

Bibliografische Information der Deutschen Nationalbibliothek

Die Deutsche Nationalbibliothek verzeichnet diese Publikation in der Deutschen Nationalbibliografie; detaillierte bibliografische Daten sind im Internet über http://dnb.d-nb.de abrufbar.

www.wochenschau-verlag.de

Die Reihe „Fundus – Quellen für den Geschichtsunterricht“
wird herausgegeben von
Michele Barricelli
Peter Gautschi
Ulrich Mayer
Hans-Jürgen Pandel
Gerhard Schneider
Bernd Schönemann

Umschlaggestaltung: Ohl Design, Wiesbaden
Umschlagbild: Die drei Stände (rechts: Klerus, links: Adel, Mitte: Bürger) schmieden die neue Verfassung („Nouvelle Constitution“). Anonyme kolorierte Radierung 1789/90. Bibliothèque Nationale
Gedruckt auf chlorfrei gebleichtem Papier
Gesamtherstellung: Wochenschau Verlag
ISBN 978-3-89974764-5

Inhaltsverzeichnis

Vorwort

An Quellensammlungen zur Französischen Revolution – auch solchen für den Unterrichtsgebrauch – herrscht kein Mangel.[1] In den letzten Jahrzehnten wurden neue Textsorten entdeckt, deren Brauchbarkeit im Geschichtsunterricht in der Vergangenheit nie ernsthaft bedacht oder von vornherein verworfen wurde. Zu diesen Textsorten gehören: Briefe, Augenzeugen-, Spitzel- und Reiseberichte, Flugschriften und Pamphlete, Lebenserinnerungen Beteiligter oder Betroffener, Stammbücher[2], versteckte Äußerungen in Dramen, Gedichten oder Komödien. Diese neuen Textsorten machten in Verbindung mit den jetzt auch zahlreicheren Abbildungen die Quellensammlungen für den Geschichtsunterricht im wahrsten Sinne des Wortes „farbiger", als sie in der Vergangenheit waren, als sog. Herrschaftsquellen in den Quellensammlungen den größten Raum einnahmen. Vor allem im Zuge der Vorbereitungen des Bicentenaire, der Zweijahrhundertfeiern im Jahr 1989, wurde viel neues Material erhoben, das in der Folgezeit auch in Anthologien für den Unterrichtsgebrauch und in Schulbücher Eingang gefunden hat. Noch nicht ausgeschöpft sind die in immer größerer Zahl im Internet verfügbaren Bücher aus der Zeit der Revolution. So sind etwa Youngs Reiseberichte aus den 1787 bis 1793, deren deutsche Übersetzung aus dem Jahr 1793 als online book gelesen (allerdings nicht heruntergeladen) werden kann, für diese Sammlung ausgewertet worden. Auch einige Zeitschriften des späten 18. Jahrhunderts – genannt sei als Beispiel nur das „Journal von und für Deutschland" – sind auf diese Weise leicht zugänglich, seit es im Internet die von der Deutschen Forschungsgemeinschaft geförderte „Retrospektive Digitalisierung wissenschaftlicher Rezensionsorgane und Literaturzeitschriften des 18. und 19. Jahrhunderts aus dem deutschen Sprachraum" gibt.[3]

Was ist nun das Neue an der hier vorgelegten Quellensammlung? Da sie mit Blick auf den Geschichtsunterricht erarbeitet wurde, konnte auf die den Geschichtslehrerinnen und Geschichtslehrern (nicht aber den Schülern) vertrauten wichtigsten Herrschaftsquellen

---

1 S. die Nachweise in der Bibliographie.

2 Stammbücher, also Bücher unterschiedlichen Formats und Umfangs, in die sich Studenten (aber nicht nur sie) etwa zum Abschied, aber auch ohne besonderen Anlass wechselseitig etwas zur Erinnerung eintrugen, erfreuten sich am Ende des 19. Jahrhunderts großer Beliebtheit. Sie sind als Quellen zur Französischen Revolution in ihren Auswirkungen auf Deutschland, aber auch für die Stimmungslage der gebildeten Kreise erst jüngst entdeckt und ausgewertet worden; s. hierzu Kuhn, Axel/Schweigard, Jörg: Freiheit oder Tod! Die deutsche Studentenbewegung zur Zeit der Französischen Revolution, Köln usw. 2005.

3 http://www.ub.uni-bielefeld.de/diglib/aufklaerung/index.htm. Digitalisiert sind bisher mehr als 150 Zeitschriften. Vgl. hierzu auch Rahmsdorf, Sabine: Zeitschriften der Aufklärung im Netz – Retrospektive Digitalisierung wissenschaftlicher Rezensionsorgane und Literaturzeitschriften, in: Geschichte im Netz: Praxis, Chancen, Visionen. Beiträge der Tagung hist 2006, hrsg. von Burckhardt, Daniel, u.a., Berlin 2007, Teilband 1, S. 308 – 321 (= Historisches Forum Bd. 10).

nicht verzichtet werden. Manch andere bekannte Quelle, die von zentraler Bedeutung für das Verständnis der Französischen Revolution ist, findet sich auch in dieser Sammlung. Stärker als in anderen Sammlungen für den Geschichtsunterricht wurden aber Quellen ausgewählt, die zeigen sollen, welche Resonanz die Revolution auf Deutsche und in Deutschland hatte. Natürlich gibt es auch zu diesen Aspekten teilweise hervorragende ältere Veröffentlichungen. Erwähnt sei nur die mehr als 1100 Seiten umfassende Dokumentation „Die Französische Revolution im Spiegel der deutschen Literatur", die 1975 in Leipzig und 1979 als Lizenzausgabe in Frankfurt am Main erschien. Darin ist dokumentiert, welche Auswirkungen die Französische Revolution auf die deutschen Intellektuellen – auf Philosophen, Schriftsteller, Journalisten, Gelehrte aller Fakultäten, Beamte, Politiker, Militärs – hatte, wie sie (zeitweise) zustimmend oder ablehnend reagierten und welche (revolutionären) Gedanken sie selbst, unabhängig von der Revolution im Nachbarland, entwickelten. Auch einige Auszüge aus Reiseberichten deutscher Paris- bzw. Frankreichfahrer haben Eingang in diese Sammlung gefunden. In all diesen Schriften deutscher Autoren steht die intellektuelle Beschäftigung mit den Vorgängen in Frankreich im Vordergrund, auch wenn angenommen werden darf, dass nicht wenige dieser Autoren aus den in Frankreich gewonnenen Einsichten auch praktische Konsequenzen für ihre Lebensführung gezogen haben. Mir kam es darauf an – und dies geschieht vielleicht zum ersten Mal in einer Quellensammlung für den Geschichtsunterricht –, auch zu dokumentieren, welche praktischen politischen Konsequenzen und welche konkreten Aktionen die Französische Revolution diesseits des Rheins auslöste. Dies war etwa der Fall, wenn der Markgraf von Baden bereits im September 1789 überall in seinem Territorium ein Plakat anschlagen ließ, mit dem er seine Untertanen mit scharfen Konsequenzen für den Fall drohte, dass sie sich von den Einflüssen aus Frankreich würden anstecken lassen. Es wird auch daran deutlich, dass im Kurfürstentum Hannover ein striktes Verbot gegen die Verbreitung aufrührerischer Schriften erlassen wurde. Ein Beispiel für die Wirkung der Französischen Revolution in Deutschland war es schließlich auch, wenn der badische Landesherr von einem seiner Oberbeamten 1794 eine Denkschrift anfertigen ließ, um sich darüber informieren zu lassen, mit welchen Maßnahmen erfolgreich gegen das „Gift der Empörung" vorgegangen werden könnte.

Diese Quellensammlung ist dem Prinzip der Multiperspektivität verpflichtet. So kommen etwa dort, wo der Widerhall der Revolution in Deutschland behandelt wird, sowohl Revolutionsbefürworter als auch Revolutionsgegner zu Wort. Die Quellensammlung enthält – neben einigen illustrativen Quellen für die häusliche bzw. ergänzende Lektüre der Schüler – ganz überwiegend Quellen, die als Arbeitsmaterial zentraler Gegenstand im Unterricht sein sollten. Um diese Arbeit zu erleichtern, wurden den Quellen erläuternde Infomationen zu Personen und Ereignissen beigegeben. Sie sind gelegentlich den Informationen jener Editionen entnommen, aus denen die Texte ausgewählt wurden, oder sie stammen aus den einschlägigen Lexika zur Französischen Revolution. Diese sind in der Bibliographie aufgeführt; auf Einzelnachweise wurde in diesen Fällen verzichtet. Nur bei längeren bzw. wörtlichen Entnahmen wurde die Herkunft des wörtlichen oder sinngemäßen Zitats nachgewiesen (nach dem Muster: Jeschonnek a. a. O., S...; oder: Tulard

a. a. O., S....). Erläuterungen unterbleiben, wann immer in den Einleitungen zu den Texten bereits hinreichende Informationen zum Textverständnis geliefert werden. Bleibt noch darauf hinzuweisen, dass die Rechtschreibung der ausgewählten Texte (bis auf wenige Ausnahmen) behutsam modernisiert wurde. Dies schien gerechtfertigt, da es sich bei der vorliegenden Quellensammlung ja um keine wissenschaftliche Edition handelt. So ist etwa der Erkenntniswert der originalen Schreibweise „sey" oder „Urtheil" zu unbedeutend, als dass man sie beibehalten müsste. Die Modernisierung der Schreibweise entlastet die Arbeit im Geschichtsunterricht von zeitraubenden Worterklärungen oder Transkriptionen. Auslassungen in den Texten wurden durch eckige Klammern kenntlich gemacht. Worterklärungen kürzerer Art wurden in eckige Klammern gesetzt. Um im Geschichtsunterricht an den einzelnen Schulstandorten die lokale Vertiefung der Beschäftigung mit den Auswirkungen der Französischen Revolution auf Deutschland zu erleichtern, ist in der Bibliographie ein ausführlicher Abschnitt mit Nachweisen lokal- oder regionalgeschichtlicher Literatur aufgenommen worden. Auch in den Fußnoten zu einzelnen Quellen wurden Hinweise auf lokal- oder regionalgeschichtliche Veröffentlichungen gegeben. Auf den Abdruck einer größeren Anzahl von Bildquellen wurde verzichtet. Dies erscheint uns gerechtfertigt, da im World Wide Web zu nahezu jedem Stichwort der Französischen Revolution ausführliches, qualitativ gutes und daher auch leicht zu reproduzierendes Bildmaterial zu finden ist.

Wie auch schon bei früheren Veröffentlichungen habe ich Klaus Pflügner auch bei diesem Buch für seine stets hilfreichen Vorschläge und für seine konstruktive Ktritik zu danken.

Im August 2011
Gerhard Schneider (Hannover)

Einleitung

Wann begann und wann endete die Revolution?

Es ist heute unumstritten, dass ein welthistorisch so wichtiges Ereignis wie die Französische Revolution im Geschichtsunterricht ausführlich behandelt werden muss.[1] Weniger Einigkeit herrscht jedoch noch immer über die Bewertung einiger Sachfragen wie z. B. der Terreur und auch des Problems, wann die Revolution begann und wann sie endete. Fragt man sich, welches die Eckdaten der Französischen Revolution sind, so könnte man sich mit der verbreiteten, auch in den Schulgeschichtsbüchern üblichen Periodisierung zufrieden geben. Danach begann die Revolution mit dem Sturm auf die Bastille und deren Einnahme durch die Aufständischen und fand mit dem 18. Brumaire des Jahres VIII (10. November 1799) ihr Ende, als Napoleon in einem Staatsstreich das Direktorium beseitigte und sich als Erster Konsul quasi zum Alleinherrscher aufschwang. So wichtig die Einnahme der Bastille auch gewesen sein mag, ist sie doch in erster Linie als symbolischer Akt anzusehen. Sehr viel einschneidender und mit Blick auf die Frage nach politischer Partizipation, die ja das ganze 19. Jahrhundert hindurch virulent sein sollte, auch sehr viel revolutionärer war der Vorgang am 17. Juni 1789, als sich 491 Abgeordnete (ganz überwiegend des Dritten Standes) zur Nationalversammlung, also zur Vertretung der französischen Nation (und nicht eines Standes) erklärten. Dieser Entscheidung folgte am 20. Juni 1789 der Ballhausschwur. Die Abgeordneten des Dritten Standes, denen sich einige Adlige und Kleriker angeschlossen hatten, schworen sich an diesem Tag in Versailles, dass sie nicht eher auseinander gehen wollten, bis Frankreich eine neue Verfassung haben würde. Am 27. Juni gab der König dem Druck des Dritten Standes nach und akzeptierte die Verschworenen als Vertretung Frankreichs. Dies führte am 9. Juli 1789 zum Zusammenschluss des Dritten Standes mit vielen Abgeordneten des Ersten (Klerus) und des Zweiten Standes (Adel) zur Verfassunggebenden Versammlung („La Constituante"), in der nicht mehr nach Ständen, sondern nach Köpfen abgestimmt wurde.

Die Revolution war kein Einzelgeschehen, das sich auf ein festes Datum festlegen ließe, sondern ein Prozess, der sich über Jahre hinzog. Sie beginnt im Grunde mit den Umbrüchen im Denken, also mit der Aufklärung. Dies bedeutet, dass man in den Ideen Montesquieus, Voltaires, Rousseaus und anderer die geistigen Voraussetzungen dessen sieht, was sich dann in den späten 1780er Jahren Bahn brach, auch wenn der Schritt zur politischen Aktion im Verhältnis zum Entstehen der aufklärerischen Theorie relativ spät gewagt wurde. In einer Publikation, die aus Anlass der Zweijahrhundertfeier 1989 erschienen ist, wird der August 1788 als der Zeitpunkt benannt, „von dem an sie [die Revolution] un-

1 Das war nicht immer so; s. hierzu knapp zusammenfassend Rohlfes, Joachim: Die Französische Revolution, in: GWU 50 (1999), S. 171-180 (hier S. 171f.).

ausweichlich, sozusagen unvermeidbar zu werden beginnt. [...] In diesem Monat begann der totale Machtverfall des Ancien Régime, der deshalb zu irreparablen Folgen führte, weil die französische Krone gleichzeitig mit ihr den sog. Ständekampf auslöste und sich entwickeln und verschärfen ließ, ohne ihm eine Richtung zu geben."[1] Die Staatskrise weitete sich zum Ständekonflikt aus, für den die Krone bzw. die Regierung Ludwigs XVI. die Voraussetzungen schuf. Man muss sich vor Augen führen, was damals im August 1788 geschah: Seit Ludwig XIII., also seit 175 Jahren, hatte der König die Staatsführung uneingeschränkt wahrgenommen. Jetzt beabsichtigte er, dieses Monopol mit den Generalständen zu teilen, und, mehr noch, er forderte die Untertanen auf, ihre Kritik in sog. Cahiers de Doléance, in Beschwerdeheften zu Papier zu bringen. Dergleichen war in der Vergangenheit niemals vorgekommen, jedenfalls nicht auf staatliche Aufforderung hin.

Was das „Ende" der Revolution angeht, so gibt es gute Gründe, dieses nicht im Sturz des Direktoriums am 18. Brumaire VIII (9. November 1799) zu sehen, sondern andere Ereignisse ins Auge zu fassen. Aus deutscher Sicht ist der Staatsstreich Napoleons von 1799 zunächst von geringerer Bedeutung als etwa der Friede von Basel 1795, mit dem Preußen (allerdings nicht der Kaiser) aus der Koalition gegen das revolutionäre Frankreich ausschied. Auch aus einem anderen Grund war der Basler Vertrag eine Zäsur für Deutschland: Preußen stimmte darin der Abtretung der linksrheinischen Gebiete an Frankreich zu und verletzte damit als erster deutscher Staat die Integrität des Heiligen Römischen Reiches deutscher Nation. Damit hatte der nach Österreich zweitwichtigste deutsche Staat um den Preis einer trügerischen Ruhephase von mehreren Jahren die Verfassung des Deutschen Reiches gebrochen.

Andere sehen in der Bildung des Direktoriums Ende Oktober 1795 eine Zäsur, die einen Bruch mit der Zeit davor darstellen würde. Tatsächlich war zum Zeitpunkt der Gründung des Direktoriums das revolutionäre Regiment bereits auseinandergebrochen, und der Terror war beendet. Der Nationalkonvent wurde jetzt von einer republikanischen, gemäßigten Bourgeoisie dominiert. Wie sehr das Land durch die Terreur im Innern und den Krieg gegen die Koalition der übrigen europäischen Monarchien gelitten hatte und noch litt, zeigte sich im strengen Winter 1794/95, als in Paris und anderen großen Städten wegen ausbleibender Nahrungszulieferungen eine Hungersnot ausbrach, die einen Aufstand der davon am stärksten betroffenen ärmeren Bevölkerung auslöste. Babeuf und andere riefen die Sansculotten zur Erhebung gegen das neureiche Bürgertum auf. Am 1. April 1795 (12. Germinal) kam es zu einem ersten Aufstandsversuch, bei dem größtenteils unbewaffnete Demonstranten den Konvent besetzten, von dort aber nach wenigen Stunden von herbeigerufenem Militär vertrieben wurden. Mehrere im Konvent noch ver-

1 Schmitt, Eberhard: Die französische Staatskrise von 1788/89 und die Anfänge einer Reformpolitik „von unten", in: Wie eine Revolution entsteht. Die Französische Revolution als Kommunikationsereignis, hrsg. v. Maier, Hans, und Schmitt, Eberhard, Paderborn usw. 2. Aufl. 1990, S. 81. Der von ihm beschriebene Konflikt endet für Schmitt im Jahr 1795. „In diesem Jahr sicherte sich der Sieger der Revolution, nämlich die neue Klasse der in die Staatsführungspositionen aufgestiegenen politischen Funktionäre, die sog. ‚Thermidorianer', statusgemäß durch die berühmte Zweidrittel-Klausel der Direktorialverfassung ab" (ebd.). Schmitt stellt fest, dass die Thermidorianer „über alle Regimewechsel hinweg bis in die dreißiger Jahre des 19. Jahrhunderts im Amt" blieben.

bliebene Montagnards wurden, sofern sie nicht fliehen konnten, festgenommen und nach Cayenne deportiert. An die Stelle der Guillotine trat jetzt die Deportation, auch wenn einige ehemalige Mitglieder des Revolutionstribunals noch zum Tode verurteilt und enthauptet wurden. Die verbliebenen Montagnards setzten aus dem Untergrund heraus ihren Widerstand gegen die thermidoranische Bourgeoisie fort. Am 19. Mai 1795 erschien ein anonymes Manifest mit der Überschrift „Aufstand des Volkes, um Brot zu bekommen und seine Rechte zurückzugewinnen“. Gefordert wurden ferner: Inkraftsetzung der Verfassung von 1793, eine neue Regierung und Wahlen zu einer verfassunggebenden Versammlung, die den Konvent ablösen sollte. Der neuerliche Aufstand (Prairial-Aufstand) begann am 20. Mai und dauerte bis zum 23. Mai 1795 (1. bis 4. Prairial III). Auch dieser Aufstand wurde niedergeschlagen, die letzten Montagnards wurden liquidiert und mehr als 1000 weitere Aufständische inhaftiert. Dies war das Ende der Sansculotten und der Jakobiner als politische Kraft, mithin eine Zäsur, die gleichbedeutend war mit dem Abbruch weiterer revolutionärer Aktionen.

Doch war dies nicht die einzige Bedrohung des Direktoriums. Auch Anhänger der Monarchie versuchten die Republik zu stürzen und vieles von dem zu revidieren, was die Revolution erreicht hatte. Auch dieser Versuch scheiterte.

Die Außenwirkung der Revolution

Die Französische Revolution hat seit dem Sommer 1789 auch die Menschen außerhalb Frankreichs beschäftigt, ja zeitweise sogar fasziniert. Es gibt keine genauen Zahlen über die Anzahl der Ausländer, die an den Ereignissen selbst beteiligt waren oder Paris „nur“ als teilnehmende Beobachter besucht haben.[1] Dennoch kann davon ausgegangen werden, dass die Anzahl derjenigen viel größer war, die sich in Deutschland selbst mit dem Umsturz, sei es (zumindest zeitweise) zustimmend, sei es abwartend oder ablehnend, auseinandergesetzt haben. Dies traf nicht nur auf die grenznahen Gegenden am Rhein zu, wenngleich dort die Auswirkungen der Revolution ungleich stärker zu spüren waren, sondern auch auf die entlegensten Gebiete Preußens. Ermöglicht haben dies zum Teil die vielen Zeitschriften, die allerdings oft nach nur wenigen Ausgaben bzw. Jahrgängen ihr Erscheinen aus Geldmangel, wegen zu geringer Abonnentenzahl oder wegen der Zensur wieder einstellen mussten. Eine sehr viel größere und in sozialer Hinsicht auch ganz andere Leserschaft erreichten die Tageszeitungen, die kontinuierlich über die Jahre hinweg über das revolutionäre Geschehen im Nachbarland berichteten. Diese Berichterstattung konnte, wenn es Spektakuläres zu berichten gab (so z. B. über den Prozess gegen König Ludwig XVI. und besonders über dessen Hirichtung im Januar 1793), beträchtlichen Umfang annehmen. Als Beispiel hierfür sei der „Hamburgische unpartheyische Correspondent“ erwähnt, der mit 25000 bis 30000 Exemplaren pro Ausgabe die aufla-

1 Vgl. hierzu Ruiz, Alain: Deutsche Augenzeugen und Akteure der Französischen Revolution, in: Revolution und konservatives Beharren. Das Alte Reich und die Französische Revolution, hrsg. v. Karl Otmar von Aretin und Karl Härter, Mainz 1990, S. 197-220.

genstärkste deutsche Tageszeitung des 18. Jahrhunderts gewesen ist und der eigene Korrespondenten in Paris unterhielt.[1]

Viele Proteste waren selbstgemacht

Inwieweit die Berichterstattung in der Presse, die intellektuelle Auseinandersetzung in den Zeitschriften und die verschiedenen in Buchform veröffentlichten Erlebnisberichte der Parisfahrer am Ende des 18. Jahrhunderts Protestbewegungen oder gar revolutionäres Aufbegehren in Deutschland gefördert haben, lässt sich nicht im Einzelnen feststellen. Die Errichtung einer Republik in Mainz, wenn auch nur für wenige Monate, ist nur erklärbar auf dem Hintergrund der Vorgänge in Frankreich und als direkte Folge des Krieges, den in dieser Zeit die französischen Truppen gegen Preußen und Österreich siegreich führten. Auch für das Aufstellen von Freiheitsbäumen war Frankreich Vorbild. Die meisten lokalen „Kleinproteste" hingegen waren nur selten direkte Folgen der Französische Revolution – etwa das Verbreiten von Flugblättern, das Aufbegehren gegen Rekrutenaushebungen[2], Streiks[3], Drohungen gegen und gar Vertreibungen von lokalen Amtsinhabern. Meist resultierten sie aus Notlagen, die bereits vor 1789 herrschten. Schon unter den Zeitgenossen – Gegnern wie Sympathisanten der Revolution – war es umstritten, inwieweit die damaligen Unruhen als Auswirkungen der Französischen Revolution anzusehen waren oder davon unabhängige Ursachen hatten.[4] Mancherorts glaubte man allerdings, seinem Protest dadurch mehr Wirkung verleihen zu können, dass man die Obrigkeiten an die Vorgänge in Frankreich erinnerte, die – so die gelegentlich zu hörende

1 Die Berichterstattung dieser Zeitung ist gut erforscht; s. hierzu Wilke, Jürgen: Die Thematisierung der Französischen Revolution in der deutschen Presse, untersucht am „Hamburgischen unpartheyischen Correspondenten" (1789-1795), in: Francia 22, 2 (1995), S. 61-99. Vgl. auch Lüsebrink, Hans-Jürgen: La presse étrangère et l'écho immédiat de la Révolution, in: Vovelle, Michel (Hrsg.): L'image de la révolution française, vol. IV, Paris usw. 1990, S. 2357-2365. Eine „Bibliographie norddeutscher Zeitungen und Zeitschriften zwischen 1770 und 1790" ist enthalten in: Böning, Holger/Moepps, Emmy: Die vorrevolutionäre Presse in Norddeutschland, in: Herzig, Arno u. a. (Hrsg.): „Sie, und nicht wir". Die Französische Revolution und ihre Wirkung auf Norddeutschland, Bd. 1, Hamburg 1989, S. 35-85.

2 Als Ende 1794 im Kurfürstentum Hannover Rekrutenaushebungen bevorstanden, haben sich in einem Gasthaus zu Bergen einige Personen zu der Drohung hinreißen lassen, „dass, wenn die jungen Leute von den Höfen als Rekruten weggeholt werden sollten, sie den Abholern die Knochen kurz und klein schlagen und sie mit einer Mistforke durchstoßen wollten" (s. Schneider, Gerhard [Hrsg.]: Das Kurfürstentum Hannover und die Französische Revolution. Quellen aus den Jahren 1791-1795, Hildesheim 1989, S. 260).

3 In deutschen Städten lassen sich im 18. Jahrhundert mehr als 500 Streiks nachweisen; s. hierzu Reith, Reinhold: Streiks im 18. Jahrhundert? In: Streik. Realität und Mythos, hrsg. im Auftrag des Deutschen Historischen Museums v. von Specht, Agnete, Berlin 1992, S. 99.

4 Vgl. hierzu Müller, Klaus: Städtische Unruhen des späten 18. Jahrhunderts. Ein Beitrag zur rheinischen Reaktion auf die Französische Revolution, in: Rheinische Vierteljahrsblätter 54 (1990), S. 165-187; Kempf, Franz B.: Bruchsaler Streitigkeiten zwischen Stadt und Bischof unter der Regierung des Fürstbischofs ... von Limburg-Styrum vom Jahre 1775-1797, Bruchsal 1907, v. a. S. 122ff.

Drohung – als Vorbild für eigene Gewaltakte dienen könnten, sollten die Obrigkeiten den Beschwernissen nicht abhelfen.[1]

Das Bicentenaire 1989 hat auch in Deutschland neue Forschungen zu den Auswirkungen der Französischen Revolution auf Deutschland angestoßen. Die deutsche Frühneuzeitforschung hatte jedoch schon vorher nachgewiesen, dass der beschleunigte Wandel seit den Bauernunruhen im 16. Jahrhundert immer wieder soziale Konflikte provoziert hat, die schon vor der Französischen Revolution nicht selten mit Gewalt ausgetragen wurden.[2] . Sie äußerten sich etwa im Aufkündigen von Steuern und Abgaben, in Auseinandersetzungen mit den Grundherren bei Misswuchs oder Naturkatastrophen, in Klagen wegen Wildschäden und gegen das Verbot, Tauben und Niederwild zu bejagen, in Streitigkeiten wegen der Waldnutzung, im Widerstand gegen die Einführung von Neuerungen[3] und Ähnlichem. Ebenfalls lange vor der Französischen Revolution (und nicht etwa durch diese angestoßen) entstanden in Deutschland, vor allem in den Städten, Lesegesellschaften, in denen ein überwiegend bürgerliches Publikum nicht nur zum Lesen neuer Bücher zusammenkam, sondern auch, um sich über politische Dinge auszutauschen.[4] Nicht jede Obrigkeit hat solche „Associationen" mit solchem Wohlgefallen betrachtet wie der Kölner Erzbischof Maximilian Franz, der der 1787 gegründeten Bonner Lesegesellschaft einen Versammlungsort zuwies. In Würzburg hat der Fürstbischof die Lesegesellschaft im Jahr 1786, nur ein Jahr nach ihrer Gründung, verboten, weil er das Lesen politischer Schriften und überhaupt das unbeschränkte Lesen für gefährlich hielt. Man kann also sagen, dass viele der sozialen Proteste des ausgehenden 18. Jahrhunderts eine eigene „Tradition" hatten. Dabei war nicht alles revolutionär im Sinne von fortschrittlich oder auf radikale Veränderung bedacht. Oft waren die Ziele des Protests der Bauern oder der Handwerker ausgesprochen konservativ und sollten bewirken, dass die alten Rechtszustände und die bisherigen Partizipationsmöglichkeiten unangetastet blieben oder wie-

1 Vgl. Berding, Helmut (Hrsg.): Soziale Unruhen in Deutschland während der Französischen Revolution, Göttingen 1988; Herzig, Arno: Unterschichtenprotest in Deutschland 1790-1870, Göttingen 1988. Im Verlauf der Stader Gesellenunruhen von 1794 waren zwar die Postulate der Französischen Revolution zu vernehmen, aber weder die Aktionsformen der Gesellen noch ihre Ziele waren neu; vgl. van den Heuvel, Christine: Die Stader Gesellenunruhen des Jahres 1794, in: Geschichte in der Region. Festschrift für Heinrich Schmidt, hrsg. v. Dieter Brosius u. a., Hannover 1993, S. 312. Über Unruhen in verschiedenen Gegenden Deutschlands s. die bibliographischen Nachweise im Anhang.

2 Vgl. Schulze, Winfried: Bäuerlicher Widerstand und feudale Herrschaft, Stuttgart 1980; ders. (Hrsg.): Aufstände, Revolten und Prozesse, Stuttgart 1983; Blickle, Peter (Hrsg.): Aufruhr und Empörung. Studien zum bäuerlichen Widerstand im Alten Reich, München 1980.

3 Ein Beispiel: Gegen die Einführung eines neuen, vom Geist der Aufklärung getragenen Gesangbuches in der Grafschaft Mark gab es Tumulte seitens der Bevölkerung, die am Althergebrachten festhalten wollten; vgl. Müller, Klaus: Dortmund und die Grafschaft Mark 1789-1814. Ein Beitrag zur Entwicklung der Französischen Revolution und der napoleonischen Herrschaft auf den rheinisch-westfälischen Raum in: Beiträge zur Geschichte Dortmunds und der Grafschaft Mark 81/82 (1990/91), S.103.

4 Neben den Lesegesellschaften entstanden im 18. Jahrhundert auch Freimaurerlogen; viele deutsche Anhänger der Ideen der Französischen Revolution waren Freimaurer. Beide Vereinigungen waren eine neue Form von Öffentlichkeit und propagierten die Ideen der Aufklärung.

derhergestellt werden.[1] Indem diese Forderungen der Bürger und Bauern öffentlich und mit dem Anspruch erhoben wurden, an politischen Entscheidungen beteiligt zu werden, ähnelten sie in gewisser Hinsicht den Partizipationsforderungen der Französischen Revolution. Allerdings maßen die Obrigkeiten den Unruhen, die in Deutschland ab 1789 sozusagen aus eigener Wurzel entstanden, vor dem Hintergrund der Vorgänge in Frankreich jetzt eine sehr viel größere Bedeutung zu. Tatsächlich nahmen ab 1789 die Anzahl der Proteste und unter dem Einfluss der Französischen Revolution möglicherweise auch die Gewaltbereitschaft zu.[2] Die direkten Auswirkungen der Französischen Revolution auf Deutschland waren dort offensichtlich, wo in der Bevölkerung Forderungen nach Gewährung der Menschenrechte, nach freiem Zusammenschlusses der Bürger, nach (Presse-) Freiheit und (Rechts-)Gleichheit, nach Volkssouveränität erhoben wurden und wo staatliche oder kirchliche Organe der Kritik und der Kontrolle der Bürger ausgesetzt waren.

Wirtshäuser – Orte der „Gärung“

Neben den Zeitungen[3] waren die Wirtshäuser wichtige Stätten des Nachrichtenaustauschs und der Diskussion. Zwar wurden auch hier gelegentlich Zeitungen gelesen, in erster Linie wurden in den Gaststätten aber die von Reisenden mitgebrachten oder auf andere Weise beschafften Informationen diskutiert und mündlich weitergegeben. Hier wurden Meinungen gebildet, Standpunkte entwickelt und Verabredungen oder gar heimliche Absprachen getroffen. Dass deren Basis oft nur Gerüchte waren, schmälerte ihre Bedeutung nicht. Wenn in vielen Schriften immer wieder von „Gärung“ gesprochen wurde, die sich in der Bevölkerung breit gemacht habe, hier, in den Gaststätten, in den Dorfkrügen, war sie gleichsam mit Händen zu greifen. Konnte ein Amtmann glücklich an seine vorgesetzte Behörde melden, dass es in seinem Amtsbezirk ruhig zuginge, dann führte er es darauf zurück, dass die Bewohner seines Amtes die örtlichen Gaststätten mieden: „In den beiden Amtsdörfern geht auch höchst selten einmal ein Bauer zum Kruge, und dadurch fällt die hauptsächliche und gefährliche Veranlassung, dass ganze Gesellschaften mehrere Stunden über missverstandene politische Dinge und oft erlogene gefährliche Nachrichten Deliberationen anstellen, über fremde Länder und ihr eigenes Land und dessen Regierung und

---

1 S. etwa die Beschwerden der badischen Gemeinde Achern 1789; Pillin, Hans-Martin: Auswirkungen der Französischen Revolution auf die beiden Gemeinden Unter- und Oberachern im Jahre 1789, in: Die Ortenau 76 (1976), S. 227-238.

2 Beispiele bei Müller, Klaus: Dortmund und die Grafschaft Mark 1789-1814. Ein Beitrag zur Entwicklung der Französischen Revolution und der napoleonischen Herrschaft auf den rheinisch-westfälischen Raum, in: Beiträge zur Geschichte Dortmunds und der Grafschaft Mark 81/82 (1990/91), S. 108f.

3 Am Ende des 18. Jahrhunderts gab es in vielen deutschen Städten täglich oder doch mehrmals pro Woche erscheinende Tageszeitungen. In der Zeit der Französischen Revolution erschienen etwa im Rheinland in den Städten Aachen, Bonn, Düsseldorf, Kleve, Koblenz, Köln, Mainz, Neuwied, Trier und Wesel 23 Zeitungen. Vgl. hierzu Hansen, Joseph (Hrsg.): Quellen zur Geschichte des Rheinlandes im Zeitalter der Französischen Revolution 1780-1801, Bd. 1, Bonn 1931, S. 23ff. (Einleitung)

Obrigkeiten nach ihrer Dummheit Urteile fällen und einander den Kopf mit falschen Begriffen anfüllen, durch welches alles nachteilige Folgen verbreitet werden, gänzlich weg."[1]

Von Sympathie zu Ablehnung

Was die Auseinandersetzung der deutschen Intellektuellen mit der Französischen Revolution angeht, so beobachteten viele von ihnen die Vorgänge in Frankreich zunächst mit großer Sympathie. Die gewaltsame Eroberung der Bastille[2] und selbst die grausame Ermordung ihres letzten Kommandanten, des Marquis de Launay, dem der Kopf abgeschlagen und auf einer Stange durch Paris getragen wurde, erschienen manchen von ihnen noch tolerabel. Die Gesetze vom August 1789, mit denen das alte Feudalsystem gestürzt wurde, begrüßten sie als notwendige Maßnahme, und die Erklärung der Menschen- und Bürgerrechte im selben Monat galt ihnen als konsequente Realisierung aufklärerischen Denkens. Mit dem Inkrafttreten der neuen Verfassung im Jahr 1791 war für die meisten ein erwünschter und guter Abschluss der Revolution erreicht.

Angesichts dieser breiten Zustimmung ist es erstaunlich, dass von deutschen Intellektuellen nur selten dazu aufgefordert wurde, es den französischen Revolutionären gleich zu tun und auch hierzulande etwa die Feudalgesetze und die Zensur abzuschaffen. Oft zu hören waren Äußerungen, wonach das, was für Frankreich gut und längst überfällig, in Deutschland nicht erforderlich sei. Begründet wurde dies vor allem damit, dass hier andere Zustände herrschten, die Obrigkeiten milder regierten und die Verschwendungssucht des Adels weit weniger ausgeprägt sei als in Frankreich. Man glaubte davon ausgehen zu können, dass das bedrohliche Geschehen in Frankreich die Bereitschaft der Landesherren zu konstitutionell abgesicherten Reformen befördern würde – und war's zufrieden.

Vor allem zwei Ereignisse ließen in Deutschland die öffentliche Meinung zuungunsten der Revolution umschlagen: zum einen die Septembermorde von 1792, als eine aufgeheizte Menschenmenge die Pariser Gefängnisse stürmte und innerhalb weniger Tage die dort inhaftierten Gegner der Revolution, in der Mehrzahl aber „ganz normale" Gefangene, massakrierten; zum anderen der Prozess gegen Ludwig XVI. und dessen Hinrichtung am 21. Januar 1793. Mit der nachfolgenden Schreckensherrschaft („la Terreur") und der angeordneten Entchristianisierung verlor die Revolution in Deutschland – mit wenigen Ausnahmen – auch ihre letzten Fürsprecher.

Faszinierend indes blieb in Deutschland das, was in der Französischen Revolution als „Freiheit" postuliert wurde. Es dürfte kein Zufall gewesen sein, dass dieser Begriff in der Trias von „Freiheit, Gleichheit, Brüderlichkeit" an erster Stelle steht. Die Reformerwartungen, die man in der zweiten Hälfte des 18. Jahrhunderts hegte, waren immer mit dem Freiheitsbegriff verbunden: Freiheit der Person und des Eigentums, Meinungsfreiheit,

1 Schreiben des Amtes Rehburg an die Regierung in Hannover vom 13. August 1794; zit. nach Schneider: Kurfürstentum Hannover, a. a. O., S. 39f.

2 S. zur Bastille auch die symbolgeschichtliche Fallstudie, die wichtige Sachinformationen (v. a. S. 49ff.) enthält, von Hans-Jürgen Lüsebrink und Rolf Reichardt: Die Bastille. Zur Symbolgeschichte von Herrschaft und Freiheit, Frankfurt/M. 1990.

Pressefreiheit, Religionsfreiheit, Rechssicherheit sind Leitbegriffe der aufklärerischen Publizistik.[1] In Frankreich wurden sie zu Zielen der politischen Praxis.

Eine neue Form des Krieges

Wenn in dieser Quellensammlung ein Kapitel „Krieg" enthalten ist, so geschieht dies nicht, um einer Kriegsgeschichte die Quellenbasis zu liefern, wie sie im Geschichtsunterricht des 19. und noch bis weit über die Mitte des 20. Jahrhunderts hinaus betrieben wurde. Die ausgewählten Quellen in diesem Kapitel zeigen, dass es hier nicht um Strategie und Taktik eines Krieges, um dessen Verklärung, um individuellen Heldenmut in siegreich geschlagenen Schlachten oder um heroische Größe in der Niederlage geht. Die Quellen sollen vielmehr zeigen, welche Neuerungen der erste Koalitionskrieg brachte. Diese bestanden darin, dass ein wenig organisiertes Heer einem hochgerüsteten, scheinbar professionell geführten Heer überlegen sein kann, wenn es vom „richtigen" Geist beseelt ist, obwohl in seinen Reihen weitgehend ungeschultes Personal agierte und auf dessen mittlerer und unterer Kommandoebene strategisch und taktisch kaum ausgebildete Offiziere eingesetzt waren. Am ersten Koalitionskrieg lässt sich auch zeigen, dass der Krieg nicht nur die militärische Überwindung des Feindes oder Gebietsgewinne zum Ziel hatte, sondern dass in ihm – so zumindest die eigene Sicht der Dinge – auch die eigene moralische Überlegenheit zum Tragen kam, und dass der Sieg aus dem Praktischwerden der revolutionären Ideen resultierte, deren Übernahme man den Besiegten nahelegte. Der Feind war nicht das Volk des Gegners, sondern deren Heerführer, die sich in den Dienst „verrotteter" Potentaten stellten. In diesem Krieg wurden – übrigens auch bei den deutschen Verlierern – erstmals auch die einfachen Soldaten erinnerungswürdig. Ein Beispiel hierfür ist das Hessendenkmal in Frankfurt/Main. Der preußische König Friedrich Wilhelm II. ließ es 1793, also bald nach dem Gefecht, zum Andenken an die hessischen Soldaten errichten, die am 2.12.1792 beim Angriff auf die von französichen Truppen besetzte Stadt fielen.

1 Vgl. hierzu van den Heuvel, Gerd: Liberté, in: Handbuch politisch-sozialer Grundbegriffe in Frankreich 1680-1820, hrsg.v. Rolf Reichardt und Hans-Jürgen Lüsebrink, München 1996, S. 85-122.

1. Frankreich vor der Revolution

1.1 Die Ideen

1.1.1 Charles de Sécondat, Baron de la Brède et de Montesquieu (1689-1755)

Montesquieus wichtigste staatstheoretische Schrift, aus der nachstehend zitiert wird, ist das 1748 erschienene Buch „De l'Ésprit des Lois" („Vom Geist der Gesetze"). Aus den unten stehenden Abschnitten geht die große Bedeutung hervor, die bei Montesquieu der politischen Freiheit zukommt. Wenn er schreibt: „Freiheit ist das Recht, all das zu tun, was die Gesetze erlauben", dann bedeutet dies, dass „Freiheit" der Handlungsspielraum ist, den die Gesetze definieren. Freiheit existiere nur dann, wenn im Staatsgefüge und in der politischen Praxis die drei Gewalten Legislative, Exekutive und Judikative streng voneinander getrennt sind. Ist dies nicht garantiert, drohe die Gewaltherrschaft eines Despoten. Dass Montesquieu neben seinen politisch-philosophischen Schriften auch erfolgreiche Romane schrieb, ist heute weitgehend in Vergessenheit geraten. Bekannt ist allenfalls sein Schlüsselroman „Lettres persanes" („Persische Briefe"), in dem 161 Briefe zweier fiktiver Perser abgedruckt sind, die nach Paris gekommen waren und von dort aus Briefe mit Menschen in ihrer persischen Heimat gewechselt haben. Darin wird mit Staunen und Ironie das Leben in Paris im ersten Viertel des 18. Jahrhunderts geschildert.

a) Aus dem 1. Buch: „Von den Gesetzen im Allgemeinen"

Als natürliches Wesen wird zwar der Mensch, wie jedes andere Geschöpf, von unveränderlichen Naturgesetzen beherrscht; als vernunftbegabtes Wesen jedoch verletzt er ohne Unterlaß die Gesetze, die Gott gegeben hat, und ändert die, die er sich selbst gesetzt hat. Er bedarf der Führung; er ist ein Wesen, dessen Einsicht Grenzen hat; wie alle endlichen vernunftbegabten Wesen ist er der Unkenntnis und dem Irrtum unterworfen, und die schwachen Kenntnisse, die er besitzt, verliert er noch; mit Empfindung ausgestattet, wird er tausend Leidenschaften untertan. [...]

Wir betrachten die Menschen zunächst als Bewohner eines Planeten, der so groß ist, daß es verschiedene Völker auf ihm gibt. Als solche besitzen sie Gesetze, die die Beziehungen dieser Völker untereinander regeln: Das ist die Aufgabe des Völkerrechts. Wir betrachten die Menschen als Glieder einer Gemeinschaft, die es zu erhalten gilt. Als solche besitzen sie Gesetze, um die Beziehungen zwischen den Regierenden und den Regierten zu regeln: Das ist die Aufgabe des öffentlichen, des „politischen" Rechts. Schließlich haben sie noch Normen, die die Beziehungen der Bürger untereinander regeln: Es ist dies die Sache des Privatrechts. [...]

Die öffentliche Gewalt kann in die Hände eines Einzelnen oder von mehreren gelegt sein. [...] Es trifft nicht zu, daß die Herrschaft eines Einzelnen stets der Natur am meisten entspricht.

b) Aus dem 2. Buch: „Von den Gesetzen, die sich unmittelbar aus dem Wesen der jeweiligen Staatsführung ableiten lassen"

Es gibt drei Arten der Staatsführung: Die republikanische, die monarchische und die despotische. Um ihr Wesen aufzudecken, genügt es zu sagen, was sich der ungebildete Mann auf der Straße darunter vorstellt. Ich gehe von drei Begriffsbestimmungen oder vielmehr von drei Tatsachen aus: Die republikanische Staatsform ist diejenige, bei der das Volk als Ganzes – oder nur ein Teil des Volkes – die souveräne Gewalt besitzt; die monarchische Staatsform ist diejenige, bei der ein Einzelner herrscht – jedoch auf Grund feststehender und gegebener Gesetze; während bei der despotischen Staatsführung ein Einzelner ohne Gesetz und Norm auf Grund seines Willens und seiner Laune alles an sich reißt. [...]

Wenn in der Republik das Volk in seiner Gesamtheit die souveräne Gewalt besitzt, handelt es sich um eine Demokratie. Wenn die souveräne Gewalt in den Händen eines Teils des Volkes liegt, spricht man von einer Aristokratie. In der Demokratie ist das Volk in gewisser Hinsicht Monarch, in anderer Hinsicht wiederum Untertan. Monarch kann es nur sein durch seine Stimme, die seinen Willen in Wahl und Abstimmung zum Ausdruck bringt. Der Wille des Souveräns ist der Souverän selbst. Die Gesetze, die das Stimmrecht einführen und festlegen, sind deshalb bei dieser Staatsform Grundgesetze. Es ist in der Tat ebenso wichtig hier zu regeln, durch wen, an wen, worüber die Stimme abgegeben werden muß, wie es in einer Monarchie wichtig ist zu wissen, wer der Monarch ist und in welcher Form er regieren muß. [...]

Bei jedem Staatsorgan muß die Größe seiner Machtvollkommenheit durch die Kürze seiner Amtsdauer ausgeglichen werden. Die von den meisten Gesetzgebern hierfür festgelegte Zeitspanne ist ein Jahr; ein längerer Zeitraum wäre gefährlich, ein kürzerer widerspräche der Natur der Sache.

c) Aus dem 11. Buch: „Von den Gesetzen, die die Freiheit des politischen Lebens gestalten"

Ich unterscheide zwischen Gesetzen, die die Freiheit des politischen Lebens gestalten, und Gesetzen, die die Freiheit im Leben des einzelnen Bürgers gewährleisten. [...]

Man muß sich überlegen, was Fehlen aller Bindung ist und was Freiheit. Freiheit ist das Recht all das zu tun, was die Gesetze erlauben; und wenn ein Bürger das tun könnte, was sie verbieten, besäße er keine Freiheit mehr, weil die anderen ja die gleiche Befugnis hätten.

Weder die Demokratie noch die Aristokratie sind schon ihrem Wesen nach freie Staaten. Politische Freiheit findet sich nur bei einer gemäßigten Staatsführung. Aber auch bei einer gemäßigten Staatsführung ist sie nicht immer vorhanden; sie ist nur dann vorhanden, wenn man die Gewalt nicht mißbraucht. Es ist jedoch eine Erfahrung seit altersher, daß jeder Mensch, der Macht hat, dazu neigt, sie zu mißbrauchen. [...]

Damit die Macht nicht mißbraucht werden kann, muß durch entsprechende Ordnung der Dinge Macht durch Macht zurückgehalten werden. [...]

In jedem Staat gibt es drei Arten von Gewalt: Die gesetzgebende Gewalt; die vollziehende Gewalt, die sich mit den Angelegenheiten befaßt, die in den Bereich des Völkerrechts fallen; und die vollziehende Gewalt auf dem Gebiet des innerstaatlichen Rechts. Auf Grund der erstgenannten Gewalt erläßt das Staatsoberhaupt oder das dazu zuständige Staatsorgan Gesetze für eine bestimmte Zeit oder für unbeschränkte Dauer, ändert es bestehende Gesetze ab oder hebt es sie auf. Auf Grund der an zweiter Stelle genannten Gewalt erklärt es den Krieg und schließt Frieden, schickt und empfängt es Gesandte, sorgt es für die äußere Sicherheit und verhindert es feindliche Überfälle. Auf Grund der zuletztgenannten Gewalt schließlich bestraft es Verbrechen oder entscheidet es Streitfälle zwischen Privatpersonen. Wir wollen diese zuletztgenannte Gewalt die richterliche nennen und die an zweiter Stelle genannte einfach nur die vollziehende Gewalt des Staats. [...]

Wenn die gesetzgebende oder die vollziehende Gewalt bei der gleichen Person oder in dem gleichen körperschaftlichen Organ vereinigt sind, kann man von Freiheit nicht sprechen; denn man hat Grund zu fürchten, daß der gleiche Monarch oder der gleiche Senat tyrannische Gesetze erläßt, um sie dann tyrannisch durchzusetzen.

Man kann ebenso wenig von Freiheit sprechen, wenn die richterliche Gewalt nicht von der gesetzgebenden und vollziehenden getrennt ist. Wäre sie mit der gesetzgebenden Gewalt verbunden, so wäre die Befugnis, über Leben und Freiheit der Bürger zu entscheiden, nur von der Willkür bestimmt; denn der Richter wäre [zugleich auch] Gesetzgeber. Wäre sie mit der vollziehenden Gewalt verbunden, so könnte der Richter eine Machtvollkommenheit besitzen, die ihn zum Unterdrücker werden ließe.

Alles wäre schließlich verloren, übte die gleiche Person oder die gleiche Körperschaft von Großen, Adligen oder aus dem Volk alle drei Gewalten aus: würde sie sowohl Gesetze erlassen, wie die Staatsbeschlüsse ausführen und über Verbrechen oder Streitigkeiten von Privatpersonen richten. [...]

Staatsoberhäupter, die sich zu Despoten machen wollten, haben deshalb immer damit begonnen, in ihrer Person alle staatlichen Ämter zu vereinen.

Aus: Baron de Montesquieu, Charles: Vom Geist der Gesetze. Eine Auswahl, übersetzt und erläutert von Friedrich August Freiherr von der Heydte, Berlin 1950, S. 80, 82f., 83, 84f., 88, 128f.

1.1.2 Jean-Jacques Rousseau (1712-1778)

Das Buch „Du Contrat Social ou Principes du Droit Politique" (dt. Vom Gesellschaftsvertrag oder Prinzipien des Staatsrechtes) erschien erstmals 1762 in Amsterdam und wurde sogleich in verschiedenen Staaten verboten. Wie das Werk Montesquieus zählt der „Contrat social" zu den wichtigsten politisch-theoretischen Schriften der Aufklärung. Zwar wird von dem amerikanischen Historiker Robert Darnton und anderen der Einfluss dieser Schriften auf die Französische Revolution neuerdings bestritten, da sie nur geringe Verbreitung in der Bevölkerung und in intellektuellen Kreisen gefunden hätten. Vieles von dem aber, was in der Französischen Revolution gefordert wurde, hat in ihnen seinen (theoretischen) Ursprung. Unbestritten ist auch, dass diese Schriften der modernen Demokratie den Weg bereitet haben. Rousseau war der wohl wichtigste Wegbereiter der Französischen Revolution, allerdings auch ihrer Exzesse.

a) Aus dem 1. Kapitel des ersten Buches

Der Mensch wird frei geboren, aber überall liegt er in Ketten. Manch einer glaubt, Herr über die anderen zu sein, und ist ein größerer Sklave als sie. Wie ist es zu dieser Entwicklung gekommen? Ich weiß es nicht. [...]

Wenn ich nur die Macht und ihre Wirkung betrachte, würde ich sagen: „Solange man ein Volk zum Gehorsam zwingt, und es gehorcht wirklich, tut es gut daran. Sobald es aber sein Joch abschütteln kann, und es schüttelt es ab, tut es noch besser daran: Denn wenn es seine Freiheit durch dasselbe Recht erlangt, das es ihm genommen hat, hat es das Recht, die Freiheit wieder zurückzunehmen – oder man hat nie das Recht gehabt, sie ihm zu nehmen." Die Gesellschaftsordnung ist ein heiliges Recht, das die Grundlage für alle anderen Rechte ist.

b) Aus dem 6. Kapitel des ersten Buches

Meine Annahme ist, daß der Mensch an jenem Punkt angelangt ist, wo die Hindernisse, die dem Verharren im Naturzustand entgegenstehen, jene Kräfte übersteigen, die der einzelne einbringen kann, um in diesem Zustand zu verbleiben. Das Menschengschlecht würde zugrunde gehen, wenn es seine Lebensweise nicht änderte.

Die Menschen können aber nicht neue Kräfte entwickeln, sondern nur vorhandene einigen und lenken. Um zu überleben, bleibt ihnen kein anderes Mittel, als durch Zusammenschluss so viele Kräfte zu bilden, die dann den Widerstand überwinden können. [...]

Diese Summe an Kräften kann nur im Zusammenwirken mehrerer entstehen, die ausschließlich auf die Erhaltung der Kräfte und der Freiheit jedes einzelnen abzielen. Wie kann er diese einsetzen, ohne sich zu schaden und zu vernachlässigen? Innerhalb meines Themas kann man diese Schwierigkeit folgendermaßen formulieren:

„Es muß eine Gesellschaftsform gefunden werden, die mit der gesamten gemeinsamen Kraft aller Mitglieder die Person und die Habe eines jeden einzelnen Mitglieds verteidigt und beschützt; in der jeder einzelne, mit allen verbündet, nur sich selbst gehorcht und so frei bleibt wie zuvor." Das ist das Grundproblem, das der Gesellschaftsvertrag löst.

Die Bedingungen dieses Vertrages sind durch die Natur seines Zustandekommens so genau festgelegt, daß die geringste Änderung sie null und nichtig macht. [...]

Richtig verstanden, lassen sich diese Bedingungen auf eine einzige zurückführen: die vollständige Überäußerung eines jeden Mitglieds mit all seinen Rechten an die Gemeinschaft. Wenn sich nämlich erstens jeder ganz übereignet, ist die Bedingung für alle gleich; niemand hat ein Interesse, sie für die anderen drückend zu machen.

Da zweitens die Überäußerung vorbehaltlos geschieht, ist die Vereinigung so vollkommen, wie sie nur sein kann, und kein Mitglied kann weitere Ansprüche stellen. Denn wenn einem Einzelnen Rechte verblieben, so wäre er, da kein gemeinsames Oberhaupt zwischen ihm und der Gemeinschaft entscheiden kann, gewissermaßen sein eigener Richter in seinen Belangen und bald in allen anderen auch. Der Naturzustand würde fortbestehen und die Vergemeinschaftung wäre notwendigerweise tyrannisch oder nutzlos.

Alles Unwesentliche weggelassen, läßt sich der Gesellschaftsvertrag auf folgende Begriffe zurückführen: *Jeder von uns unterstellt gemeinschaftlich seine Person und seine ganze Kraft (puissance) der höchsten Leitung des Gemeinwillens (volonté générale), und wir empfangen als Körper jedes Glied als unzertrennlichen Teil des Ganzen.*

Im gleichen Augenblick entsteht aus dieser Vergesellschaftung, anstelle des einzelnen Vertragspartners, ein Moral- und Kollektivkörper, der aus so vielen Mitgliedern besteht, wie diese Versammlung Stimmen hat; aus diesem Akt hat er seine Einheit, sein gemeinsames *Ich*, sein Leben und seinen Willen. Diese Staatsperson, die sich durch die Vereinigung aller anderen Personen gebildet hat, hieß früher *Stadtstaat* (polis), heute *Republik* oder *Staatskörper*. Er wird von seinen Mitgliedern *Staat* genannt, wenn er passiv ist, *souverain* (Herrschaft), wenn er aktiv ist, und *Macht* im Vergleich mit seinesgleichen. Die Teilhaber heißen in der Gemeinschaft *Volk* und als einzelne *Bürger* (citoyens), wenn sie an der Staatsautorität teilhaben, *Untertanen* (sujets), wenn sie den Staatsgesetzen unterworfen sind.

Aus: Rousseau, Jean-Jacques: Vom Gesellschaftsvertrag oder Prinzipien des Staatsrechtes, in: Politische Schriften, Bd. 1, übersetzt von Ludwig Schmidts, Paderborn 1977, S. 59ff.

1.1.3 Denis Diderot (1713-1784)

Diderot, von seiner Familie für den geistlichen Stand ausersehen, verweigerte sich diesen Plänen und lebte stattdessen in Paris zunächst ein ziemlich freies Leben. Seinen Lebensunterhalt verdiente er mit der Übersetzung englischer Texte. Ab Mitte der 1740er Jahre entwickelte er den Plan einer Enzyklopädie, in der das Wissen seiner Zeit beschrieben werden sollte. Obwohl er wegen religionskritischer Veröffentlichungen zeitweise inhaftiert war, erschienen bereits 1751 die beiden ersten Bände der Enzyklopädie „Encyclopédie ou dictionnaire raisonné des sciences, des arts et des métiers" (dt. „Enzyklopädie oder durchdachtes Lexikon der Wissenschaften, Künste und Gewerbe"). Der letzte (35.) Band erschien 1780. Als Mitarbeiter für einzelne Artikel gewann Diderot die führenden Köpfe der Aufklärung, darunter Montesquieu, Voltaire und Rousseau. Die meisten Autoren der Artikel verband eine kritische Haltung gegenüber der katholischen Kirche, wovon auch das nachstehende Zitat zeugt.

Ich habe mich nachts in einem riesigen Wald verirrt und habe nur ein kleines Licht *(lumière)*, um mich zurechtzufinden. Da kommt ein Unbekannter hinzu und sagt zu mir: „Lieber Freund, blase deine Kerze aus, um deinen Weg besser zu finden." Dieser Unbekannte ist ein Theologe. [...] Wenn ich auf meine Vernunft verzichte, habe ich keinen Führer mehr.

Möge die Revolution, die nach Jahrhunderten der allgemeinen Unterdrückung soeben jenseits der Meere stattgefunden hat [Amerikanische Revolution, s. u. 1.1.4], indem sie allen Bewohnern Europas gegen den Fanatismus und die Tyrannei ein Asyl bietet, diejenigen, welche die Menschen regieren, über den rechten Gebrauch ihrer Macht belehren.

Aus: Diderot, Denis: Insurgents d'Amérique (1782); zit. nach Schabert, Thilo: Diderot, in: Baruzzi, Arno (Hrsg.): Aufklärung und Materialismus im Frankreich des 18. Jahrhunderts, München 1968, S. 107, 112

1.1.4 Auszug aus der Unabhängigkeitserklärung der Vereinigten Staaten von Amerika (4. Juli 1776)

a) Mit diesem Dokument erklärten die 13 britischen Kolonien in Nordamerika ihre Unabhängigkeit von Großbritannien und ihre Absicht, einen von niemandem abhängigen Staatenbund zu gründen. Dieses Dokument ist die Gründungsakte der Vereinigten Staaten von Amerika. Seine Auswirkungen auf Europa waren beträchtlich.

We hold these truths to be self-evident, that all men are created equal, that they are endowed by their Creator with certain unalienable Rights, that among these are Life, Liberty and the pursuit of Happiness. – That to secure these rights, Governments are instituted among Men, deriving their just powers from the consent of the governed, – That whenever any Form of Government becomes destructive of these ends, it is the Right of the People to alter or to abolish it, and to institute new Government, laying its foundation on such principles and organizing its powers in such form, as to them shall seem most likely to effect their Safety and Happiness. Prudence, indeed, will dictate that Governments long established should not be changed for light and transient causes; and accordingly all experience hath shewn that mankind are more disposed to suffer, while evils are sufferable than to right themselves by abolishing the forms to which they are accustomed. But when a long train of abuses and usurpations, pursuing invariably the same Object evinces a design to reduce them under absolute Despotism, it is their right, it is their duty, to throw off such Government, and to provide new Guards for their future security.

b) Bereits am 9. Juli 1776 erschien in der deutschsprachigen Zeitung „Pennsylvanischer Staatsbote" in Philadelphia eine Übersetzung der Unabhängigkeitserklärung:

Wir halten diese Wahrheiten für ausgemacht, daß alle Menschen gleich erschaffen worden, daß sie von ihrem Schöpfer mit gewissen unveräußerlichen Rechten begabt worden, worunter sind Leben, Freyheit und das Bestreben nach Glückseligkeit. Daß zur Versicherung dieser Rechte Regierungen unter den Menschen eingeführt worden sind, welche ihre gerechte Gewalt von der Einwilligung der Regierten herleiten; daß sobald eine Regierungsform diesen Endzwecken verderblich wird, es das Recht des Volks ist, sie zu verändern oder abzuschaffen, und eine neue Regierung einzusetzen, die auf solche Grundsätze gegründet, und deren Macht und Gewalt solchergestalt gebildet wird, als ihnen zur Erhaltung ihrer Sicherheit und Glückseligkeit am schicklichsten zu seyn dünket. Zwar gebietet Klugheit, daß von langer Zeit her eingeführte Regierungen nicht um leichter und vergänglicher Ursachen willen verändert werden sollen; und demnach hat die Erfahrung von jeher gezeigt, daß Menschen, so lang das Uebel noch zu ertragen ist, lieber leiden und dulden wollen, als sich durch Umstossung solcher Regierungsformen, zu denen sie gewöhnt sind, selbst Recht und Hülfe verschaffen. Wenn aber eine lange Reihe von Mißhandlungen und gewaltsamen Eingriffen, auf einen und eben den Gegenstand unabläßig gerichtet, einen Anschlag an den Tag legt, sie unter unumschränkte Herrschaft zu bringen, so ist es ihr Recht, ja ihre Pflicht, solche Regierung abzuwerfen, und sich für ihre künftige Sicherheit neue Gewähren zu verschaffen.

Nach: www.dhm.de/sammlungen/gifs/sammlungen/dokumente 1/do93_101.jpg (13.8.2011)

1.1.5 Gesellschaftskritik im Schauspiel (1784)

Nicht nur in wissenschaftlichen Publikationen und gelehrten Zirkeln schlug sich aufklärerisches Denken nieder. Auch in Cafés und im Theater kamen die Defekte der Gesellschaft des Ancien Régimes zur Sprache.

Die Komödie „La folle journée ou le mariage de Figaro"(dt. „Der tolle Tag oder Figaros Hochzeit"), aus der die nachfolgenden Zitate stammen, stammt von Pierre Augustin Caron de Beaumar-

chais (1732-1799). Beaumarchais arbeitete zunächst sehr erfolgreich als Uhrmacher, ein Beruf, den schon sein Vater ausgeübt hatte. Später war er Harfenspieler, Musiklehrer der Töchter Ludwigs XV., Finanzier, Geschäftsmann, Geheimagent im Dienste des Königs und Autor von Theaterstücken. „Die Hochzeit des Figaro" gilt als Fortsetzung von Beaumarchais' Stück „Der Barbier von Sevilla" (uraufgeführt 1775).

„Die Hochzeit des Figaro" schildert den Tag der Hochzeit zwischen Figaro, dem Bedienten des Grafen Almaviva, und Susanne, der Zofe der Gräfin. Die Handlung spielt in Spanien. Beaumarchais dürfte damit die Hoffnung verbunden haben, dass das Stück dadurch leichter die Zensur passieren würde. Das war aber nicht der Fall. Die Komödie war bereits 1778 fertig gestellt, konnte aber wegen der Zensur erst 1784 uraufgeführt werden. In dem Stück spiegeln sich die Auseinandersetzungen und Konflikte zwischen den sozialen Klassen des Ancien Régimes wider.

Wolfgang Amadeus Mozart (1756-1791) hat die Komödie Beaumarchais' später in seiner Oper „Die Hochzeit des Figaro" (Uraufführung 1786 in Wien) vertont. Auch Gioacchino Rossini (1792-1868) hat mit seiner Oper „Der Barbier von Sevilla" (Uraufführung 1816 in Rom) ein Stück Beaumarchais' vertont.

Die nachfolgenden Zitate sind dem langen Monolog Figaros im V. Akt von „Figaros Hochzeit" entnommen und waren angesichts der Kritik an den in den 1780er Jahren in Frankreich herrschenden Zuständen gewagt. Die Zeitgenossen, die das Stück sahen, haben die Anspielungen verstanden und sie anhaltend beklatscht.

Nein, Herr Graf, Sie werden Susanne nicht haben … Sie werden sie nicht haben! Weil Sie ein großer Herr sind, halten Sie sich auch für einen großen Geist! Adel, Vermögen, gesellschaftlicher Rang und Würden, all das macht stolz! Was haben Sie denn getan, mein Herr Graf, um so viele Vorzüge zu verdienen? Sie haben sich Mühe gegeben, auf die Welt zu kommen, und sonst nichts. Im Übrigen waren sie ein ganz gewöhnlicher Mensch. Während ich, potztausend!, verloren in der dunklen Menge, mehr Wissen und Kalkül aufwenden musste, als man seit hundert Jahren zur Regierung aller spanischen Königreiche aufbringen musste, um überhaupt existieren zu können. Sie wollen sich mit mir messen?! Sie – mit mir, hahaha!

In der letzten Szene des Stückes sagt Figaro:

Durch Zufall der Geburt
Ist einer König, der andere Hirte;
Der blinde Zufall bestimmt den Unterschied;
Nur der Geist kann alles ändern.

Aus: de Beaumarchais, Pierre Augustin Caron: La folle journée ou le mariage de Figaro 1778/1784 (Übers. G. S.)

1.1.6 Friedrich Schiller: „An die Freude"

Fast jeder kennt die Melodie der 9. Sinfonie von Ludwig van Beethoven. Der Text stammt von Friedrich Schiller. Die hier zitierte Passage aus Schillers Gedicht „ist dasjenige Textfragment, das am häufigsten in studentischen Stammbüchern vorkam."[1] Es war wohl diese Dichtung und wahr-

1 Kuhn, Axel/Schweigard, Jörg: Freiheit oder Tod! Die deutsche Studentenbewegung zur Zeit der Französischen Revolution, Köln u. a. 2005, S. 53.

scheinlich auch Schillers Drama „Die Räuber“, die ihm im Jahr 1792 den Ehrenbürgerbrief der gerade im Entstehen begriffenen französischen Republik eintrugen (s. S. 177). Vom Text des bei festlichen Anlässen oft zu hörenden Chores ist den meisten nur der Anfang geläufig: „Freude, schöner Götterfunken...“ (1785). Im Gedicht heißt es u. a.:

Festen Mut in schweren Leiden,
Hilfe, wo die Unschuld weint,
Ewigkeit geschwornen Eiden
Wahrheit gegen Freund und Feind,
Männerstolz vor Königsthronen –
Bruder, gält' es Gut und Blut –
Dem Verdienste seine Kronen,
Untergang der Lügenbrut!

Aus: Schillers sämmtliche Werke in zwölf Bänden, erster Band, Stuttgart und Tübingen 1847, S. 80

1.1.7 „Der freie Mann“ (1790)

Dieses volksliedartige Gedicht von dem heute weitgehend in Vergessenheit geratenen, aus dem elsässischen Colmar stammenden Dichter Gottlieb Konrad Pfeffel (1736-1809) entstand im Jahr 1790:

Wer, wer ist ein freier Mann?
Der, dem nur eig'ner Wille
Und keines Zwingherrn Grille
Gesetze geben kann;
Der ist ein freier Mann!
Ein freier, freier Mann!

Wer, wer ist ein freier Mann?
Der das Gesetz verehret,
Nichts tut, was es verwehret,
Nichts will, als was er kann;
Der ist ein freier Mann!
Ein freier, freier Mann!

Wer, wer ist ein freier Mann?
Dem nicht Geburt noch Titel,
Nicht Sammtrock oder Kittel
Den Bruder bergen kann;
Der ist ein freier Mann!
Ein freier, freier Mann!

Wer, wer ist ein freier Mann?
Der, in sich selbst verschlossen,
Der feilen Gunst der Großen
Und Kleinen trotzen kann;
Der ist ein freier Mann!
Ein freier, freier Mann!

Wer, wer ist ein freier Mann?
Der fest auf seinem Stande,
Auch selbst vom Vaterlande
Den Undank dulden kann;
Der ist ein freier Mann!
Ein freier, freier Mann!

Wer, wer ist ein freier Mann?
Der, muß er Gut und Leben
Gleich für die Freiheit geben,
Doch nichts verlieren kann;
Der ist ein freier Mann!

Wer, wer ist ein freier Mann?
Der bei des Todes Rufe
Keck auf des Grabes Stufe
Und rückwärts blicken kann;
Der ist ein freier Mann!
Ein freier, freier Mann!

Aus: http://www.payer.de/religionskritik/karikaturen241.htm (13.8.2011)

1.1.8 Immanuel Kant: Beantwortung der Frage „Was ist Aufklärung" (1784)

Immanuel Kant (1724-1804) war einer der wichtigsten Philosophen der europäischen Aufklärung. Er wurde in Königsberg geboren, war zeitlebens dort wohnhaft und stammte aus einer Handwerkerfamilie. Schon 1740 begann er sein Studium an der dortigen Universität. Nach seiner Habilitation lehrte er dort Logik, Metaphysik, Mathematik und andere Disziplinen. Rufe an andere Universitäten schlug er aus. 1770 wurde er an seiner Heimatuniversität Professor für Logik und Metaphysik. In seinen späteren Lebensjahren, als er sich längst einen hervorragenden Ruf in der Gelehrtenwelt erworben hatte, geriet er wegen seiner Schriften zunehmend in Schwierigkeiten mit der preußischen Zensur, die nach dem Tod des von Kant verehrten Königs Friedrich II. („der Große") verschärft wurde.

Kants berühmter Aufsatz „Beantwortung der Frage: Was ist Aufklärung" wurde angestoßen durch einen Artikel, den der Berliner Pfarrer Johann Zöllner (1753-1804) in der Berlinischen Monatsschrift 1783 veröffentlich hatte und in dem sich (in einer Fußnote) die dann von Kant beantwortete Frage fand. Bereits im Septemberheft des Jahrgangs 1784 der Berlinischen Monatsschrift hatte Moses Mendelssohn eine Antwort geliefert („Über die Frage: Was heißt aufklären?").

Aufklärung ist der Ausgang des Menschen aus seiner selbst verschuldeten Unmündigkeit. Unmündigkeit ist das Unvermögen, sich seines Verstandes ohne Leitung eines anderen zu bedienen. *Selbstverschuldet* ist diese Unmündigkeit, wenn die Ursache derselben nicht am Mangel des Verstandes, sondern der Entschließung und des Mutes liegt, sich seiner ohne Leitung eines andern zu bedienen. Sapere aude! Habe Mut, dich deines eigenen Verstandes zu bedienen! ist also der Wahlspruch der Aufklärung.

Faulheit und Feigheit sind die Ursachen, warum ein so großer Teil der Menschen, nachdem sie die Natur längst von fremder Leitung frei gesprochen [...], dennoch gerne zeitlebens unmündig bleiben; und warum es anderen so leicht wird, sich zu deren Vormündern aufzuwerfen. Es ist so bequem, unmündig zu sein. Habe ich ein Buch, das für mich Verstand hat, einen Seelsorger, der für mich Gewissen hat, einen Arzt, der für mich die Diät beurteilt usw., so brauche ich mich ja nicht selbst zu bemühen. Ich habe nicht nötig zu denken, wenn ich nur bezahlen kann; andere werden das verdrießliche Geschäft schon für mich übernehmen. Daß der bei weitem größte Teil der Menschen (darunter das ganze schöne Geschlecht) den Schritt zur Mündigkeit, außer dem daß er beschwerlich ist, auch für sehr gefährlich halte: dafür sorgen schon jene Vormünder, die die Oberaufsicht über sie gütigst auf sich genommen haben. Nachdem sie ihr Hausvieh zuerst dumm gemacht haben, und sorgfältig verhüteten, daß diese ruhigen Geschöpfe ja keinen Schritt außer dem Gängelwagen, darin sie sie einsperreten, wagen durften; so zeigen sie ihnen nachher die Gefahr, die ihnen drohet, wenn sie es versuchen allein zu gehen. Nun ist diese Gefahr zwar eben so groß nicht, denn sie würden durch einigemal Fallen wohl endlich gehen lernen; allein ein Beispiel von der Art macht doch schüchtern, und schreckt gemeiniglich von allen ferneren Versuchen ab.

Es ist also für jeden einzelnen Menschen schwer, sich aus der ihm beinahe zur Natur gewordenen Unmündigkeit herauszuarbeiten. Er hat sie sogar lieb gewonnen, und ist vor der Hand wirklich unfähig, sich seines eigenen Verstandes zu bedienen, weil man ihn niemals den Versuch davon machen ließ. [...]

Durch eine Revolution wird vielleicht wohl ein Abfall von persönlichem Despotism und gewinnsüchtiger oder herrschsüchtiger Bedrückung, aber niemals wahre Reform der Denkungsart zustande kommen; sondern neue Vorurteile werden, eben sowohl als die alten, zum Leitbande des gedankenlosen großen Haufens dienen.

Zu dieser Aufklärung aber wird nichts erfordert als *Freiheit*; und zwar die unschädlichste unter allem, was nur Freiheit heißen mag, nämlich die: von seiner Vernunft in allen Stücken *öffentlichen Gebrauch* zu machen. Nun höre ich aber von allen Seiten rufen: *räsonniert nicht*! Der Offizier sagt: räsonniert nicht, sondern exerziert! Der Finanzrat: räsonniert nicht, sondern bezahlt! Der Geistliche: räsonniert nicht, sondern glaubt! (nur ein einziger Herr in der Welt sagt: *räsonniert*, so viel ihr wollt, und worüber ihr wollt; *aber gehorcht*!) Hier ist überall Einschränkung der Freiheit. Welche Einschränkung aber ist der Aufklärung hinderlich? welche nicht, sondern ihr wohl gar beförderlich? Ich antworte: der *öffentliche* Gebrauch seiner Vernunft muß jederzeit frei sein, und der allein kann Aufklärung unter Menschen zustande bringen; der *Privatgebrauch* derselben aber darf öfters sehr enge eingeschränkt sein, ohne doch darum den Fortschritt der Aufklärung sonderlich zu hindern. Ich verstehe aber unter dem öffentlichen Gebrauche seiner eigenen Vernunft denjenigen, den jemand *als Gelehrter* von ihr vor dem ganzen Publikum der Leserwelt macht. Den Privatgebrauch nenne ich denjenigen, den er in einem gewissen ihm anvertrauten *bürgerlichen Posten*, oder Amte, von seiner Vernunft machen darf. [...]

So würde es sehr verderblich sein, wenn ein Offizier, dem von seinem Oberen etwas anbefohlen wird, im Dienste über die Zweckmäßigkeit oder Nützlichkeit dieses Befehls laut vernünfteln wollte; er muß gehorchen. Es kann ihm aber billigermaßen nicht verwehrt werden, als Gelehrter über die Fehler im Kriegsdienste Anmerkungen zu machen, und diese seinem Publikum zur Beurteilung vorzulegen. [...]

Eben derselbe handelt demohngemachtet der Pflicht eines Bürgers nicht entgegen, wenn er, als Gelehrter, wider die Unschicklichkeit oder auch Ungerechtigkeit solcher Ausschreibungen öffentlich seine Gedanken äußert. [...]

Ein Mensch kann zwar für seine Person, und auch alsdann nur auf einige Zeit, in dem was ihm zu wissen obliegt die Aufklärung aufschieben; aber auf Verzicht zu tun, es sei für seine Person, mehr aber noch für die Nachkommenschaft, heißt die heiligen Rechte der Menschheit verletzen und mit Füßen treten. Was aber nicht einmal ein Volk über sich selbst beschließen darf, das darf noch weniger ein Monarch über das Volk beschließen; denn sein gesetzgebendes Ansehen beruht eben darauf, daß er den gesamten Volkswillen in dem seinigen vereinigt. Wenn er nur darauf sieht, daß alle wahre oder vermeinte Verbesserung mit der bürgerlichen Ordnung zusammen bestehe; so kann er seine Untertanen übrigens nur selbst machen lassen, was sie um ihres Seelenheils willen zu tun nötig finden; das geht ihn nichts an, wohl aber zu verhüten, daß nicht einer den andern gewalttätig hindere, an der Bestimmung und Beförderung desselben nach allem seinen Vermögen zu arbeiten. Es tut selbst seiner Majestät Abbruch, wenn er sich hierin mischt, indem er die Schriften, wodurch seine Untertanen ihre Einsichten ins reine zu bringen suchen, seiner Regierungsaufsicht würdigt, sowohl wenn er dieses aus eigener höchster Einsicht tut, wo er sich dem Vorwurfe aussetzt: Caesar non est supra Grammaticos, als auch und noch weit mehr, wenn er seine oberste Gewalt so weit erniedrigt, den geistlichen Despotism einiger Tyrannen in seinem Staate gegen seine übrigen Untertanen zu unterstützen.

Wenn denn nun gefragt wird: Leben wir jetzt in einem *aufgeklärten* Zeitalter? so ist die Antwort: Nein, aber wohl in einem Zeitalter der *Aufklärung*. Daß die Menschen, wie die Sachen jetzt stehen, im ganzen genommen, schon im Stande wären, oder darin auch nur gesetzt werden könnten, in Religionsdingen sich ihres eigenen Verstandes ohne Leitung eines andern sicher und gut zu bedienen, daran fehlt noch sehr viel. Allein, daß jetzt ihnen doch das Feld geöffnet wird, sich dahin frei zu bearbeiten, und die Hindernisse der allgemeinen Aufklärung, oder des Ausgangs aus ihrer selbst verschuldeten Unmündigkeit, allmählich weniger werden, davon haben wir doch deutliche Anzeigen. In diesem Betracht ist dieses Zeitalter das Zeitalter der Aufklärung. [...]

Kant, Immanuel: Beantwortung der Frage: Was ist Aufklärung?, in: Berlinische Monatsschrift, Dezember-Heft 1784, S. 481-494; aus: Berlinische Monatsschrift (1783-1794). Auswahl, hrsg. von Weber, Peter. Leipzig 1986, S. 89-96

1.2 Die Zustände

1.2.1 Eine Revolution kündigt sich an (1787)

Der Engländer Arthur Young (1741-1820), zunächst experimentierfreudiger Landwirt in Essex („A Course of Experimental Agriculture“, 1770), bereiste 1787, 1788 und 1789 Frankreich. Seine umfangreichen Reiseberichte wurden in nahezu alle europäische Sprachen übersetzt und gelten als herausragende Quellen für Frankreich am Vorabend der Revolution. Er interessierte sich besonders für die dortige Landwirtschaft, flocht aber in seinen Bericht gelegentlich auch Bemerkungen über die herrschenden sozialen und politischen Zustände ein.

Auf seiner ersten Reise im Jahr 1787 besuchte Young Paris:

13. Oktober [1787]. Bei Tische war heute eine große Gesellschaft, worunter sich auch Politiker befanden, und es ward manches Interessante über den gegenwärtigen Zustand von Frankreich gesprochen. Jedermann scheint zu fühlen, daß der Erzbischof [von Brienne; Erzbischof von Toulouse] nicht im Stande sein wird, die Last des Staates zu erleichtern: Einige glauben, er habe nicht Lust; Andere, er habe nicht Mut; und noch Andre, er habe nicht Geschicklichkeit genug dazu. Manche sind auch der Meinung, er sehe nur auf sein eignes Interesse; Andre, die Finanzen wären zu sehr in Unordnung, als dass ihnen so kurz vor der Versammlung der Reichsstände [Generalstände] durch irgend ein System wieder aufzuhelfen sei, und bei einer solchen Versammlung könne es unmöglich ohne eine Revolution in der Regierung abgehen. Alle scheinen der Meinung zu sein, dass etwas Außerordentliches vorfallen werde, und ein Bankerott [des Staates] war gar kein ungewöhnlicher Gedanke. Aber wer wird Mut genug haben, ihn zu deklarieren?

[17. Oktober 1787, Paris]. Mittags aß ich in einer Gesellschaft, wo bloß von politischen Gegenständen gesprochen ward. [...] Die ganze Gesellschaft stimmte übrigens auch darin überein, dass nächstens eine große Revolution in der Regierung bevorstehe. Alles, sagte man, weise darauf hin: es herrsche große Verwirrung in den Finanzen; das Defizit könne ohne die Reichsstände [Generalstände] unmöglich gedeckt werden; (und doch hatte man noch nicht überdacht, was die Folgen davon sein würden, wenn man sie zusammenriefe;) [...] Freilich sitze ein Fürst von vortrefflichem Charakter auf dem Throne; allein es fehle ihm gänzlich an Talenten, in einem solchen Zeitpunkte ohne Minister zu regieren. Ein in Vergnügen und Zerstreuungen versunkener Hof vermehre das Elend nur noch, anstatt dass er sich bemühen sollte, in eine unabhängigere Lage zu kommen. Alle Stände wären in großer Gärung und nach einer Veränderung begierig, ohne zu wissen, worauf sie ihre Aufmerksamkeit zu richten oder ihre Hoffnung zu setzen hätten. Dazu komme noch ein Ferment von Freiheitsbegriffen, das seit der Amerikanischen Revolution mit jeder Stunde stärker werde. Bei allen diesen Zuständen zusammen genommen sei gewiss in Kurzem ein Ausbruch der Gärung zu erwarten, wenn nicht ein Mann von sehr überlegenen Talenten und von unerschütterlichem Mut am Ruder sitze, der die Begebenheiten lenke, anstatt sich von ihnen fortreißen zu lassen. Es ist sehr merkwürdig, dass bei solchen Unterhaltungen jedes Mal auch von einem Bankerott gesprochen wird. Man wirft dabei die wichtige Frage auf: würde ein Bankerott einen Bürgerkrieg verursachen und die Regierungsform gänzlich umstoßen? Die Antworten, welche ich auf diese Fragen erhalten habe, scheinen mir richtig zu sein: wenn ein Mann von Talenten, Kraft und Festigkeit eine solche Maßregel ausführte, so würde gewiss weder das Eine noch das Andre geschehen. Versuchte es aber ein Mann von einem andren Charakter, so könnte es vielleicht Beides zur Folge haben. Darin kommen alle überein, dass die Folge von einer Versammlung der Reichsstände notwendig mehr Freiheit sein müsse. Ich treffe aber so wenige Menschen an, die einen richtigen Begriff von Freiheit haben, daß ich noch sehr ungewiss bin, was für eine Art von Freiheit man hier gründen will. Man weiß nicht, wie man die Rechte des Volkes in Anschlag bringen soll. Gäbe eine Revolution dem Adel und der Geistlichkeit noch mehr, als sie schon haben, so würde sie, glaube ich, eher schädlich als nützlich sein. (S. 121-123)

Auf seiner zweiten Reise nach Frankreich im Jahr 1788 besucht Young auch die Stadt Nantes.

[22. September 1788]. Nantes ist so heftig für die Sache der Freiheit eingenommen, wie es nur irgendeine Stadt in Frankreich sein kann. Die Unterhaltungen, an denen ich hier teil nahm, zeigten deutlich genug, welch eine große Veränderung in der Denkart der Franzosen vorgegangen ist; und nach meiner Meinung kann die gegenwärtige Regierung kein halbes Jahrhundert mehr bestehen, wenn nicht die hellsten und talentvollsten Köpfe am Ruder sind. Die Amerikanische Revolution hat hier den Grund zu einer andren gelegt, wenn die Regierung sich nicht sehr in Acht nimmt. (S. 170f.)

Auf seiner dritten Reise im Jahr 1789 besuchte Young vor allem den östlichen Teil Frankreichs im Dreieck Paris-Straßburg-Moulins und die gebirgige Gegend im Südosten Frankreichs.

[8. Juni 1789, Paris] Paris ist jetzt über die Zusammenkunft der Reichsstände [Generalstände] zu Versailles in solcher Gärung, dass man in jeder Gesellschaft schlechterdings von nichts Anderem spricht. In einem Zeitpunkte, der über das Schicksal von vier und zwanzig Millionen Menschen [damalige Einwohnerzahl Frankreichs] entscheiden soll, wird alles, und zwar mit Recht, für wichtig gehalten, was nur im geringsten darauf Beziehung hat. Man streitet jetzt ernstlich darüber, ob die Repräsentanten die Gemeinen oder der Dritte Stand (Tiers-Etat) heißen sollen. Sie selbst geben sich beständig den ersteren Namen, obgleich der Hof und die Großen ihn verwerfen, als befürchteten sie gewissermaßen, daß er einen nicht leicht zu ergründenden Nebenbegriff enthalte. Dieser Punkt ist indes bei weitem nicht so wichtig wie etwas anderes, das die Reichsstände auf einige Zeit in Untätigkeit erhalten hat; nämlich die Frage: ob ihre Vollmachten getrennt oder gemeinschaftlich verifiziert werden sollten.[1] Der Adel und die Geistlichkeit verlangen das erstere; aber die Gemeinen setzen sich dagegen. (S. 193f.)

[9. Juni 1789, Paris]. Es ist unglaublich, wie hier jetzt der Verkehr bei den Pamphlets-Verkäufern zunimmt. Ich ging nach dem Palais-Royal[2], um zu sehen, was Neues herausgekommen wäre und um mir ein Verzeichnis von allem geben zu lassen. Jede Stunde liefert ein neues Produkt. Heute waren schon dreizehn herausgekommen, gestern sechzehn und in der vorigen Woche zweiundneunzig. [...] Der Geschmack an politischen Pamphleten soll sich auch schon in die Provinzen verbreiten, so dass alle Pressen in Frankreich auf gleiche Weise beschäftigt sind. Von diesen Produkten sind neunzehn Zwanzigteile für die Freiheit und gewöhnlich sehr heftig gegen die Geistlichkeit und den Adel. [...] Die Presse bringt täglich neue Grundsätze von Gleichheit und selbst von Aufruhr zum Vorschein, die, wenn man sie in Ausübung brächte, die Monarchie umstürzen würde. Ist es nun nicht zu verwundern, dass nichts dagegen erscheint und dass der Hof nicht die geringsten Maßregeln nimmt, diese so äußerst zügellose Pressfreiheit einzuschränken? Man sieht hieraus leicht, was für ein Geist unter dem ganzen Volke erregt ist.

Indes zeigen die Kaffeehäuser im Palais Royal noch auffallendere und erstaunlichere Szenen. Sie sind nicht nur inwendig gedrängt voll, sogar draußen vor den Türen und Fenstern stehen eine Menge Menschen und hören mit offnem Munde den Rednern zu, welche von Stühlen oder Tischen herunter zu den um sie versammelten Personen sprechen. Es lässt sich kaum denken, mit welcher Begierde man sie anhört und welchen schmetternden Beifall sie für jede mehr als gewöhnlich heftige und kühne Äußerung gegen die jetzige Regierung erhalten. Ich bin ganz erstaunt darüber, dass solche Nester und Treibhäuser des Aufruhrs und der Empörung von dem Ministerium geduldet werden, da sie doch stündlich neue Grundsätze unter das Volk verbreiten, denen man sich bald mit allem Nachdruck wird widersetzen müssen und deren weitere Verbreitung jetzt zu gestatten, wahre Tollheit zu sein scheint. (S. 195-197)

---

1 Möglicherweise wirft Young hier die Frage nach dem Abstimmungsmodus in den Generalständen auf, ob nämlich nach Ständen (gemeinschaftlich) oder nach Köpfen (getrennt) abgestimmt werden soll.

2 Nahe beim Louvre gelegener Stadtpalast aus der ersten Hälfte des 17. Jahrhunderts. Rund um den Garten des Palasts wurden in den 1780er Jahren etwa 60 mit Arkadengängen verbundene Häuser gebaut, die Läden, Cafés, Restaurants und Vergnügungseinrichtungen beherbergten. Da sich die Anlage im Besitz des Herzogs von Orléans befand, der einen freien Lebensstil pflegte und aufklärerische und liberale Ideen verfocht, hatte die Polizei keinen Zutritt. Dies hatte zur Folge, dass dort freiheitliche Reden geführt wurden und tendenziell oppositionelle Versammlungen stattfanden. Young schreibt am 24. Juni 1789, dass sich in den Zusammenkünften im Palais-Royal „ein fast unglaublicher Grad von Zügellosigkeit und Freiheitswut" äußere, „verbunden mit den unzähligen aufwiegelnden Schriften, die seit der Zusammenberufung der Reichsstände stündlich erscheinen". Diese hätten dem Volk „eine so gänzliche Veränderung in den Kopf gesetzt, dass nichts, was der König oder der Hof tun könnten, es jetzt befriedigen würde" (S. 226f.). Ein oder zwei Tage vor dem Sturm auf die Bastille soll dort Camille Desmoulins (s. S. 49, Anm. 1) zum bewaffneten Aufstand aufgerufen haben.

[11. Juni 1789]. [...]Bei solchen äußerst interessanten Untersuchungen bemerke ich übrigens: auf der einen Seite ein seltsames, grundloses Berufen auf idealische erträumte Naturrechte; auf der andren keinen bestimmten Plan, wie man dem Volke für die Zukunft eine bessere Lage sichern will, als die bisherige war: und dies ist doch durchaus notwendig. Der Adel hingegen besteht [...] äußerst hartnäckig auf allen seinen alten Rechten, so sehr diese auch das Volk drücken mögen. Er will nichts davon hören, dem Freiheitsgeiste nur das geringste nachzugeben, außer dass er sich erbietet, gleiche Landtaxen [wohl eine Art Grundsteuer] wie die Andren zu bezahlen; denn dies, meint er, sei alles, was man mit Recht von ihm fordern könne. Die Volkspartei ihrerseits scheint zu glauben, alle Freiheit hänge davon ab, daß man die privilegierten Stände gänzlich unterdrücke und sie, wenigstens bei der Festsetzung einer neuen Konstitution, überstimme. (S. 198f.)

Am 20. Juni 1789 hatte sich der Dritte Stand zur Nationalversammlung erklärt (s. S. 47). Young schätzt die Konsequenzen dieser Entscheidung ein:

21. Juni [1789]. [...] Die Gemeinen [der Dritte Stand] haben durch den Schritt, sich für die National-Versammlung und für unabhängig von den übrigen Ständen, ja selbst von dem Könige zu erklären [...], sich in der Tat alle Autorität im Reiche angemaßt. [...] Es bedarf keines großen Scharfsinns, um einzusehen, dass, wenn eine solche Anmaßung und Erklärung nicht unwirksam gemacht wird, der König, der Adel und die Geistlichkeit alles ihres Anteils an der gesetzgebenden Gewalt in Frankreich beraubt sind. Ein so kühner, offenbar von der Verzweiflung veranlasster Schritt, der gänzlich jedem andren Interesse im Staate entgegen, und eben so nachteilig für die Königliche Autorität ist, kann von den Parlementen [den königlichen Gerichtshöfen] und der Armee nie zugegeben werden. (S. 219)

Der Pöbel hat gestern [24. Juni 1789] in Versailles Gewalttätigkeiten begangen; er insultierte [verhöhnte] alle Geistlichen und Edelleute, von denen man weiß, daß sie fest auf die Absonderung der Stände bestehen, und legte sogar Hand an sie. Den Bischof von Beauvais traf ein Stein an dem Kopf und streckte ihn beinahe zu Boden; dem Erzbischof von Paris wurden alle Fenster eingeworfen, und er mußte seine Wohnung verändern; der Erzbischof von de la Rochefoucauld ward ausgezischt. Die Verwirrung ist so groß, daß der Hof sich bloß auf die Truppen verlassen muss; und man sagt jetzt zuversichtlich, dass die Französische Garde, wenn sie Befehl erhielte, auf das Volk zu schießen, nicht gehorchen würde. Hierüber erstaunt man allgemein; nur dann nicht, wenn man weiß, wie unzufrieden die Garde mit der Behandlung und dem Betragen ihres Obersten, des Duc de Chatelet, ist. So schlecht hat man in jeder Hinsicht die Sache des Hofes geführt! (S. 230f.)

In einer Fußnote zum Bischof von Beauvais bemerkt Young: „Hätte man ihn auch auf den Kopf geschlagen, so würde er nicht sehr bedauert worden sein. Bei einer Versammlung, welche die Societät des Ackerbaues auf dem Lande hielt, und wobei gemeine Pächter mit Leuten vom ersten Range aßen, machte dieser stolze Thor Schwierigkeiten, sich in einer solchen Gesellschaft nieder zu setzen."

26. Juni [1789]. Die Versammlungen im Palais Royal werden immer zahlreicher, heftiger und zuversichtlicher; und in der Versammlung der Wahlherren (Electeurs) von Paris, die eine Deputation an die Nationalversammlung abschicken wollen, sprechen Leute aus allen Ständen von nichts Geringerem als von einer Revolution in der Regierung und von der Gründung ei-

ner freien Konstitution. Was man unter einer freien Konstitution versteht, ist leicht einzusehen: eine Republik. [...] Indes sagt man dabei doch auch: das Reich müsse eine Monarchie sein oder wenigstens einen König haben. [...] Der jetzige Augenblick erfordert die stärkste Entscheidung; und gestern, da es wirklich die Entscheidung war, ob der König ein Doge von Venedig oder ein König von Frankreich sein sollte, ging er auf die Jagd! (S. 231f.)

[...] Sie [die Mitglieder des Dritten Standes] nehmen als ausgemacht an, dass sie auf weit mehr, als was der König erwähnt hat, Recht haben, dass sie aber nichts als Bewilligung von Macht anerkennen müssen; sie wollen sich alles als Recht nehmen und sichern. Viele Leute, mit denen ich spreche, scheinen dies für gar nichts Außerordentliches zu halten; aber mich dünkt, solche Forderungen sind eben so gefährlich als unstatthaft und führen gerades Weges zu einem Bürgerkriege; und doch würde dieser die größte Thorheit und Raserei sein [...]. Wollen die Gemeinen Alles als ihr Recht haben – welche Macht im Staate kann sie dann ohne Waffen abhalten, auch das an sich zu reißen, was nicht ihr Recht ist? (S. 233)

27. Juni [1789] Die ganze Sache scheint jetzt getan und die Revolution vollendet zu sein. Der König ist von dem Pöbel so in Furcht gejagt, dass er seine eignen Akte der Königlichen Sitzung umgestoßen und, seinen ersten Verordnung gänzlich zuwider, an die Präsidenten des Adels und der Geistlichkeit geschrieben hat, sie möchten sich mit dem dritten Stande vereinigen. Man hat ihm vorgestellt: [...] Paris und Versailles würden unvermeidlich in Brand gesteckt werden, und, mit einem Worte, es müsse alles Elend und alle nur mögliche Verwirrung entstehen, wenn er bei seinem in der Königlichen Sitzung angekündigten System bleibe. Seine Besorgnis gewann die Oberhand bei der Partei, die ihn einige Tage geleitet hatte; und so ward er zu diesem Schritte bewogen, der von solcher Wichtigkeit ist, daß der König nie mehr wissen wird, wo er stehen bleiben und was er verweigern soll. (S. 234)

Aus: Young, Arthur: Reisen durch Frankreich und einen Theil von Italien in den Jahren 1787 bis 1790, vorzüglich in Hinblick auf die Landwirthschaft, die Kultur und den National-Wohlstand des ersten Reiches unternommen, mit einigen Anmerkungen begleitet von E. A. W. Zimmermann, Berlin 1793, passim

1.2.2 Der Hof von Versailles

Hippolyte Taine (1828-1893) war ein französischer Philosoph und Historiker. Das nachstehende Zitat entstammt Taines sechsbändiger, aber unvollendet gebliebener Darstellung „Les origines de la France contemporaine“, die von 1875 bis 1893 erschien und auch ins Deutsche übersetzt wurde (1877-1893 in sechs Bänden). Das Werk Taines war modern in seiner Zeit, da es sich nicht auf die Darstellung politischer Ereignisse oder von Ideen beschränkte, sondern auch sozialgeschichtliche, kulturgeschichtliche und wirtschaftsgeschichtliche Aspekte berücksichtigte.

Versailles zählt wohl 70 000 bis 80 000 Einwohner und ist eine der größten Städte des Landes; in Wirklichkeit aber wird es vom Leben eines einzigen Mannes erfüllt und bevölkert, und es ist nichts als eine königliche Residenz, ganz dazu eingerichtet und angetan, den Bedürfnissen und Vergnügungen der Gesellschaft und Repräsentation des Königs Rechnung zu tragen. [...]

Es ist das Gewimmel von Livreen [Dienerkleidungen], Uniformen, Kostümen und Equipagen [Kutschen], ebenso glänzend und mannigfaltig wie auf einem Gemälde. Sobald ein Prinz oder eine Prinzessin großjährig wird, richtet man ihnen einen Haushalt ein, und sobald ein Prinz heiratet, wird auch seiner Frau ein Haushalt eingerichtet. Unter Haushalt ist hier eine Repräsentation mit fünfzehn bis zwanzig Gruppen zu verstehen [...], als da sind: Ställe, Jagdamt, Kapelle, Garderobe, ärztliche Abteilung, Rechnungswesen, Küche, Keller, Rat-Abteilung usw. [...]

Beim Herzog von Orleans gibt es 274, bei den Prinzessinen 210, bei Madame Elisabeth 68, bei der Gräfin von Artois 239, bei der Gräfin von Provence 256, bei der Königin 486 Chargen [Bedienstete][1]. Der zivile Hausstand von Monsieur [dem ältesten Bruder des Königs] umfaßt 420, sein militärischer 179, die beiden Haushaltungen des Grafen von Artois 456 und 237 Chargen. Drei Viertel sind bloß für das Auge da. [...]

Vier Kompagnien französischer und zwei Kompanien schweizerischer Garden paradieren täglich im Ministerhofe, und wenn der König ausfährt, [...], ist das Schauspiel prächtig. Wie man sieht, sorgt der König gut für seine Sicherheit. Da er aber nicht nur Edelmann, sondern auch Kavalier [„Ritter"] ist, bedarf er noch anderer Dinge; zum Beispiel eines angemessenen Stallhofs. Dieser umfaßt vor den Reduktionen dreitausend, nach denselben 1857 Pferde, ferner 217 Wagen, 1458 Mann Personal, deren Livreen allein jährlich 540 000 Franken kosten, 38 Ehren- und gewöhnliche Stallmeister. Außerdem bedarf er zwanzig Gouverneure, Untergouverneure, Almoseniers [Almosenverteiler], Professoren, Köche und Diener bloß zur Beaufsichtigung, Erziehung und Bedienung der Pagen; dreißig Doktoren, Apotheker, Krankenwärter, Intendanten, Schatzmeister, Arbeiter und bezahlte Hoflieferanten; diese Nebendienste nehmen im ganzen über tausendfünfhundert Personen in Anspruch. [...]

Was ist die Beschäftigung eines wohlkonditionierten Hauswirtes, der zu „leben" versteht? Er unterhält sich und seine Gäste; er arrangiert täglich neue Belustigungen. Er ist fortwährend auf der Jagd, auf Reisen, zieht von einer Residenz in die andere, gewöhnlich mit dem ganzen Hofe. Besonders in Choisy und Fontainebleau lebt man herrlich und in Freuden. „In Fontainebleau gibt es Sonntag und Freitag ein Spielchen, Montag und Mittwoch Konzert bei der Königin, Dienstag und Donnerstag französisches Schauspiel, Samstag italienische Oper." Man ist also keinen Tag in Verlegenheit. [...]

Wie der Herr, so der Diener; wie der General, so der Generalstab; Die Großen tun es dem Monarchen nach. Man repräsentiert und empfängt; man macht Staat und verbringt seine Zeit in Gesellschaft. Vor allem ist zu nennen etwa ein Dutzend fürstlicher Höfe in der Nähe des königlichen Hofes. Jeder Prinz und jede Prinzessin von Geblüt haben ihren vollständig eingerichteten Haushalt, dessen Kosten ganz oder teilweise vom Staatsschatze getragen werden, und der mit fünfzig, hundert, zweihundert bis fünfhundert Chargen ausgestattet ist. Dasselbe ist der Fall mit der Königin, ihren Kindern und den Kindern der Prinzen. Die Kinder repräsentieren und empfangen Gesellschaften von ihrem 6. oder 7. Jahre an. [...]

Bis in die entferntesten Provinzen tragen die aristokratischen Stengel weltliche Blüten. Da die Adligen beschäftigungslos sind, besuchen sie einander, und die Hauptsorge eines vorneh-

1 Bei diesen Namen handelt es sich um jüngere Brüder des Königs Ludwig XVI. bzw. deren Frauen. Madame Elisabeth ist die Schwester des Königs.

men Seigneurs besteht darin, in seinem Haus würdevoll die Honneurs zu machen [= Gäste zu empfangen]. Dasselbe gilt von den hervorragenden Mitgliedern des Klerus. Die 131 Bischöfe und Erzbischöfe, die siebenhundert Pfründen-Äbte sind Weltmänner, sie haben eine stattliche Haltung und Reichtümer, sind keine Puritaner, und ihren Palast oder ihre Abtei betrachten sie als ihr Landhaus, das sie für die kurze Zeit, die sie darin zubringen, so wie für die Gesellschaft, die sie dort empfangen, restaurieren und verschönern.

Aus: Taine, Hippolyte: Die Entstehung des modernen Frankreich. Revolution und Kaiserreich, Berlin-Frankfurt/M. 1954, S. 9.

1.2.3 Die Hauptstadt Paris am Vorabend der Revolution

Louis Sébastien Mercier (1740-1814) war zunächst erfolgreicher Schriftsteller. Zu Beginn der Revolution arbeitete er als Journalist. Im Oktober 1792 wurde er als Abgeordneter in den Nationalkonvent gewählt. Den Girondisten nahe stehend, wurde er im Oktober 1793 verhaftet, entging aber der Hinrichtung. In seinem Buch „Le nouveau Paris" (1799) beschreibt er seine Erfahrungen während der Revolution. Die hier abgedruckte Quelle entstammt seinem Buch mit dem Titel „Le Tableau de Paris", in das seine zahlreichen Reportagen Aufnahme fanden und in denen er „die unmittelbare soziale Realität einer verrotteten Klassengesellschaft" (Jean Villain) beschrieb. Dabei ging es Mercier nicht in erster Linie darum, dem Leser einen pittoresken Blick in die ach so schrecklichen Abgründe einer Großstadt zu ermöglichen; indem er die Missstände so drastisch beschrieb, zielte er auf deren Beseitigung.

Politisch gesehen ist Paris zu groß: ein Wasserkopf, an dem der Staatskörper viel zu schwer zu tragen hat. Doch da es heute bereits zu gefährlich wäre, die Geschwulst zu schneiden, wird man sie wohl weiter wachsen lassen müssen. Es gibt Übel, denen, wenn sie einmal Wurzeln geschlagen haben, nicht mehr beizukommen ist.

Überdies sind die großen Städte genau nach dem Geschmack der absolutistischen Regierung. Sie tut alles, um Paris mit Menschen voll zu stopfen; die großen Herren lockt sie mit Luxus und Genüssen – die Massen treibt sie in den Pferch wie Lämmer, auf dass es den Schäferhunden leichter falle, die Herde zusammenzuhalten und den Gesetzen Geltung zu verschaffen. Und schließlich ist Paris ein großer Kessel, in dem die Menschheit unter sicherem Verschluss gehalten wird. [...] Dem König wäre es, wenn er nur wollte, ein Leichtes, die Stadt auszuhungern. In ihr hält er seine guten und getreuen Untertanen wie in einem Vogelbauer, und käme ihn eine üble Laune an, könnte er ihnen einfach das Futter entziehen. Bis die Schranken [an den Stadttoren] endlich durchbrochen wären, hätten sich dreiviertel der Leute gegenseitig aufgefressen oder wären verhungert.

Doch jedermann muß leben; also lautet hier das oberste Gesetz: Jeder sehe selber zu, wie er sich durchschlage. Ich gebe zwar zu, dass die Stadt in voller Blüte steht, doch sie blüht auf Kosten der gesamten Nation. Alles, was im Umkreis von fünfzig Meilen geerntet und gekeltert wird, wandert in diese Ansammlung überfüllter, sechsstöckiger Häuser, wird verschlungen von einem Heer von Lakaien, Possenreißern, Abbés [Geistlichen] und Müßiggängern, die weder den Staat noch der Gesellschaft etwas einbringen.

Zu den politischen Missständen, die man hinnehmen muss, solange kein sicheres Mittel gegen sie gefunden ist, zählt die Ausdehnung der Kapitale [Hauptstadt]. Nichts wird die Völkerstämme, die sich auf all diesen Dachböden und in den möblierten Zimmern eingenistet haben, dazu bringen, wieder in ihre Dörfer zurückzukehren. Sie sind mittellos und dazu ausgelaugt, entnervt, haben nicht einmal Arme, die zu etwas nütze wären! Und kein Mensch weiß, wie es sich verhindern ließe, daß noch mehr von ihrer Sorte hinzuströmen. Also wird uns die Geschwulst erhalten bleiben, da ihre Entfernung den ganzen Leib in Gefahr brächte.

Aus: Mercier, Louis Sébastien: Mein Bild von Paris, hrsg. u. übertragen von Jean Villain, Leipzig 1979, S. 14f.

1.2.4 Die Lage der bäuerlichen Bevölkerung, vor allem der Frauen

Auf seiner dritten Reise nach Frankreich im Jahr 1789 beschreibt Arthur Young das Elend auf dem Lande.

12. Juli [1789]. Ich ging, meinem Pferde zu Gefallen, einen langen Berg zu Fuß hinauf und traf eine arme Frau an, die sich beklagte, daß die Zeiten schlecht und das Land elend wäre. Als ich sie nach den Ursachen befragte, antwortete sie mir: ihr Mann habe nur ein kleines Stück Land, eine Kuh und ein elendes kleines Pferd; und doch müssten sie einen Franchar (42 Pfund) Weizen und drei Hühner als einen Erbzins an einen gnädigen Herrn und vier Franchars Hafer, ein Huhn und einen Sous an einen andren geben, die sehr schweren Steuern [Tailles] und Abgaben noch ungerechnet. Sie hätte sieben Kinder, und die Kuh gäbe die Milch für die Suppe. „Aber warum haltet Ihr statt eines Pferdes nicht noch eine Kuh?" O, ihr Mann könnte seine Produkte ohne ein Pferd nicht so gut fortbringen, und Esel würden in der Gegend wenig gebraucht. Man sagte jetzt, daß einige große Leute etwas für solche arme Menschen thun würden; aber wer sie wären und wie es damit stünde, das wüßte sie nicht. Gott gebe uns nur bessere Zeiten; denn die Abgaben und Rechte drücken uns ganz zu Boden. Diese Frau hätte man in einer nicht großen Entfernung für sechzig oder siebzig Jahre alt ansehen können: so sehr hatte Arbeit ihren Körper gekrümmt und ihr Gesicht mit Runzeln überzogen; sie war aber, wie sie sagte, erst acht und zwanzig Jahre alt. Ein Engländer, der nicht gereist ist, kann sich keine Vorstellung von der traurigen Gestalt machen, die bei weitem der größte Theil der Frauensleute auf dem Lande in Frankreich hat. Man erkennt darin gleich auf den ersten Blick ihre harte und schwere Arbeit. Ich möchte fast glauben, sie arbeiteten schwerer als die Mannspersonen. Dies und das noch bedauernswerthere Geschäft, eine neue Race Sklaven in die Welt zu setzen, muß nothwendig alle Symmetrie des Körpers und jeden Zug von weiblichem Charakter zerstören.

Aus: Young, Arthur: Reisen durch Frankreich und einen Theil von Italien in den Jahren 1787 bis 1790, vorzüglich in Hinblick auf die Landwirthschaft, die Kultur und den National-Wohlstand des ersten Reiches unternommen, mit einigen Anmerkungen begleitet von E. A. W. Zimmermann, Berlin 1793, S. 253f.

1.2.5 Die Bedeutung der „Parlements" am Vorabend der Revolution (Juli 1788)

Die Parlements – es gab zwölf in den französischen Provinzen und eines, das wichtigste, in Paris – waren die obersten Gerichtshöfe im Königreich Frankreich. Sie sind – mit Ausnahme des Parlements von Paris, das um 1250 entstand – seit dem Spätmittelalter entstanden und hatten das Recht, Dekrete des Königs zu protokollieren, deren Gesetzmäßigkeit zu prüfen und ggf. Einwände gegen sie vorzubringen. Alle Erlasse des Königs – politische, administrative, richterliche, kirchliche und militärische – waren erst dann rechtskräftig, wenn sie in den Protokollbänden der Parlements eingetragen waren. Insofern waren die Parlements eine Institution zur Beschränkung der absoluten Monarchie. Ämter in den Parlements waren seit dem frühen 17. Jahrhundert käuflich und wurden nicht selten auf die Nachkommen vererbt. Kaufte ein reicher Bürger ein solches Amt, rückte er in die sogenannte noblesse de robe (Amtsadel) auf. Am Ende des Ancien Régime waren fast alle Mitglieder der Parlements adlig. Am 3. November 1789 wurden die Parlements aufgehoben.

Es ist ein Streit unter den französischen Publizisten: ob die Parlemente ein Ausschuß der ehemaligen Versammlung der *Stände* sind und dieselben vorstellen, oder ob sie bloß obere Gerichtshöfe sind? Vorzüglich behauptet das Pariser Parlement, ein solcher Repräsentant der Nation zu sein. [...]

Soll eine Monarchie, damit sie nie in Despotismus ausarte, eingeschränkt sein, so kann sie dies nur bloß durch Stände sein, nicht aber füglich durch einen Gerichtshof. Indes werden wohl in allen Staaten die öbersten Verwalter der Justiz den Regenten Vorstellungen machen, wenn deren Befehle den Gesetzen und der Gerechtigkeit zuwider laufen. So viel ist aber gewiß: daß das Pariser Parlement das Vorrecht hat, daß in demselben alle königliche Verordnungen, Edikte und offene Briefe beglaubigt und eingezeichnet werden müssen; auch daß es das Recht hat, Vorstellungen gegen die Königlichen Verordnungen und Befehle zu tun, wenn es dieselben dem Wohl des Staats nachteilig hält. Auch in den andern Parlementen müssen die in die Provinzen erlassenen Verordnungen eingezeichnet werden; und sie besitzen ebenfalls das Recht, Vorstellungen dagegen zu tun. Wie hartnäckig sie sich in neuern Zeiten bisweilen geweigert haben, Königliche Verordnungen zu registrieren, vorzüglich am Ende der vorigen Regierung und unter der itzigen, ist bekannt.

So offenbar nun auch scheinen sollte, daß ein hoher Gerichtshof, welcher einem Monarchen Vorstellungen tun darf, immer in diesen Vorstellungen das Beste der Nation besorgen werde; so wollen andere dies doch noch von den französischen Parlementen leugnen. Sie sagen: So wenig die Parlemente, ihrer ersten Abstammung und ihrer wirklichen Einrichtung nach, die Nation repräsentierten; so wenig sorgten sie auch für die Nation, sondern nur bloß für ihre eigenen, oft nur vermeintlichen Vorrechte. Wenn die Krone wahre Verbesserungen für die Nation vornimmt, z. B. durch zweckmäßigere Einrichtung der Gerichte, und vorzüglich des Kriminalprozesses; so widersetzten sich die Parlemente, weil sie nichts in ihrer hergebrachten fehlerhaften Verfassung wollen geändert wissen. Man beschuldigt sie, daß sie sich gleichsam mit der Krone nur darum streiten, wer das Volk bedrücken soll; obgleich sie geschickt genug gewesen sind, dem Volke einzubilden, als stritten sie für dasselbe. [...]

Aus: Berlinische Monatsschrift, Juli 1788; zit. nach: Berlinische Monatsschrift. Auswahl, hrsg. v. Weber, Peter, Leipzig 1986, S. 167 ff.

2. Vom Umsturz bis zur Republik 1789-1792

2.1 Der Umsturz 1789

Im letzten Jahrzehnt des Ancien Régimes haben mehrere Minister vergeblich versucht, den Staatshaushalt zu sanieren, um den Staatsbankrott zu verhindern. Als Charles Alexandre de Calonne (1734-1802) im Herbst 1783 das Amt des Generalkontrolleurs der Finanzen übernahm (zu Calonne s. S. 130, Anm. 4), fand er ausstehende Zahlungen in Höhe von 600 000 Livres vor, für die es keine Kredite gab. In den dreieinhalb Jahren seiner Amtstätigkeit (bis April 1787) schlug er ein Bündel von Maßnahmen vor, um den Bankrott abzuwenden: ein gerechteres Steuersystem, zu dem alle Untertanen (auch Klerus und Adel) eine Steuer entsprechend der Ernteerträge entrichten sollten; Liberalisierung des Handels und Beseitigung veralteter Reglementierungen. Alle diese Maßnahmen scheiterten am Widerstand der „Parlements", die keine Maßnahmen akzeptieren wollten, die ihre Privilegien beschneiden würden. Eine Einberufung der Generalstände, um mit ihnen die Finanzlage des Staates zu besprechen, lehnte König Ludwig XVI. ab. Schließlich berief der König auf Vorschlag Calonnes zum 22. Februar 1787 eine Notablenversammlung[1] nach Versailles ein. Die Notablen verweigerten ihre Zustimmung zu Calonnes Reformpaket, weil sie darin einen Angriff auf ihre Privilegien und die ständische Autonomie sahen.

König Ludwig XVI. sah sich schließlich doch gezwungen, am 24.1.1789 die Generalstände (États Généraux), zum 1. Mai 1789 (der Termin wurde später noch korrigiert) nach Versailles einzuberufen, damit sie neue Steuern bewilligten. Sie waren seit 1614 nicht mehr zusammengetreten. Natürlich haben reformgeneigte Zeitgenossen sofort die Chance erkannt, die diese Situation eröffnete. Zitiert sei nur eine Stimme unter vielen, die des Marquis de Beauvau: „Die [General-]Stände sind jetzt in der Lage, dem König den nationalen Geldbeutel aufzumachen oder die Hand darauf zu halten. Jetzt müssen sie von ihm Reformen fordern: Die Freiheit, Ordnung in den Finanzen und eine periodisch tagende Nationalrepräsentation."[2]

2.1.1 Aus dem Brief des Königs zur Einberufung der Generalstände vom 24. Januar 1789

Von Seiten des Königs.

Unser Geliebter und Getreuer, Wir tragen Sorge um eine Zusammenkunft unserer treuen Untertanen, damit sie Uns bei der Überwindung aller derjenigen Schwierigkeiten helfen, in denen Wir Uns bezüglich des Zustandes unserer Finanzen befinden, und um, unseren Wünschen gemäß, eine beständige und unveränderliche Ordnung in allen denjenigen Bereichen

1 Versammlung von Angehörigen der sozialen Oberschicht, deren Mitglieder vom König berufen wurden und deren Aufgabe darin bestand, den König zu beraten. Sie waren nicht wie die Generalstände in drei Stände gegliedert.

2 Zit. nach: Schmitt, Eberhard: Die französische Staatskrise von 1788/89 und die Anfänge der Reformpolitik „von unten", in: Maier, Hans/Schmitt, Eberhard (Hrsg.): Wie eine Revolution entsteht. Die Französische Revolution als Kommunikationsereignis, Paderborn usw. 2. Aufl. 1990, S. 82f.

der Regierung zu errichten, die sich auf das Glück unserer Untertanen und den Wohlstand unseres Königreiches erstrecken.

Diese bedeutenden Beweggründe haben Uns bewogen, die Ständeversammlung aller Provinzen unserer Herrschaft einzuberufen, sowohl um Uns zu beraten und Uns beizustehen in allen Angelegenheiten, die ihr vor Augen gebracht werden, als auch um Uns die Wünsche und die Beschwerden unserer Völker bekannt zu machen, so daß mittels eines gegenseitigen Vertrauens und mittels einer wechselseitigen Liebe zwischen dem Souverän und seinen Untertanen so schnell wie möglich ein wirksames Mittel gegen die Mißstände des Staates herbeigeführt wird, und so dass dic Mißbräuche aller Art abgeschafft und durch gute und solide Maßnahmen verhütet werden, die die öffentliche Glückseligkeit sichern und die uns, besonders Uns, die Ruhe und die Stille zurückgeben, deren Wir seit so langer Zeit beraubt worden sind.

Aus diesen Gründen benachrichtigen Wir und zeigen euch an, daß es unser Wille ist, am kommenden 27. April [1789; der Termin wurde später korrigiert] mit der Abhaltung der freien und allgemeinen Stände unseres Königreiches zu beginnen, in unserer Stadt Versailles, wo wir erwarten und wünschen, dass sich die vornehmsten Persönlichkeiten aus allen Provinzen, Gerichtsbezirken und Amtsbezirken einfinden werden.

Aus: Kuhn, Axel: Die Französische Revolution, Stuttgart 1999, S. 210f.

2.1.2 Die Cahiers de doléances (Beschwerdehefte)

Gleichzeitig mit der Einladung an die Generalstände hat der König angeordnet, Hefte anzulegen, in denen die Untertanen ihre Wünsche und Beschwerden aufführen konnten. Sie sollten dem König eine Vorstellung vom Zustand des Königreichs vermitteln. Tatsächlich sind viele hundert solcher Beschwerdehefte erhalten geblieben. Inwieweit sie ein getreues Bild von den Zuständen und Problemen Frankreichs am Vorabend der Revolution geben, ist umstritten. So ist es ein Unterschied, ob die Hefte Aufzeichnungen von Beschlüssen einer Gemeinde darstellen oder ob sie von einer politisch interessierten Person abgefasst wurden. In vielen Fällen wurden sie von Schreibkundigen aufgezeichnet, da die Dorfbewohner selbst nicht schreiben konnten. Und auch in solchen Fällen ist nicht in jedem Fall gesichert, dass in die Beschwerdehefte das Eingang fand, was die Versammelten beschlossen hatten. Immerhin lässt die häufige Wiederkehr der immer gleichen Beschwerden Rückschlüsse auf die Lage des Königreichs zu. Solche Beschwerden waren: zu hohe Steuerlast des Dritten Standes, hingegen weitgehende Steuerbefreiung des Klerus und des Adels, zu hohe Abgaben und Frondienste für den Grundherrn und für die Kirche, Verbot der Bejagung von Hasen und Tauben usw.

a) Über die Verteilung der Lasten in der Gesellschaft

Der Bauer (3. Stand) trägt auf seinem Rücken den Klerus (vorne; 1. Stand) und den Adel (2. Stand). Ihm sind alle Lasten aufgebürdet. Gebeugt von der Last stützt er sich auf seine Hacke, auf deren Stiel „Von Tränen benetzt" zu lesen ist. Aus der Tasche des Bauern hängen mehrere Zettel heraus, auf denen „Steuern", „Zehnt", „Fron- und Militärdienst" zu lesen ist. Nicht genug, dass der Dritte Stand allein Steuern zu zahlen hat, von denen Adel und Klerus befreit sind, muss der Bauer auch noch dulden, dass Rebhühner und Hasen seine Feldfrüchte auffressen. Denn diese darf er nicht bejagen, da die Jagd ein Privileg des Adels ist. Das gilt auch dort, wo der Adel nie zur Jagd kommt. Auf dem Degen des Adligen steht „Von Blut gerötet". Die Bildunterschrift lautet in fehlerhaftem Französisch: „A faut espérer q'eu se jeu la finira bentot." – „Es ist zu hoffen, dass dieses Spiel bald enden wird."

Kolorierter Kupferstich.
Paris, Bibliotheque Nationale

b) Beschwerdeheft der Gemeinde Aubeterre (217 Einwohner) (März 1789)

Wir, die Unterzeichneten, haben die Ehre, Ihrer Majestät alleruntertänigst vorzustellen, dass die Steuern und Abgaben erdrückend sind und jene Ihrer Untertanen, die sich keines einzigen Exemptions-Privilegs [Vorrechts auf Befreiung von Steuern und Abgaben] erfreuen, in Ohnmacht und Verzweiflung stürzen, da sie ja, ohne von den Umsatzsteuern, den Salzsteuern, den gemischten Grund- und Personensteuern nach Zahl der Feuerstellen, den Grund- und sonstigen Abgaben zu reden, die auf diesen Teilen lasten, an indirekter Steuer, Kopfsteuer, Frongeldern, Zwanzigsten und zusätzlichen Steuern und Abgaben mehr als zwei Drittel ihres Einkommens zahlen.

Art. 1: Wir bitten deshalb, daß jedes Privileg für finanzielle Befreiung aufgehoben werde;

Art. 2: Daß die taille[1], Zwanzigstel und andere Steuern ersetzt werden durch eine einzige Steuer, zu der aller Grund und Besitz pflichtig sein soll nach Maßgabe des Ertrages, den die Landgüter bringen müssen, wenn man sie pachtet; [...]

Art. 6: Daß die Steuern gleichmäßig und anteilmäßig von allen Angehörigen der drei Stände getragen werden;

Art 7: Daß die Staatsschuld auf sichere und genaue Weise festgestellt werde, ebenso wie die unerläßlichen Verpflichtungen des Staates; [...]

Art 9: Wir bitten, daß die Generalstände alle fünf Jahre einberufen oder an einen festgesetzten Zeitabschnitt gebunden werden; und dass nicht irgendeine Steuer gefordert oder festgesetzt wird, die die Generalstände nicht beschlossen haben; [...]

1 Taille = direkte Steuer, die von einer Gruppe von Menschen (z. B. einer Gemeinde), außer von Adligen und Geistlichen, aufgebracht werden musste. Innerhalb dieser Gruppe wurde der Steueranteil eigenverantwortlich geregelt, wobei die unterschiedlichen Vermögensverhältnisse berücksichtigt werden sollten. Dies führte oft zu heftigem Streit.

Art. 11: Wenn es schwierig ist, in der nächsten Versammlung all die auf Frankreich lastenden Abgaben zu vereinfachen, zu verringern oder zu verändern, dann bitten wir, dass die taille, die Kopfsteuer, das Frongeld und andere zusätzliche Abgaben, die Zwanzigsten und die indirekten Steuern abgeschafft werden und man gleichzeitig eine einzige Steuer einführt, die in eine Grundsteuer, eine Gewerbesteuer und eine Rentensteuer unterteilt ist, und dass der Salzpreis gesenkt wird, unter dem Vorbehalt, daß die Generalstände, die 1792 tagen werden, die Salzsteuer ganz abschaffen sowie die Kontrollgefälle und andere Domanialabgaben verringern. [...]

Art. 14: [Wir erbitten,] Die Prozeßkosten zu senken und die Prozeßdauer zu begrenzen, ein Gegenstand von besonderer Wichtigkeit, der den Ruin von Familien verursacht. [...]

Art. 20: Die Hasen, die es in großer Menge gibt und die das Land verwüsten, sollen vernichtet werden. [...]

Die Tauben sollen vernichtet oder zumindest während dreier Monate eingesperrt werden, nämlich: Juni, Juli und August, in Anbetracht dessen, dass sie die reife Saat vernichten.

Art. 23: Die Zehnten sollen den Pfarrern zurückgegeben werden für ihren Unterhalt und den der Armen und die bauliche Unterhaltung der Kirchen und ihres Pfarrhauses. [...]

Gehandelt und beschlossen auf der Versammlung der Einwohner, die in der üblichen Weise mit Glockengeläut zusammengerufen worden sind, am heutigen 17. März 1789. Und es haben unterschrieben: [Unterschriften]

Aus: Quellen zur Neueren Geschichte, hrsg. vom Historischen Seminar der Universität Bern, Heft 1, Bern, 2. Aufl. 1952, S. 31-33.

2.1.3 Eröffnung der Generalstände in Versailles (5. Mai 1789)

Stich von Isidore Helman

2.1.4 Hymne zu Ehren der wieder einberufenen Generalstände (1789)

Diese Hymne mit ihren annähernd 50 Strophen macht auf pathetische Weise deutlich, welche Hoffnungen man in der Bevölkerung mit der Einberufung der Generalstände verband.

1. O fils et filles, tour à tour,
Réjouissez-vous dans ce jour!
À vos cris le ciel n'est plus sourd.
Alleluia!

O, Söhne und Töchter, einer wie der andere
Erfreut Euch dieses Tages!
Der Himmel hat Euer lautes Klagen endlich erhört.
Halleluja.

13. À son aspect tout refleurit,
L'État retrouve son crédit,
L'espoir renaît, la crainte fuit,
Alleluia!

Bei seinem Anblick erblüht alles aufs Neue,
Der Staat erhält seine Geltung wieder,
Die Hoffnung lebt auf, die Furcht flieht,
Halleluja!

25. Vive ce moment fortuné,
Où tout ainsi qu'un nouveau-né,
Le royaume est régénéré!
Alleluia!

Es lebe dieser glückselige Augenblick,
Wo ganz wie ein Neugeborener
Das Königreich wiederauflebt!
Halleluja!

27. Le noble, entiché de son nom,
Est sans honneur et sans façon,
Perdra son orgeuil et son ton.
Alleluia!

Der Adlige, voreingenommen wegen seines Namens,
Ohne Ehrgefühl und ohne Anstand,
Wird seinen Hochmut und seine Manier verlieren.
Halleluja!

42. Viens, précieuse liberté,
Sous les lois de l'égalité,
Rendre l'homme à l'humanité.
Alleluia!

Komm, kostbare Freiheit,
Um unter den Gesetzen der Gleichheit
Den Menschen die Menschlichkeit wiederzubringen.
Halleluja!

Aus: Soboul, Albert: 1789. „L'An un de la liberté", Paris 1950, S. 71-74 (Übersetzung G. S.)

2.1.5 Die Generalstände – Hintergründe (1789)

a) Die französische Gesellschaft 1789 (Gesamtbevölkerung: ca. 25,5 Mio.)

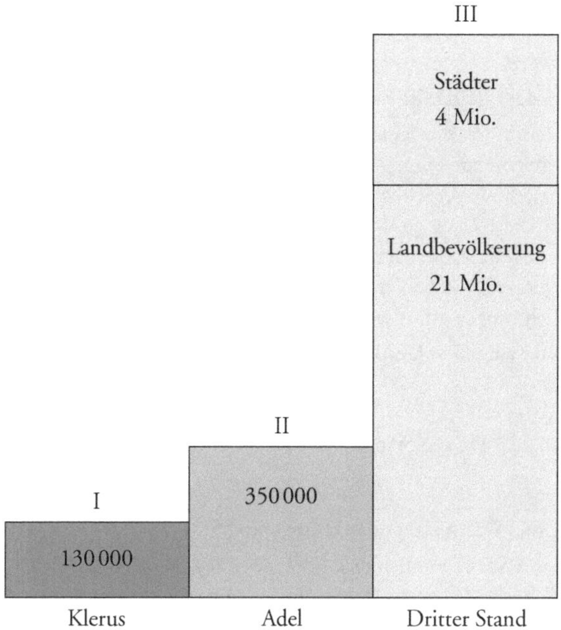

b) Die drei Stände des Königreichs in den Generalständen

	Gesamtzahl der Abgeordneten	Anhänger einer Reform
I. Klerus	291	ca. 180
II. Adel	270	ca. 90
III. Dritter Stand	578	alle

Nach: Pham, Gisèle: La Révolution de 1789 et l'Empire (Ateliers de recherches en didactique), Lyon 1988, S. 11

2.1.6 „Was ist der Dritte Stand?" – Aus einer Flugschrift von Emmanuel Joseph Sièyes (Januar 1789)

Der größte Teil des französischen Volkes, etwa 98 Prozent der Bevölkerung (das waren vor der Revolution knapp 25 Millionen Personen), gehörte dem Dritten Stand an. Er musste fast die gesamte Steuerlast tragen, ohne ein wesentliches politisches Mitspracherecht zu haben. Zum Dritten

Stand zählten sehr unterschiedliche soziale Gruppen: Neben den Vertretern des städtischen Bürgertums (Fabrikanten, Fernhändler, Bankiers, Kaufleute, Handwerker und Kleinhändler) gehörten ihm auch Akademiker wie Juristen und Ärzte an, daneben auch Groß- und Kleinbauern auf dem Lande und die große Zahl der städtischen und ländlichen Unterschichten, die ein ungesichertes Auskommen hatten.

a) Die erste Seite der Flugschrift lautet:

Der Plan dieser Schrift ist ganz einfach. Wir haben uns drei Fragen zu stellen.

1. Was ist der Dritte Stand? Alles.
2. Was ist er bis jetzt im politischen Gefüge gewesen? Nichts.
3. Was fordert er? Darin etwas zu werden.

Man wird sehen, ob die Antworten richtig sind. Wir werden dann die Mittel, die man ausprobiert hat und diejenigen, die man ergreifen muss, einer Prüfung unterziehen, damit der Dritte Stand tatsächlich *etwas* wird. Also werden wir sagen:

4. Was die Minister zu seinen Gunsten *versucht* haben und was die Privilegierten selbst *vorschlagen.*
5. Was man hätte tun sollen.
6. Was schließlich dem Dritten Stand zu tun bleibt, um den Platz einzunehmen, der ihm gebührt.

b) Aus dem Kapitel „Was verlangt der Dritte Stand?":

Man kann die wahren Forderungen dieses Standes nur nach den authentischen Beschwerdeschriften beurteilen, die die großen Stadtgemeinden an die Regierung gerichtet haben. Was liest man da? Daß das Volk *etwas* sein will, und wahrlich nur das Mindestmögliche. Es will echte Vertreter in den Generalständen haben, das heißt Abgeordnete, *die aus seinem Stand kommen,* seine Wünsche vorbringen und seine Interessen verteidigen. Aber was würde es ihm nützen, in den Generalständen vertreten zu sein, wenn dort die ihm entgegengesetzten Interessen die Oberhand hätten? Es würde durch seine Gegenwart nur die Unterdrückung bestätigen, deren ewiges Opfer er wäre. Daher steht es fest, daß der dritte Stand nur dann in den Generalständen vertreten sein und seine Stimme abgeben kann, wenn er *wenigstens den gleichen Einfluß wie die Privilegierten* bekommt. Er verlangt daher ebenso viele Vertreter wie die beiden anderen Stände zusammen. Diese Zahlengleichheit der Vertreter wäre aber vollkommen illusorisch, wenn jede Kammer nur eine Stimme hätte. Der dritte Stand verlangt daher, daß *nach Köpfen und nicht nach Ständen* abgestimmt wird. Nur das steht in diesen Beschwerdeschriften, die bei den Privilegierten offenbar eine Panik ausgelöst haben, weil sie glaubten, allein dadurch werde die Abschaffung der Mißstände schon unvermeidlich. Die eigentliche Absicht des dritten Standes ist es, in den Generalständen den *gleichen* Einfluß zu besitzen wie die Privilegierten. Noch einmal: Kann er weniger verlangen? Kann man hoffen, daß er aus seiner politischen Bedeutungslosigkeit heraustritt und *etwas* wird, wenn er nicht gleichberechtigt ist?

Aus: Grab, Walter (Hrsg.): Die Französische Revolution. Eine Dokumentation, München 1973, S.29f.

2.1.7 Die Vorgänge in Frankreich in der deutschen Presse (Juni 1789)

Auch in deutschen Zeitungen – vor allem in jenen des Rheinlandes – wurde ausführlich über die Vorgänge in Versailles und Paris berichtet. So konnte man etwa im „Kölnischen Staatsboth" Nr. 105 vom 2. Juli 1789 über die Folgen der Anordnung des Königs vom 23. Juni lesen:

Am verwichenen [vergangenen] Dienstag [23. Juni] war es, als der König, von den Prinzen seines Hauses begleitet, unter Bedeckung von 800 Mann seiner Leibwache, sich in den Saal der versammelten Reichsstände erhoben [begaben] und nach einer kurzen Anrede denselben inbetreff der Präliminarpunkte sowohl als inbetreff der zum Besten der Nation bezielten Gegenstände ihre Willensmeinung vermittelst zweier Erklärungen, deren eine 15, die andere 35 Artikel enthält, zu erkennen gaben. Der König sprach aus hohem Tone und sagte, er würde denjenigen, der sich seinen Anträgen widersetzte, für einen übel gesinnten Franzosen ansehen und seine eigenen Anträge mit Völle seiner königlichen Macht unterstützen. Der Ritterstand [der Adel] und die Geistlichkeit, die ihr Ziel hiedurch zu erreichen glaubten, schienen über die Erklärungen des Königs sehr zufrieden zu sein. Der Dritte Stand aber, womit sich einige Glieder der Geistlichkeit vereinigt haben, protestierte wider alles, was während der königlichen Sitzung vorgegangen war, setzte seine Beratschlagungen fort und wollte, ungeachtet der König den Ständen auseinanderzugehen befohlen, durchaus den Versammlungssaal nicht verlassen. [...] Allein die Gärung ist so groß, dass zu Versailles unangenehme Auftritte zu befürchten stehen, wenn man die Gemüter nicht zeitig in Ruhe zu bringen sucht. Der König sieht selbst ein, dass der Schritt, den man ihn zu machen beredet hatte, wenig Beifall findet [...].

Aus: Hansen, Joseph (Hrsg.): Quellen zur Geschichte des Rheinlandes im Zeitalter der Französischen Revolution 1780-1801, Bd. 1, Bonn 1931, S. 377

2.1.8 Der Ballhausschwur (20. Juni 1789)

Am 20. Juni 1789 erklärte sich der Dritte Stand, dem sich ein großer Teil des Klerus anschloss, zur Nationalversammlung. Die Versammlung fand im „Ballhaussaal" in Versailles statt, in dem „jeu de paume" (Spiel mit der Handinnenfläche), eine Art Tennis oder Squash, gespielt wurde. Die große Mehrheit des Adels forderte den König hingegen auf, gegen diese einseitige Aktion einzuschreiten. König Ludwig XVI. versuchte am 23. Juni 1789 vergeblich, die Versammlung aufzuheben.

Die Nationalversammlung beschließt, in der Erwägung, dass gemäß ihrem Auftrag, die Verfassung des Königreichs festzulegen, die öffentliche Ordnung wiederherzustellen und die wahren Grundsätze der Monarchie aufrecht zu erhalten, nichts sie hindern kann, ihre Beratungen fortzusetzen, wo auch immer man sie zu tagen zwingt, ferner, dass überall dort, wo ihre Mitglieder versammelt sind, die Nationalversammlung ist,

> dass alle ihre Mitglieder auf der Stelle einen feierlichen Eid leisten, sich niemals zu trennen und sich überall, wo die Umstände es notwendig machen, zu versammeln, solange bis die Verfassung des Königreiches geschaffen und auf feste Grundlagen gestellt worden ist, und dass nach dem Schwören besagten Eides alle Abgeordneten, jeder für sich, durch ihre Unterschrift diese unumstößliche Entschließung bestätigen.

M. Bailly[1]: Ich fordere für die Sekretäre und mich, den Eid als erste zu leisten. – Sie tun dies auf der Stelle mit folgender Formel:

> Wir schwören, uns niemals von der Nationalversammlung zu trennen und uns überall zu versammeln, wo die Umstände es notwendig machen werden, solange bis die Verfassung des Königreiches geschaffen und auf feste Grundlagen gestellt ist.

Darauf schwören alle Abgeordneten dem Präsidenten den gleichen Eid in die Hand.

Aus: Grab, Walter (Hrsg.): Die Französische Revolution. Eine Dokumentation, München 1973, S. 32

2.1.9 Der Sturm auf die Bastille (14. Juli 1789)

Der Sturm auf die Bastille wurde wie wohl kein anderes Ereignis zuvor auf unzähligen Bildern dargestellt. Schülerinnen und Schüler können im Internet dieses hier abgedruckte und viele weitere zeitgenössische Bilder aufspüren. Heute ist von der Bastille nichts mehr zu sehen, sieht man einmal von ihren Umrissen ab, die mit Pflastersteinen auf der Place de la Bastille markiert sind.

a) Sturm auf die Bastille

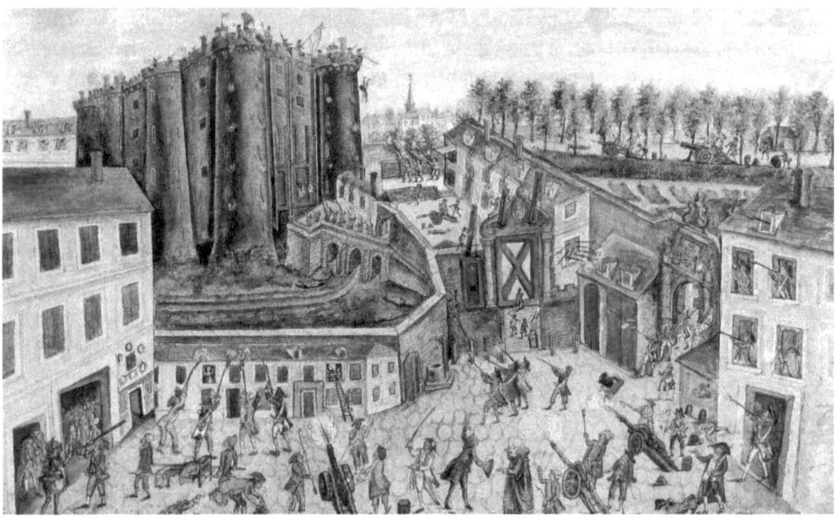

Zeitgenössisches Aquarell, das nach Angaben des Leutnants Claude Chaulat entstand, der an der Erstürmung beteiligt war

1 Jean-Sylvain Bailly (1736-1793): frz. Astronom, der 1759 die Umlaufbahn des Halleyschen Kometen berechnete. Er war Mitglied der Akademie der Wissenschaften und wurde 1789 als Pariser Abgeordneter des Dritten Standes in die Generalstände gewählt. Am 3. Juni 1789 wurde er Präsident der Nationalversammlung und leitete am 20. Juni 1789 die Versammlung, die zum Ballhausschwur führte. Nach der Erstürmung der Bastille wurde Bailly erster Bürgermeister von Paris. Royalistischer Gesinnung verdächtigt und in der Presse fast täglich von Marat (s. S. 234), Desmoulins (s. S. 49) u. a. beschimpft, nahm er 1791 seinen Abschied und zog sich nach Nantes zurück. Im September 1793 wurde er festgenommen und nach Paris gebracht und trat dort im Prozess gegen die Königin Marie Antoinette als Zeuge zu deren Gunsten auf. Vom Revolutionstribunal beschuldigt, „sich knechtisch dem Tyrannen (dem König) verkauft zu haben", wurde er am 12. November 1793 guillotiniert.

b) Der Fall der Bastille am 14. Juli 1789, erzählt von Camille Desmoulins[1] (16. Juli 1789)

Lieber Vater!

Jetzt kann man Euch schreiben, der Brief wird ankommen. Ich selbst habe gestern einen Posten in einem Postamt aufgestellt, und es gibt kein geheimes Kabinett mehr, wo man die Siegel der Briefe erbricht. Wie hat sich in drei Tagen das Gesicht aller Dinge verändert! [...] Die Menge und die Verwegensten begeben sich zum Invalidenhaus; man verlangt Waffen vom Gouverneur; er gerät in Angst und öffnet sein Magazin. Ich bin, auf die Gefahr, zu ersticken, unters Dach gestiegen. Ich sah dort, will mir scheinen, mindestens hunderttausend Flinten. Ich nehme eine ganz neue, an der ein Bajonett steckte, und zwei Pistolen. Das war am Dienstag; der ganze Morgen verging damit, daß man sich bewaffnete. Kaum hat man Waffen, so geht es zur Bastille. Der Gouverneur, der gewiß überrascht war, mit einem Schlag in Paris hunderttausend Flinten mit Bajonetten zu sehen, und nicht wußte, ob diese Waffen vom Himmel gefallen waren, muß sehr in Verwirrung gewesen sein. Man knallt ein oder zwei Stunden drauflos, man schießt herunter, was sich auf den Türmen sehen läßt; der Gouverneur, Graf de Launey, ergibt sich; er läßt die Zugbrücke herunter, man stürzt drauflos, aber er zieht sie sofort wieder hoch und schießt mit Kartätschen drein. Jetzt schlägt das Geschütz der Französischen Garden eine Bresche. Ein Kupferstecher steigt als erster hinauf, man wirft ihn hinunter und bricht ihm die Beine entzwei. Ein Mann von der Gardes-françaises ist der nächste, er hat mehr Glück, packt die Lunte eines Kanoniers und wehrt sich; binnen einer halben Stunde ist der Platz im Sturm genommen. Ich war beim ersten Kanonenschlag herbeigeeilt, aber, es grenzt ans Wunderbare, um halb drei Uhr war die Bastille schon genommen. Die Bastille hätte sich sechs Monate halten können, wenn sich irgendetwas gegen das französische Ungetüm halten könnte; die Bastille genommen von Bürgersleuten und führerlosen Soldaten, ohne einen einzigen Offizier! Derselbe Gardist, der im Sturm als erster nach oben gekommen war, verfolgt Herrn de Launay, packt ihn bei den Haaren und macht ihn zum Gefangenen. Man führt ihn zum Stadthaus und schlägt ihn unterwegs halbtot. Er ist so geschlagen worden, daß es mit ihm zu Ende gehen will; man gibt ihm auf dem Grèveplatz den Rest, und ein Schlächter schneidet ihm den Kopf ab. Den trägt man auf der Spitze einer Pike. [...] Am Nachmittag knüpfte man den Rest der Besatzung der Bastille auf, den man mit der Waffe in der Hand ergriffen hatte; man hängte sie an die Laternen des Grèveplatzes. Man begnadigte ein paar von ihnen und alle Invaliden durch Zurufe. Es wurden auch vier oder fünf Diebe auf frischer Tat ergriffen und auf der Stelle gehängt, was die Spitzbuben derart in Bestürzung versetzte, daß

1 Camille Desmoulins (1760-guillotiniert 5.4.1794) war nach einem Jura-Studium zunächst Anwalt, während der Französischen Revolution aber in erster Linie einflussreicher Journalist mit eigener Zeitung, in der er gegen Ämterkauf, Erbadel, Steuerprivilegien und gegen das Wahlgesetz mit seiner Unterscheidung von Aktiv- und Passivbürgern polemisierte. Er forderte nach der Flucht des Königs dessen Absetzung und Hinrichtung. In der Folgezeit bekämpfte er als in Paris gewähltes Mitglied des Konvents die Girondisten, wandte sich aber ab Ende 1793 den „Indulgents" (den „Nachsichtigen") zu und vertrat eine Politik der Mäßigung. Hierzu nutzte er seine Zeitung „Le Vieux Cordelier", die Robespierre im Jakobinerklub verbrennen ließ. Desmoulins setzte seine Attacken gegen Robespierre und dessen Anhänger fort. Auf dessen Anordnung hin festgenommen und zum Tode verurteilt, starb Desmoulins am 5. April 1794 unter der Guillotine. Am 13. April 1794 wurde auch seine Frau guillotiniert.

man sagt, sie hätten sich alle aus dem Staub gemacht. Der Herr stellvertretende Polizeidirektor war so erschreckt über das tragische Ende des Vorstehers, daß er seine Demission ins Stadthaus sandte. Die Unterdrücker wollten alle aus Paris flüchten; aber von Montagabend an war immer eine Patrouille von 50 000 Mann auf den Beinen. Man hat niemand aus der Hauptstadt hinausgelassen. Alle Schlagbäume wurden verbrannt, und alle Zollbeamten sind in Verzweiflung, das könnt Ihr Euch denken. Die Schweizer, Wachen des Königlichen Schatzes, haben die Waffen niedergelegt. Man hat dort 24 Millionen gefunden, deren sich die Stadt Paris bemächtigt hat. Nach dem Handstreich, mit dem die Bastille gestürmt worden war, glaubte man, die rings um Paris lagernden Truppen könnten eindringen, und niemand legte sich schlafen. In dieser Nacht waren alle Straßen beleuchtet; man warf Stühle, Tische, Fässer, Pflastersteine, Wagen auf die Straßen, um sie zu verbarrikadieren und den Pferden die Beine zu brechen. In dieser Nacht waren 70 000 Mann unter den Waffen. Die Französischen Garden patrouillierten mit uns zusammen. Ich war die ganze Nacht durch auf Wache. Wir hatten die Pulvervorräte der Bastille, des Arsenals, 50 000 Patronen, die im Invalidenhaus gefunden wurden. Mein Rat war, nach Versailles zu gehen. Der Krieg wäre damit zu Ende gewesen, die ganze königliche Familie wäre aufgehoben worden, alle Aristrokraten in einem Fischzug gefangen. Ich war sicher, daß die unbegreifliche Eroberung der Bastille in einem Sturm von einer Viertelstunde das Schloß von Versailles und das Lager fassungslos gemacht hätten, zu sich zu kommen. Gestern morgen ging der eingeschüchterte König in die Nationalversammlung; er ergab sich der Versammlung bedingungslos, und nun sind alle seine Sünden vergeben. Unsere Abgeordneten führten ihn im Triumph zum Schloß zurück. Er weinte viel, hat man versichert. Er kehrte zu Fuß zurück und hatte nur unsere Abgeordneten zu Wachen, die ihn zurückführten. Target [berühmter Pariser Rechtsanwalt und Abgeordneter der Nationalversammlung] sagte mir, es sei ein schöner Aufzug gewesen. Am Abend war der Umzug noch schöner. 150 Abgeordnete der Nationalversammlung, Klerus, Adel und Gemeine setzten sich in königliche Kutschen, um den Frieden zu verkünden. Um ½ 4 Uhr langten sie auf dem Platz Ludwigs XV. an, verließen die Wagen und gingen zu Fuß über die Rue Saint-Honoré bis zum Stadthaus. Sie schritten unter den Fahnen der Französischen Garden, die sie küßten und wobei sie sagten: „Das sind die Fahnen der Nation, der Freiheit." 100 000 Bewaffnete und 80 000 Menschen mit rot-blauen Kokarden [die Farben der Stadt Paris] waren um sie. Das Rot, um zu zeigen, daß man bereit war, sein Blut zu vergießen, und das Blau für eine himmlische Verfassung. Die Abgeordneten trugen ebenfalls die Kokarde. Man machte halt vor dem Palais-Royal und vor dem Soldaten der Französischen Garde, der auf dem leichten Wagen des Herrn de Launay saß, den ihm die Stadt, ebenso wie die Pferde, die der geköpfte Gouverneur nicht mehr brauchte, zum Geschenk gemacht hatte. Er trug eine Bürgerkrone auf dem Haupt. Er reichte allen Abgeordneten die Hand. Ich marschierte mit bloßem Degen neben Target, mit dem ich plauderte; er war von einer unaussprechlichen Freude erfüllt. Sie strahlten aus allen Augen, und ich habe nie etwas dergleichen gesehen. […]

Trotzdem war meine Freude am Tag vorher noch größer gewesen, als ich auf die Bresche der eroberten Bastille trat und man die Fahnen der Garden und Bürgerwehren dort aufpflanzte. Dort waren die meisten der eifrigen Patrioten beisammen. Wir umarmten uns, wir küßten den Gardisten die Hände und weinten vor Freude und Trunkenheit.

Nachschrift. Gestern haben die 150 Abgeordneten und die Wahlmänner im Stadthaus den Frieden proklamiert. Der Marquis von Lafayette[1] ist zum General der 16 Legionen Pariser Milizen ernannt worden, die Französischen und Schweizer Garden wurden zu Nationaltruppen erklärt und sollen künftig, ebenso wie die zwei ersten unserer 16 Legionen, im Sold der Nation stehen. Herr Bailly ist zum Maire von Paris ernannt worden. In diesem Augenblick legt man die Bastille nieder; Necker ist zurückberufen; die neuen Minister haben abgedankt oder sind abgedankt worden; Foulon ist vor Angst gestorben; der Abbé Roy ist gehängt; der Gouverneur der Bastille, sein Stellvertreter und der Vorsteher der Kaufmannschaft sind enthauptet; fünf Diebe sind an die Laterne gehängt worden; etwa 100 Menschen auf beiden Seiten sind bei der Bastille umgekommen. Seit Sonntag sind die Theater geschlossen geblieben, etwas Unerhörtes!

Aus: Landauer, Gustav (Hrsg.), Briefe aus der Französischen Revolution, I. Band, Frankfurt am Main 1919, S. 148-156

c) Der englische Botschafter in Paris über den Sturm auf die Bastille

So dürfte, My Lord, die größte Revolution unserer Zeit, wenn man die Wichtigkeit des Ereignisses bedenkt, nur das Leben von einigen wenigen Menschen gekostet haben; von diesem Zeitpunkt an müssen wir Frankreich als ein freies Land betrachten, den König als einen Monarchen mit beschränkter Macht und den Adel zurückgestuft auf den Rest der Nation.

Aus: Chaulanges, Martial, u. a. (Hrsg.): Textes historiques. L'Époque de la Révolution 1789-1799, Paris 1979; zit. nach: tdc-textes et documents pour la classe No. 489, September 1988, S. 24

d) Berichte in deutschen Zeitungen

Über ein so welterschütterndes Ereignis wie die Erstürmung der Bastille berichteten natürlich auch viele deutsche Zeitungen. Im „Kurtrierischen Korrespondenzblatt" Nr. 59 war über die Vorgänge am Vorabend des Sturms auf die Bastille zu lesen:

---

1 Marie Joseph du Motier Marquis de Lafayette (1757-1834) nahm 1777 am Unabhängigkeitskrieg in Nordamerika teil, wurde zum Freund von George Washington und kehrte als berühmter Mann nach Frankreich zurück. 1789 wurde er vom Adel des Bezirks Riom (Auvergne; ca. 400 km südlich von Paris) in die Generalstände gewählt. Schon am 10. Juli 1789 unterbreitete er der Nationalversammlung einen an das amerikanische Vorbild angelehnten Entwurf der Menschen- und Bürgerrechte. Nach dem Bastillesturm wurde er Kommandant der Pariser Nationalgarde. Als Vertreter des reformwilligen Adels und des Großbürgertums war eine Monarchie nach englischem Vorbild sein Ziel. Er versuchte die Revolution nach Verabschiedung der Verfassung von 1791 zu stoppen. Nach dem Blutbad auf dem Marsfeld (s. S. 257, Anm. 1)schwand seine Popularität. Er musste das Kommando über die Nationalgarde niederlegen, versuchte im Sommer 1792 mit einem Staatsstreich die Monarchie zu retten und beabsichtigte nach dem Sturm auf die Tuilerien mit Hilfe des Militärs nach Paris vorzudringen, um den König zu befreien. Zur Rechtfertigung nach Paris zitiert, zog er es vor, über die Grenze zu fliehen, wo er allerdings von 1792-1797 in Preußen und Österreich in Festungshaft genommen wurde. Auf Betreiben Napoleons, dessen Politik Lafayette aber ablehnte, wurde er aus der Festungshaft entlassen. Nach Frankreich zurückgekehrt, spielte er bis 1830 keine bedeutende politische Rolle mehr, bis er im Zuge der Julirevolution 1830 noch einmal das Kommando über die Nationalgarde übernahm.

Wir stehen jetzt am Rande eines der gräulichsten Bürgerkriege, [...] die Börse ist leer und die öffentlichen Aktien fallen entsetzlich; nun sind Aufruhr, Bankerotte, Trennung der Nationalversammlung, Einkerkerung, Verweisung, Machtsprüche, allerhand Bedrückungen, mit einem Worte alles, was sich nur von dem allgemeinen Elende denken lässt, der bittere Trank, der von neuem der französischen Nation zubereitet wird.

Über die Vorgänge am 14. Juli berichtete dasselbe Blatt:

An diesem Tage war eine unglaubliche Kraft bei der Nation [...], das Volk geriet in Wut, die Bastille wurde bombardiert und in weniger denn zwei Stunden mit stürmender Hand eingenommen. Man kapitulierte, aber [...] man schlug dem Gouverneur und Untergouverneur [der Bastille] die Köpfe herunter, dann wurden sie auf hohe Stangen gesteckt und so als Siegeszeichen in der Stadt herumgetragen.

Aus: Hansen, Joseph (Hrsg.): Quellen zur Geschichte des Rheinlandes im Zeitalter der Französischen Revolution 1780-1801, Bd. 1, Bonn 1931, S. 381f.

e) Aus einem Schreiben aus Paris vom 17. Juli

Auch in entfernteren deutschen Städten waren in den lokalen Zeitungen ausführliche Berichte über den Sturm auf die Bastille zu lesen.

Es fehlte der großen Anzahl bürgerlicher Truppen an Waffen. Am Dienstag [14. Juli] Vormittag begaben sie sich häufig nach dem Invalidenhause, welches an das so genannte Champ de Mars stößt, wo über 6000 Mann Truppen kampieren. Man machte den Torweg zu. Sie verlangten, dass man ihnen die Waffen ausliefere. Der Gouverneur, Herr von Sombreuil, erschien an dem Torweg, um mit dem Volke zu reden. Aber kaum war er da, als schon viele Bürger über die Mauern und Gräben gesetzt waren und sich auf dem Hofe befanden. Hierauf ließ der Gouverneur die Tore öffnen. Das Volk nahm alle Säbel, Bajonette und 30 000 Flinten, führte auch 22 Kanonen mit sich fort, ohne dass sich die im Lager befindlichen Truppen regten. Während dass ein kleines Detaschement [militärische Einheit] der bürgerlichen Truppen diese Kanonen im Triumph fortführte, begaben sich die übrigen nach dem Arsenal[1], wo ihnen nichts widerstand. Sie gingen hierauf nach der Bastille, die ans Arsenal stößt, und verlangten, dass man ihnen die darin befindlichen Waffen und Pulver ausliefere. Der Marquis von Launay, Gouverneur der Bastille, ließ die Tore öffnen und 200 bis 300 Personen auf den ersten Hof kommen, ließ hierauf die Zugbrücke aufziehen und die Tore wieder zumachen, so dass diese Personen eingeschlossen waren. Herr von Lanay tat noch mehr, er ließ mit Kartätschen[2] auf sie feuern. Hierauf versuchten die Truppen, die sich außerhalb befanden, einen Sturm auf die Bastille. Man ließ die aus dem Invalidenhause genommenen Kanonen kommen, schoss mit selbigen das Tor auf und riss die Zugbrücke ab. [...] Schon waren die bürgerlichen Truppen durch das Tor und über die Brücke in die Bastille gedrungen und in we-

1 Aufbewahrungs- und oft auch Herstellungsort von Kriegsgerät aller Art.

2 Behälter aus Eisen- oder Zinkblech, in dem Kugeln enthalten waren, die – mit Kanonen abgeschossen – wie eine Schrotladung wirkten.

niger als 3 Stunden war dieser Platz von bürgerlichen Truppen angegriffen und erobert. [...] Man führte den Gouverneur, den Major der Bastille und einige invalide Kanoniere im Triumph nach dem Platz von Greve[1]. Man zwang sie, ihre Kleider verkehrt anzulegen. Zu gleicher Zeit befreite man alle Staatsgefangene[2] [aus der Bastille], unter welchen sich einer befand, der schon 40 Jahre gesessen hatte. Als man auf dem Platz von Greve angekommen war, erstach man den Herrn von Launay und den Major, man henkte 2 Kanoniere und pardonnierte [begnadigte] einige andere. [...] Man schnitt dem Herrn von Launay und dem Major die Köpfe ab, führte sie im Triumph nebst den Schlüsseln der Bastille durch die Straßen und nach dem Garten des Palais Royal. [...]

Des Abends war die allgemeine Consternation [Bestürzung] des vorigen Tages in Freude verwandelt. Man befürchtete einige Angriffe in der Nacht, man riss also das Pflaster einiger Straßen auf, besonders in den Vorstädten, und man nahm alle Maßregeln, um sich dem Angriffe der Königl. Truppen zu widersetzen. [...] Am Mittwoch fingen 15 Maurer an, die Bastille niederzureißen, und man fährt noch immer fort damit.

Aus: Staats- und gelehrte Zeitung des Hamburgischen unpartheyischen Correspondenten Nr. 118 v. 25. Juli 1789; Faksimileabdruck in: Oberschelp, Reinhard (Hrsg.): Die Französische Revolution und Niedersachsen 1789-1803. Textband, Hildesheim 1989, S. 5-7.

f) Wer hat die Bastille erstürmt?

Im Juni 1790 wurde der Titel „Vainqueurs de la Bastille" [„Bezwinger der Bastille"] 954 Personen verliehen. Wer waren diese Personen?

Beruf: Man kennt den Beruf von 661 dieser Sieger. 5/6 von ihnen waren Kleingewerbetreibende, Handwerksmeister und Gesellen, 1/6 Bürger, Kaufleute, Händler, Gewerbetreibende (darunter der Brauer Santerre[3]), Rentiers. Man zählte ferner 80 Soldaten oder Offiziere, eine einzige Frau, Marie Charpentier, eine Wäscherin aus dem Faubourg Saint-Marcel.

Alter: Das Durchschnittsalter der Sieger war 34 Jahre.

---

1 Platz vor dem Rathaus von Paris, wo öffentliche Hinrichtungen stattfanden. Während der Revolution befand sich dort eine Guillotine.

2 Insgesamt wurden am 14. Juli sieben Gefangene befreit, die in Turmzimmern untergebracht waren: zwei Geisteskranke, vier Fälscher und eine Person, die seine Familie hat einsperren lassen. In den schrecklichen Verließen war seit 15 Jahren niemand mehr gefangen gehalten worden. Der Marquis de Sade, der seit 1784 in der Bastille als Gefangener einsaß, war bereits Anfang Juli 1789 in die Irrenanstalt nach Charenton überstellt worden (Martine Garrigues: La Révolution Française, Paris 1982 [Ausstellungskatalog], S. 23).

3 Antoine Joseph Santerre (1752-1809); reicher Brauer im Faubourg Saint-Antoine, beteiligte sich leidenschaftlich an Pferderennen und behauptete von sich, nach dem Herzog von Orléans der beste Kavalier von Paris zu sein. Am 10. August 1792 wurde er zum kommandierenden General der Nationalgarde ernannt. In dieser Funktion geleitete er König Ludwig XVI. aufs Schafott. Berauscht vom Militär und seinen Uniformen forderte er ein Kommando zur Niederschlagung des Vendée-Aufstandes, wo er aber kläglich scheiterte. Nach Paris zurückbeordert, ließ ihn der Wohlfahrtsausschuss festsetzen; blieb in Haft bis zum Sturz Robespierres. Er verließ das Gefängnis wirtschaftlich ruiniert und erhielt danach die Aufgabe, Pferde für die Armee anzukaufen. Spekulationen auf die Nationalgüter bescherten ihm neuen Reichtum, den er in weiteren Spekulationen wieder verlor.

Herkunft: Von den 635 Siegern, deren Herkunft man feststellen konnte, waren die meisten Bewohner des Faubourg Saint-Marcel und des Bezirks „Les Halles" [Markthalle im Zentrum von Paris]. Keiner der Sieger der Bastille wohnte weiter als 2 km von der Bastille entfernt. Die Sieger der Bastille waren Pariser neuen Datums: 57% sind gebürtig in der Provinz; man zählte ferner 13 Italiener, darunter sechs aus Savoyen, 12 Deutsche, 12 Belgier, ein Holländer und ein Schweizer.

Aus: tdc-textes et documents pour la classe, No. 489: La Prise de la Bastille, 7. September 1988, S. 8

g) Opfer des Sturms auf die Bastille	Belagerer	Garnison der Bastille
An Ort und Stelle getötet	83	1
An ihren Verletzungen gestorben	15	0
Verwundete	60	3
Verstümmelte [„mutilés"]	13	0
Getötet nach der Übergabe der Bastille	0	7
Insgesamt	171	11

Aus: tdc-textes et documents pour la classe: La Prise de La Bastille, No. 489, 7. September 1988, S. 9

2.1.10 Bauernrevolution in der Provinz (Sommer 1789)

Die Schrift, aus der hier zitiert wird, erschien anonym am 8. August 1789 in Paris. Die hier beschriebene Revolution der Bauern in der Provinz Dauphiné dürfte mit dazu beigetragen haben, dass die Abgeordneten der Nationalversammlung am 4. August 1789 das aus dem Mittelalter stammende und 1789 noch immer praktizierte Feudalsystem abschafften. Angesprochen wird hier auch, was als „Grande Peur" in die Geschichte eingegangen ist: Unter den Bauern in der Provinz hatte sich Angst vor einer gewaltsamen Reaktion des Adels breit gemacht, nachdem die Bauern begonnen hatten, ihre Abgaben nicht mehr zu leisten. Gerüchte liefen um, dass bewaffnete Horden plündernd das Land durchstreifen würden. In deren Erwartung bewaffneten sich die Bauern und suchten ihre Orte gegen ein Eindringen dieser Banden zu sichern. Als sich keine Eindringlinge zeigten, weil es solche auch nicht gab und ihre Existenz nur auf Gerüchten basierte, richtete sich die aufgestaute Aggressivität der Bauern gegen den Adel, seinen Besitz und seine Schlösser. In vielen Gegenden Frankreichs kam es auf diese Weise zu großen Zerstörungen.

Es erstaunt nicht, dass Menschen in den politischen Krisen von ihren Leidenschaften fortgerissen werden, sich wechselseitig schaden und Opfer ihrer eigenen Zwietracht werden. Aber was überraschen muss, ist die über das ganze Königreich verbreitete Anzahl von Briganten, die ihre Verwüstungen ohne eigenen Vorteil begehen. Eine Menge falscher Ratgeber streut falschen Alarm aus, versetzt das Volk in Bestürzung, indem sie nur vermutetes Leid ankündigen, oder sie verursachen es tatsächlich selbst in einem größeren Landstrich. Hier also die Tatsachen, wie sie sich ereignet haben und wie sie glaubwürdige Menschen beschreiben.

Am 26. Juli [1789] kommt es zu einer starken Erregung in der Stadt Mont-Luel (Bresse) [heute: Montluel, in der Nähe von Lyon]. Sie wurde durch die Erzählung dreier Bauern verursacht, die in einer Entfernung von einer halben Meile [ca. 2 km] ungefähr 50 gut bewaffnete Männer gesehen hatten, die an einer Waldecke Rast machten und auf einem Feuer Schweinefleischstücke brieten. Man glaubte, dass sie es auf die Stadt abgesehen hätten. Die Einwohner von Mont-Luel bereiteten ihre Verteidigung vor. Aber wie es in solcher Art Umständen vorkommt, jeder machte einen anderen Vorschlag, und man verlor kostbare Zeit mit unnützem Gerede.

Indessen ließen jene, die am Fernrohr standen wie ein Steuermann am Ruder, wissen, dass die Briganten sich in den Wald zurückzogen hatten. Ein Mann zu Pferd war bei ihnen angekommen, ohne Zweifel ihr Anführer, denn bei seiner Ankunft waren ihm alle gefolgt und hatten sich ziemlich eilig in den Wald gestürzt. Es war etwa fünf Uhr am Abend, als sich dies ereignete. Um acht Uhr sah man sie auf Mont-Luel vorrücken. Jener zu Pferde war der Truppe um etwa 100 Schritte voraus. Zweifellos bemerkte er, dass das Tor geschlossen war; im Galopp drehte er um; seine Truppe folgte ihm. Zusammen begaben sie sich zu einem Schloss, eineinhalb Meilen von Mont-Luel entfernt. Man hat erfahren, dass sie von einer Frau, die dort Gras für ihre Kühe sammelte, darüber informiert wurden, ob die Herren dieses Schlosses es bewohnten. Als sie so in Erfahrung gebracht hatten, dass sich dort nur der Verwalter mit seiner Familie befand, ließen sie der Frau sagen, dass sie sich mit ihren Habseligkeiten und ihren Kindern zurückziehen sollte.

Dann brachen sie die Tore auf, trugen alle Papiere in einem Speisezimmer zusammen, nahmen sich Wein, Kupferleuchter, Tuche, sieben Flinten, Pistolen und legten Feuer an das Gebäude. Als man die Flammen sah, läutete man die Feuerglocken in allen Gemeinden. Nachdem die Brandstifter die Wirkung und den Fortgang des Feuers betrachtet hatten, lenkten sie ihre Schritte nach einem anderen Schloss. Bei ihrem Zug durch die Dörfer, sagten sie den Bewohnern, sie sollten Ruhe bewahren, dass sie es nur auf ihre Feinde abgesehen hätten und dass sie kein einziges Schloss auf seinen Fundamenten ließen, dass sie geschworen hätten, die Adligen, diese Tyrannen des Volkes, zu vernichten. So verbrannten sie innerhalb von 24 Stunden nacheinander sieben Schlösser, ohne auf den geringsten Widerstand zu stoßen. [...]

Der Schrecken vergrößerte den Sachverhalt, und man verbreitete, es seien 1200 bewaffnete Männer gewesen. Angesichts dieser Neuigkeit waren die Schlösser bald menschenleer; man begnügte sich damit, die Silbersachen und die wertvollsten Dinge wegzuschaffen. Die Möbel, die Archive und die Vorräte waren ein Raub der Flammen oder wurden geplündert. Zwölf Schlösser wurden auf diese Weise zerstört. Das bedeutendste war das des Herrn Baron d'Anton.

Sicher wird man fragen, weshalb die Einwohner des Ortes sich nicht zusammengetan haben, um sich dieser Zerstörung entgegen zu stellen. Hier der Grund: Man erblickte in diesen fünfzig Briganten eine Armee; sie fügten den Dörfern kein Leid zu, sie töteten niemanden, sie erweckten den Anschein, als rächten sie das unterdrückte Volk. Die Mehrzahl der Besitzer [...] hatte sich, vom allgemeinen Elend in Schrecken versetzt, in die Städte zurückgezogen oder hat sich der traurigen Partei der Emigranten angeschlossen.

Die Menschlichkeit bewahrt noch immer einiges Recht auch in den grausamsten Herzen. Das Schloss von Mezin ist gerettet worden, weil die Briganten darin im Bett eine sehr kranke Frau mit ihren Kindern vorfanden, die die Blattern hatten. Die Briganten haben sich damit zufrieden gegeben, im Hof die Papiere zu verbrennen, und man hat diese zu Tode erschrockene Frau respektiert, die vielleicht nicht überlebt hätte aus Furcht, ihre unglückliche Familie sterben zu sehen.

Man fragt sich weiter: Hat es das Volk zur Rache gedrängt? Ist es von aufrührerischen Parteien gekauft oder entflammt worden, die größere Absichten verfolgten?

Es scheint mir, als müsse man keine so entlegenen Gründe suchen. Die Großen, die Reichen, die Herren der Provinzen haben so grausam und über so lange Zeit das Volk niedergedrückt, dass seit alters ein fast unauslöschlicher Hass existiert. Dieser schwelte seit langem, und es gärte, ohne dass er sich gewaltsam zu entladen wagte. Erdrückt und auf ganz unterschiedliche Weise unterjocht, musste man sich seiner Subsistenzmittel begeben, sie in Silber einschmelzen und den tyrannischen Herren als Abgaben bringen, einmal in Form von Frondiensten, das andere Mal waren es ungerechte Prozesse oder Gewalttätigkeiten. In den tief verbitterten Herzen häuft sich im Laufe eines Jahrhunderts Rache an, und von dem Augenblick an, in dem sie handeln kann, entlädt sie sich wie ein Sturzbach, der nicht mehr gebremst werden kann.

Aus: Les Incendiaires du Dauphiné, ou les Ennemis des Grands, Paris 1789; aus: Lüsebrink, Hans-Jürgen/Rupp, Barbara: Littérature et Révolution Française, Berlin 1988, S. 22f. (Übers. G. S.)

2.1.11 Wie eine Revolution entsteht (1790)

Es ist nur natürlich, wenn sich die Zeitgenossen fragen, welche Ursachen die Französische Revolution gehabt haben könnte, und warum sie gerade in Frankreich ausbrach, dem ersten Staat in Europa. Nachstehend werden die Überlegungen zitiert, die Johann Heinrich Jung-Stilling (1740-1817) als entscheidend für das Entstehen der „Gärung“ ansah, die dann zur Revolution führte. Jung-Stilling, Sohn eines Schneiders aus dem Siegerland, besuchte einige Jahre die Lateinschule. Als Jugendlicher arbeitete er gleichzeitig als Lehrer und als Gehilfe in der Schneiderei seines Vaters. In Straßburg, wo er Goethe kennen lernte, studierte er Medizin. Später wirkte er als Augenarzt in Elberfeld (heute Stadtteil von Wuppertal). Er gab seine Praxis als Augenarzt auf, als er zum Professor für verschiedene Disziplinen (Landwirtschaft, Technologie, Tiermedizin) an der Hohen Cameralschule in (Kaisers-)Lautern berufen wurde. Diese Schule wurde später in die Universität Heidelberg integriert, wo Jung-Stilling bis zu seiner Berufung nach Marburg im Jahr 1787 ökonomische Wissenschaften lehrte. 1803 berief ihn der Markgraf von Baden als Geheimen Hofrat in Geistlichen Dingen nach Karlsruhe. Der nachstehende Text aus dem Jahr 1790 betont, abweichend von den sonst üblichen politischen oder ideengeschichtlichen Begründungen, stärker die ökonomischen Ursachen der Französischen Revolution.

Gerade in der allgemeinen Gärung befinden wir uns jetzt; die Zersprengung der Bande der Religion hat einen falschen Freiheitsdrang hervorgebracht: Die Höfe machten in der Freidenkerei den Anfang; um ungehinderter im Genuss der Sinnlichkeit schwelgen zu können, fesselten viele die sich eben los windende Menschheit wieder in neue Ketten des Despotismus; durch eine Menge von Auflagen, die der immer steigende Luxus notwendig machte, musste die Krise notwendig entstehen, die jetzt den europäischen Staatskörper convulsivisch [krampfhaft, zuckend] zusammenzieht und ängstigt; denn man bedenke einmal folgende zusammentreffenden Umstände:

Die Bevölkerung, die Menschenmenge nimmt zu, ohne dass die Befriedigungsmittel ihrer Bedürfnisse in gleichem Verhältnis an Menge zunehmen. Diese größere Menschenmenge lebt noch über das alles in einem hohen Grad des Luxus, jeder Einzelne braucht zu seiner Unterhaltung gewiss mehr als noch einmal so viel als vor hundert Jahren, und doch ist sein Gewerbeertrag nicht in gleichem Grade gestiegen, geschweige dass er weit mehr Abgaben entrichten muss. Nun nehme man das überall waltende wahre und falsche Freiheitsgefühl dazu, das durch Aufklärung aller Art entstanden ist und in jeder Brust lebt und webt; und dann über das alles noch hin und wieder Missbräuche der regierenden Gewalt, stärkeren Zwang unter vervielfachten Gesetzen und Bedrückungen von aller Art, wie können nun alle diese Widersprüche miteinander bestehen? Notwendig muss da, wo alle diese Umstände im höchsten Grad zusammentreffen, und das war der Fall in Frankreich, eine gefährliche Revolution entstehen.

Aus diesen Quellen lassen sich viele Phänomene erklären, die wir seit ein paar Jahrzehnten bemerkt haben: Die Denkfreiheit gebar die Pressefreiheit; der republikanische Freiheitskampf erzeugte die Publizität [Information der Öffentlichkeit]; und das Unbehagliche der Armut und das Sehnen nach freierer Luft waren die Ursachen so vieler Auswanderungen.

Im Folgenden benennt Jung-Stilling die Maßnahmen, die ihm notwendig erscheinen, um „der leidenden Menschheit … aufzuhelfen.“:

1. ist eine reine, richtige, wahre Aufklärung nötig, wodurch die wahre Religion in ihrer ursprünglichen Reinlichkeit wieder dargestellt und folglich Sittlichkeit und Geschmack am wahren Guten und Schönen allgemein verbreitet wird; sobald dies geschieht, weicht der Luxus von selbst.
2. müssen die Vermögens- und Gewerbequellen für Fürsten und Völker verbessert und einträglicher gemacht werden, damit die immer sich vergrößernde Menschenmenge ernährt und mit ihnen der größere Aufwand leicht bestritten werden können, und
3. ist erforderlich, dass zu diesem allem die regierende Gewalt die Hand biete und so regiere, dass die gerechten Forderungen des wahren, edlen Freiheitssinns auch befriedigt werden mögen.

Aus: Jung-Stilling, Johann Heinrich: Vorrede, in: Abhandlungen des Staatswirthschaftlichen Instituts zu Marburg 1. Bd. (1790), S. XIf.

2.2 Die revolutionären Gesetze und die neue Verfassung

2.2.1 Die Abschaffung des Feudalsystems, der Herrenrechte, der Zehnten, der Käuflichkeit der Ämter, der Privilegien etc. (4. bis 11. August 1789)

Zweifellos war es ein revolutionärer Akt, als die Nationalversammlung zu Beginn des Monats August in einem Überschwang der Gefühle beschloss, das bestehende Feudalsystem abzuschaffen und an seine Stelle etwas Neues zu setzten. Adlige, die noch vor Wochen in der alten Tradition lebten und trotz der Zerrüttungen, von denen das Ancien Régime seit Jahren erschüttert war, gar nicht daran dachten, das alte System abzuschaffen, überschlugen sich in ihrer Bereitschaft, alles hinwegzufegen, was noch vor kurzem die Basis ihrer ausschweifenden Existenz gewesen ist. Natürlich gab es eine Reihe von Adligen – darunter etwa der in der frühen Phase der Revolution dominierende Reformer Mirabeau[1] –, die auch schon zuvor Veränderungen als notwendig und unvermeidlich gehalten hatten. Dass diese Veränderungen dann aber so schnell und so grundlegend vollzogen wurden, überraschte viele.

Art. 1 Die Nationalversammlung zerstört vollständig das Feudalwesen und verfügt, dass von den Lehns- und Grundzinsrechten und -pflichten sowohl diejenigen, die sich aus unveräußerlichem Besitz an Sachen und Menschen und aus der persönlichen Leibeigenschaft herleiten, als auch diejenigen, die an ihre Stelle getreten sind, ohne Entschädigung abgeschafft werden und alle anderen [Lasten und Pflichten] für ablösbar erklärt und der Preis und die Art und Weise der Ablösung von der Nationalversammlung festgelegt werden. Diejenigen der genannten Herrenrechte, die durch diese Verfügung nicht aufgehoben werden, sollen dessen ungeachtet bis zur Ablösungszahlung weiter erhoben werden.

Art. 2 Das ausschließliche Recht [der Herren], Taubenschläge und Taubenhäuser zu unterhalten, wird abgeschafft. Die Tauben werden für die von den Gemeindeverwaltungen festzulegende Zeitdauer eingesperrt. Während dieser Zeit gelten sie als jagdbares Wild, und jeder hat das Recht, sie auf seinem Grund und Boden zu töten.

Art. 3 Das ausschließliche Recht [der Herren] zur Jagd und zur Unterhaltung von offenen Wildgehegen wird ebenfalls abgeschafft; und jeder Eigentümer hat – jedoch nur auf seinem Besitz – das Recht, jede Art von Wild zu töten oder töten zu lassen, allerdings nur, wenn dies in Übereinstimmung mit den zur öffentlichen Sicherheit ergangenen Polizeigesetzen geschieht. [...]

---

1 Graf Honoré-Gabriel Riqueti de Mirabeau (1749-1791) wird von den Zeitgenossen stets gelobt wegen seiner geistvollen Reden, jedoch wegen seines Charakters vielfach auch kritisiert. So schreibt der Komponist Reichardt: „Traurig ist es aber doch, dass alle, alle ohne Ausnahme so schlecht von Mirabeaus Charakter denken!" (s. Johann Friedrich Reichardt: Vertraute Briefe aus Paris 1792, hrsg. v. Rolf Weber, Berlin (Ost) 1980, S. 82). In der ersten Phase der Revolution wurde Mirabeau dem Lesepublikum der deutschen Zeitungen und Zeitschriften als eine der führenden Persönlichkeiten Frankreichs vorgestellt. Auch über seinen frühen Tod wurde hierzulande ausführlich berichtet; s. etwa den zweiteiligen Aufsatz „Besondere Umstände der letzten Krankheit und des Todes des Herrn von Mirabeau" im Neuen Hannoverischen Magazin 54. und 55. Stück vom 8. und 11. Juli 1791. S. a. die umfangreiche Dokumentation der Briefe Mirabeaus in der von Gustav Landauer herausgegebenen Sammlung „Briefe aus der Französischen Revolution" (Bd. 1, Frankfurt am Main 1919, S. 1-140).

Art. 4 Jegliche grundherrliche Rechtsprechung wird ohne irgendeine Entschädigung abgeschafft. [...]
Art. 5 Unter welchem Rechtstitel sie auch bekannt sind oder erhoben werden mögen, werden alle Arten von Zehnten oder die dafür eintretenden Grundzinsen abgeschafft, sie mögen im Besitz weltlicher oder geistlicher Körperschaften, von Pfründeninhabern, von Kirchenvorständen und von Einrichtungen der toten Hand[1] sein, auch solche des Malteserordens und anderer religiöser und mlitärischer Orden, wie auch solche, die möglicherweise ersatzweise [...] an Laien überlassen wurden. Dies alles geschieht unter dem Vorbehalt, dass Mittel auf andere Weise in Betracht gezogen werden, um die Ausgaben für den Gottesdienst, Unterhalt der Priester, Unterstützung der Armen, zur Reparatur und den Wiederaufbau der Kirchen und Pfarrhäuser sowie für alle Einrichtungen, Seminare, Schulen, Gymnasien, Hospitäler, Klöster und anderer Gebäude, zu deren Unterhalt die Zehnten gegenwärtig bestimmt sind, zu bestreiten. [...]
Art. 7 Die Käuflichkeit der Gerichts- und der Gemeindeämter ist ab sofort abgeschafft. Die Rechtsprechung soll kostenlos erfolgen. [...]
Art. 9 [...] Der Besteuerung sollen alle Bürger und alle Vermögen auf gleiche Weise und in derselben Form unterliegen. [...]
Art. 11 Alle Bürger können ohne Unterschied ihrer Geburt zu allen kirchlichen, zivilen und militärischen Ämtern und Würden zugelassen werden. [...]
Art. 14 Eine Häufung von Pfründen[2] wird es in Zukunft nicht mehr geben, wenn die Einkünfte aus einer Pfründe oder die Pfründe selbst, deren Rechtsinhaber man ist, die Summe von 3000 Livres[3] übersteigen. [...]
Art. 17 Die Nationalversammlung erklärt König Ludwig XVI. feierlich zum Wiederhersteller der französischen Freiheit. [...]

Aus: Soboul, Albert: 1789 – „L'An un de la liberté", Paris 1950, S. 219-222 (Übers. G. S.)

2.2.2 Die Abschaffung der Feudalrechte (4. August 1789)

Als der Antrag [in der Nationalversammlung] vorgelesen worden war, ergriff der Vicomte de Noailles das Wort, ohne abzuwarten, daß man etwas über die Formulierung des Beschlusses

1 „Tote Hand" ist ein Begriff aus dem Rechtswesen und bezeichnet das Eigentum (meist von Kirchen, Klöstern oder Stiftungen) an unbeweglichen Wirtschaftsgütern (z. B. Grund und Boden, Gebäuden). Aufgrund des Willens des Stifters darf dieses Eigentum nicht verkauft oder vererbt werden. Es bleibt also ewiger Besitz der vom Stifter bedachten Korporation.

2 Pfründen oder Präbenden werden die Einkünfte genannt, die aus einem weltlichen oder geistlichen Amt bezogen werden, oder aber sie bezeichnen das Amt selbst. Solange geistliche oder weltliche Inhaber von Ämtern kein Gehalt (etwa in Form von monatlichen oder jährlichen Geldzahlungen) bezogen, waren Pfründen die übliche Form der Finanzierung einer Stelle. Noch im 18. Jahrhundert bezogen Adlige oder Geistliche, die etwa jahraus jahrein in Versailles irgend ein „Amt" innehatten, Einkünfte aus einer oder mehreren Pfründen, ohne die Orte, aus denen diese Pfründe herrührten, je besucht zu haben.

3 Livre (= Pfund) ist vom Frühmittelalter bis ins 18. Jahrhundert die französische Silberwährung, allerdings nur als Rechnungseinheit, denn „Livres" wurden nicht in Form von Münzen ausgegeben. (1 Livre = 20 Sous). An die Stelle des „Livre" trat 1795 der „Franc". Eine zuverlässige Umrechnung etwa in DM oder € ist kaum möglich. Als Näherungswert wird vorgeschlagen: 1 Livre = 5 bis 15 €.

bestimmt hätte. Er bemerkte, daß die Unruhen, unter denen Frankreich leide und die durch Plagen und Unheil jeder Art verursacht seien, nur durch Erleichterungen und Wohltaten besänftigt werden könnten, und er schlug vor: die Abschaffung der Feudalrechte, die auf Personen lasten, und die Ablösung derer, die den Grundbesitz betreffen.

Dieser Antrag, eingebracht von einem Abgeordneten, dessen Motiv zweifellos sehr großzügige Opferbereitschaft war, hat nicht nur unverbindliche Beifallsbekundungen ausgelöst, sondern eine Art Enthusiasmus der Uneigennützigkeit, der sich rasch auf alle Herzen übertrug. Niemals hat man sich derart ums Wort gestritten, und alle haben es nur ergriffen, um Opfer anzubieten, zu versprechen oder zu vollziehen. Ein Antrag jagte den anderen; kaum eingebracht, waren sie auch schon angenommen.

Aus: Journal de Paris, 6. August 1789; zit. nach Paschold, Chris E./Gier, Albert (Hrsg.): Die Französische Revolution. Ein Lesebuch mit zeitgenössischen Berichten und Dokumenten, Stuttgart 1989, S. 85f.

2.2.3 Die revolutionären Geschehnisse im Bild (1791)

Der zweigeteilte kolorierte Bilderbogen (Holzschnitt) zeigt unter dem Schriftband „Tableaux mémorables qui ont donné lieu à la Révolution en France dans les année[s] quatre vingt 89.90.91“ (Denkwürdige Ereignisse, welche die Revolution in Frankreich in den Jahren 89, 90, 91 ausgelöst haben) in vier Etappen den Fortgang der Revolution. Das erste Bild zeigt den am Boden liegenden Dritten Stand, wie er von den beiden ersten Ständen (links: Klerus; rechts: Adel) mit den Füßen getreten wird. In der Kartouche stehen die drei Lasten, unter denen der Dritte Stand am meisten zu leiden hatte: Taille (Kopfsteuer), impôts (indirekte Steuern), corvée (Frondienst). Die Inschrift lautet: „In den vergangenen Zeiten wurden die Nützlichsten mit den Füßen getreten; der dritte Stand trug die ganze Last.“ Das zweite Bild – „Das Erwachen des Dritten Standes“ (Kartouche) erinnert an den 14. Juli 1789, als die Bastille (zu sehen rechts über den seine Ketten zerreißenden Angehörigen des Dritten Standes) gestürmt wurde. In der Bildlegende spricht der dargestellte Angehörige des Dritten Standes: „Ich habe zu lange unter der Unterdrückung meiner Feinde gelebt. Ich möchte endlich meine Eisen zerbrechen“. Er zerreißt die Ketten, die seine Jahrhunderte lange Knechtschaft symbolisieren, und greift zum Schrecken des Adels und des Klerus zur Waffe. Auf dem dritten Bild zerschlagen Angehörige des Dritten Standes mit Dreschflegeln unter dem Motto in der Kartouche „Beseitigung der Wappen“ die Insignien des ersten und zweiten Standes: Rüstungsteile, Degen, Wappen, Mitra, andere Kopfbedeckungen von Geistlichen, Orden usw. Die Bildlegende lautet: „Der Adel wird für immer abgeschafft; die Titel Marquis, Baron, Ritter und Monseigneur werden beseitigt.“ Das vierte Bild unter der Devise „Nationalschuld“ bietet eine sozialharmonische Perspektive: Alle drei Stände tragen gemeinsam die Last. Die Bildunterschrift bringt dies zum Ausdruck: „Die Gegenwart will, dass ein jeder die große Last der Steuern Frankreichs mitträgt.“ Doch scheint der Schöpfer dieses Bildes von dieser Verheißung noch nicht ganz überzeugt zu sein: Der Adlige umarmt den Kleriker – ein Indiz dafür, dass seines Erachtens die Eintracht der drei Stände noch nicht wirklich vollzogen ist, sondern die Gemeinschaft der beiden ersten Stände aus der Zeit des Ancien Régimes noch fortzubestehen scheint.

Kolorierter Holzschnitt, verlegt von Jean-Baptiste Letourmi, 1791, Bibliothèque Nationale, Paris
Die vier Episoden des Bilderbogens sind auch in Einzelbildern verlegt worden.

2.2.4 Über die Beseitigung der alten Feudalrechte (August 1789)

Dass die Beseitigung des alten Feudalsystems auch in Deutschland wahrgenommen wurde, zeigt der nachstehend zitierte Brief, den Johann Heinrich Campe (1746-1818) unter dem Eindruck der Ereignisse in der Nationalversammlung geschrieben hat.

Campe war evangelischer Theologe, später auch Pädagoge, Schriftsteller, Verleger und Sprachforscher. Zeitweise war er der Erzieher der Brüder Humboldt. Nach mehreren Predigerstellen wurde Campe an das Philanthropin von Johann Bernhard Basedow in Dessau, eine Reformschule, berufen. Ein Philanthropin ist eine Unterrichtsanstalt, die sich dem Philanthropismus, d. h. der Erziehung zur Natürlichkeit, Vernunft und Menschenfreundschaft verschrieben hat. In den späten 1770er Jahren gründete er eine eigene Erziehungsanstalt in Hamburg, die er auch einige Jahre leitete. In dieser Zeit übersetzte und bearbeitete er „Robinson Crusoe" von Daniel Defoe, der in Campes Fassung zu einem Bestseller wurde. Campe stand in Kontakt mit vielen bürgerlichen Aufklärern, darunter auch Gotthold Ephraim Lessing. 1788 wurde er nach Wolfenbüttel berufen, um das braunschweig-wolfenbüttelsche Schulwesen zu reformieren. Er scheiterte aber am Widerstand der Kirche und der Landstände.

Unmittelbar nach dem Sturm auf die Bastille reiste Campe zusammen mit Wilhelm von Humboldt nach Paris, trat in Kontakt mit Mirabeau und besuchte Sitzungen der Nationalversammlung, so auch die Nachtsitzung vom 4. auf 5. August, in der das alte Feudalsystem zu Grabe getragen wurde. Hiervon handelt der unten abgedruckte Brief an T., womit Ernst Christian Trapp gemeint ist, der 1783 Campes Hamburger Erziehungsanstalt übernommen hatte. Campes „Briefe aus Paris" erschienen zunächst im „Braunschweigischen Journal", seiner eigenen Zeitschrift, die in der von ihm 1787 gegründeten „Braunschweigischen Buchhandlung" verlegt wurde. Heute weniger bekannt ist, dass Campe lange vor Konrad Duden („der Duden" erschien erst 1880) ein Wörterbuch der deutschen Sprache in fünf Bänden (1807-1812) herausgab. Am 26. August 1792 wurde Campe zusammen mit mehr als zehn weiteren Ausländern das Ehrenbürgerrecht der Republik Frankreich verliehen (s. S. 177, Anm. 1). Der Herausgeber der „Wiener Zeitschrift", Leopold Alois Hoffmann, widmete Campe in seiner Zeitschrift (4. Bd., 1792, S. 55-65) einen ironischen, tendenziell denunziatorischen Artikel, der jetzt im Internet nachgelesen werden kann („Glükwünsche eines sehr kleinen Philantropen an den sehr großen Philantropen Joachim Heinrich Campe über sein erhaltenes Bürgerrecht in Neu-Frankreich").

Das ganze alte Gebäude des Lehnsystems, mit all seinen glänzenden Vorrechten für die Herrschaften, mit allen seinen drückenden Lasten für die Untertanen, ward in einigen Minuten von Grund auf umgestürzt und zernichtet; der Adel, die Geistlichkeit, ja ganze Provinzen taten Verzicht auf ihre angeerbten Rechte, Freiheiten und Privilegien; alle wollen künftig nur die allgemeinen Rechte eines Bürgers und Franzosen genießen und wie jeder andere Bürger und Franzose die Staatslasten tragen helfen und zu den Bedürfnissen des Staates das Ihre, nach einer völlig gleichmäßigen Verteilung, willig beitragen; kein Amt und keine Ehrenstelle soll künftig mehr für Geld zu haben sein; jeder Bürger, wes Standes er auch immer sein mag, soll von nun an zu jeder Würde im Staat, sie sei bürgerlich oder militärisch, fähig sein, sobald nur seine Verdienste ihn dazu fähig machen werden; dem König endlich, als dem bekannten Urheber von dem allen, soll der Ehrentitel eines Wiederherstellers der französischen Freiheit beigelegt werden!!! [...]

Man besorgt, und, wie es scheint, mit Recht, dass sich bei der Ausführung jener Beschlüsse Schwierigkeiten hervortun werden, die in jener Nacht der patriotischen Trunkenheit keinem der Stellvertreter der Nation in den Sinn gekommen waren. Man zittert, und ich glaube nicht ohne Grund, vor der ansteckenden Mitteilung jener Trunkenheit durch die Provinzen, und vor den schrecklichen Ausschweifungen jeder Art, welche die Folge davon sein können. Und wenn nun, sagt man, das Volk, das gute edle Volk, welches bis jetzt, mitten in dem Zustande einer gänzlichen Anarchie, sich so ruhig, so brav und regelmäßig betrug, erst zu taumeln beginnen wird; wenn es, verblendet durch ein Missverständnis, welches in dieser Sphäre so leicht stattfinden kann, sich nun auf einmal für befreit von allen seinen bisherigen Abgaben, ja: vielleicht gar für losgesprochen von aller gesetzmäßigen Ordnung halten, und für die bisherige Bedrückung, worunter es seufzte, sich durch Rauben, Plündern und Gewalttätigkeiten gegen seine tausend Tyrannen schadlos zu halten anfangen wird: wo ist dann, bei unserem dermaligen aufgelösten Zustande, die ausübende Gewalt, die es zur Ordnung zurückführen [...] soll? [...] Wer vermag es, den reißenden Strom, der seine Dämme durchbrochen hat, wieder in das alte Bett zurück zu führen und ihm zu gebieten: *zwischen diesen zerrissenen Dämmen sollst du bleiben, bis wir Zeit gewinnen werden, dich durch neue einzuschränken?*

Aus: Boehncke, Heiner/Zimmermann, Harro (Hrsg.): Reiseziel Revolution. Berichte deutscher Reisender aus Paris 1789 bis 1805, Reinbek 1988, S. 39-45

2.2.5 Erklärung der Menschen- und Bürgerrechte (26. August 1789)

Diese Erklärung ist eines der wichtigsten Dokumente der abendländischen Demokratie, wenn nicht das wichtigste. Vergleicht man diese Erklärung mit der amerikanischen Unabhängigkeitserklärung von 1776 (s. S. 25), wird man feststellen, dass einige der jetzt proklamierten Beschlüsse bereits schon 1776 fixiert und für den neu entstehenden Staat USA verbindlich waren. Man darf vermuten, dass der Marquis de Lafayette (s. S. 51, Anm. 1), der die nordamerikanischen Kolonien Englands in ihrem Unabhängigkeitskrieg unterstützt hatte, dort mit den Ideen von Freiheit und Gleichheit konfrontiert worden war und diese jetzt, 1789, auch in Frankreich propagierte und popularisierte. Tatsächlich hat Lafayette einen Entwurf für die Erklärung der Menschen- und Bürgerrechte in die Nationalversammlung eingebracht. Weitere Entwürfe wurden eingereicht und diskutiert, bis die Erklärung schließlich am 26. August 1789 verabschiedet werden konnte. Die Bedeutung der Erklärung zeigt sich auch darin, dass ihr Text der Verfassung von 1791 vorangestellt wurde.

Da die Vertreter des französischen Volkes, als Nationalversammlung eingesetzt, erwogen haben, dass die Unkenntnis, das Vergessen oder die Verachtung der Menschenrechte die einzigen Ursachen des öffentlichen Unglücks und der Verderbtheit der Regierungen sind, haben sie beschlossen, die natürlichen, unveräußerlichen und heiligen Rechte der Menschen in einer feierlichen Erklärung darzulegen, damit diese Erklärung allen Mitgliedern der Gesellschaft beständig vor Augen ist und sie unablässig an ihre Rechte und Pflichten erinnert; damit die Handlungen der Gesetzgebenden wie der Ausübenden Gewalt in jedem Augenblick mit dem Endzweck jeder politischen Einrichtung verglichen werden können und dadurch mehr geachtet werden; damit die Ansprüche der Bürger, fortan auf einfache und unbestreitbare Grundsätze begründet, sich immer auf die Erhaltung der Verfassung und das Allgemeinwohl richten mögen.

Infolgedessen erkennt und erklärt die Nationalversammlung in Gegenwart und unter dem Schutze des Allerhöchsten folgende Menschen- und Bürgerrechte:

Art. l. Die Menschen sind und bleiben von Geburt frei und gleich an Rechten. Soziale Unterschiede dürfen nur im gemeinen Nutzen begründet sein.

Art. 2. Das Ziel jeder politischen Vereinigung ist die Erhaltung der natürlichen und unveräußerlichen Menschenrechte. Diese Rechte sind Freiheit, Eigentum, Sicherheit und Widerstand gegen Unterdrückung.

Art. 3. Der Ursprung jeder Souveränität ruht letztlich in der Nation. Keine Körperschaften, kein Individuum können eine Gewalt ausüben, die nicht ausdrücklich von ihr ausgeht.

Art. 4. Die Freiheit besteht darin, alles tun zu können, was einem anderen nicht schadet. So hat die Ausübung der natürlichen Rechte eines jeden Menschen nur die Grenzen, die den anderen Gliedern der Gesellschaft den Genuss der gleichen Rechte sichern. Diese Grenzen können allein durch Gesetz festgelegt werden.

Art. 5. Nur das Gesetz hat das Recht, Handlungen, die der Gesellschaft schädlich sind, zu verbieten. Alles, was nicht durch Gesetz verboten ist, kann nicht verhindert werden, und niemand kann gezwungen werden zu tun, was es nicht befiehlt.

Art. 6. Das Gesetz ist der Ausdruck des allgemeinen Willens. Alle Bürger haben das Recht, persönlich oder durch ihre Vertreter an seiner Formung mitzuwirken. Es soll für alle gleich sein, mag es beschützen, mag es bestrafen. Da alle Bürger in seinen Augen gleich sind, sind sie gleicherweise zu allen Würden, Stellungen und Beamtungen nach ihrer Fähigkeit zugelassen ohne einen anderen Unterschied als den ihrer Tugenden und ihrer Talente.

Art. 7. Jeder Mensch kann nur in den durch das Gesetz bestimmten Fällen und in den Formen, die es vorschreibt, angeklagt, verhaftet und gefangengehalten werden. Diejenigen, die willkürliche Befehle betreiben, ausfertigen, ausführen oder ausführen lassen, sollen bestraft werden. Doch jeder Bürger, der auf Grund des Gesetzes vorgeladen oder ergriffen wird, muß sofort gehorchen. Er macht sich durch Widerstand strafbar.

Art. 8. Das Gesetz soll nur solche Strafen festsetzen, die offenbar unbedingt notwendig sind. Und niemand kann auf Grund eines Gesetzes bestraft werden, das nicht vor Begehung der Tat erlassen, verkündet und gesetzlich angewandt worden ist.

Art. 9. Da jeder Mensch so lange für unschuldig gehalten wird, bis er für schuldig erklärt worden ist, soll, wenn seine Verhaftung für unumgänglich erachtet wird, jede Härte, die nicht notwendig ist, um sich seiner Person zu versichern, durch Gesetz streng vermieden sein.

Art. 10. Niemand soll wegen seiner Meinungen, selbst religiöser Art, beunruhigt werden, solange ihre Äußerungen nicht die durch das Gesetz festgelegte öffentliche Ordnung stört.

Art. 11. Die freie Mitteilung der Gedanken und Meinungen ist eines der kostbarsten Menschenrechte. Jeder Bürger kann also frei schreiben, reden, drucken unter Vorbehalt der Verantwortlichkeit für den Mißbrauch dieser Freiheit in den durch Gesetz bestimmten Fällen.

Art. 12. Die Sicherung der Menschen und Bürgerrechte erfordert eine Streitmacht. Diese Macht ist also zum Vorteil aller eingesetzt und nicht für den besonderen Nutzen derer, denen sie anvertraut ist.

Art. 13. Für den Unterhalt der Streitmacht und für die Kosten der Verwaltung ist eine allgemeine Abgabe unumgänglich. Sie muß gleichmäßig auf alle Bürger unter Berücksichtigung ihrer Vermögensumstände verteilt werden.

Art. 14. Alle Bürger haben das Recht, selbst oder durch ihre Abgeordneten die Notwendigkeit der öffentlichen Abgabe festzustellen, sie frei zu bewilligen, ihre Verwendung zu überprüfen und ihre Höhe, ihre Veranlagung, ihre Eintreibung und Dauer zu bestimmen.

Art. 15. Die Gesellschaft hat das Recht, von jedem öffentlichen Beamten Rechenschaft über seine Verwaltung zu fordern.

Art. 16. Eine Gesellschaft, in der die Verbürgung der Rechte nicht gesichert und die Gewaltenteilung nicht festgelegt ist, hat keine Verfassung.

Art. 17. Da das Eigentum ein unverletzliches und heiliges Recht ist, kann es niemandem genommen werden, wenn es nicht die gesetzlich festgelegte, öffentliche Notwendigkeit augenscheinlich erfordert und unter der Bedingung einer gerechten und vorherigen Entschädigung.

Aus: Grab, Walter: Die Französische Revolution. Eine Dokumentation, München 1973, S. 37-39

2.2.6 Gebote zur Verteidigung der Revolution (September 1789)

Bei allen gewaltigen Veränderungen, die seit Beginn der Revolution, besonders seit den Verordnungen zur Beseitigung des alten Feudalsystems, auf den Weg gebracht, aber noch nicht verwirklicht worden waren, blieben die Nutznießer des Ancien Régimes nicht untätig. Solange der König die neuen Gesetze von Anfang August noch nicht bestätigt hatte und die Armee dem König treu ergeben zu sein schien, hatten sie die Hoffnung auf Wiederherstellung bzw. Fortdauer des alten Systems noch nicht verloren. Das nachstehende Gedicht von Jean Paul Marat (s. S. 234), das in der ersten Nummer der von ihm redigierten Zeitung „Le Publiciste parisien" erschien, stammt aus jenen Tagen (12. September 1789), in denen der Sieg der Revolution noch keine Gewissheit war.

Vaterlandsgebote

Mit Inbrunst solltst Du von nun an Deine Freiheit verteidigen.
Das Wort „adlig" sollst Du hinfort aus Deinen Heften auslöschen.
Von der Geistlichkeit sollst Du notwendigerweise die Hälfte abschaffen.
Frankreich sollst Du unwiderruflich von allen Mönchen reinigen.
Und aus ihren Händen sollst Du alle früher von ihnen gestohlenen Güter wieder an Dich nehmen.
Den Richtern sollst Du radikal die Nägel schneiden.
Den Geldverleihern kündigst Du für immer.
Du kennst genau den Grund und den Verwendungszweck der Steuern.
Du sollst sie niemals bezahlen, um einen Nichtsnutz zu mästen.
Du sollst ohne Verstellung gute, aber einfache Gesetze machen. [...]

Aus: Soboul, Albert: 1789 – „L'An un de la liberté", Paris 1950, S. 247f. (Übers. G. S.)

2.2.7 Tyrannei als Ursache des Volksaufstands

Jean-Paul Marat begründet das Recht des Volkes zur revolutionären Aktion (November 1789):

Die ängstlichen Bürger, die Leute, die ihre Ruhe haben wollen, die vom Zeitalter Begünstigten, die Staatsschmarotzer und alle Gauner, die von den öffentlichen Mißständen leben, fürchten nichts so sehr wie die Volksaufstände: haben diese doch die Tendenz, neue Verhältnisse heraufzuführen und damit das Glück jener Leute zu zerstören. [...]

Zum einen erhebt sich das Volk nur dann, wenn die Tyrannei es zur Verzweiflung treibt. Wieviel Not erleidet es nicht, bevor es sich rächt! Und in ihrem Grundsatz ist seine Rache immer gerecht, mag ihre Wirkung auch nicht immer aufgeklärt sein. Jedenfalls hat die Unterdrückung, die es erleidet, ihren Ursprung in den verbrecherischen Leidenschaften seiner Tyrannen. Zum anderen darf man die geringe Zahl von Menschenleben, die das Volk bei einer Erhebung der Gerechtigkeit opfert, nicht vergleichen mit der zahllosen Menge von Untertanen, die ein Despot ins Elend stößt oder die Opfer seiner Habgier, Ruhmsucht und Launen werden. Was sind schon die paar Tropfen Blut, die das niedere Volk in der gegenwärtigen Revolution vergossen hat, gegen jene Ströme von Blut, die ein Tiberius, ein Nero, ein Caligula, ein Commodus, ein Caracalla[1] vergossen haben, gegen jene Ströme von Blut, welche die mystische Raserei Karls IX.[2], der Größenwahn eines Ludwig XIV. verschuldet haben! [...]

Machen wir uns von allen Vorurteilen frei, sehen wir doch die Tatsachen: Die Aufklärung hat die gegenwärtige Revolution vorbereitet, begonnen und begünstigt; das ist unbestreitbar. Doch Schriften reichen dazu nicht aus, Taten sind nötig. Und wirklich: wem anders als den Volksaufständen haben wir unsere Freiheit zu verdanken? Es war ein im Palais Royal begonnener Volksaufstand [am 13. Juli 1789], der den Übertritt der königlichen Truppen zum Volk eingeleitet und zweihunderttausend Männer, welche die Staatsmacht zu Marionetten gemacht hatte und welche sie als Mörder benutzen wollte, in Bürger [citoyens] verwandelt hat. Es war ein auf den Champs-Elysées begonnener Volksaufstand [am 14. Juli 1789], der die ganze Nation zur Erhebung aufgerüttelt hat; eine Erhebung, welche die Bastille niedergeworfen, die Nationalversammlung gerettet, die Verschwörung im Keim erstickt, der Plünderung von Paris vorgebeugt und verhindert hat, daß die Stadt in Schutt und Asche gelegt wurde und ihre Einwohner in ihrem Blut ersäuft wurden. Es war ein auf dem Marché Neuf bei den Markthallen begonnener Volksaufstand [am 5. Oktober 1789], welcher der zweiten Verschwörung Einhalt geboten, die Flucht der königlichen Familie vereitelt und so einen Bürgerkrieg verhindert hat, der die unvermeidliche Folge gewesen wäre.

Aus: Aus den „Bedenken des Redakteurs", in: L'Ami du Peuple ou Le Publiciste parisien, journal politique et impartial, par M. (Jean Paul) Marat, Nr. 34, vom 10. November 1789, S. 46-48, zit. nach Reichardt, Rolf (Hrsg.): Die Französische Revolution, Würzburg 1988, S. 44f.

---

1 Römische Kaiser im ersten, zweiten und dritten nachchristlichen Jahrhundert.

2 Frz. König von 1560 bis 1575; Anspielung auf die sog. Bartholomäusnacht vom 23./24.8.1572, in deren Verlauf in Paris und in ganz Frankreich Tausende Protestanten ermordet wurden.

2.2.8 Die Abschaffung des Adels – Dekret der Nationalversammlung (19. Juni 1790)

Art. 1. Der erbliche Adel ist für immer abgeschafft; folglich dürfen die Titel Prinz, Herzog, Graf, Marquis, Vicomte, Vizedom, Baron, Ritter, Messire, Junker (écuyer), Edler und alle anderen ähnlichen Titel von niemand, wer es auch sei, angenommen noch an jemand verliehen werden.

Art. 2. Kein französischer Bürger darf einen anderen als seinen wirklichen Familiennamen führen; keiner soll weiterhin Livree tragen oder tragen lassen, noch auch ein Wappen besitzen. Weihrauch soll in den Kirchen nur noch zur Ehre des göttlichen Wesens verbrannt werden, sonst soll er niemandem, wer es auch sei, geopfert werden.

Art. 3. Die Titel Monseigneur und Messeigneurs dürfen ebensowenig wie die Titel Exzellenz, Hoheit, Eminenz, Euer Gnaden für irgendeine Körperschaft oder Einzelperson gebraucht werden, ohne daß sich jedoch für irgend einen Bürger hieraus das Recht ableitet, sich unter Berufung auf dieses Dekret an den Grabmälern in den Kirchen oder an Urkunden, Rechtstiteln und anderen familiengeschichtlich oder eigentumsrechtlich wichtigen Schriftstücken oder an zur Zierde öffentlicher oder privater Plätze aufgestellten Kunstwerken zu vergreifen, und ohne daß die Bestimmungen hinsichtlich der Livreen und der an den Equipagen angebrachten Wappenembleme von irgend jemand vor dem 14. Juli, soweit es die Bürger von Paris, bzw. vor Ablauf von drei Monaten, soweit es die Bewohner der Provinzen angeht, durchgeführt oder ihre Durchführung gefordert werden dürfen.

Art. 4. Nicht betroffen von den Bestimmungen des vorliegenden Dekrets sind alle Ausländer; sie können in Frankreich weiterhin ihre Livree tragen und ihr Wappen führen.

Aus: Grab, Walter (Hrsg.): Die Französische Revolution, München 1973, S. 44

2.3 Revolution und Kirche

2.3.1 Priestereid auf die Verfassung (27. November 1790)

Mit mehreren Maßnahmen hat die Nationalversammlung versucht, die Macht der katholischen Kirche zu brechen: Bereits mit Dekret vom 2. November 1789 war der Kirchenbesitz nationalisiert worden; am 13. Februar 1790 folgte die Aufhebung der Klöster. Am 12. Juli 1790 verabschiedete die Nationalversammlung die Zivilverfassung des Klerus. Die Diözesen wurden den neu geschaffenen staatlichen Verwaltungsbezirken, den Départements, angepasst: In jedem Département gab es nur eine Diözese. Dies führte zu einer Verminderung der Zahl der Bistümer von 139 auf 83. Ein Pfarrer, der jetzt vom Staat besoldet wurde, sollte künftig für 6000 Einwohner zuständig sein. Pfarrer wie Bischöfe wurden künftig gewählt. Diese Maßnahmen waren für die katholische Kirche, die im Ancien Régime Staatskirche gewesen war, ein gewaltiger Einschnitt. Es verwundert daher nicht, dass ein Großteil der Emigranten Kleriker gewesen ist. Doch blieb es nicht bei diesen Maßnahmen. 1793 setzte eine staatlicherseits betriebene Verdrängung des Christentums ein („déchristianisation"): Kirchen wurden geschlossen oder in Kasernen etc. umgewidmet, der Sonntag wurde abgeschafft. Nach dem Sturz Robespierres im Juli 1794 vollzog sich eine partielle Rückkehr zum alten Kult: Ein Gesetz vom 21. Februar 1795 erlaubte christliche Gottesdienste. Glockenge-

läut, Prozessionen und öffentliches Tragen des Kreuzes blieben aber verboten. Auch Kirchen wurden wieder geöffnet, sofern sie nicht in der Zwischenzeit anderen Verwendungen zugeführt worden waren. Erst das Konkordat, das Napoleon im Jahr 1801 mit Papst Pius VII. schloss, brachte eine Beruhigung der Lage, auch wenn die katholische Kirche ihre Position als Staatskirche verlor (Anerkennung der Pluralität der Bekenntnisse).

Der in das westfälische Kloster Clarholz (Landkreis Gütersloh) emigrierte und dort von August 1794 bis Mai 1802 lebende Prämonstratenser Jean-Baptiste Henry erwähnt in seinem Tagebuch, dass von den 138 Bischöfen Frankreichs nur vier gegen „ihre Amtspflichten" gehandelt hätten, indem sie den Eid geleistet hätten. „Von 40 000 Pfarrern und 20 000 Vikaren (Pfarrerstellvertretern) lag die Zahl derer, die in der Verweigerung des Meineides beharrlich blieben, mindestens bei 50 000." Das wären 83 Prozent Eidverweigerer. Nach einer neueren Studie haben jedoch 57,3 Prozent der Pfarrer und 47,8 Prozent der Vikare den Eid geleistet.[1]

Artikel 1. Die Bischöfe, ehemalige Erzbischöfe und im Amt verbliebene Pfarrer sind gehalten, soweit sie es noch nicht getan haben, den Eid zu leisten, zu dem sie durch [...] die Artikel 21 und 38 des Dekretes vom 12. Juli betreffend die Zivilverfassung des Klerus verpflichtet sind: Sie schwören demnach gemäß diesem Dekret, mit Eifer über die Gläubigen der ihnen anvertrauten Diözese oder Pfarrgemeinde zu wachen, der Nation, dem Gesetz und dem König treuergeben zu sein und mit allen ihren Kräften an der von der Nationalversammlung beschlossenen und vom König angenommenen Verfassung festzuhalten. Und zwar schwören die, die sich zum gegenwärtigen Zeitpunkt in ihren Diözesen oder Pfarrgemeinden aufhalten, innerhalb acht Tagen, die, die von ihnen abwesend, aber in Frankreich sind, innerhalb eines Monats und die, die sich im Ausland aufhalten, innerhalb zwei Monaten, immer vom Tage der Verkündung vorliegenden Dekretes an gerechnet. [...]

Artikel 5. Von denjenigen der genannten Bischöfe, vormaligen Erzbischöfe, Pfarrer und anderen staatlichen Kirchenbeamten, die den ihnen jeweilig vorgeschriebenen Eid innerhalb der festgesetzten Fristen nicht geleistet haben, wird angenommen, daß sie auf ihr Amt verzichtet haben, und wird Neubesetzung wie im Falle einer Vakanz durch Amtsniederlegung veranlaßt. [...] Zu diesem Zweck ist der Bürgermeister gehalten, acht Tage nach Verstreichung der gesetzten Fristen die Versäumnis der Eidesleistung anzuzeigen. [...]

Artikel 7. Diejenigen der genannten [...] staatlichen Kirchenbeamten, die ihr Amt behalten haben und die Eidesleistung verweigern, ebenso wie diejenigen, deren Pfründen erloschen sind, und die Mitglieder der gleichfalls aufgehobenen Orden der Weltpriester werden, sofern sie sich – als Einzelperson oder als Körperschaft – weiterhin irgendwelcher öffentlichen Amtshandlungen anmaßen, als Ruhestörer der öffentlichen Ordnung verfolgt und mit den gleichen Strafen wie oben angegeben bestraft.

Artikel 8. Desgleichen werden als Ruhestörer der öffentlichen Ordnung verfolgt und nach der Strenge der Gesetze bestraft alle Geistlichen oder Laien, die sich zusammenschließen, um ein Komplott zur Mißachtung der vom König angenommenen oder sanktionierten Dekrete der

1 Das Zitat entstammt dem „Tagebuch der Verbannungsreise (1792-1802) von Jean-Baptiste Henry, hrsg. v. Bernward Kröger, Münster 2006, S. 45; dort S. 45, Anm. 59, auch die Zahlen nach Timothy Tackett: La Révolution, l'Eglise, la France. Le serment de 1791, Paris 1986.

Nationalversammlung zu schmieden oder um Widerstand gegen ihre Durchführung zu organisieren oder dazu aufzuhetzen.

Aus: Behschnitt, Wolf D.: Die Französische Revolution, Quellen und Darstellungen, Stuttgart 1978, S. 58

2.3.2 „Der patriotische Entfetter“ – „Le dégraisseur patriote“

Die anonyme und nicht datierte Karikatur (wohl aus dem Jahr 1791 oder 1792) zeigt in drei Etappen, wie man mit den Vertretern des ersten Standes, mit dem Klerus, umzugehen beabsichtigt. Sie, die sich dank des Zehnten und anderer Abgaben des Dritten Standes vollgefressen haben, will man jetzt „entfetten“. Dies geschieht hier auf dem Bild mit Hilfe eines Geräts, an das der feiste Geistliche angeschnallt wird. Mit einer Spindel wird so lange gedreht, bis aus dem Geistlichen „das Fett“ in Gestalt von Münzen herausfällt und er, auf diese Weise verschlankt und „entfettet“, von dannen zieht.

Aus: Jaurès, Jean (Hrsg.): Histoire socialiste, Bd. 1, Paris 1901, S. 433

2.3.3 Die Eidesleistung der Priester in der Karikatur (1791)

Die Karikatur enstand bald nach dem Beschluss der Nationalversammlung vom 27. November 1790, demzufolge nur diejenigen katholischen Geistlichen (inkl. Bischöfen) in ihren Ämtern bestätigt und nach Einziehung der Kirchengüter aus der Staatskasse besoldet wurden, die den Eid auf die neue Zivilverfassung des Klerus vom 12. Juli 1790 leisteten. Damit wurden die Priester zu einer Art Staatsbediensteten (fonctionnaires publics) gemacht.

Zur Interpretation der Karikatur schreibt der Historiker Rolf Reichardt, 1988:

Eben diese Forderung und ihre Problematik werden in unserer Szene beispielhaft veranschaulicht. Da der Verfassungseid mit dem Geistlichen auch die Gemeinde an die Revolution binden soll, ist er öffentlich bei der sonntäglichen Messe zu leisten. Begleitet – und beschützt – von der revolutionär gesinnten örtlichen Nationalgarde, haben sich also Vertreter der neugewählten lokalen Obrigkeit (Munizipalität) durch ihr gepflegtes Äußeres wie ihre würdevolle Amtshaltung von den kleinen Leuten deutlich abgehoben, in die Dorfkirche begeben, um die Eidleistung der säumigen Geistlichen entgegenzunehmen und amtlich zu protokollieren. Sie werden dabei unterstützt von einigen Männern aus der Gemeinde selbst. Doch stößt die gemeinsame Eidforderung dieser revolutionären Kräfte auf Widerstand – sichtbar vor allem in dem vorne auf der Kanzel zitternden Bischof, dessen Linke nur gewaltsam – mit einer Seilwinde – in die geforderte Schwurhaltung zu bringen ist. Doch auch zwei weiteren anwesenden Geistlichen ist ihre Ablehnung anzusehen: sowohl der erschrockenen Gestalt hinten auf der Kanzel, die wohl als nächste „drankommt", [...] wie dem (um Vergebung) betenden Pfarrer am Kirchenportal, der gerade zwangsvereidigt worden zu sein scheint. Der Widerspenstigkeit dieser „aristokratischen" Geistlichen – d. h. „gegenrevolutionär" aufgrund ihrer Eidverweigerung – entspricht der im Augenblick noch resignierte passive Widerstand der am Fuß der Kanzel sitzenden und knienden Bauersfamilie [!], während die beiden neben der Winde stehenden Bauern und die Frauen am Eingang eher eine zögernde Haltung einnehmen. Der Karikaturist war zweifellos ein Gegner der von den Priestern geforderten Eidesleistung.

„Neue Methode, die dazu verhilft, dass die Priester den Eid [auf die Verfassung] leisten."
Aus: Reichardt, Rolf (Hrsg.): Die Französische Revolution. Würzburg 1988, S. 170; dort, S. 171, auch zur Interpretation der Abbildung

2.3.4 Die Ablehnung des Eids durch einen Pfarrer (Januar 1791)

Der Pfarrer von Quesques, einem Dorf im Département Pas-de-Calais (Nordosten Frankreichs), erklärt der dortigen Gemeindeverwaltung, dass er sich loyal gegenüber dem Staat verhalten wolle, aber nicht bereit sei, den von ihm geforderten Eid auf die Verfassung zu leisten.

Ich erkläre, dass es mir meine Religion nicht erlaubt, den Eid so, wie ihn die Nationalversammlung fordert, abzulegen. Ich will gern, und ich verspreche es sogar, so gut es uns möglich sein wird, über die mir anvertrauten Gläubigen dieser Pfarrei wachen, dass sie der Nation und dem König treu sind und die von der Nationalversdammlung dekretierte und vom König sanktionierte Verfassung befolgen, soweit es nur den zivilen und politischen Bereich betrifft. Aber was die Leitung und die Gesetze der Kirche angeht, so kenne ich keine Vorgesetzten und anderen Gesetzgeber an als den Papst und die Bischöfe. [...] Und wenn ich diesen Eid jemals schwüre, würde ich unseren Heiligen Vater, den Papst, nicht mehr als Oberhaupt der Kirche anerkennen, ebenso wenig die Bischöfe sie lenken, weil die Nationalversammlung sich dieses Recht allein zuerkennt. Meine Entschlossenheit, den von der Nationalversammlung geforderten Eid abzulehnen, lehrt Euch, Christen, dass weder die Furcht vor Verfolgung noch das Eigeninteresse, das man Euch häufig zu Unrecht vorhält, fähig sind, mich meinen Glauben verraten zu lassen, und sie soll Euch ein Beispiel sein, eher Euer Hab und Gut, sogar Euer Leben zu verlieren, als Euern Glauben aufzugeben, Eure Religion und Euren Gott anzutasten.

Aus: Petersen, Susanne: Die Große Revolution und die Kleinen Leute. Französischer Alltag 1789/95. Köln 1988, S. 279f.

2.3.5 Die Gleichberechtigung der Religionsgemeinschaften

Zwar hatte die Reformation in Frankreich nur wenige Anhänger gefunden, die darüber hinaus im Laufe des 16. Jahrhunderts schweren Verfolgungen ausgesetzt waren; das Edikt von Nantes, das der ehedem protestantische König Heinrich IV. 1598 erlassen hatte, gewährte ihnen aber doch ein Jahrhundert lang Religionsfreiheit. Es war König Ludwig XIV., der Enkel Heinrichs IV., der sie 1785 aufhob (Edikt von Fontainebleau). Das katholische Bekenntnis wurde darin zur Staatsreligion erklärt, der Protestantismus verboten und dieses Verbot konsequent durchgesetzt. Viele Protestanten, die in Frankreich vor allem den Lehren Calvins anhingen, pflegten hinfort ihren Glauben im Untergrund, falls sie nicht in die angrenzenden Staaten (Niederlande, Schweiz, Preußen) flohen oder unter Zwang konvertierten.[1] Von 1685 bis 1730 verließen etwa 150 000 bis 200 000 französische Protestanten („Hugenotten") das Land, darunter viele Adlige und Gewerbetreibende. Auch wenn die meisten Hugenotten mittellos in ihrer zukünftigen Heimat ankamen, so bedeuteten doch Geschick, Fleiß und das Know how, das sie mitbrachten, einen Gewinn für die aufnehmenden Län-

1 Am Ende des 18. Jahrhunderts gab es in Frankreich etwa 180 000 bis 200 000 Lutheraner und 550 000 bis 650 000 Reformierte. Die Mehrheit der Protestanten (wohl 80 Prozent) waren Bauern; in einigen Städten (Montauban, Nîmes, Straßburg) gab es auch eine wohlhabende protestantische Bürgerschicht. Die Zahl der protestantischen Adligen war gering (Zahlen nach einem Faltblatt, das der Protestantismusforscher André Encrevé verfasst hat und das aus Anlass des Bicentenaires in der Église Réformée, 17, rue Saint-Antoine, Paris, auslag).

der. In den erst seit der Mitte des 17. Jahrhunderts von Frankreich erworbenenen Territorien (Elsass mit Straßburg, die Exklave Landau) wurde das Edikt von Fontainebleau nicht durchgesetzt. Hier durften die Protestanten ihren Kult auch weiterhin pflegen, wenn auch die französische Regierung dort den Katholizismus begünstigte und der protestantischen Bevölkerung vielfältige Anreize bot, zum katholischen Glauben überzutreten.

Nachdem der General Lafayette aus Amerika nach Frankreich zurückgekehrt war, setzte er sich für die Emazipation der Protestanten ein. Er nahm in den 1780er Jahren Kontakt mit dem protestantischen Pfarrer Jean-Paul Rabaut Saint-Etienne[1] *(1743-1793) auf, der aufgrund einer von ihm veröffentlichten Schrift über das Elend der französischen Protestanten („L'Église du Désert") Berühmtheit erlangt hatte. Einige Denkschriften Rabauts und die Unterstützung des Staatsministers Malesherbes bewirkten schließlich, dass König Ludwig XVI. im November 1787 ein Edikt „betreffend jene, die sich nicht zur katholischen Religion bekennen" erließ: Die Nichtkatholiken konnten ihre Eheschließung von nun an vor einem königlichen Justizbeamten erklären oder diese von dem katholischen Pfarrer ihrer Gemeinde in dessen Eigenschaft als Zivilstandsbeauftragter registrieren lassen. Dasselbe galt für ihre Geburts- und Todesanzeigen. Der Katholizismus blieb aber nach wie vor Staatsreligion in Frankreich; auch blieb den Nichtkatholiken (also Protestanten und Juden) der Zugang zu öffentlichen Ämtern noch verwehrt. Erst ein Dekret der Nationalversammlung vom 24. Dezember 1789 eröffnete den Nichtkatholiken (den Protestanten, nicht aber den Juden) den freien Zugang zu allen zivilien und militärischen Ämtern. Dies war nur konsequent, nachdem bereits in der Erklärung der Menschen- und Bürgerrechte (26. August 1789) die Glaubens- und Gewissensfreiheit festgeschrieben worden war. Die Verfassung vom 3. September 1791 garantierte schließlich die freie Religionsausübung aller in Frankreich existierenden Glaubensgemeinschaften.*

a) Die Protestanten

Dekret der Nationalversammlung über die Gleichberechtigung der Protestanten („Nichtkatholiken") vom 24. Dezember 1789:

Die Nationalversammlung beschließt:

1. Dass die Nichtkatholiken, sofern sie alle die in früheren Gesetzen vorgeschriebenen Bedingungen für die aktive und passive Wählbarkeit erfüllen, in Zukunft ohne Ausnahme in alle Rangstufen der Verwaltung gewählt werden können.
2. Dass die Nichtkatholiken gleich den anderen Bürgern alle zivilen und militärischen Stellen ausüben können. […]

Aus: Archives Parlementaires de 1787 à 1860. Recueil complet imprimé sous la direction de M. J. Mavidal et al. Première Série (1787 à 1799), tome X (12.11.1789-24.12.1789), Paris 1878, S. 782 (Übers. G.S.)

1 Rabaut wurde 1789 vom Dritten Stand seiner Heimatgegend (Vogtei Nîmes) in die Nationalversammlung und später vom Département Aude in den Konvent gewählt. Er spielte dort eine wichtige Rolle, stimmte für das aufschiebende Veto des Königs und gegen dessen Hinrichtung. Rabaut hielt sich zu den Girondisten. Als Mitglied eines Zwölferausschusses, der die Aktionen der Commune von Paris untersuchen sollte (Mai 1793), wurde er verfolgt, konnte sich einige Zeit verstecken, wurde aber entdeckt und am 5. Dezember 1793 guillotiniert.

b) Die Juden (September 1791)

Die nachstehende Erklärung wurde von der Nationalversammlung am 27. September 1791 verkündet und anschließend veröffentlicht. Dieses Dekret ist „die erste gesetzlich festgelegte Emanzipation der Juden in der Geschichte überhaupt."[1]

In Erwägung, dass die notwendigen Voraussetzungen dafür, ein französischer Bürger zu sein, durch die Verfassung festgelegt sind und dass jeder, der diese Voraussetzungen erfüllt und sich durch die Leistung des Bürgereides zur Erfüllung aller von der Verfassung ihm auferlegten Pflichten bereit erklärt, ein Recht auf sämtliche Vorteile hat, die sie zusichert, widerruft die Nationalversammlung alle in ihre früheren Dekrete aufgenommenen Benachteiligungen, Vorbehalte und Ausnahmebestimmungen bezüglich der jüdischen Personen, die den Bürgereid leisten; dieser gilt als Verzicht auf alle in der Vergangenheit zu ihren Gunsten beschlossenen Privilegien und Befreiungen.

Aus: Grab, Walter (Hrsg.): Die Französische Revolution, München 1973, S. 93f.

2.4 Verfassungsfragen

2.4.1 Rede Robespierres in der Nationalversammlung am 20. April 1791

In dieser Rede kritisierte Robespierre (zu seiner Person s. S. 236) die Unterscheidung von Aktiv- und Passivbürgern, wie sie dann in die Verfassung vom 3.9.1791 Eingang fand. Diese Begriffe tauchten schon bei Abbé Sièyes auf („Was ist der Dritte Stand?"). Die Nationalversammlung legte fest, dass nur derjenige als Aktivbürger gelten konnte, der volljährig (also 25 Jahre alt) und Franzose war und seit mindestens einem Jahr am Wahlort wohnte. Passivbürger hatten kein Wahlrecht. Innerhalb der Gruppe der Aktivbürger wurde noch unterschieden zwischen solchen, die wahlberechtigt waren, also ein aktives Wahlrecht besaßen, und solchen, die wählbar waren, also das passive Wahlrecht besaßen. Ein Aktivbürger war nur dann wählbar, wenn er eine bestimmte Steuersumme zahlte und über Grundbesitz verfügte. Frauen hatten weder das aktive noch das passive Wahlrecht.

1 Ist das Gesetz der Ausdruck des allgemeinen Willens, wenn die größte Zahl derer, für welche es gemacht ist, in keiner Weise zu ihrer Bildung mitwirken kann? Nein. Wenn man aber allen denen, die nicht eine Steuer gleich drei Arbeitstagen bezahlen, sogar das Recht nimmt, die Wahlmänner zu wählen, welche die Mitglieder der gesetzgebenden Versammlung ernennen sollen, was heißt das anders, als den größeren Teil der Franzosen vollständig von der Feststellung der Gesetze fernhalten? Diese Bestimmung ist also wesentlich verfassungs- und gesellschaftswidrig.

2 Sind die Menschen gleich an Rechten, wenn die einen ausschließlich das Recht genießen, dass sie als Mitglieder des gesetzgebenden Körpers oder anderer öffentlicher Anstalten er-

1 Battenberg, J. Friedrich: Die Französische Revolution und die Emanzipation der Juden im Elsaß und in Lothringen, in: Rödel, Volker (Hrsg.): Die Französische Revolution und die Oberrheinlande (1789-1798), Sigmaringen 1991, S. 246 (dort, S. 245, auch eine etwas andere Übersetzung des Emanzipationsdekrets).

wählt werden können, die anderen des Rechtes, sie nur zu wählen, die übrigen aber zu gleicher Zeit aller dieser Rechte beraubt bleiben? Nein. Das sind aber die ungeheuern Unterschiede, welche die Dekrete begründen, die einen Bürger „aktiv“ oder „passiv“ machen, zur Hälfte „aktiv“ und zur Hälfte „passiv“, nach der Höhe des Vermögens, die ihm gestattet, drei Tage direkte Steuern oder eine Mark Silbers zu bezahlen. Alle diese Bestimmungen sind also wesentlich verfassungs- und gesellschaftswidrig.

3 Haben die Menschen zu allen öffentlichen Ämtern Zutritt, ohne eine andere Unterscheidung, als die der Tugenden und Talente, wenn die Unfähigkeit, die verlangte Steuer zu zahlen, sie von allen öffentlichen Ämtern fern hält, so hervorstechend auch immer ihre Tugenden und Talente sein mögen? Nein. Alle diese Bestimmungen sind also verfassungs- und gesellschaftswidrig.

4 Ist endlich die Nation souverän, wenn die größte Zahl der Individuen, aus denen sie besteht, der politischen Rechte beraubt ist, welche die Souveränität ausmachen? Nein, und doch haben Sie [die Abgeordneten] eben gesehen, daß gerade diese Bestimmungen dem größten Teil der Franzosen die politischen Rechte rauben. Was würde also Ihre Erklärung der Rechte sein, wenn diese Dekrete bestehen könnten? Eine leere Formel. Was würde die Nation sein? Sklavisch. Denn die Freiheit besteht darin, den Gesetzen zu gehorchen, die man sich gegeben hat und die Knechtschaft darin, gezwungen zu sein, einem fremden Willen sich zu unterwerfen. Was würde Ihre Verfassung sein? Eine wirkliche Aristokratie, denn Aristokratie ist der Staat, wo ein Teil der Bürger souverän ist und der übrige Teil untertan. Und welche Aristokratie! Die unerträglichste von allen, die der Reichen! [...]

Das Volk, diese Menge von Menschen, deren Sache ich verteidige, haben Rechte, die denselben Ursprung haben wie die Ihrigen. Wer hat Ihnen die Gewalt gegeben, sie ihnen zu rauben? [...]

Das Volk verlangt nur das Notwendige, es will nur Gerechtigkeit und Ruhe; die Reichen verlangen alles, sie wollen alles an sich reißen und alles beherrschen. Die Mißbräuche sind das Werk und Erbgut der Reichen, sie sind die Geißeln des Volkes. Das Interesse des Volkes ist das allgemeine Interesse, das der Reichen ist das besondere Interesse, und Sie wollen das Volk zur Null und die Reichen allmächtig machen! [...]

Ich schlage der Nationalversammlung folgenden Dekretentwurf vor:

„Die Nationalversammlung, durchdrungen von einer gewissenhaften Achtung für die Menschenrechte, deren Aufrechthaltung der Zweck aller politischen Einrichtungen sein muß;

Überzeugt, daß eine Verfassung, welche die Freiheit des französischen Volkes sicherstellen und auf die der Welt Einfluß ausüben soll, auf diesem Prinzip gegründet werden muß;

erklärt, dass alle Franzosen, d. h. alle in Frankreich *geborenen und wohnhaften* oder eingebürgerten Menschen das volle Maß und die Gleichheit der Bürgerrechte genießen und zu allen öffentlichen Ämtern Zutritt haben sollen, ohne eine andere Unterscheidung, als die der Tugenden und der Talente.“

Aus: Fischer, Peter (Hrsg.): Reden der Französischen Revolution, München 1974, S. 112-129

Die drei Stände (rechts: Klerus, links: Adel, Mitte: Bürger) schmieden die neue Verfassung „Nouvelle Constitution").
Anonyme kolorierte Radierung 1789/90, Bibliothèque Nationale, Sammlung de Vinck, Nr. 2071

Aus: Reichardt, Rolf (Hrsg.): Die Französische Revolution, Würzburg 1988, Schutzumschlag

2.4.2 Die Verfassung von 1791 (3. September 1791)

Gleichsam als Präambel ist der Verfassung die Erklärung der Menschen- und Bürgerrechte vorangestellt (s. S. 63ff.).

Da die Nationalversammlung die Französische Verfassung auf den Grundsätzen aufbauen will, die sie eben anerkannt und erklärt hat, schafft sie unwiderruflich die Einrichtungen ab, welche die Freiheit und die Gleichheit der Rechte verletzen.

Es gibt keinen Adel mehr, keinen Hochadel, keine erblichen Unterschiede, keine Standesunterschiede, keine Lehnsherrschaft, keine Patrimonialgerichtsbarkeiten, keine Titel, Benennungen und Vorrechte, die davon herrührten, keinen Ritterorden, keine Körperschaften oder Auszeichnungen, die Adelsproben [urkundlicher Nachweis der adligen Abstammung einer Person] erforderten oder die auf Unterschieden der Geburt beruhten, und keinen anderen Vorrang als den der öffentlichen Beamten in Ausübung ihres Dienstes.

Kein öffentliches Amt kann mehr gekauft oder ererbt werden.

Für keinen Teil der Nation, für kein Individuum gibt es mehr irgend ein Privileg oder eine Ausnahme vom gemeinsamen Recht aller Franzosen.

Es gibt keine Zünfte mehr, keine Körperschaften von Berufen, Künsten oder Handwerken.

Das Gesetz anerkennt keine geistlichen Gelübde noch irgendwelche andere Verbindlichkeiten, die den natürlichen Rechten oder der Verfassung entgegenstehen.

Titel I. Grundsätzliche Bestimmungen, die die Verfassung garantiert

Die Verfassung verbürgt als natürliche und bürgerliche Rechte:

1. dass alle Staatsbürger zu allen Stellungen und Beamtungen zugelassen sind ohne einen anderen Unterschied als den ihrer Tugenden und ihrer Talente;
2. dass alle Abgaben auf alle Bürger gleichmäßig unter Berücksichtigung ihrer Vermögensverhältnisse verteilt werden;
3. dass dieselben Verbrechen mit denselben Strafen belegt werden ohne irgendeinen Unterschied der Person.

Die Verfassung verbürgt gleichfalls als natürliche und bürgerliche Rechte:

die Freiheit jedes Menschen zu gehen, zu bleiben, zu reisen, ohne verhaftet oder gefangen gehalten zu werden als in den durch die Verfassung festgelegten Formen;

die Freiheit jedes Menschen zu reden, zu schreiben, zu drucken und seine Gedanken zu veröffentlichen, ohne dass seine Schriften irgendeiner Zensur oder Aufsicht vor ihrer Veröffentlichung unterworfen sein dürfen, und den religiösen Kult auszuüben, dem er anhängt;

die Freiheit der Bürger, sich friedlich und ohne Waffen zu versammeln in Übereinstimmung mit den Polizeigesetzen;

die Freiheit, an die errichteten Behörden persönlich unterzeichnete Bittschriften zu richten.

Die gesetzgebende Gewalt kann keine Gesetze erlassen, welche die Ausübung der natürlichen und bürgerlichen Rechte, die in diesem Abschnitt bezeichnet und durch die Verfassung verbürgt sind, beeinträchtigen oder hindern. Und da die Freiheit nur darin besteht, alles das tun zu können, was weder den Rechten eines anderen noch der öffentlichen Sicherheit schadet, kann das Gesetz Strafen gegen die Handlungen festsetzen, welche die öffentliche Sicherheit oder die Rechte eines anderen angreifen und dadurch der Gesellschaft schaden würden.

Die Verfassung verbürgt die Unverletzlichkeit des Eigentums oder die gerechte und vorherige Entschädigung von dem, was die gesetzlich festgestellte, öffentliche Notwendigkeit als Opfer erfordert.

Die Güter, die für die Ausgaben der Kirchen und alle Zweige der öffentlichen Wohlfahrt bestimmt waren, gehören der Nation und stehen in jedem Falle zu ihrer Verfügung.

Die Verfassung verbürgt die Verkäufe der Nationalgüter [Kirchenbesitz, der im Zuge der Revolution verstaatlicht wurde], die in den durch das Gesetz festgelegten Formen geschehen sind oder noch geschehen werden.

Die Bürger haben das Recht, die Diener ihres Gottesdienstes selbst zu wählen.

Es soll eine allgemeine Einrichtung öffentlicher Hilfeleistungen geschaffen und gebildet werden, um verlassene Kinder zu erziehen, armen Kranken zu helfen und verarmten Gesunden, die sich keine Arbeit verschaffen können, diese zu besorgen.

Es soll ein öffentliches Schulwesen eingerichtet und gebildet werden, das für alle Bürger gemeinsam und in den Bereichen des Unterrichts, die für alle Menschen notwendig sind, kostenlos ist. Seine Anstalten sollen entsprechend der Einteilung des Königreiches auf die einzelnen Gebiete verteilt werden.

Es sollen Nationalfeste eingeführt werden, um die Erinnerung an die Französische Revolution zu bewahren, die Brüderlichkeit unter den Bürgern zu stärken und sie an die Verfassung, das Vaterland und die Gesetze zu binden.

Es soll ein Gesetzbuch der dem ganzen Königreich gemeinsamen bürgerlichen Gesetze geschaffen werden.

Titel II. Von der Einteilung des Königreiches und dem Stand der Bürger

Art. 1. Das Königreich ist einheitlich und unteilbar. Sein Gebiet ist in 83 Departements eingeteilt, jedes Departement in Distrikte, jeder Distrikt in Kantone.

Art. 2. Französische Bürger sind:

diejenigen, welche in Frankreich von einem französischen Vater gezeugt sind;

diejenigen, welche in Frankreich von einem ausländischen Vater gezeugt sind und ihren Wohnsitz in Frankreich aufgeschlagen haben;

diejenigen, welche im Ausland von einem französischen Vater gezeugt sind, aber nach Frankreich gekommen sind und sich hier niedergelassen und den Bürgereid geleistet haben;

endlich diejenigen, welche in der Fremde geboren sind und, in welchem Grade es auch sei, von einem Franzosen oder einer Französin abstammen, die um ihrer Religion willen vertrieben wurden und nach Frankreich zurückkehren, um hier zu wohnen und den Bürgereid leisten. [...]

Art. 5. Der Bürgereid lautet: „Ich schwöre, der Nation, dem Gesetz und dem Könige treu zu sein und mit allen meinen Kräften die Verfassung des Königreiches, die durch die verfassunggebende Nationalversammlung in den Jahren 1789, 1790 und 1791 beschlossen wurde, aufrechtzuerhalten." [...]

Art. 7. Das Gesetz betrachtet die Ehe nur als bürgerlichen Vertrag. [...]

Titel III. Von den öffentlichen Gewalten

[...] Die französische Verfassung ist eine Repräsentativverfassung. Ihre Repräsentanten sind die gesetzgebende Körperschaft und der König.

Art 3. Die gesetzgebende Gewalt ist einer Nationalversammlung übertragen, die aus Abgeordneten besteht, die durch das Volk frei und auf Zeit gewählt werden, um sie mit Billigung des Königs auf die Art auszuüben, die nachstehend bestimmt wird.

Art. 4. Die Regierung ist monarchisch. [...]

Art. 5. Die richterliche Gewalt ist den durch das Volk auf Zeit gewählten Richtern übertragen.

Kapitel I. Von der gesetzgebenden Nationalversammlung

Art. 1. Die Nationalversammlung, welche die gesetzgebende Körperschaft bildet, ist immerwährend und ist nur aus einer Kammer zusammengesetzt.

Art. 2. Sie wird alle zwei Jahre durch Neuwahlen gebildet. [...]

Kapitel II. Vom Königtum, der Regentschaft und den Ministern

Abschnitt 1. Vom Königtum und dem König

Art. 1. Das Königtum ist unteilbar und dem regierenden Hause im Mannesstamm nach dem Rechte der Erstgeburt erblich übertragen unter dauerndem Ausschluß der Frauen und ihrer Nachkommenschaft. [...]

Art. 2. Die Person des Königs ist unverletzlich und heilig. Sein einziger Titel ist König der Franzosen.

Art. 3. Es gibt in Frankreich keine Autorität, die über dem Gesetze steht. Der König regiert nur durch dieses. Und nur im Namen des Gesetzes kann er Gehorsam verlangen.

Art. 4. Der König soll bei seiner Thronbesteigung, oder sobald er großjährig geworden ist, der Nation in Gegenwart der gesetzgebenden Körperschaft den Eid leisten, der Nation und dem Gesetz treu zu sein, alle ihm übertragene Macht zur Aufrechterhaltung der durch die verfassunggebende Nationalversammlung in den Jahren 1789, 1790 und 1791 beschlossenen Verfassung anzuwenden und die Gesetze ausführen zu lassen. [...]

Art. 5. Wenn der König einen Monat nach der Aufforderung durch die gesetzgebende Körperschaft den Eid nicht geleistet hat, oder wenn er ihn zurücknimmt, nachdem er ihn geleistet hat, wird angenommen, daß er abgedankt hat.

Art. 6. Wenn der König sich an die Spitze einer Armee stellt und ihre Kräfte gegen die Nation führt oder wenn er sich nicht durch einen formellen Akt einem solchen Unternehmen, das in seinem Namen durchgeführt wird, widersetzt, wird angenommen, daß er abgedankt hat.

Art. 7. Wenn der König das Königreich verlassen hat und dorthin nicht nach einer Aufforderung durch die gesetzgebende Körperschaft in der in der Proklamation festgesetzten Frist, die nicht unter zwei Monaten sein darf, zurückkehrt, wird angenommen, daß er abgedankt hat. [...]

Art. 8. Nach der ausdrücklichen oder gesetzlichen Abdankung gehört der König zur Klasse der Bürger und kann für Handlungen nach seiner Abdankung wie sie angeklagt und verurteilt werden. [...]

Abschnitt IV. Von den Ministern

Art. 1. Allein dem König stehen die Wahl und die Entlassung der Minister zu. [...]

Art. 4. Kein königlicher Befehl kann ausgeführt werden, wenn er nicht durch ihn gezeichnet und durch den Minister oder den Vorgesetzten des Departements gegengezeichnet ist.

Art. 5. Die Minister sind verantwortlich für alle Verbrechen, die durch sie gegen die nationale Sicherheit und die Verfassung begangen werden,

für jeden Angriff auf das Eigentum und die persönliche Freiheit,

für jede Verschwendung der für die Ausgaben ihres Ressorts bestimmten Gelder. [...]

Kapitel III. Von der Ausübung der gesetzgebenden Gewalt

Abschnitt I. Macht und Aufgaben der gesetzgebenden Nationalversammlung

Art. 1. Die Verfassung überträgt ausschließlich der gesetzgebenden Körperschaft die folgenden Vollmachten und Aufgaben:

1. Gesetze vorzuschlagen und zu beschließen. Der König kann allein die gesetzgebende Korperschaft auffordern, eine Sache in Beratung zu nehmen;
2. die öffentlichen Ausgaben festzusetzen;
3. die öffentlichen Steuern anzusetzen, ihre Art, Höhe, Dauer und Erhebungsweise festzulegen;

4. die direkten Steuern unter die Departements des Königsreiches zu verteilen, die Verwendung aller öffentlichen Einkünfte zu überwachen und sich davon Rechenschaft geben zu lassen; [...]
12. Die gesetzgebende Körperschaft hat allein das Recht, die öffentlichen Ehrungen zum Gedächtnis großer Männer zu beschließen.

Art. 2. Der Krieg kann nur durch ein Dekret der gesetzgebenden Körperschaft, das auf förmlichen und notwendigen Vorschlag des Königs erlassen und von ihm bestätigt wird, beschlossen werden. [...]

Abschnitt II. Abhaltung der Sitzungen. Form der Beratung

Art. 1. Die Beratungen der gesetzgebenden Körperschaft sind öffentlich. Die Protokolle der Sitzungen werden gedruckt. [...]

Abschnitt III. Von der königlichen Bestätigung

Art. 1. Die Beschlüsse der gesetzgebenden Körperschaft werden dem König vorgelegt, der ihnen seine Zustimmung verweigern kann.

Art. 2. Im Falle, daß der König seine Zustimmung verweigert, ist diese Verweigerung nur von aufschiebender Wirkung.

Wenn die beiden Legislaturperioden, die derjenigen folgen, die den Beschluß vorgelegt hat, nacheinander den gleichen Beschluß in der gleichen Fassung wieder vorlegen, so wird angenommen, daß der König seine Bestätigung erteilt hat. [...]

Kapitel IV. Von der Ausübung der vollziehenden Gewalt

Art. 1. Die oberste vollziehende Gewalt ruht ausschließlich in der Hand des Königs.

Der König ist der oberste Chef der allgemeinen Verwaltung des Königreiches. Die Sorge, über die Aufrechterhaltung der öffentlichen Ordnung und Ruhe zu wachen, ist ihm anvertraut. [...]

Kapitel V. Von der richterlichen Gewalt

Art. 1. Die richterliche Gewalt kann in keinem Fall durch die gesetzgebende Körperschaft oder durch den König ausgeübt werden.

Art. 2. Die Rechtsprechung erfolgt kostenlos durch die auf Zeit durch das Volk gewählten und durch Patente [Bestallungsurkunden] des Königs, die er nicht verweigern kann, eingesetzten Richter.

Sie können nur wegen eines gehörig abgeurteilten Amtsvergehens abgesetzt und wegen einer zugelassenen Anklage suspendiert werden. Der öffentliche Ankläger wird durch das Volk gewählt. [...]

Art. 11. Jeder, der ergriffen und vor einen Untersuchungsrichter geführt ist, muß sofort oder spätestens binnen 24 Stunden verhört werden.

Ergibt sich aus dem Verhör, daß keine Ursache zur Anklage gegen ihn vorliegt, ist er sofort in Freiheit zu setzen. Ist es nötig, ihn dem Untersuchungsgefängnis zu überantworten, so ist er dorthin in der kürzesten Frist, die keinesfalls 3 Tage überschreiten darf, zu übergeben. [...]

Art. 17. Niemand kann auf Grund von Schriften, die er über irgendwelche Gegenstände hat drucken oder veröffentlichen lassen, zur Untersuchung gezogen oder verfolgt werden, es sei denn, daß er zum Ungehorsam gegen das Gesetz, zur Verächtlichmachung der verfassungsmäßigen Gewalten, zum Widerstand gegen ihre Verfügungen oder zu irgendwelchen durch das Gesetz als Verbrechen oder Vergehen erklärten Handlungen auffordert. [...]

Titel VI. Von den Beziehungen der französischen Nation zu fremden Nationen

Die französische Nation verzichtet darauf, einen Krieg zu unternehmen, um Eroberungen zu machen. Sie wird ihre Streitkräfte niemals gegen die Freiheit eines anderen Volkes verwenden. [...]

Aus: Grab, Walter (Hrsg.): Die Französische Revolution. Eine Dokumentation. München 1973, S. 60-93

2.4.3 Debatten in der Nationalversammlung (1792)

Bereits am ersten Tag nach seiner Ankunft in Paris bemühte sich der preußische Komponist und Publizist Johann Friedrich Reichardt (1752-1814) um Zugang zu den Sitzungen der Nationalversammlung in der „Reitschule der Tuilerien". Hierzu musste er sich Eintrittskarten besorgen, da er nicht auf die „öffentliche Volkstribüne" wollte, zu der man auch ohne „Billetten" gelangen konnte. Diese „Volkstribüne" sei „stets vom gemeinsten Pöbel gedrängt voll" und „kein rechtlicher Mann" würde diese je betreten (S. 108). Angesichts seiner sehr kritischen Berichte über die Debatten in der Nationalversammlung könnte man meinen, Reichardt sei ein entschiedener Gegner der Revolution gewesen. Dem war aber nicht so: Reichardt bekundete in seine Briefen wiederholt seine Sympathie für die seit 1789 in Frankreich eingetretenen Veränderungen und für die Verfassung von 1791. In seinem Brief vom 5. März 1792 beschreibt er zunächst den Sitzungssaal mit den Plätzen für die Abgeordneten, den Präsidenten und seinen Stab (mehreren Ordnern, sechs Sekretären) und den Tribünen für das Publikum. Danach schildert er den Ablauf der Sitzung:

Die Sitze unten an den Wänden lassen einen breiten Gang frei, auf dem vier Huissiers [etwa: Saalordner] herumgehen und ohne Unterlass Stillschweigen und Ruhe gebieten. Aber dessen ungeachtet laufen die Mitglieder [gemeint sind die Abgeordneten], die großenteils in tiefem Negligé [nachlässiger Kleidung], auch wohl in Stiefeln und Sporn da sind, unaufhörlich in dem Mittelgang umher, schlagen mit ihren Röhren [Rohrstöcken] an die Stiefeln, husten und schnäuzen sich ungebärdig, sprechen laufend miteinander und oft in nicht geringer Entfernung zu ihren Bekannten hinüber. Da mag nun der Präsident mit einer ungeheuren Glocke klingeln und „Silence! En place, Messieurs!" [„Ruhe! Auf die Plätze, meine Herren!"] rufen, wie er will; die Huissiers [Saaldiener] mögen sich neben solche herumirrende oder laut redende Deputierte stellen, zischen und in die Hände klatschen, wie sie wollen: Die Herren kehren sich ebenso wenig daran wie ungezogene Knaben in einer Schule, die schon wissen, dass der alte Herr Rektor nicht zuschlägt. Nun mag auch reden oder vorlesen, wer da will – mehrere hundert Stimmen sprechen immer zu gleicher Zeit darein und geben bei jedem Ausdruck laut und hundertfach durcheinander ihre Meinung zu erkennen; ja, oft schreien sie so ungebärdig, dass man ganz betäubt wird.

Bei diesen Umständen ist es also gar nicht leicht, das Wort zu bekommen. Heute wenigstens hatte es seine große Schwierigkeit, denn oft schrie einer dreißig-, vierzigmal, bis er ganz heißer ward: „Mr. le Président, je demande la parole" [„Herr Präsident, ich bitte um das Wort"], ohne dass der Präsident es vor dem Geschrei der ihn näher Umgebenden hören konnte. [...] Wer indes einmal das Wort hatte, der schrie fort, so lange er konnte, wenngleich sein nächster Nachbar nicht imstande gewesen sein mag, eine einzige Periode ganz zu verstehen. Daher gab es denn auch unzählige Missverständnisse, und sehr oft ward jemand mit entsetzlichem Ungestüm über etwas widerlegt, was er nicht gesagt zu haben behauptete. [...]

Vor allem andern indignierte mich [war ich entrüstet über] die rasende Wut, womit die Enragés [wörtlich: die Wütenden; gemeint sind die besonders Radikalen in der Nationalversammlung] die Schließung der Diskussion zu erstürmen suchten, wenn sie glaubten, dass einer von ihnen mit seiner wütenden Rede eben Eindruck gemacht hätte; doch nicht weniger [indignierte mich] auch die höchst unanständige Art, womit die Zuhörer und die Mitglieder selbst bei dem Stimmen durch Aufstehen und Sitzenbleiben die Minorität jedes Mal auszischten und auslachten. [...] Kurz, in der ganzen Form ist nicht die geringste Spur von Anstand und Würde, und Du kannst denken, wie mich das beleidigt. (S. 110f.)

Dass es bei diesem tumultuarischen Ablauf einer Sitzung der Nationalversammlung nicht um eine Ausnahme, sondern eher um die Regel handelte, zeigen weitere Berichte Reichardts; nachfolgend Reichardts Beobachtungen am 7. März 1792:

Die Sitzung der Nationalversammlung war noch weit unruhiger, weit ungezogener als die gestrige, und die Menschen machten sich um so verächtlicher, da all der Lärm stundenlang bloß dazu abzweckte, den braven Dumas[1], dem die Majorität das Wort bewilligt hatte, mit aller Gewalt am Reden zu hindern und ihn von der Tribüne zu treiben, weil er wahr und vernünftig sprach und eine neue Art von scrutin [Abstimmung] bei der Wahl vorschlug. Ich selbst muss aber – so arg ging es her! – erst morgen die Zeitungen lesen, um zu wissen, was eigentlich vorgetragen und angenommen worden ist; und doch waren wir neben der Rednertribüne gerade dem Präsidenten gegenüber. Einige lange Berichte wurden von so schwachen Stimmen vorgelesen, dass bei dem unaufhörlichen Lärmen und bei dem Läuten des Präsidenten mit einer großen Handglocke und bei dem ewigen Rufen „Silence!" und „en place!" schlechterdings nichts verstanden wurde. Auch hörte niemand auf die Berichte, und am Ende fragten mehrere Stimmen laut: „De quoi s'agit-il? Nous n'avons rien compris." [„Worum handelt es sich? Wir haben nichts verstanden"] Aber doch ward darüber zum Stimmen geschritten.

Das Auszischen der Minorität ging heute bis zum Unerträglichen. Die Tribüne des gemeinen Volkes war ganz ausgelassen. Wohl fünfzigmal ward Dumas während seiner Rede laut ausgelacht, ausgezischt, ausgetrommelt und mit beißenden Anmerkungen von hundert und mehr

1 René-François Dumas (1757-guillotiniert 28.7.1794), war zunächst Priester, dann Jurist, und gründete in seinem Heimatort 1790 einen Revolutionsklub. Er wurde von Robespierres Bruder nach Paris geholt, wo er sich den radikalen Jakobinern anschloß. Ab 8. April 1794 war er Präsident des Revolutionstribunals, eines Amtes, das er bei der Verfolgung und Verurteilung der Hébertisten und Dantonisten auf besonders blutige Weise ausübte. Robespierre bis zum Ende treu ergeben, stürzt er mit diesem.

Stimmen zugleich unterbrochen. [...] Unzählige Stimmen zankten während der Rede unaufhörlich und laut mit dem Präsidenten, dass er die Zeit mit solchem elenden Zeuge verderben lasse. Viele sprangen von ihren Sitzen in den Zwischengang und fast gerade gegen den Präsidenten an, dem manche sogar mit dem Stocke droheten. Einer warf sein Buch, das er in der Hand hatte, auf die Erde und trat darauf. Es ist unbeschreiblich, wie unanständig alles zuging.

Nur die Gesichter konnten mich noch bisweilen angenehm unterhalten. Die Volkstribünen waren mit vier- bis fünfhundert Diebes- und Mörderphysiognomien angefüllt. Für die meisten hätte ich mir einen Hogarth[1] gewünscht: von einem alten Kerl an, der sein großes Gebiss immer offen hatte, dass man ihm bis in den Hals sehen konnte, und dabei unaufhörlich kalt grausam grinsete, bis zu einem langen, blassen, jungen Galgenschwengel, der über dem vorigen saß und unaufhörlich gähnte, dabei aber allezeit wie rasend klatschte. Das Gesindel soll übrigens dafür reichlich bezahlt werden und rührt sich nicht von der Stelle. (S. 117f.)

Aus: Reichardt, Johann Friedrich: Vertraute Briefe aus Paris 1792, hrsg. v. Rolf Weber, Berlin (Ost) 1980, passim

2.4.4 Die Attraktivität der französischen Verfassung (1792)

Christoph Friedrich Cotta (1758–1838), älterer Bruder des Verlegers Johann Friedrich Cotta, in dessen (heute noch unter dem Dach des Klett-Verlags existierenden) Verlag die Werke der deutschen Klassiker Goethe und Schiller und weiterer bedeutender Autoren des späten 18. und frühen 19. Jahrhunderts (Hölderlin, Uhland, Fichte, Hegel u.v. a.m.) erschienen, war Jurist und Publizist. Er ließ sich als Anhänger der Revolution 1791 als französischer Bürger in Straßburg nieder, wo er auch in den Jakobinerklub eintrat. Bis zu seiner Rückkehr nach Deutschland im Jahr 1810 hatte er nacheinander verschiedene Funktionen in der französischen Zivilverwaltung inne. Er gilt als einer der aktivsten deutschen Publizisten der Revolutionszeit. Der nachstehende Text ist ein Auszug aus Cottas Schrift „Von der Staatsverfassung in Frankreich zum Unterrichte für die Bürger und Bewohner im Erzbisthume Mainz und den Bisthümern Worms und Speier" und erschien 1792 in Mainz, als Cotta dort zeitweilig Präsident und Vizepräsident des Jakobinerklubs war. Rückblickend schreibt Cotta über die Verfassungsbewegung:

In Frankreich sind alle Menschen frei. Also gibt es da keine Leibeigene. Auch ist kein Mensch Herr des anderen, und sogar der Dienstherr hat vom Bedienten oder Knecht nur in Dienstsachen zu verlangen, was im Dienstkontrakte ausgemacht worden ist.

In Frankreich sind alle Menschen gleich an Rechten. Der Sohn des Landbauern kann also, wenn er geschickt dazu ist, ebenso gut Minister oder Erzbischof werden als wie der Sohn eines Königs, da man hingegen in manchen anderen Ländern eine solche Stelle nicht bekommen kann, wenn man nicht aus alt-hochadeligem, gräflichem oder fürstlichem Geblüte, wie sie es nen-

---

1 William Hogarth (1697-1764), sozialkritischer englischer Maler und Grafiker. Er prangerte in Gemälden und Kupferstichen die Sitten und Gebräuche seiner Zeit schonungslos und mit beißender Ironie an. Hogarth gilt als Vorläufer der modernen Karikaturisten.

nen, ist. Auch hat in Frankreich ein sogenannter Edelmann oder Graf gar keinen Vorzug wegen seiner Geburt vor dem Handwerker; der arme Bürger findet vor dem Richter ebensoviel Recht wie der reichste, und dieser wird, wenn er Strafe verdient, ebenso gestraft als der arme. Eben darum, weil alle Menschen gleich sind, ist in Frankreich der Adel mit allen seinen Vorzügen auf ewig abgeschafft worden.

Die Freiheit ist das Recht, alles das zu tun, was nicht verboten ist. In Frankreich ist aber nur das verboten, was jeder vernünftige Mensch sich selbst verbietet, nämlich das, was dem anderen schadet. Solche Dinge, welche andern Menschen schaden, sind durch Gesetz verboten; in Frankreich mach aber nicht ein König oder Kurfürst oder ein Magistrat die Gesetze, sondern das Volk selbst macht sie. [...]

Die Gleichheit ist das Recht, von anderen zu verlangen, daß sie das tun, was man selbst tun muß, und das nicht tun, was man selbst nicht tun darf. Daher darf in Frankreich jeder reden, schreiben, drucken lassen, was er will, wenn er nur niemand dadurch beleidigt. Auch muss wegen der Gleichheit jeder Mensch in Frankreich nach seiner Einnahme Abgaben geben, jeder dem Gesetze sich unterwerfen, er heiße sonst geistlich oder weltlich, er sei reich oder arm.

Außer den Abgaben an das Volk selbst zahlt man keine andern an einen Edelmann oder Domkapitel, keinen Zehnten oder dergleichen. In Frankreich erzieht man verlassene Kinder auf Kosten der Republik.

Gebrechliche Arme werden da unterstützt, und arbeitslosen Armen hilft man da zur Erwerbung eines hinlänglichen Verdienstes. In Frankreich errichtet man jetzt auch Schulen, wohin jeder Bürger seine Kinder unentgeltlich schicken kann und worin sie alles das lernen können, was jedem Menschen zu wissen nötig ist. Mit einem Worte: In Frankreich ist alles abgeschafft, was wider die Freiheit und wider die Gleichheit der Rechte noch in andern Ländern und Städten gilt; dagegen sind in Frankreich alle Anstalten dazu gemacht, daß die Leute alle immer zufrieden und glücklich leben können. [...]

Alle Departementsverwalter, Distriktverwalter, Maires [Bürgermeister], Munizipalitätsglieder [etwa: Gemeinderäte], Notables, auch die Richter, Postverwalter und überhaupt alle Beamten werden [in den Gemeinden, Kantonen und Départements] von den Bürgern, für welche sie da sind, selbst gewählt; tun sie ihre Schuldigkeit nicht, so werden sie von den Vorstehern abgesetzt, und die Bürger wählen sich hernach andere.

Alle Beamten müssen ihr Amt öffentlich versehen, so, daß jeder, wer Lust hat, zuhören kann, wenn sie amtieren, ihre Rechnungen ablegen und so weiter.

Die Gerechtigkeit wird in Frankreich unentgeltlich verwaltet. [...]

Auch die Minister werden in Frankreich von den Bürgern aus sich selbst gewählt, und auch die Minister werden in Frankreich gestraft, wenn sie ihr Amt nicht recht versehen. Sonst war aber den Ministern in Frankreich noch ein König, aber auch der wurde abgesetzt, weil er seinen Dienst nur zum Schaden des Volkes versah, und das Volk schaffte ein so überflüssiges, teures und für die Freiheit so gefährliches Amt, als das Amt eines Königs oder Fürsten ist, ganz ab. Daher heißt Frankreich jetzt eine Republik, weil zu allen Ämtern nur Bürger auf eine

Zeitlang gewählt werden, um das Beste ihrer Mitbürger zu besorgen, und im Falle, daß sie das nicht tun, ohne Unterschied abgesetzt und gestraft werden können.

Das Militär ist in Frankreich nur zur Verteidigung gegen die Feinde und zur Erhaltung der öffentlichen Ruhe da; es darf sich in keine Zivilsachen mischen. [...]

Soldaten müssen von ihren Offizieren brüderlich behandelt werden, bekommen keine Stockschläge, aber guten Sold, gesundes Brot und Fleisch, Kleidung und so weiter und, wenn sie brav dienen oder im Dienste alt werden, eine Pension. Aus den Soldaten wählt man die Unteroffiziere, aus diesen die Leutnants, und so geht's hinauf bis zum General.

So ist in Frankreich alles dahin eingerichtet, daß jeder Einwohner sicher, von anderen unabhängig und in seinem Gewerbe ungestört zufrieden und glücklich leben kann.

Ebenso leben die Franken auch mit ihren Nachbarn im Frieden, begehren nicht, Eroberungen zu machen. Werden sie aber von Königen oder Fürsten angegriffen, so züchtigen sie dafür nur diese, zu deren Völkern aber kommen sie als Brüder, lehren sie die Freiheit und Gleichheit, laden sie ein, sich mit ihnen zu vereinigen. [...]

Jedem Volk bringen [die Franzosen] Freiheit und besonders Euch, liebe Handwerker und Landbauern am Rhein, langen Frieden und den größten Wohlstand [...]. Trauet auf Gott, welcher die Franken in allen ihren Unternehmungen so sichtbar unterstützt! [...]

Es lebe das fränkische Volk! Es lebe die Freiheit und Gleichheit!"

Aus: Träger, Claus (Hrsg.): Die Französische Revolution im Spiegel der deutschen Literatur, Frankfurt a.M. 1979, S. 530-535

2.5. Neuerungen

2.5.1 Die Einführung des Revolutionskalenders (22. September 1792)

Die Einführung eines neuen Kalenders ist mehr gewesen als ein bloßer Verwaltungsakt: Es war auch dies ein deutlicher Bruch mit dem Ancien Régime. Der Konvent beauftragte den Ausschuss für öffentliche Unterweisung (Comité d'instruction publique), dem Gelehrte und Schriftsteller angehörten, einen neuen Kalender herzustellen. Im entsprechenden Dekret des Konvents heißt es:

Ein Mitglied beantragt, dass man die Urkunden künftig datiert *Im ersten Jahr der Französischen Republik.*

Ein anderes Mitglied schlägt vor, der im Gebrauch befindlichen Zeitrechnung *Im vierten Jahr der Freiheit* hinzuzufügen.

Dieser Abänderungsvorschlag wird abgelehnt, und es wird dekretiert, dass alle Urkunden künftig das Datum tragen sollen *Im ersten Jahr der Französischen Republik.*

Aus: Grab, Walter (Hrsg.): Die Französische Revolution, München 1973, S. 126

a) Republikanischer Kalender, Stich von Philibert-Louis Debucourt (1794)

b) Republikanischer Kalender von 1794

Tage: Die zehn Tage der Dekaden wurden durchgezählt:

1. Primidi
2. Duodi
3. Tridi
4. Quartidi
5. Quintidi
6. Sextidi
7. Septidi
8. Octidi
9. Nonidi
10. Decadi

Monate: Die 12 Monate des republikanischen Kalenders wurden in vier jahreszeitliche Gruppen eingeteilt, beginnend mit dem Jahrestag der Revolution als erstem Tag des Jahres:

Herbstmonate (auf -aire endend)		
Vendémiaire	lat. *vindemia* Weinlesemonat	22. September bis 21. Oktober
Brumaire	frz. *brume* Nebelmonat	22. Oktober bis 20. November
Frimaire	frz. *frimas* Frostmonat	21. November bis 20. Dezember
Wintermonate (auf -ôse endend)		
Nivôse	lat. *nix, nivis* „Schnee“; Schneemonat	21. Dezember bis 19. Januar
Pluviôse	lat. *pluvia* „Regen“; Regenmonat	20. Januar bis 18. Februar
Ventôse	lat. *ventus* beziehungsweise frz. *vent* „Wind“	19. Februar bis 20. März
Frühlingsmonate (auf -al endend)		
Germinal	lat. *germen, germinis* „Keim; Spross“	21. März bis 19. April
Floréal	lat. *flos, floris* „Blume“	20. April bis 19. Mai
Prairial	frz. *prairie* „Wiese“	20. Mai bis 18. Juni
Sommermonate (auf -idor endend)		
Messidor	lat. *messis* „Ernte“	19. Juni bis 18. Juli
Thermidor	griechisch *thermós* „warm“	19. Juli bis 17. August
Fructidor	lat. *fructus* „(Feld-)Frucht“	18. August bis 16. September

Übergangstage: Die sechs Übergangstage am Jahresende (Sansculottiden genannt) waren Feiertage.

- *Jour de la Vertu*, Tag der Tugend (17. September, ab 1800 18. September)
- *Jour du Génie*, Tag des Geistes (18. September, ab 1800 19. September)
- *Jour du Travail*, Tag der Arbeit (19. September, ab 1800 20. September)
- *Jour de l'Opinion*, Tag der Meinung (20. September, ab 1800 21. September)
- *Jour des Récompenses*, Tag der Belohnung (21. September, ab 1800 22. September)
- *Jour de la Révolution*, Tag der Revolution (nur in Schaltjahren 22. September 1795/99 und 23. September 1803)

Aus: http://de.wikipedia.org/wiki/Französischer_Revolutionskalender (18.12.10)

2.5.2 St. Leodegar (St. Léger) in Guebwiller (Oberelsass)

Die spätromanische Kirche mit gotischem Chor Saint-Léger wurde 1182 bis 1287 erbaut und nach 1336 im Chorbereich gotisch umgestaltet. Die Inschrift stammt, wie auf dem unteren Schriftband zu lesen ist, aus dem Jahr 1791. Das Beispiel zeigt, dass man bereits vor Einführung des neuen Kalenders mit einer neuen Jahreszählung begonnen hat.

Aus: Gérard Ulrich/Yves Bonnel: Les témoins visibles de la Révolution française en Alsace 1789-1799, in: Revue d'Alsace 116 (1989/90), nach S. 360.

2.5.3 Einführung des metrischen Systems (1. August 1793)

Über viele Jahrhunderte hinweg bediente man sich der menschlichen Gliedmaßen als Bezugsgröße für die Längeneinheit (z. B. Fuß, Elle). Am Ende des 18. Jahrhunderts gab es kein einheitliches Längen- und Flächenmaß. Von Region zu Region, von Land zu Land waren die Unterschiede beträchtlich und die Umrechnung beschwerlich. Fehler waren unausweichlich. Der sich ausdehnende Handel, der zum Warenaustausch über größere Entfernung hinweg führte und grenzüberschreitend war, bedurfte einer Maßeinheit, die zumindest auf nationaler Ebene einheitlich war. Dies galt auch für Gewichte. Am 8. Mai 1790 hatte die Nationalversammlung einer Kommission der Akadamie der Wissenschaften die Aufgabe übertragen, ein neues System für Gewichte und Maße zu entwickeln. Am 1. August 1793 entschied sich der Konvent für das Meter als allgemeines Längenmaß. Der Physiker Jean Charles de Borda (1733-1799) definierte den Meter als den zehnmillionsten Teil des Erdquadranten auf dem Meridian von Paris, also den zehnmillionsten Teil der Entfernung vom Pol zum Äquator. Mit der Einführung des Meters war die Einführung des Dezimalsystems verbunden. Bei Tulard u. a. heißt es (S. 1107): „L'unité de longueur est le mètre, les unités de poids sont le gramme et le kilogramme, les unités de capacité sont le litre, sauf pour le bois pour lequel on emploie le stère. Les unités de surface sont l'are et l'hectare. Pour la monnaie, c'est le franc divisé en centimes.“ In Deutschland wurde das Längenmaß Meter erst 1872 eingeführt.

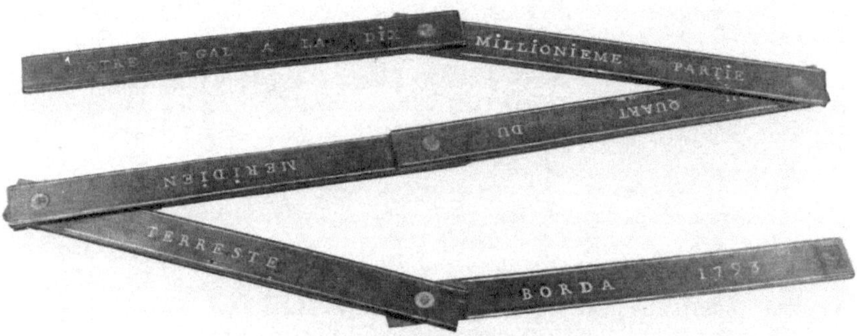

Einzig bekanntes Exemplar eines Zollstocks aus dem Jahr 1793.

Aus: Musée National des Techniques (Hrsg.): L'aventure du mètre, Exposition au CNAM, Paris 1989, S. 32

2.5.4 Der Gebrauch der neuen Maße und Gewichte (um 1799)

Aus: L'aventure du mètre, Paris 1989 [Katalog zur Ausstellung im Musée national des techniques Paris vom 4. April bis 30. Oktober 1989], S. 49

2.6 Krieg

2.6.1 Die Erklärung von Pillnitz (27. August 1791)

Die Beeinträchtigungen, die die königliche Familie nach dem erzwungenen Umzug vom Versailler Schloss in die Tuilerien in Paris Anfang Oktober 1789 erlitt, führten zu dem v. a. von der Königin betriebenen Plan, in die österreichischen Niederlande zu fliehen, um vom Exil aus und mit Unterstützung Österreichs die Revolution zu ersticken. Die Flucht in der Nacht vom 20. auf den 21. Juni 1791 endete mit der Entdeckung des Königs und seiner Familie in Varennes (Lothringen). Die Fluchtgruppe wurde unter scharfer Bewachung nach Paris zurückgeführt.

Nach der gescheiterten Flucht des Königs und der in Emigrantenkreisen verbreiteten Befürchtungen, dieses Unternehmen könnte negative Auswirkungen auf die Fortdauer der Monarchie in Frankreich und auf die körperliche Unversehrtheit der königlichen Familie haben, erklärten der Kaiser des Heiligen Römischen Reiches Deutscher Nation Leopold II. und König Friedrich Wilhelm II. von Preußen anlässlich einer Zusammenkunft der Monarchen auf Schloss Pillnitz (östlich von Dresden) ihre Absicht, König Ludwig XVI. zu stützen und die Monarchie in Frankreich gegen etwaige Pläne der Revolutionäre zu deren Abschaffung zu verteidigen. Von dieser Drohung hoffte man in Österreich und Preußen, dass sie eine militärische Intervention unnötig machen würde. Denn von einem tatsächlichen militärischen Vorgehen der europäischen Mächte gegen die Revolution zum Schutz des französischen Königtums war im Sommer 1791 nicht auszugehen, da die in dieser Erklärung enthaltenen Vorbehalte für einen Angriff auf Frankreich zu deutlich waren. So war z. B. Großbritannien zu einem solchen Schritt zu diesem Zeitpunkt noch nicht bereit. Dennoch war die Deklaration von Pillnitz ein wesentlicher Grund für die französische Kriegserklärung an Österreich im April 1792.

Seine Majestät der Kaiser und Seine Majestät der König von Preußen haben die Wünsche und Vorstellungen Monsieurs[1] und des Grafen von Artois[2] angehört und erklären gemeinsam, dass sie die Situation, in der sich der König von Frankreich derzeit befindet, als Gegenstand eines gemeinsamen Interesses aller Herrscher Europas betrachten. Sie hoffen, dass dieses Interesse unfehlbar von den Mächten anerkannt wird, deren Hilfe gefordert ist, und dass diese sich folglich nicht weigern werden, gemeinsam mit Ihren Majestäten und gemäß ihren Kräften die wirksamsten Mittel einzusetzen, um dem König von Frankreich die Möglichkeit zu verschaffen, in vollkommener Freiheit die Grundlagen einer monarchischen Regierung zu festigen, die den Rechten der Herrscher und dem Wohl der französischen Nation in gleicher Weise angemessen ist. Dann und in diesem Falle sind Ihre Majestäten der Kaiser und der König von Preußen entschlossen, sofort in wechselseitigem Einvernehmen mit Hilfe der notwendigen Streitkräfte zu handeln, um das erstrebte gemeinsame Ziel zu erreichen. Bis dahin werden sie ihren Truppen die geeigneten Befehle erteilen, damit diese in der Lage sind einzuschreiten.

Aus: Paschold, Chris. E./Gier, Albert (Hrsg.): Die Französische Revolution. Ein Lesebuch mit zeitgenössischen Berichten und Dokumenten, Stuttgart 1989, S. 181f.

2.6.2 Brissot ruft zum Krieg auf (16. Dezember 1791)

Jacques Pierre Brissot (1754-1793) übte in Paris den Beruf eines Publizisten aus und verfasste bereits im Jahrzehnt vor der Revolution mehrere Schriften politisch-juristischen Inhalts. Mehrfach wurde er aus unterschiedlichen Gründen (Schulden, Pamphlete gegen die Königin) inhaftiert, Zeitgleich mit dem Zusammentritt der Generalstände, in die er vergeblich versucht hatte, gewählt zu werden, erschien im Mai 1789 seine Zeitung „Le Patriote français". Diese musste erst Anfang Juni 1793 ihr Erscheinen einstellen, als Brissot aus Paris floh, um seiner Verhaftung als Anhänger der Girondisten zu entgehen. Bald nach dem Ausbruch der Revolution war Brissot dem Jakobinerklub beigetreten, wo er zunächst Führer der Linken war. Aus diesen, zunächst „Brissotins" genannt, gingen

1 Monsieur war in Frankreich traditionell der Titel des ältesten Bruders des Königs.

2 Charles Philipp de Bourbon, Comte d'Artois (1757-1836), war der jüngere Bruder König Ludwigs XVI. Sein ausschweifendes und verschwenderisches Leben trug ihm die Verachtung der Bevölkerung ein. Zusammen mit der Königin Marie Antoinette, seiner Schwägerin, war er das Haupt der erzroyalistischen Clique am Hof zu Versailles. Bereits im Juli 1789 verließ er Frankreich und ließ sich zusammen mit anderen adligen Emigranten östlich des Rheines nieder, von wo er als Führer der Emigranten die europäischen Monarchen zum Kampf gegen die Revolution aufforderte. Nach dem Tod seines Bruders Ludwig, der nach der Abdankung Napoleons als Ludwig XVIII. von 1814/15 bis 1824 Frankreich regierte, gelangte er als Karl X. auf den französischen Thron. In der Revolution von 1830 wurde Karl X. in die Emigration gezwungen, wo er wenige Jahre später starb.

schließlich die Girondisten hervor. Bereits im Oktober 1791 begann Brissot seine Agitation für einen Krieg gegen Österreich und Preußen, um deren Invasion zuvorzukommen. Inwieweit er diesen Krieg wollte, um von Missständen im Innern Frankreichs abzulenken, ist umstritten. Robespierre, der sein großer Widersacher war, widersprach ihm und wollte keinen Krieg, solange die Feinde im Innern noch nicht besiegt waren. Schwankend in seiner Haltung gegenüber Lafayette, dessen Anklage wegen Hochverrats er schließlich betrieb, und gegenüber dem König, gegen dessen Hinrichtung er sich aussprach, verlor Brissot zunehmend an Einfluss in der Bevölkerung und im Jakobinerklub, aus dessen Mitgliederliste er schließlich am 12. Oktober 1792 gestrichen wurde. Schon am 1. September 1792 hatte Robespierre erklärt: „Niemand wagt die Verräter beim Namen zu nennen. Nun gut, ich werde sie zum Heil des Volkes nennen. Ich klage Brissot, den Zerstörer der Freiheit [„liberticide"], an und die Clique der Gironde. Ich klage sie an, Frankreich an Braunschweig verkauft und schon im Voraus den Preis für ihre Niederträchtigkeit erhalten zu haben." [Tulard u. a., S. 602]. Daraufhin wurden Brissots Wohnung überfallen und seine Papiere untersucht. Diese enthielten aber keine Hinweise auf einen etwaigen Verrat Brissots an der Nation. Dies schützte ihn nicht davor, dass man ihm unterstellte, er wolle den König hinrichten lassen aus Furcht, dieser könnte ihn als seinen Komplizen bezeichnen – was aber pure Demagogie war, denn Brissot widersetzte sich der Hinrichtung des Königs. In einer Schrift, die er im Mai 1793 veröffentlichte, forderte Brissot die Schließung des Jakobinerklubs und die Auflösung der Commune von Paris. Er wurde daraufhin der Verschwörung gegen die Republik angeklagt. Seiner Verhaftung entzog er sich durch Flucht. Er wurde jedoch entdeckt und nach Paris zurückgeführt. Als Royalist angeklagt, wurde er am 30. Oktober 1793 zum Tode verurteilt und am nächsten Tag guillotiniert.

Die Frage, die einer Prüfung unterzogen werden muß, ist die, ob wir die deutschen Fürsten, die den Emigranten Hilfe leisten, angreifen sollen, oder ob wir ihre Invasion abwarten müssen.

Anfangs schien es nicht so, als ob diese Frage unter den Patrioten eine Meinungsverschiedenheit zur Folge haben sollte. Mittlerweile gibt es jedoch eine solche. [...]

Ich bin in der Absicht hierhergekommen, nicht alle Vorschläge des Ministers, die meines Erachtens zu weit gehen, zu verteidigen. Jedoch bin ich hergeeilt, um die Kriegserklärung gegen die deutschen Fürstlein zu unterstützen. [...]

Die Kraft der Überlegung und der Tatsachen hat mich davon überzeugt, daß ein Volk, das nach 10 Jahrhunderten der Sklaverei die Freiheit errungen hat, Krieg führen muss. Es muss Krieg führen, um die Freiheit auf unerschütterliche Grundlagen zu stellen; es muss Krieg führen, um die Freiheit von den Lastern des Despotismus rein zu waschen, und es muss schließlich Krieg führen, um aus seinem Schoß jene Männer zu entfernen, die die Freiheit verderben könnten. [...]

Ihr müßt die Rebellen[1] züchtigen, und ihr seid dafür stark genug. Fasst also den Beschluss, das zu tun. [...]

Alle hier anwesenden Abgeordneten sollten eine einheitliche Meinung haben. Welch ein Unglück wäre es, gäbe es unter uns Meinungsverschiedenheiten in dieser Angelegenheit, die über Frankreichs Glück entscheiden wird. In den letzten zwei Jahren hat Frankreich alle gütlichen

1 Gemeint ist die im Aufbau befindliche Emigrantenarmee; Zentrum der Emigranten war damals Koblenz (s. hierzu S. 126).

Mittel ausgeschöpft, um die Rebellen in seinen Schoß zurückzuführen. Alle Versuche, alle Aufforderungen sind fruchtlos gewesen; sie setzen ihren Aufruhr fort. Die fremden Fürsten halten beharrlich daran fest, sie zu unterstützen. Dürfen wir noch zögern, sie anzugreifen? Unsere Ehre, unser öffentliches Ansehen, die Notwendigkeit, unsere Revolution auf unerschütterliche Grundlagen zu stellen und sie mit besseren Sitten zu versehen, alles das schreibt uns das Gesetz vor. [...]

Und nun: Welches Ergebnis wird dieser Krieg haben? Er muss uns entweder rächen, oder wir müssen uns bescheiden, der Schandfleck aller Nationen zu sein; er muss uns rächen, indem wir diese Räuberbande austilgen, oder wir werden es uns gefallen lassen müssen, die Spaltungen, Verschwörungen und Verwüstungen fortdauern und die Unverschämtheit unserer Aristokraten mehr denn je ausufern zu sehen. Sie bauen auf die Armee in Koblenz, und daher rührt ebenfalls die Halsstarrigkeit unserer Fanatiker. Wenn ihr mit einem einzigen Streich die Aristokratie, die eidverweigernden Priester und die Missvergnügen austilgen wollt, dann müßt ihr Koblenz in Schutt und Asche legen. [...]

Aus: Markov, Walter: Revolution im Zeugenstand. Frankreich 1789-1799, Band 2, Frankfurt a.M. 1987, S. 198 ff.

2.6.3 Mutmaßungen über die Chancen einer französischen Invasion in Deutschland (Januar 1792)

Der Komponist und Publizist Johann Friedrich Reichardt (s. auch S. 129, Anm. 1) berichtet in einem Brief aus Bruchsal vom 15. Januar 1792 über das, was er auf seiner Reise nach Frankreich zu Beginn des Jahres 1792 gehört hat. Der Text ist auch aufschlussreich im Hinblick auf Reichardts Einschätzung der Unterschiede des deutschen und französischen Volkscharakters.

Die deutschen Fürsten mögen beten, dass die Franzosen nicht über die Grenze gehen. Die pfälzischen und mainzischen Bauern sagen ganz laut: Sobald die Franzosen zu uns kommen, schlagen wir uns zu ihnen. Der Druck der hiesigen Untertanen soll auch fast dem ehemaligen französischen gleich sein. Ja, man sagt, die Regierung verfahre so unbedachtsam, dass sie selbst den bisherigen Seelenschlaf des Volkes aufstöre. In der ersten Zeit der französischen Unruhen soll man dem Volke in Ansehung der grausamen Jagdgerechtigkeit[1] und der Hofdienste[2] manches erlassen haben, itzt aber, da die französischen Prinzen anfangen, glaubwürdig zu machen, dass sie mächtige Unterstützung von allen europäischen Höfen erhalten werden, es schon wieder nach und nach zurücknehmen. Wenn die französischen Truppen über den Rhein kämen und im Anfange [von Anfang an] solche Ordnung hielten, dass der Landmann auf keine Weise durch sie gekränkt würde, und wenn sie ihren Unterhalt bar bezahlten: So stünde ich für nichts. Ich möchte dieses um alles in der Welt nicht wünschen, denn ich bin überzeugt, dass es für Deutschland ein großes Unglück wäre und dass im Ganzen nichts Gutes daraus entstehen könnte. Der Deutsche ist weder gedrückt genug – wenn man etwa die Pfalz und besonders den reformierten Teil der Pfalz, der wohl der größte ist, ausnimmt –, um

1 Das Recht der adligen Grundherren, auf den Feldern ihrer Bauern zu jagen.

2 Darunter sind die Frondienste zu verstehen, die die abhängigen Bauern jährlich ihrem Grundherrn an einer festgesetzten oder nicht festgesetzten Anzahl von Tagen kostenlos zu erbringen hatten.

sich den vielen Übeln, die eine jede Revolution zur Folge hat, unterziehen zu müssen; noch aufgeklärt genug, um die großen Vorteile einer besseren Konstitution [Verfassung] hinlänglich einsehen zu können und sich mit Geduld und Beharrlichkeit allen den Aufopferungen zu unterwerfen, welche die Einführung einer solchen Konstitution der gegenwärtigen Generation notwendig auferlegt. Auch ist er nicht Enthusiast genug, um aus Eifer für die folgenden Generationen Beschwerlichkeiten zu übernehmen, die ihm selbst nur Ruhm und Nachruhm gewähren könnten.

Aus: Reichardt, Johann Friedrich: Vertraute Briefe aus Paris 1792, hrsg. v. Rolf Weber, Berlin (Ost) 1980, S. 43f.

2.6.4 Kriegserklärung Frankreichs an Österreich (20. April 1792)

Die Nationalversammlung erklärt,

dass die französische Nation, den durch die Verfassung geheiligten Grundsätzen getreu, keinen Krieg mit der Absicht der Eroberung zu unternehmen und niemals gegen die Freiheit irgendeines Volkes die Waffen zu ergreifen, die Waffen nur aufnimmt zur Verteidigung ihrer Freiheit und Unabhängigkeit; [...]

dass die Franzosen niemals ihre Brüder mit ihren wahren Feinden verwechseln werden; dass sie nichts unterlassen werden, um die Geißel des Krieges zu lindern, das Eigentum zu schonen und zu erhalten und alle unvermeidlichen Leiden des Krieges einzig auf die fallen zu lassen, die sich gegen ihre Freiheit verschwören werden;

dass sie von vornherein alle Ausländer aufnimmt, die, der Sache ihrer Feinde absagend, sich unter ihre Fahnen scharen und ihre Anstrengungen der Verteidigung ihrer Freiheit weihen werden, und dass sie mit allen Mitteln, die in ihrer Macht stehen, deren Ansiedlung in Frankreich begünstigen wird.

Nach Beratung des förmlichen Antrags des Königs und nachdem die Dringlichkeit festgestellt worden ist, beschließt die Nationalversammlung den Krieg gegen den König von Ungarn und Böhmen [Österreich].

Aus: Grab, Walter (Hrsg.): Die Französische Revolution. Eine Dokumentation, München 1973, S.101f.

2.6.5 „Das Vaterland ist in Gefahr" – Rede Brissots vom 9. Juli 1792

Die Rede Brissots[1] steht im Zusammenhang mit zwei Ereignissen: Zwei Tage nach dieser Rede stellte die Nationalversammlung fest: „Das Vaterland ist in Gefahr". Im Zuge der Radikalisierung der Französischen Revolution, die sich u. a. mit der Beschlagnahme des Eigentums der Emigranten und der Verfolgung der eidverweigernden Priestern abzeichnete, erstarkte im Innern Frankreichs die Opposition, die ein Ende der Revolution bzw. die Rückkehr zu den alten Verhältnissen forderte. Im Ausland versuchten die Emigranten, die europäischen Großmächte für einen Krieg gegen das revolutionäre Frankreich zu gewinnen. Um diese Bedrohung abzuwehren und um von den wachsenden Schwierigkeiten im Innern abzulenken, erklärte die Gesetzgebende Versammlung auf Antrag der

1 Zu Brissot s. S. 90.

Girondisten am 20. April 1792 Österreich den Krieg. Österreich hoffte, im Bündnis mit Preußen das schlecht gerüstete Frankreich schnell besiegen zu können, um König Ludwig XVI. wieder zu seiner alten Machtvollkommenheit zu verhelfen. Tatsächlich verlief der Krieg zunächst sehr ungünstig für Frankreich, sodass die Erklärung der Nationalversammlung vom 11. Juli 1792, das Vaterland sei in Gefahr, nicht unbegründet gewesen ist. Die Ankündigungen im „Manifest des Herzogs von Braunschweig" (25. Juli 1792), das am 1. August 1792 in Paris bekannt wurde (s. S. 95ff.), ließ überdies Schlimmes für die revolutionären Franzosen und besonders für die Hauptstadt befürchten.

Das zweite Ereignis, in dessen Zusammenhang die Rede Brissots steht, ist der Sturm auf die Tuilerien am 10. August 1792. An diesem Tag stürmten Teile der Pariser Bürgerschaft mit Unterstützung der revolutionären Stadtregierung den Sitz des Königs im Tuilerienpalast, der von der Schweizer Garde, eine Art persönliche Garde des Königs und die letzte militärische Einheit, über die der König selbst Befehlsgewalt hatte, verteidigt wurde. Nach wechselseitigen Provokationen kam es zu einem Massaker, dem auf beiden Seiten viele Menschen zum Opfer fielen (die Zahlen schwanken zwischen 600 und 4000). Viele Verteidiger der Tuilerien wurden förmlich gelyncht, andere in den Wochen nach dem Massaker vom 10. August zum Tode verurteilt. Der König wurde abgesetzt und im Temple-Gefängnis inhaftiert. Der Temple war seit dem späten 13. Jahrhundert zunächst Sitz des Templerordens und ging zu Beginn des 14. Jahrhunderts bis zur Säkularisierung in der Französischen Revolution in den Besitz des Malteserordens über. Der französische Revolutionshistoriker Albert Soboul (1914-1982) bezeichnet den Tuileriensturm als den Beginn der „zweiten Revolution".

[...] Das Vaterland ist in Gefahr; es ist nicht deshalb in Gefahr, weil es an Männern fehlt, die Waffen tragen können, nicht weil unsere Festungen in schlechtem Zustand wären, sondern weil man unsere Kraft paralysiert hat; und wem verdanken wir diese unheilvolle Lethargie? Einem einzigen Mann, den die Nation zu ihrem Oberhaupt gemacht hat und den niederträchtige Höflinge zum Feind der Nation gemacht haben. [Gemeint ist König Ludwig XVI.] Gegen die Tuilerien[1] vorgehen heißt alle Verräter mit einem Schlage treffen; denn dieser Hof ist der Punkt, an dem alle Fäden der Verschwörung zusammenlaufen, wo die Machenschaften ausgeheckt werden, von dem alle Anstiftungen ausgehen; die Nation ist der Spielball [...] einiger Intriganten, die dort das Wort führen: dorthin müssen wir kräftige Schläge führen. [...]

Aber ich gehe noch weiter, ich werde beweisen, dass es den Plan zu einer Verschwörung gegeben hat, deren Mittelpunkt der Hof ist und die mehrere Departementverwaltungen und Armeeführer umfasst; ich werde beweisen, dass alle inneren und äußeren Gefahren die Folge dieser Verschwörung sind.[...]

Im Folgenden geißelt Brissot vor allem das Einverständnis des Hofes mit der gegen das revolutionäre Frankreich gerichteten österreichisch-preußischen Koalition und kritisiert mit scharfen Worten das Handeln einer Reihe führender Politiker, das darauf abziele, die Revolution zu lähmen.

Aus: Peter Fischer (Hrsg.): Reden der Französischen Revolution, München 1974, S. 170.

1 Die Tuilerien sind das Stadtschloss der französischen Könige. Erbaut wurde der Palast in der Zweiten Hälfte des 16. Jahrhunderts an der Stelle einer Ziegelei (daher der Name: tuilerie = Ziegelei).

2.6.6 Aus dem Manifest des Herzogs von Braunschweig (25. Juli 1792)

Dieses Manifest richtete Karl Wilhelm Ferdinand von Braunschweig-Lüneburg, der Oberbefehls-haber der preußischen Truppen im ersten Koalitionskrieg, in französischer Sprache an das französische Volk, speziell an die Bevölkerung von Paris. Für den Fall, dass der königlichen Familie auch nur die geringste „Beleidigung" zuteil würde, droht er eine „militärische Exekution" an. Das hätte bedeutet: Besetzung der Stadt und deren Plünderung! Der Entwurf für diesen Text stammte von einem nach Koblenz emigrierten Adligen, der in geheimem Kontakt zur Königsfamilie stand. Das Manifest hat die anti-royalistische Stimmung in Paris aufgeheizt und den Sturm auf die Tuilerien (10. August 1792) und die Septembermorde (vom 2. bis 7. September 1792; s. S. 99, Anm. 1) mit provoziert.

Ihre Majestäten der Kaiser und der König von Preußen haben mir den Oberbefehl über ihre an der Grenze Frankreichs vereinigten Heere übertragen; ich will also den Bewohnern dieses Königreichs die Gründe angeben, welche diese beiden Fürsten zu ihren Maßnahmen bestimmt haben, und die Absichten, welche sie leiten.

Nachdem sie die Rechte und Besitzungen der deutschen Fürsten im Elsaß und in Lothringen diesen willkürlich entrissen, im Innern die gute Ordnung und die rechtmäßige Regierung gestört und umgestürzt und nachdem sie gegen die geheiligte Person des Königs und seiner erhabenen Familie Gewalttätigkeiten begangen haben, die noch fortsetzt und täglich erneuert werden, haben diejenigen, die [in Frankreich] die Regierung usurpiert [widerrechtlich an sich gerissen] haben, endlich das Maß noch dadurch vollgemacht, dass sie Seiner Majestät dem Kaiser einen ungerechten Krieg erklärten und in seine niederländischen Provinzen einfielen: Einige dieser Besitzungen des deutschen Reichs sind dieser Unterdrückung erlegen, und mehrere andere sind der derselben Gefahr nur dadurch entgangen, dass sie den gewaltsamen Drohungen der herrschenden Partei und ihrer Abgesandten nachgaben.

Seine Majestät der König von Preußen, mit Seiner kaiserlichen Majestät durch ein enges Defensivbündnis vereinigt, und selbst ein mächtiges Mitglied des deutschen Reiches, konnte sich deshalb nicht davon dispensieren [befreien], seinem Verbündeten und seinen Mitständen zu Hilfe zu ziehen; aufgrund dieser doppelten Beziehung übernimmt Seine Majestät [der König von Preußen] die Verteidigung des Kaisers und von Deutschland. Diesem großen Interesse schließt sich noch ein gleich wichtiges Ziel an, welches den beiden Soveränen sehr am Herzen liegt, nämlich der Anarchie im Innern Frankreichs ein Ende zu bereiten, die Angriffe auf Thron und Altar zu stoppen, die gesetzliche Gewalt wieder aufzurichten, dem Könige seine Sicherheit und Freiheit wiederzugeben und ihn in den Stand zu setzen, die ihm geschuldete legitime Autorität auszuüben.

Überzeugt, dass der gesunde Teil des französischen Volks die Exzesse der Clique, die es unterjocht, verabscheut, und dass der größere Teil der Bewohner mit Ungeduld den Augenblick der Hilfe erwartet, um sich offen gegen die verhaßten Unternehmungen seiner Unterdrücker zu erklären, fordern Seine Majestät der Kaiser und Seine Majestät der König von Preußen dieselben auf, dass sie ohne Verzug auf die Bahnen der Vernunft, der Gerechtigkeit, der Ordnung und des Friedens zurückkehren. In dieser Hinsicht erkläre ich, der Unterzeichnete, Oberbefehlshaber der verbündeten Heere:

1. dass die beiden verbündeten Höfe, durch unwiderstehliche Gründe zu dem gegenwärtigen Kriege bewogen, sich damit kein anderes Ziel setzen, als das Glück Frankreichs wieder herzustellen, ohne sich durch Eroberungen bereichern zu wollen;
2. dass sie nicht die Absicht haben, sich in die innere Regierung Frankreichs einzumischen; sondern dass sie nur den König, die Königin und die königliche Familie aus der Gefangenschaft befreien und Seiner allerchristlichsten Majestät [des Königs von Frankreich] die notwendige Sicherheit verschaffen wollen, damit sie ohne Gefahr und Hindernis die Einberufungen vornehmen könne, die sie für notwendig finden sollte, und um dafür arbeiten zu können, das Glück ihrer Untertanen zu sichern [...];
3. dass die verbündeten Heere die Städte, Märkte und Dörfer, ferner die Personen und Güter all jener, welche sich dem Könige unterwerfen werden, beschützen werden, und dass sie zur unmittelbaren Wiederherstellung der öffentlichen Ordnung und Polizei in ganz Frankreich beitragen werden; [...]
5. dass die Generale, Offiziere, Unteroffiziere und Soldaten des französischen Linienheers ebenfalls aufgefordert werden, zu ihrer alten Treue zurückzukehren, und sich auf der Stelle dem König, ihrem rechtmäßigen Fürsten, zu unterwerfen;
6. dass die Mitglieder der Departements, der Bezirke und der Gemeinden in gleichem Maße verantwortlich sind und mit ihrem Leben und mit ihren Gütern für alle Verbrechen, Brandstiftungen, Ermordungen, Plünderungen und Tätlichkeiten einzustehen haben, welche sie in ihrem Verantwortungsbereich zulassen werden und offenbar nicht zu verhindern gesucht haben; [...]
7. dass die Bewohner von Städten, Marktflecken und Dörfern, welche es wagen sollten, sich gegen die Heere Ihrer kaiserlichen und königlichen Majestäten zu verteidigen und auf dieselben entweder im offenen Felde oder aus den Fenstern, Türen oder andern Öffnungen ihrer Häuser zu schießen, sogleich mit der ganzen Strenge des Kriegsrechts bestraft und ihre Häuser zerstört oder verbrannt werden sollen. Alle Bewohner der besagten Städte, Marktflecken und Dörfer dagegen, welche sich beeilen werden, sich ihrem Könige zu unterwerfen und ihre Tore den verbündeten Truppen zu öffnen, werden sogleich unter den unmittelbaren Schutz derselben gestellt; [...]
8. dass die Stadt Paris und alle ihre Bewohner ohne Unterschied verpflichtet sind, sich sogleich und ohne Aufschub dem König zu unterwerfen, ihn in volle Freiheit zu setzen, und ihm und allen königlichen Personen [seinen Familienmitgliedern] die Unverletzlichkeit und die Achtung zu versichern, zu welchen nach dem Natur- und Völkerrecht die Untertanen gegenüber den Fürsten verpflichtet sind. Ihre kaiserliche und königliche Majestäten machen alle Mitglieder der Nationalversammlung, des Departements, der Bezirke und des Gemeinderats, der Pariser Nationalgarde, die Friedensrichter und wen es sonst betreffen mag, persönlich bei ihrem Leben und bei Strafe vor einem Kriegsgerichte ohne Hoffnung auf Gnade verurteilt zu werden, verantwortlich für alle Vorfälle. Ihre Majestäten erklären ferner auf Ihr kaiserliches und königliches Ehrenwort, dass, wenn das Schloß der Tuilerien gestürmt oder sonst verletzt, wenn die mindeste Beleidigung dem Könige, der Köni-

gin und der ganzen königlichen Familie zugefügt, nicht unmittelbar für ihre Sicherheit, ihr Leben und ihre Freiheit gesorgt wird, sie eine beispiellose und für alle Zeiten denkwürdige Rache nehmen und die Stadt Paris einer militärischen Exekution und einer vollständigen Zerstörung preisgeben, die Verbrecher selbst aber dem verdienten Tode überliefern werden. [...]

Aus diesen Gründen fordere ich auf und ermahne ich alle Einwohner des Königreichs auf stärkste und eindringlichste Weise, sich dem Zug und den Operationen der Truppen, die ich befehlige, nicht entgegen zu stellen, sondern ihnen vielmehr überall freien Durchzug und allen guten Willen, Hilfe und Beistand, wie es die Umstände erfordern könnten, zu gewähren.

Gegeben im Hauptquartier Koblenz am 25. Juli 1792

Unterzeichnet: Karl Wilhelm Ferdinand, Herzog von Braunschweig-Lüneburg

Aus: http://fr.wikisource.org/wiki/Manifeste_de_Brunswick (19.1.2011) (Übers. G. S.)

2.6.7 Le Cas du Manifeste du Duc de Brunswick (Anonyme Karikatur 1792)

Das Bild zeigt vier Personen, die jene Nationen repräsentieren, die ihre Ablehnung des Manifests drastisch zum Ausdruck bringen. Über den Figuren (zu identifizieren: Nr. 1 ein russischer Soldat, Nr. 2: möglicherweise ein englischer Kaufmann) schwebt ein Engel mit einem Schriftstück in der Hand, auf dem zu lesen ist: „République Française" – und dies zu einem Zeitpunkt, da Frankreich noch gar keine Republik gewesen ist! Die Republik wurde erst am 21. September 1792 proklamiert.

2.6.8 „Das [deutsche] Vaterland ist in Gefahr!" (Herbst 1792)

In einer der letzten Nummern des „Journals von und für Deutschland" erschien ein von einem namentlich nicht genannten Autor verfasster „Aufruf", in dem er den Untergang des Vaterlandes für den Fall prognostiziert, dass nicht bald geeignete Mittel angewendet würden, um die aus Frankreich nach Deutschland überschwappenden Ideen, aber auch die französischen Heere abzuwehren. Ob der Autor mit dem Ausruf „Das Vaterland ist in Gefahr" an den gleichlautenden Ausruf anknüpfen wollte, den die Nationalversammlung in Sorge vor einer Invasion preußischer und österreichischer Truppen am 11. Juli 1792 ausbrachte, ist nicht bekannt. Sieht man einmal davon ab, dass der besagte Ausruf keine „Erfindung" des späten 18. Jahrhunderts ist, sondern in staatsbedrohenden Situationen auch davor zu hören gewesen war, lässt die zeitliche Nähe der beiden Ausrufe die angeführte Vermutung doch wahrscheinlich erscheinen.

[...] Das Vaterland ist in Gefahr! Umsturz droht seiner Verfassung, seiner Religion, dem Eigentum jeden Bürgers, dem Ruhigen im Lande. Enthüllt stehen sie nun da, die blutriefenden Grundsätze der französischen Ruhestörer, der süße Name von Freiheit, von Gleichheit deckt nicht mehr den Abgrund, der sich unter unseren Füßen öffnet, und dieses Jahr ist vielleicht, wenn nicht jede Kraft angespannt wird, das letzte, in dem wir unsere Kinder an unsere Brust drücken, in dem wir in unseren Hütten sicher wohnen und die Tröstungen genießen können, die der öffentliche Dienst des Höchsten bisher in unsere Seelen goss. Diese bangen Ahnungen sind keine eitlen Schreckbilder. Heftet, Mitbürger, eure Blicke auf die deutschen Gegenden jenseits des Rheins! Zahlreiche Scharen fanatischer Verfechter einer eingebildeten Freiheit haben jene sonst so glücklichen Gegenden ausgesogen; sie haben den wurzellosen Freiheitsbaum aufgerichtet, während sie eurer Mitbürger Habe nahmen; sie haben es zu einem Gesetz gemacht, jedem Volk, das ihr Schwert erreichen kann, ihre der Religion und der bürgerlichen Ordnung den Umsturz drohende Lehre aufzudringen, und dasjenige als Feind zu behandeln, das seinem Fürsten, seinen Gesetzen treu bleiben würde, und dies ist die Freiheit, die sie uns so sehr anrühmen. Zwar decken noch zahlreiche Heere die Ufer des Rheins, noch strengen durch den Trotz der neuen Republikaner aufgeforderte Mächte ihre Kräfte an, um dem Feinde des Vaterlandes, um seinen täuschenden Lehren Einhalt zu tun. [...]

Freilich musste der Anfang der französischen Staatsverbesserung allgemeinen Beifall erregen, jeder Freund der Menschheit musste mit Vergnügen die ersten Schritte sehen, die ein [...] unter der Last ungleich verteilter unerschwinglicher Abgaben seufzendes Volk, vereint mit seinem König, zu einem glücklichen Dasein tut; musste mit Rührung den schuldlosen König gutmütig die Hand bieten sehen, um von den Klügsten seines Volkes unterstützt, jene Gebrechen abzustellen, die zu tief Wurzel geschlagen hatten, um durch die Hand eines einzigen, wäre er auch der Beste, der Weiseste aller Sterblichen gewesen, ausgerottet zu werden. Aber wie schmerzlich wurde diese selige Erwartung betrogen, als statt ruhiger Behandlung des erhabenen Gegenstandes allenthalben Aufruhr und Zwietracht die schwarzen Fackeln schüttelten; als man das Volk durch Ehrgeiz, durch Eigennutz Einzelner zu Handlungen verleitet sah, die gerade dem wohltätigen Endzweck entgegen liefen; als man es mit Tigermut den guten König misshandeln und das Blut so mancher Mitbürger auf die grausamste, auf die die leichtsinnigste Weise vergießen sah. Die ersten Schritte, die zur wahren Verbesserung hätten leiten sollen, wurden dazu missbraucht, um die heiligsten Rechte des Eigentums, durch Aufhebung des Adels, durch Versplitterung der Kirchengüter, durch Abschaffung [...] der Abgaben unwiederbringlich zu verletzen. [...] Wir enthalten uns, die Fortschritte einer Revolution zu erwähnen, die beinahe jeden Tag mit Bürgerblut befleckt [wurden]. Die Absetzung des Königs, das grausame Blutbad am 10. August [1792, gemeint ist die Stürmung der Tuilerien], die kaltblütige Ermordung der Staatsgefangenen[1], so mancher tugendhafter Geistlicher, sind Tatsachen, die jedem Deutschen bekannt sind [...]. Sie bebt vor dem Gedanken zurück, dass in diesem Augenblick der [...] schuldlos in schimpflicher Verhaft[ung] sitzende König, von seinen Anklägern selbst gerichtet und verdammt, das Schlachtopfer eines Volkes geworden ist, das er so aufrichtig liebte. [...]

Dies [das Eingreifen Kaiser Leopolds zugunsten König Ludwigs XVI.], deutsche Mitbürger jeden Standes, war, ihr wisst es, die Ursache, die die Franzosen bewog, unser gutes Vaterland anzufallen. Ihr Betragen[2] gegen Mainz, gegen Frankfurt [...], gegen Worms und Speyer, gegen so viele ganz unschuldige Fürsten und Bewohner aller Klassen in den sonst so glücklichen Rheingegenden zeigt, was wir erwarten müssen, wenn das Glück ihre [der Franzosen] Waffen ferner begünstigen sollte. [...]

Beherzigt dies, deutsche Bürger jeden Standes! Ist der Gemeingeist, ist die Liebe des Vaterlandes nicht ganz in euren Herzen erstickt, liegt es euch daran, Religion und Sittlichkeit zu erhalten, die Wohnsitze eurer Eltern in Frieden zu behaupten, sie euren Kindern in Segen zu hinterlassen? O, so strenge jeder redlich Denkende seine Kräfte nach seinem Verhätnis an, um diejenigen wohltätigen Mächte zu unterstützen, die für uns, für das, was uns am heiligsten, am liebste ist, den Kampf fortzusetzen. [...] Opfert dem Vaterland, das in Gefahr ist, alles das auf, was ihr entbehren könnt, um es zu retten.

Aus: Journal von und für Deutschland 9. Jg. (1792), 12. Stück, S. 1080-1083

2.6.9 Kritik am Krieg gegen das revolutionäre Frankreich (1792)

Gottfried August Bürger (1747-1794) ist als Dichter heute allenfalls noch als Schöpfer der „Abenteuer des Freiherrn von Münchhausen" bekannt. Das nachstehende Gedicht – ein Fragment – bezieht sich auf den Krieg Frankreichs gegen Preußen und Österreich, der 1792 begann. Es konnte zu Lebzeiten Bürgers angesichts des in manchen deutschen Staaten verhängten Veröffentlichungsverbots für politische Schriften mit aufrüherischem Inhalt (s. unten das Beispiel aus dem Kurfürstentum Hannover, S. 169) nicht erscheinen.

1 Septembermorde in Paris (2.-7.9.1792): Innerhalb weniger Tage wurden in den überfüllten Pariser Gefängnissen mehr als 1200 Personen (viele Kriminelle, Revolutionsgegner, aber auch eidverweigernde Priester und Aristokraten) ermordet. Aus Furcht vor dem Vordringen der Koalitionstruppen waren Tausende junge Männer ausgehoben und an die Front nach Osten in Marsch gesetzt worden. In Paris entstand in der Bevölkerung eine Massenhysterie, und man befürchtete, die Feinde der Republik könnten von den Gefängnissen aus die Gegenrevolution in Gang setzen. Die Regierung blieb gegenüber dem willkürlichen Töten weitgehend untätig.

2 Gemeint ist das Verhalten der französischen Truppen im Zuge der Besetzung der deutschen Territorien westlich des Rheins ab September 1792.

Für wen, du gutes deutsches Volk
Behängt man dich mit Waffen?
Für wen läßt du von Weib und Kind
Und Herd hinweg dich raffen?
Für Fürsten- und für Adelsbrut,
Und fürs Geschmeiß der Pfaffen.

War's nicht genug, ihr Sklavenjoch
Mit stillem Sinn zu tragen?
Für sie im Schweiß des Angesichts
Mit Fronen dich zu plagen?
Für ihre Geißel sollst du nun
Auch Blut und Leben wagen?

[...]

Was ging uns Frankreichs Wesen an,
Die wir in Deutschland wohnen?
Es mochte dort nun ein Bourbon[1],
Ein Ohnehose[2] thronen.

Aus: Engels, Hans Werner (Hrsg.): Gedichte und Lieder deutscher Jakobiner, Stuttgart 1971, S. 17.

2.6.10 „Freiheitsgesang eines holländischen Patrioten" (1792)

„Dieses Gedicht geht auf das Kirchenlied Dies irae, dies illa *des Thomas von Celano (1200-1255) zurück, das in einer protestantischen Fassung von Bartholomäus Ringwaldt (um 1565) sehr beliebt wurde. Die abgedruckte jakobinische Parodie des Kirchenlieds bezieht sich auf deutsche Zustände. Der Umstand, dass es einem holländischen Patrioten zugeschrieben wurde, ist als eine bewusste Sicherheitsmaßnahme vor der Zensur zu verstehen."*[3]

Es ist gewisslich an der Zeit,
Dass die Franzosen kommen,
Zum Heil der lieben Christenheit,
Zur Freiheit aller Frommen;
Nun wird das Lachen werden rar
Bei der Aristokraten Schar,
Denn diese werden heulen.

Die Trommeln wird man hören gehen
Und donnern die Kanonen;
Und sehn die Freiheitsfahne wehn
Und stürzen ein die Thronen;
Seh'n aufgepflanzt den Freiheitsbaum,
Der Despotie auf's Aug' den Daum,
Die Tyrannei in Fesseln.

Danach wird man lesen bald
Ein Buch, darin geschrieben:
Dass alle Menschen jung und alt
Einander sollen lieben;
Dass alle Menschen arm und reich
Einander sind an Freiheit gleich
Und gleich an Menschenrechten.

[...]

Ach Franken helft! Jetzt ist es Zeit,
Kommt doch in unsre Lande,
Und stürzt die Ungerechtigkeit
Und löset unsre Bande!
Macht uns von allem Übel los
Und setzt durch einen Gnadenstoß
Die Despotie vom Throne!

Aus: Engels, Hans Werner (Hrsg.): Gedichte und Lieder deutscher Jakobiner, Stuttgart 1971, S. 91f.

---

1 Bourbonen: französisches Königsgeschlecht seit 1583, dem auch Ludwig XVI. (1754-93) angehörte.
2 Ohnehose = wörtliche Übersetzung von Sansculotte.
3 Engels, Hans Werner: Gedichte und Lieder deutscher Jakobiner, Stuttgart 1971, S. 204f. Der Autor des zwölfstrophigen Liedes ist nicht bekannt.

2.6.11 Das Dekret über das Volksaufgebot („Levée en masse") (23. August 1793)

Der Krieg gegen die Truppen Preußens und Österreichs verlief zunächst sehr wechselhaft. Erst die Kanonade von Valmy am 20. September 1792 brachte eine Wende und führte dazu, dass die Revolutionsarmeen nun in die Offensive gehen konnten. Krieg fand in der Folgezeit auch auf deutschem Boden statt. Nach der Hinrichtung König Ludwigs XVI. schlossen sich England, Spanien und einige kleinere Staaten der Koalition an. Gleichzeitig gab es im Innern Frankreichs, vor allem in der Vendée *(s. S. 242)* *und in der Bretagne, antirevolutionäre Erhebungen. Angesichts dieser Bedrohung forderten die Pariser Sektionen eine „Levée en masse", d. h. eine allgemeine Volksbewaffnung, um die in ihrem Bestand bedrohte Republik gegen Feinde im Innern und von außen zu schützen.*

Der Nationalkonvent beschließt nach Anhörung des Berichts seines Wohlfartsausschusses:

Artikel 1. Ab sofort bis zu dem Augenblick, in dem die Feinde vom Territorium der Republik verjagt sind, unterliegen alle Franzosen der ständigen Einberufung zum Heeresdienst.

Artikel 2. Die jungen Männer gehen an die Front, die verheirateten Männer schmieden Waffen und übernehmen den Verpflegungstransport; die Frauen stellen Zelte und Uniformen her und tun in den Hospitälern Dienst; die Kinder zupfen aus altem Leinenzeug Scharpie[1], die Greise lassen sich auf öffentliche Plätze tragen, um den Mut der Krieger und ihren Hass gegen die Könige anzustacheln und ihnen die Einheit der Republik einzuschärfen. Die nationalen Gebäude werden in Kasernen, die öffentlichen Plätze zu Rüstungswerkstätten umgewandelt, die Kellerböden ausgelaugt, um daraus Salpeter zu gewinnen.

Artikel 3. Alle Kaliberwaffen werden ausschließlich denen anvertraut, die gegen den Feind marschieren; im Heimatdienst werden Jagdgewehre und Handwaffen verwendet.

Artikel 4. Alle Reitpferde werden zur Vervollständigung der Kavelleriekorps, alle Zugpferde, mit Ausnahme der für die Landwirtschaft gebrauchten, zum Transport der Artillerie und der Verpflegung requiriert.

Artikel 5. Der Wohlfahrtsausschuß wird beauftragt, alle notwendigen Maßnahmen zu ergreifen, um unverzüglich eine verstärkte Fabrikation von Waffen aller Art aufzunehmen, die der Lage und Entschlossenheit des französischen Volkes entspricht. Er wird demzufolge ermächtigt, alle zu diesem Zweck für erforderlich gehaltenen Betriebe, Werkstätten und Fabriken zu etablieren sowie die zu ihrer erfolgreichen Produktion nötigen Techniker und Arbeiter überall in der Republik zu requirieren. [...]

Artikel 7. Niemand kann sich bei dem Wehrdienst, zu dem er einberufen wird, von einem anderen vertreten lassen. Alle Staatsbeamten bleiben auf ihrem Posten. [...]

Artikel 11. Das in jedem Distrikt aufgestellte Bataillon sammelt sich unter einem Banner mit folgender Aufschrift: Das französische Volk erhebt sich gegen die Tyrannen. [...]

Aus: Gazette Nationale ou Le Moniteur Universel vom 25. August 1793 (Übers. G. S.)

---

1 Scharpie = Charpie: gezupfte Leinwand, die bis zum Beginn des 20. Jahrhunderts gängiges Wundverbandsmaterial war. Anstelle von Charpie wurde nun Verbandmull bzw. -watte benutzt.

2.6.12 Goethe und die Kanonade von Valmy (1792)

Johann Wolfgang von Goethe hat die Kanonade von Valmy am 20. September 1792, ein Artilleriegefecht im Rahmen des Ersten Koalitionskrieges, erst mit großem zeitlichem Abstand in seiner Schrift „Campagne in Frankreich" beschrieben. Diese Schrift begann er im November 1821, also fast 30 Jahre nach den Ereignissen, als längst deutlich geworden war, dass dieses Gefecht nur von begrenzter Bedeutung gewesen ist. Österreich und Preußen hatten sich zur Wiederherstellung der (uneingeschränkten) Herrschaft Ludwigs XVI. und zur Bekämpfung der Revolution verbündet (s. o. die Drohungen in der Deklaration von Pillnitz und im Manifest des Herzogs von Braunschweig, S. 89 und 95). Das revolutionäre Frankreich erklärte Österreich am 20. April 1792 und Preußen am 8. Juli 1792 den Krieg. Schon Ende April 1792 waren französische Truppen in Belgien eingedrungen. Noch bevor am 19. Juli 1792 österreichische, preußische und hessische Truppen unter dem Oberbefehl des Herzogs von Braunschweig nach Frankreich vorrückten, hatte die Nationalversammlung am 11. Juli 1792 die Proklamation „La patrie en danger" erlassen, eine öffentliche Bekanntmachung, die die französische Bevölkerung auf einen Volkskrieg einstimmen sollte, zu dessen Erfolg alle Franzosen, sowohl jene, die an der Front kämpften, als auch jene, die in der Heimat in ihren Berufen und Ämtern verblieben, beizutragen hätten. Zunächst schien es nur eine Frage der Zeit zu sein, bis die Koalitionstruppen Paris erreicht haben würden. Denn den weitgehend ungeübten Revolutionstruppen, die zudem mit dem Anspruch angetreten waren, einen „sauberen" Krieg zu führen,[1] fehlten die strategisch und taktisch geschulten adligen Offiziere, die in großer Zahl in die Emigration gegangen waren und teilweise in der Koalitionsarmee mitkämpften. Am 23. August 1792 kapitulierte die Festung Longwy; am 2. September 1792 wurde Verdun eingenommen und Thionville von den Koalitionstruppen unter Beteiligung Emigrierter belagert. Die französischen Truppen mussten sich zurückziehen. Über die Kampfkraft der französischen Revolutionssoldaten schrieb schon zu Beginn des Jahres 1792 (also noch vor Beginn des Ersten Koalitionskrieges) der Komponist und Publizist Johann Friedrich Reichardt:

Ich weiß sehr wohl, dass das [die noch uneingeübten Befehlsstrukturen in der Revolutionsarmee] zu Anfange eines Krieges manchen Nachteil hervorbringen muss, und die Nationalgardisten sind mit allen Patrioten überzeugt, dass der wohl disziplinierte Feind sie im Anfange mehr als einmal schlagen wird. Aber wenn dann jene von Kraft und Freiheitsgefühl volle Männer und Bursche[n] sich selbst von der Notwendigkeit der Subordination [Unterordnung] überzeugt haben und mit eben der Bravheit, mit der sie dem Feinde gewiss entgegengehen wer-

1 Als der französische General Jarry, der am 18. Juni 1792 Courtrai (Belgien) erobert hatte, die Vororte dieser Stadt abbrennen ließ, um ein besseres Schussfeld gegen die anrückenden habsburgischen Truppen zu haben, wurde er von der revolutionären Zeitung „Le Père Duchesne" als „scélérat" (Schurke) bezeichnet und angeklagt. Er habe mit seiner Handlung der französischen Nation Schande bereitet. Nachdem er in das Lager der habsburgischen Truppen übergewechselt war, nannte ihn eine andere Zeitung „l'officier le plus traître qui fût dans l'armée" (der verräterischste Offizier, der je in der Armee gewesen ist"). Sämtliche Angaben nach Marquis, Hugues: Les violences de guerre pendant la campagne de 1792 sur la frontière du Nord, in: Revue du Nord 91, No. 379 (2009), S. 123-143 (Zitate S. 127f.). Marquis berichtet in diesem Artikel im übrigen ausführlich über Grausamkeiten der österreichischen Truppen in diesem Feldzug.

den, auf Ordnung und selbstgestellte Subordination unter sich halten, dann wird man auch wieder sehen, auf welcher Seite der wahre Verfechter und Beschützer des Vaterlandes steht.

Aus: Reichardt, Johann Friedrich: Vertraute Briefe aus Paris 1792, hrsg. v. Weber, Rolf, Berlin (Ost) 1980, S. 65

Am 20. September 1792 standen bei Valmy rund 47000 Franzosen unter dem Kommando der Generale Dumouriez und Kellermann ca. 35000 Österreichern und Preußen gegenüber, letztere stark geschwächt durch eine Ruhrepidemie und wegen Mangelernährung aufgrund unzureichenden Nachschubs. In dem heftigen Artilleriegefecht erwies sich die französische Artillerie als überlegen.

Die Bedeutung dieses für den Fortgang des Koalitionskriegs nicht sehr erheblichen Gefechts von Valmy – und Goethes Bericht scheint dies in seiner lapidaren Beschreibung des Artillerieduells zu bestätigen – liegt darin, dass hier die Revolutionstruppen, in der viele junge, ungeübte Freiwillige kämpften, erstmals der höher eingeschätzten Armee der Koalition erfolgreich Widerstand leisteten, ja, sogar den Sieg davontrugen. Möglicherweise hatte Goethe diesen Umstand im Auge, als er seinen berühmten Ausspruch über die Bedeutung der Kanonade tat. Nicht unerwähnt soll bleiben, dass Goethe anschaulich und eindringlich die besonderen Beschwerlichkeiten dieses Feldzugs mit seinen äußerst widrigen Begleitumständen (anhaltend schlechtes Wetter, unzureichender Nachschub, Hunger, Krankheiten, mangelnde Versorgung der Verletzten, schlechte Stimmung in der Truppe) beschreibt. Zugleich vermittelt Goethes Bericht einen Eindruck von den Geschehnissen auf dem Gefechtsfeld selbst. Folgt man Goethes Darstellung, ist man erstaunt, wie wenig entwickelt das taktische Vermögen der Führer der verschiedenen Truppeneinheiten gewesen zu sein scheint und welche Kommunikationsmängel dort offensichtlich herrschten. Welche Bewegungen die einzelnen Truppenteile vollzogen, welche Einheit wo lag und welche militärischen Aufgaben diese vor und in der Schlacht zu übernehmen hatten, blieben Goethe (und offensichtlich auch den Befehlshabern zumindest der Kompanie- und Bataillonsebene) weitgehend verschlossen. So gewinnt man den Eindruck, dass vieles, was auf dem Schlachtfeld und dann vor allem auch auf dem Rückzug geschah, von Chaos und Zufall diktiert war.[1] Was man indes nicht vermuten möchte: Goethes „Campagne in Frankreich“ ist eine eindrucksvolle Quelle über das Alltagsleben an der Front bzw. in der

1 Auch Goethes zweiter autobiographischer Militärbericht „Belagerung von Mainz 1793“ macht dies deutlich. Dieser Bericht vermittelt überdies noch den Eindruck, als sei der Schlachtenbummler Goethe auf einer Art Urlaubsreise, in deren Verlauf er soeben mal den Belagerungsring um Mainz besichtigte und dabei auch manche ihm bekannte Offiziere besuchte, mit denen man angenehm plauderte und tafelte. Hin und wieder kam es zwar zu kleineren Gefechten, zu Ausfällen der Franzosen aus der Stadt, mit Toten auf beiden Seiten, und auch gescheiterte Unternehmungen der verbündeten Truppen wie der Verlust „einer schwimmenden Batterie“ werden erwähnt; das Ganze liest sich aber wie die Aneinanderreihung von Anekdoten. An einer Stelle schreibt er selbst: „Und so war nach und nach das innere grenzenlose Unglück einer Stadt außen und in der Umgegend Anlass zu einer Lustpartie geworden“ (S. 150). So, als sei die Belagerung ein harmloses Manöver, berichtet Goethe an dieser Stelle weiter: „Die Schanze über Weisenau [heute Stadtteil von Mainz], welche die herrlichste Übersicht gewährte, […] war sonn- und feiertags der Sammelplatz einer unzähligen Menge Landleute, die sich aus der Nachbarschaft herbeizogen. […] Nun war es Sonntags und Feiertags lustig anzusehen, wenn die große Menge geputzter Bauersleute, oft noch mit Gebetbuch und Rosenkranz aus der Kirche kommend, die Schanze füllten, sich umsahen, schwatzten und schäkerten…“(S. 150f.).

Armee auf dem Vormarsch, in der Schlacht und auf dem Rückzug. Die Franzosen beklagten am Ende der Schlacht 300, die Koalition 184 Tote und Verwundete (andere Angaben: 300 tote Preußen und 200 tote Franzosen). Die Koalitionstruppen mussten den Rückzug antreten. Am 21. September 1792, einen Tag nach der Kanonade von Valmy, erklärte der Konvent in Paris die Abschaffung der Monarchie in Frankreich.

Goethe nahm an dem Feldzug als Begleiter des Herzogs Karl August von Sachsen-Weimar-Eisenach (1757-1828), der ein preußisches Kürassier-Regiment[1] befehligte, teil. Über Mainz und Trier fuhr Goethe dem Heer seines Herrn nach und erreichte es am 27. August 1792.

Im Folgenden werden einige Passagen aus Goethes Bericht zitiert; die Seitenangaben in Klammern verweisen auf die Belegstelle in der zitierten Goethe-Gesamtausgabe; die Orthographie ist nach den heutigen Regeln korrigiert.

Goethe vor Valmy:

[20. September 1792] So war der Tag hingegangen; unbeweglich standen die Franzosen, Kellermann [General und Oberbefehlshaber der französischen Armee vor Valmy] hatte auch einen bequemeren Platz genommen; unsere Leute zog man aus dem Feuer zurück, und es war eben, als wenn nichts gewesen wäre. Die größte Bestürzung breitete sich über die Armee. Noch am Morgen hatte man nicht anders gedacht, als die sämtlichen Franzosen anzuspießen und aufzuspeisen, ja mich selbst hatte das unbedingte Vertrauen auf ein solches Heer, auf den Herzog von Braunschweig zur Teilnahme an dieser gefährlichen Expedition gelockt; nun aber ging jeder vor sich hin, man sah sich nicht an, oder wenn es geschah, so war es nur um zu fluchen oder zu verwünschen. Wir haben, eben als es Nacht werden wollte, zufällig einen Kreis geschlossen, in dessen Mitte nicht einmal wie gewöhnlich ein Feuer konnte angezündet werden; die meisten schwiegen, einige sprachen, und es fehlte doch eigentlich einem Jeden Besinnung und Urteil. Endlich rief man mich auf, was ich dazu denke, denn ich hatte die Schar gewöhnlich mit kurzen Sprüchen erheitert und erquickt; diesmal sagte ich: Von hier und heute geht eine neue Epoche der Weltgeschichte aus, und ihr könnt sagen, ihr seid dabei gewesen.[2] (S. 38)

(Den 22. September.) [...] An den Stellen, wo die Kanonade hingewirkt, erblickte man großen Jammer: die Menschen lagen unbegraben und die schwer verwundeten Tiere konnten nicht ersterben. Ich sah ein Pferd, das sich in seinen eigenen, aus dem verwundeten Leibe herausgefallenen Eingeweiden mit den Vorderfüßen verfangen hatte, und so unselig dahinhinkte. (S. 41)

[...]

1 Schweres Reiterregiment; die Bezeichnung „Kürassier" kommt von frz. cuir für Leder und frz. cuirasse für Lederpanzer. Bewaffnet waren die Kürassiere mit Pistolen und dem Pallasch, einem schweren Reiterdegen, den sie, mehr als die Pistolen, beim Angriff im Galopp benutzten.

2 Auf diesen berühmten Spruch kommt Goethe noch einmal anlässlich der Belagerung von Mainz 1793 zurück. Am 28. Mai 1793 hätten die Offiziere des Weimarer Regiments im Gespräch „meiner vormaligen Weissagung auch gedacht; Sie wiederholten meine Worte: Von hier und heute geht eine neue Epoche der Weltgeschichte aus, und ihr könnt sagen, ihr seid dabei gewesen. Wunderbar genug sah man diese Prophezeiung nicht etwa nur dem allgemeinen Sinn, sondern dem besonderen Buchstaben nach genau erfüllt, indem die Franzosen ihren Kalender von diesen Tagen an datieren" (S. 140). Tatsächlich beginnt der Revolutionskalender mit dem 22. September 1792.

(Den 4. Oktober.) [...] Unsere Soldaten hatten [auf dem Rückzug], unter dem Vorwand, Fourage [Pferdefutter] auf den Böden zu suchen, zu plündern angefangen, und zwar ganz ungeschickterweise, indem sie einem Weber sein Werkzeug wegnahmen, eigentlich für sie ganz unbrauchbar. Mit Ernst und einigen guten Worten brachten wir die Sache wieder ins Gleiche: denn es waren nur wenige, die sich solcher Tat unterfingen [begingen]. Wie leicht konnte das ansteckend werden und alles drunter und drüber gehen! (S. 56)

(Den 11. Oktober.) [...] Wir zogen mit unserer Kolonne rechts gegen Estain [gemeint ist Étain, ca. 20 km östlich von Verdun gelegen], auf einem beschränkten Fahrweg mit Gräben zu beiden Seiten. Die Selbsterhaltung in einem so ungeheuern Drange kannte schon kein Mitleiden, keine Rücksicht mehr: Nicht weit vor uns fiel ein Pferd vor einem Rüstwagen; man schnitt die Stränge entzwei und ließ es liegen. Als nun aber die drei übrigen die Last nicht weiter bringen konnten, schnitt man auch sie los, warf das schwer bepackte Fuhrwerk in den Graben, und mit dem geringsten Auf[ent]halte fuhren wir weiter und zugleich über das Pferd weg, das sich eben erholen wollte, und ich sah ganz deutlich, wie dessen Gebeine unter den Rädern knirschten und schlotterten.

Reiter und Fußgänger suchten sich von der schmalen, unwegsamen Fahrstraße auf die Wiesen zu retten; aber auch diese waren zu Grunde geregnet, von ausgetretenen Gräben überschwemmt, die Verbindung der Fußpfade überall unterbrochen. [...] Dass man unter solchen Umständen in Gräben, auf Wiesen, Feldern und Angern tote Pferde, war natürliche Folge des Zustands; bald aber fand man sie auch abgedeckt, die fleischigen Teile sogar ausgeschnitten: trauriges Zeichen des allgemeinen Mangels! (S. 67)

(Trier, den 27. Oktober.) [...] Übrigens mochte man kaum hie und da hinhorchen, der Verdruss war grenzenlos. [...] Von den Franzosen, die man hasste, aus dem Lande gedrängt zu sein, genötigt, mit ihnen zu unterhandeln, mit den Männern des 10. Augusts[1] sich zu befreunden, das alles war für Geist und Gemüt so hart als bisher die körperliche Duldung gewesen. Man schonte die oberste Leitung nicht, und das Vertrauen, das man dem berühmten Feldherrn [dem Herzog von Braunschweig] so lange Jahre gegönnt hatte, schien für immer verloren. (S. 80)

Von Trier aus hatte Goethe den Rückzug (im Gegensatz zu den übrigen Truppen) per Schiff bis nach Koblenz fortgesetzt. Dort erbat er sich von seinem Herrn, dem Herzog von Sachsen-Weimar-Eisenach, Urlaub, um Freunde in Düsseldorf zu besuchen. In dieser Stadt – sie war zeitweise Residenz des Herzogtums von Jülich und Berg, das sich in Besitz des Kurfürsten von der Pfalz befand – hatten sich zahlreiche Emigranten (Goethe schreibt immer „Emigrirte") eingefunden, darunter die Brüder König Ludwigs XVI. Was die Stimmung der deutschen Bevölkerung angeht, stellte Goethe fest:

Was mir aber noch mehr auffiel, war, dass ein gewisser Freiheitssinn, ein Streben nach Demokratie sich in die hohen Stände verbreitet hatte: Man schien nicht zu fühlen, was alles erst zu verlieren sei, um zu irgendeiner Art zweideutigen Gewinnes zu gelangen. Lafayettes und Mi-

1 Goethe erinnert hier an die Ereignisse vom 10. August 1792, als in Paris der Sturm auf die Tuilerien, dem Wohnsitz des Königs, stattfand und der König und seine Familie in den Schutz der Gesetzgebenden Versammlung fliehen mussten. Noch am selben Tag erging ein Dekret, das den König vorläufig seines Amtes enthob. Bis zur Wahl eines Konvents sollte ein provisorischer Vollzugsrat die Regierungsgeschäfte besorgen. Der König wurde mit seiner Familie im Temple gefangen gesetzt (s. S. 94).

rabeaus Büste [...] sah ich hier göttlich verehrt, jenen wegen seiner ritterlichen und bürgerlichen Tugenden, diesen wegen Geisteskraft und Rednergewalt. So seltsam schwankte schon die Gesinnung der Deutschen; einige waren selbst in Paris gewesen, hatten die bedeutenden Männer reden hören, handeln sehen und waren, leider nach deutscher Art und Weise, zur Nachahmung aufgeregt worden, und das gerade zu einer Zeit, wo die Sorge für das linke Rheinufer sich in Furcht verwandelte. (S. 102f.)

Aus: Goethes Werke, 25. Bd.: Reisen. Mit einer Einleitung von Ernst Hermann, Berlin: G. Grote'sche Verlagsbuchhandlung 1873, passim.

2.7 Das revolutionäre Frankreich als Besatzungsmacht

2.7.1 Wie eine Stadt eingenommen wird (September 1792)

Mit dem Rückzug der österreichisch-preußischen Truppen nach der Niederlage bei Valmy stand den Revolutionstruppen das westrheinische Gebiet offen. Tatsächlich haben diese unter der Führung des Generals Custine nach und nach die Pfalz mit Speyer und Worms und die Städte Mainz und Frankfurt erobert. Wie die Eroberung einer Stadt, hier das Beispiel Speyer, vor sich ging, zeigen die nachstehenden Quellen.

a) General Custine[1] fordert die Stadt Speyer zur Übergabe auf (30. September 1792)

Vor Speyer, den 30. September 1792, im 4. Jahr der Freiheit und Gleichheit. Meine Herren! Die Feinde Frankreichs, der Freiheit und seiner Unabhängigkeit haben sich hinter Ihre Mauern zurückgezogen, wo sich ihre Vorratslager befinden. Diese ihre Entscheidung zwingt mich, sie dort bald anzugreifen. Aber seien Sie gewiss, meine Herren, dass die Franzosen gerecht sind, auch im Kampf gegen ihre grausamsten Feinde; sie wollen den Handlangern des Despotismus nur den Irrtum begreiflich machen, in welchen sie genau wie ihre Gebieter die niederträchtigen und schmeichlerischen Sklaven, die den Thron umgeben, hineinziehen. Die

1 Adam Philippe Comte (Graf) de Custine (1740-1793); aus einer alten Adelsfamilie stammend, kämpfte er schon im Siebenjährigen Krieg (1756-1763) und im Amerikanischen Unabhängigkeitskrieg. 1789 vom Adel eines lothringischen Wahlbezirks in die Generalständeversammlung gewählt, stimmte er für die Aufhebung der Privilegien des Adels und der Geistlichkeit, aber gegen die Nationalisierung des Kirchenbesitzes und für das Vorrecht des Königs, über Krieg und Frieden zu entscheiden. Sein Feldzug an den Rhein war erfolgreich: Er nahm mit seinen Truppen am 30.9.1792 Speyer, danach Worms, am 21. Oktober Mainz und am 23. Oktober 1792 Frankfurt ein. Im November 1792 billigte er die Einsetzung einer neuen Verwaltung für das Gebiet zwischen Bingen und Landau, aber erst im Februar 1793 genehmigte er die Durchführung von Wahlen für einen rheinisch-deutschen Nationalkonvent, die der Konvent in Paris bereits am 15. Dezember 1792 beschlossen hatte. Trotz militärischer Niederlagen im Frühjahr 1793 wurde Custine zum Oberbefehlshaber der Rhein-Mosel-Armee und Mitte Mai 1793 zum Oberbefehlshaber der Nord- und Ardennenarmee ernannt. Im Juli 1793 wurde er jedoch abberufen, nachdem seine Kontakte zum Oberkommando der östereichisch-preußischen Armee bekannt geworden waren und nachdem er in einem Brief an die Nationalversammlung geschrieben hatte, dass das Vaterland nur durch einen Diktator gerettet werden und dass dieser Diktator nur ein General sein könne. In einem verkürzten Gerichtsverfahren wurde er zum Tode verurteilt und Ende August 1793 guillotiniert.

Sache, die wir unterstützen, ist die aller Völker [...]. Glauben Sie mir, meine Herren, dass in diesem Kampf sowohl ihr Eigentum als auch die Menschen respektiert werden. Ich verlange, dass die Feinde der Freiheit, die sich hinter Euren Mauern einschließen, ohne dass es des Einsatzes unserer Waffen bedarf, die Stadt räumen, ohne irgendwelchen Widerstand zu leisten, der ohnehin vergeblich wäre. Aber ich müsste befürchten, dass ich in diesem schrecklichen Kampf nicht imstande wäre, das Leben auch nur eines einzigen der Feinde der Freiheit retten zu können. Ich befehle Männern, die vor Inbrunst brennen, die Freiheit triumphieren zu sehen. Setzen Sie vermittelnd Ihre guten Dienste ein, um den Truppenbefehlshabern die Augen zu öffnen. Ersparen Sie mir den herzzerreißenden Moment, wo ich das Signal zum Angriff geben muss. Aber besonders: Entscheiden Sie schnell, denn es bleibt jetzt nicht mehr viel Zeit.

Der Armeegeneral Custine.

Aus: Remling, Franz Xaver (Hrsg.): Die Rheinpfalz in der Revolutionszeit von 1792 bis 1798. Ein urkundlicher Beitrag zur vaterländischen Geschichte, 2. Bd., Speyer 1866, S. 455 (Übersetzung G.S.)

b) Bericht Custines an den General Biron über die Einnahme von Speyer (30. September 1792)

Dieser Bericht Custines an den Oberbefehlshaber der Rheinarmee, Biron, der übrigens wie Custine Ende 1793 guillotiniert werden sollte, erwähnt nicht die oben zitierte Aufforderung zur Übergabe der Stadt Speyer. Neben einer genauen Beschreibung der Kampfhandlungen und der Kriegsbeute beschreibt Custine eingehend das Verhalten der kämpfenden Truppe. Die Soldaten seien nicht nur durchhaltefähig und tapfer gewesen, sondern sie hätten sich nach dem Sieg auch außerordentlich diszipliniert verhalten. Damit wollte Custine zum Ausdruck bringen, dass die Revolution neben guten Kämpfern auch moralisch bessere Soldaten hervorgebacht habe.

Aus dem Hauptquartier bei Speyer, den 30. September 1792, im 1. Jahr der französischen Republik. – General! Sie wissen, dass dem Plane gemäß, den Sie entworfen haben, ich Speyer angreifen sollte, wo sich etwa 4000 Österreicher und Mainzer befanden und Magazine [Vorratslager] angelegt waren, die man für ziemlich beachtlich ausgab. Ich hätte gewünscht, diesen Plan sogleich, als die Armee, die ich kommandiere, organisiert worden war, ausführen zu können; allein das Wetter war mir bisher sehr ungünstig. [...] Die von dem anhaltenden Regenwetter gar sehr verdorbenen Wege machten meinen Marsch äußerst mühsam. [...] Ich fand die Österreicher und Mainzer vor Speyer in Schlachtordnung. [...] Ich hatte keinen Augenblick Bedenken, sie in dieser Stellung anzugreifen, und indem ich auf ihre Linie ein starkes Kanonenfeuer richtete, welches mich bei Formierung meiner Linie deckte, ließ ich in gleicher Zeit gegen ihren rechten Flügel vier Bataillone[1] anrücken, die sich einer Anhöhe bemächtigen sollten, von der man diesen Flügel beschießen konnte. [...] Die Feinde entschlossen sich gar bald zum Rückzug in die Stadt, und ich machte mich gefasst, da ich den Eifer sah, der meine Truppen beseelte, die Tore mit Äxten aufzusprengen. Dieser Vorschlag wurde von ihnen mit Entzücken aufgenommen. Das erste Tor wurde also zusammengehauen, darauf das der zwei-

1 Ein Bataillon ist eine militärische Einheit, die mehrere Kompanien umfasste und etwa 1000 Mann stark ist.

ten Ringmauer, und nun wurden die Feinde von allen Seiten zurückgetrieben. Da sie aber in Häuser gedrungen waren und dieselben durchlöchert hatten, so wurden meine Truppen, als diese die Straßen von Speyer anfüllten, mit einem starken Feuer begrüßt. Allein die Vorsicht, die ich gebraucht hatte, an die Spitzen meiner Kolonnen Haubitzen und Achtpfünder[1] zu stellen, machte es mir möglich, meine im ersten Augenblick etwas stutzig gewordenen Truppen wieder in die Glieder zu bringen, und bald dachten die Feinde auf nichts mehr als auf ihren Rückzug. [...] Ich entschloss mich, die Feinde auf ihrem Rückzug zu verfolgen, und da ich sie bis an den Rhein getrieben hatte, streckten sie das Gewehr. Sie waren in Speyer mehr als 4000 Mann stark. Fahnen, Standarten, Kanonen, Haubitzen und über 3000 Gefangene gerieten in unsere Hände. An Toten haben sie viele verloren. Die Magazine, die wir in Speyer fanden, waren beträchtlich. [...] Ich kann jedoch diesen Bericht nicht schließen, ohne der Standhaftigkeit der Soldaten, der Geduld, womit sie die Strapazen eines so beschwerlichen Marsches ausgehalten, der Manneszucht, die sie beobachtet, und der Tapferkeit, die sie bewiesen haben, das verdiente Lob beizulegen. Mein Glück, die Sache der Freiheit an diesem Tage siegen gesehen zu haben, ist ohne Grenzen. Was es aber noch unendlich erhöht hat, ist, dass ich die Wut der Soldaten in Schranken halten und besänftigen konnte. Welch ein tröstlicher Gedanke ist es für mich, sagen zu können, dass meine Soldaten in einer mit stürmender Hand eingenommenen Stadt, wo sie noch in allen Straßen durch tausend Flintenschüsse geneckt wurden, sich nicht eine einzige Tat erlaubt haben, worüber sie erröten dürften.

Der General der Armee Custine.

Aus: Remling, Franz Xaver (Hrsg.): Die Rheinpfalz in der Revolutionszeit von 1792 bis 1798. Ein urkundlicher Beitrag zur vaterländischen Geschichte, 2. Bd., Speyer 1866, S. 455f.

c) Custines Kontributionsforderung an den Fürstbischof von Speyer (1. Oktober 1792)

In der Antike und im Mittelalter war es üblich, dass etwa bei Eroberungen, die mit einer vertragsmäßig festgelegten Kontributionszahlung abgeschlossen wurden, die unterlegene, kontributionspflichtige Partei bis zur vollständigen Zahlung der vereinbarten (oder oktroyierten) Geldsumme Geiseln stellen musste – meist vornehme Bürger. Auch die Kontributionsforderung Custines sah die Gestellung von Geiseln gleichsam als ein menschliches Pfand vor.

Im Namen und auf Befehl des kommandierenden französischen Generals, Herrn Custine, hat mir Endesunterzeichneter [Notar Jakob Schmidt] der Kriegskommissär Blanchard auf dem Saale des Rathauses in Gegenwart der Herren Konsulenten und Bürgermeister wiederholt und dringend bekannt gemacht, dass Ihro fürstlichen Gnaden, der Herr Fürst und Bischof zu Speyer, binnen 24 Stunden die Summe von einhunderttausend Reichsthalern dahier bar zu erlegen oder zu gewärtigen hätte, dass dieser Betrag durch harte und unangenehme Mittel und Wege beigetrieben und auf alle Dörfer und Kellereien[2] die schärfste und härteste militärische Exekution eingelegt werden müsse, welches mir der Herr General Custine in Gegenwart des

1 Bezeichnung einer Kanone nach dem Geschossgewicht.

2 Ort, an den pflichtige Bauern ihre dem Lehnsherrn geschuldeten Naturalabgaben zu entrichten hatten. Der Begriff „Kellerei" war vor allem in Südwestdeutschland geläufig.

Herrn Konsulenten Petersen selbst ausgesagt hat. Ich entledige mich hierdurch untertänigst dieses Auftrages und füge nur bei, dass ich sowohl als Herr Domkeller Held und Herr Oberschaffner Walter einstweilen als Geiseln angesehen und jeder von einem National-Gendarmen bewacht und begleitet werden.

Jakob Schmidt.

Aus: Remling, Franz Xaver (Hrsg.): Die Rheinpfalz in der Revolutionszeit von 1792 bis 1798. Ein urkundlicher Beitrag zur vaterländischen Geschichte, 2. Bd., Speyer 1866, S. 457

d) Custine überweist dem Stadtrat zu Speyer 5000 Gulden zur Unterstützung der Geschädigten des Krieges (9. Oktober 1792)

Im Hauptquartier zu Speyer, am 9. Oktober 1792, im ersten Jahr der französischen Republik. Meine Herren! Im Augenblick, da ich diese Stadt verlasse, nachdem ich die Trabanten der Despoten, die Feinde der französischen Freiheit, verjagt oder beseitigt habe und nachdem ich ihnen alle Subsistenzmittel entzogen habe, die dazu dienen könnten, andere Feinde Frankreichs zu unterhalten, habe ich geglaubt, es der Großzügigkeit der französischen Nation und dem Schutz, den sie den Unglücklichen bietet, schuldig zu sein, diese Stadt vollständig für die Verluste zu entschädigen, die einige ihrer Einwohner in den ersten Augenblicken der Unordnung erlitten haben könnten, die immer untrennbar mit der Verwirrung und dem hitzigen Feuer einer zahlreichen Armee verbunden ist, die gerade eine Stadt im Sturm erobert hat. Infolgedessen gebe ich Ihnen bekannt, meine Herren, dass ich in die Hände des Zahlmeisters der Armee in Landau eine Summe von 5000 Gulden hinterlegen werde, die dazu dienen soll, die Einwohner von Speyer, die einige Schäden in den ersten Augenblicken des Aufenthaltes der französischen Armee in dieser Stadt erlitten haben könnten, zu entschädigen.]

Aus: Remling, Franz Xaver (Hrsg.): Die Rheinpfalz in der Revolutionszeit von 1792 bis 1798. Ein urkundlicher Beitrag zur vaterländischen Geschichte, 2. Bd., Speyer 1866, S. 457f. (Übersetzung G. S.)

2.7.2 Worms (Anfang Oktober 1792)

Von Speyer aus war Custine mit Teilen seiner Armee nach Worms gezogen und hat auch diese Stadt eingenommen. Hierüber berichteten mehrere Zeitungen. Die Bemerkung in diesem Text, dass Custine bei der Besetzung „die strengste Mannszucht beobachtet" habe und äußerst streng gegen Plünderer aus den Reihen seiner Truppe vorgegangen sei, entsprach dem Anspruch der Regierung in Paris, dass Soldaten, die vom Geist der Französischen Revolution beseelt seien, sich anders, d. h. anständiger verhielten, als dies in der Vergangenheit die Söldnerheere der Monarchen getan hätten. Tatsächlich scheint „Manneszucht", wie zeitgenössische Berichte zeigen, in den französischen Armeen nicht überall geherrscht zu haben.

Der Schrecken und die Angst, die bei ihrem [der Armee Custines] hiesigen Einmarsch herrschte, lässt [!] sich nicht ausdrücken. Alles schrie und winselte durcheinander. Die Tore [der Stadt Worms] wurden gleich geschlossen, kein Mensch durfte bei Lebensstrafe versuchen, sich zu flüchten. Die ungeheure Brandschatzung wurde drohend gefordert; General Custine erklärte, er würde die Kanonen in allen Straßen aufpflanzen und die Stadt in Trümmer schießen lassen, wenn die ganze Summe [...] nicht da wäre. Der ganze Magistrat, Weiber und Kinder fielen ihm zu Füßen und baten um Gnade und Mitleid; allein er schien unerbittlich, bedauerte jedoch selbst, dass er einen solchen Auftrag hätte, er müsste indessen seine Ordre [Befehl] befolgen. Jeder brachte nun, was er an Geld auftreiben konnte, und erbot sich, das übrige an andern geldeswerten Sachen herzugeben. Allein Custine sagte, er wollte diese Dinge nicht, sondern müsste Geld haben. Da dies eine Unmöglichkeit war, so nahm der General die bekannten Geiseln mit. So streng auch der General verfuhr, so durfte doch keiner von seinen Mannschaften die mindeste Unart wagen. Er hat hier und in Speyer die strengste Mannszucht beobachtet. In letzterm Ort hat er 30 Mann, welche plünderten und worunter auch ein Kapitän [militärischer Dienstgrad; entspricht dem Hauptmann] war, totschießen lassen; einer davon hatte nur eine Traube gegessen. Das gute Betragen der Soldaten können wir nicht genug rühmen. [...] Man schätzt den Wert von dem, was die Franzosen von Speyer bis hierher erobert haben, auf 20 Millionen.

Aus: Hansen, Joseph (Hrsg.): Quellen zur Geschichte des Rheinlandes im Zeitalter der Französischen Revolution 1780-1801, 2. Bd., Bonn 1933, S. 403f.

2.7.3 Widerstand in Worms gegen die geforderte Eidesleistung (Februar/März 1793)

Der nachstehende Bericht erschien im „Kölner Welt- und Staatsboth" Nr. 37 vom 7. März 1793.

Je hartnäckiger die Franken darauf bestehen, dass die Einwohner der von ihnen besetzten Örter den neuen Eid leisten sollen, desto stärkeren Widerstand finden sie allenthalben. Auch in Worms haben [...] daher Geistlichkeit und Bürgerschaft fest beschlossen, nicht zu schwören. Die Geistlichkeit hat den Tag, da sie schwören sollte, um in etwa Ruhe zu erhalten, folgende Erklärung erlassen: „Mitbürger! Die Geistlichkeit von Worms, jeder insbesondere und alle insgesamt, erklären hiermit feierlich, der fränkischen Republik, so lange derselben beliebig sein wird, Worms in Besitz zu halten, redlich zu bleiben und nichts in den Weg zu legen." Allein die französischen Kommissäre waren damit nicht zufrieden und schickten die Erklärung zurück. Den Tag darauf, den 23. d. M., ließen sie den Bürgern durch ein gedrucktes Blatt u. a. bedeuten, des folgenden Sonntags um ½ 8 Uhr müsse aller Gottesdienst geendigt und die Bürger an den ihnen angewiesenen Örtern versammelt sein. Allein kein Mensch erschien um die bestimmte Zeit noch an dem angezeigten Orte. [...] Der größte Teil der Geistlichkeit hat sich nach Mannheim aufgemacht und erwartet dort den weiteren Erfolg.

Den 26. d. M. morgens ließen die Kommissäre [...] in Worms unter Trommelschlag bekannt machen, gegen 11 Uhr sollten alle Bürger vor ihnen erscheinen. Diese stellte sich ein, und die Kommissäre bedeuteten ihnen, dass jene, die nicht schwören wollten, weggeführt werden und an Verschanzungen arbeiten sollten. Vierhundert wenigsten erklärten sogleich, sie wollten lieber so arbeiten als schwören. [...]

In der dem Kaiser gehörigen Grafschaft Falkenstein fanden die Franzosen wenig günstige Aufnahme. Einige zwanzig französische Dragoner kamen vor wenigen Tagen nach Winnweiler und wollten den katholischen und protestantischen Pfarrer zwingen, den neuen Eid zu schwören. Auf ihre Weigerung setzte man sie in Verhaft. Dem Volke wurmte es schon bei dieser Gewalttätigkeit; als dieses aber auch schwören sollte, rief es: Es lebe der Kaiser! Zum Teufel mit den Franzosen!, befreite die Pfarrer und prügelte die Franzosen mit Heugabeln und anderen Werkzeugen von Ort zu Ort weg.

Aus: Hansen, Joseph (Hrsg.): Quellen zur Geschichte des Rheinlandes im Zeitalter der Französischen Revolution 1780-1801, 2. Bd., Bonn 1933, S. 759ff.

2.7.4 Veränderte Kriegführung der Revolutionsarmeen (15. September 1793)

Anlass oder Vorwand für dieses Dekret, mit dem der Konvent Abstand nahm von seinen hehren Zielen, den Krieg „humaner" zu führen, als dies in der Vergangenheit geschehen sei, und die Bevölkerung der Feindmächte zu schonen, war die Feststellung, dass „der Wagemut der Kannibalen noch durch den philanthropischen Geist ermutigt"[1] worden sei, der die Revolutionstruppen angefeuert habe. Zwar wurde oben die menschenfreundliche Haltung Custines gegenüber der Bevölkerung von Speyer erwähnt, doch zeigen die hier abgedruckten Dokumente auch, dass die militärisch besetzten Gebiete grundsätzlich für den Unterhalt (Ernährung, Kleidung usw.) der Besatzungsarmeen aufzukommen hatten und von den eroberten Städten und Territorien zusätzlich Kontributionszahlungen aufzubringen waren.

Der Nationalkonvent beschließt nach Anhörung des Wohlfahrtsausschusses, dass die kommandierenden Generale der Land- und Seestreitkräfte der Republik von sofort an auf alle philanthropischen [menschenfreundlichen] Ideen verzichten, wie sie sich das französische Volk zu eigen gemacht hat, um den ausländischen Nationen den Preis und die Vorteile der Freiheit zum Bewusstsein zu bringen, und sich gegenüber den Feinden Frankreichs nach derselben Art und Weise verhalten werden, wie die Koalitionsmächte sich ihrerseits verhalten, und mit ihren Waffen in Hinblick auf die unterworfenen Länder und Individuen die üblichen Rechte des Kriegs ausüben werden.

Aus: Hansen, Joseph (Hrsg.): Quellen zur Geschichte des Rheinlandes im Zeitalter der Französischen Revolution 1780-1801, 2. Bd., Bonn 1933, S. 904f.

2.7.5 Speyer im Juni 1794

Die Stadt Speyer blieb bis 1814 unter französischer Herrschaft. Wie Mainz war auch Speyer nach der ersten Besetzung durch Custine von den Truppen der Koalition zurückerobert worden. Die nachstehende Quelle bezieht sich auf die zweite Besetzung Speyers durch die Revolutionstruppen. Wie andere linksrheinische Städte hatte auch Speyer in dieser Zeit durch Flucht nicht nur einen Teil seiner Bevölkerung verloren, sondern auch unter Ausplünderungen („Ausleerung") zu leiden. Die

1 So ein Mitglied des Wohlfahrtsausschusses, der das hier abgedruckte Dekret eingebracht hat; zit. nach Hansen, Joseph (Hrsg.): Quellen zur Geschichte des Rheinlandes im Zeitalter der Französischen Revolution 1780-1801, 2. Bd., Bonn 1933, S. 904 Anm. 2.

Schadensaufstellung, die die städtische Kanzlei im Juni 1794 vornehmen ließ, vermittelt eine Vorstellung vom Umfang der Verluste. Diese Vorgänge zeigen auch, dass Frankreich hier bereits wieder zu den „droits ordinaires de la guerre" zurückgekehrt war, von einer „Befreiung", wie dies frühere Dokumente verkündeten (s. das Dekret vom 15. Dezember 1792, S. 114), keine Rede mehr war. Eine von den Franzosen eingesetzte „commission pour l'évacuation du Palatinat" („Ausleerungskommission der Pfalz") ermöglichte unter ausdrücklicher Billigung durch den Konvent die Plünderung der Pfalz.[1] Allerdings haben sich Preußen und Österreicher oft auch nicht viel besser verhalten als die Franzosen.

Der 29. Dezember 1793 war der unglückliche Tag, an welchem die Franzosen in Speyer einrückten. Eine große Anzahl von Bewohnern suchte sich und ihre Familien durch die Fucht über den Rhein zu retten; sie mussten aber, übereilt durch die schleunige, noch kurz vorher nicht vermutete Ankunft des Feindes, den größten Teil ihres Vermögens zurücklassen. Seit dieser Zeit, bis zu der am 29. Mai dieses Jahres [1794] erfolgten Räumung der Stadt, wechselte ein Tag der Leiden für die trostlosen Bürger mit dem andern ab, ein Verlust, eine Verheerung folgte der andern auf dem Fuße nach. – Die in den Kassen der Stadt noch vorhandenen Gelder waren der erste Gegenstand der von dem Nationalkonvent beschlossenen allgemeinen und gänzlichen Ausleerung. – Nicht genug, dass von der Stadt die beträchtlichsten Lieferungen täglich geleistet werden mussten und viele einzelne Ausplünderungen der Häuser vorfielen; es wurde ihr auch eine Brandschatzung von viermal hundert tausend Livres auferlegt. In der Hoffnung, dadurch die Stadt, die Besitzungen der dortigen geistlichen Stifter und das Privateigentum eines jeden Bewohners sicher zu stellen und auf die hierüber erteilte Zusagen trugen die zurück gebliebenen Bürger, Arme und Reiche, alles, was sie an Geld und Assignaten besaßen, herbei. Doch wie sehr wurde diese Hoffnung getäuscht und das gegebene Wort gebrochen! Denn weggenommen und abgeführt sind nun alle, über viertausend Fuder vorrätig gelegene, größtenteils kostbare Weine; weggenommen alle Früchte und sonstige Feldprodukte, alle Heu- und Strohvorräte. [...] Weggenommen und abgeführt sind alle Glocken, alle Pferde, alles Rindvieh. [...] Alle Kaufmannsläden, das öffentliche Kauf- und Lagerhaus sind rein ausgeleert. Tücher, Leinwand, Spezereiwaren [Gewürze], Lederwerk, Bettung, Spiegel, Schreinerwerk, Zinn, Kupfer, Messing, Eisen und die meisten Hausgerätschaften, ja sogar Kleidungsstücke, Hemden und Schuhe und das unentbehrlichste Handwerkszeug der Professionisten [Handwerker], selbst die städtischen Feuerspritzen wurden genommen und weggeführt. – In den Häusern der Ausgewanderten hat man das eiserne Gitterwerk von Fenstern und Kelleröffnungen, hie und da auch die Öfen und Fenster weggeschlagen und ausgehoben. – Ganze Gärten wurden umgewühlt und Stubenböden aufgehauen, um verborgene Sachen aufzusuchen. [...] – In den meisten Weinbergen wurde das nötige Gehölze ausgerissen, ganze Baumstücke in ihrer vollen Blüte niedergehauen und die Waldungen zugrunde gerichtet. [...] Bei all diesem Elende wurde aufs Neue eine zweite Brandschatzung von hundert tausend Livres baren Geldes der Stadt und den geistlichen Stiftern angesetzt. Da die Aufbrin-

1 Vgl. hierzu Dumont, Franz: Befreiung oder Fremdherrschaft? Zur französischen Besatzungspolitik am Rhein im Zeitalter der Revolution, in: Franzosen und Deutsche am Rhein 1789-1918-1945, hrsg. v. Peter Hüttenberger und Hansgeorg Molitor, Essen 1989, S. 99f.

gung dieser Summe unter den völlig erschöpften Vermögensumständen schlechterdings unmöglich war, so schleppte man dreizehn Bürger und vier stiftsangehörige Personen als Geiseln fort, die noch wirklich in französischer Gefangenschaft sitzen. – So weit musste es dann kommen, dass die kurz vorher in blühender Wohlfahrt gestandene Reichsstadt Speyer nun auf einmal das unschuldige Opfer einer nie erhörten Kriegsgewalt geworden, dass sie in einen Schaden von Millionen versenkt ist, der für die jetzigen Bürger unwiederbringlich bleibt und wovon sich die kommende Generation noch nicht wird erholen können. [...] Unauslöschlich wird dafür der Dank und gesegnet das Andenken an jeden Beistand sein, womit Gönner und Freunde dieser verunglückten Stadt zu Hilfe eilen werden.

Aus: Remling, Franz Xaver (Hrsg.): Die Rheinpfalz in der Revolutionszeit von 1792 bis 1798. Ein urkundlicher Beitrag zur vaterländischen Geschichte, 2. Bd., Speyer 1866, S. 480f. Ein ähnlicher Bericht über die „Drangsale und Schäden" der Stadt Speyer vom 14. Juli 1795 findet sich ebd., S. 482ff.

2.7.6 Kritik an den französischen Besatzungsoldaten und Gegenmaßnahmen (Dezember 1792)

Die Bewohner der besetzten Gebiete hatten nicht selten unter den oft undisziplinierten Besatzungssoldaten zu leiden. Offiziere, bei denen die Bevölkerung um Abhilfe nachsuchte, sahen sich oft außerstande, die Übergriffe zu verhindern, da, wie sie sagten, die französische Nationalversammlung eine Bestrafung der vielen freiwilligen Revolutionssoldaten verbieten würde. Schließlich erging aus dem Hauptquartier der französischen Nordarmee am 15. Dezember 1792 doch noch die hier zitierte Proklamation, um den Plünderungen der Soldaten und deren Übergriffen bei den Einquartierungen entgegenzuwirken. Dieses Verhalten der Revolutionstruppen widersprach dem Dekret, das der Konvent am 15. Dezember 1792 (s. S. 114) erlassen hatte.

a) Eintrag des Pfarrers von Haaren bei Aachen in das Kirchenbuch der Pfarrgemeinde

Den 15ten Xber [Dezember] mitten in der Nacht kamen zum allgemeinen Schrecken haufenweise die Franzmänner, sub specie amicitiae, qui erant in cute lupi rapaces [etwa: unter dem Anschein der Freundschaft, in Wirklichkei aber im Gewande reißender Wölfe]. Bei mir wurden einquartiert 6 zerlumpte Jäger, wie sie sich nannten, homines nequissimi [Taugenichtse], sodann ein Obrist mit einem Knecht, item [auch] ein Rittmeister mit einem Knecht und noch drei 3 Offiziere mit zwei Jungen, sive [auch] Spitzbuben. Diese blieben zwei Tage. Bei den ersteren und letzteren herrschte die französische liberté et égalité im höchsten Grad. Alles im Haus ging über und drüber. Was sie haben wollten, musste gar zur Verschwendung in Überfluss gegeben werden. Sie waren Herr und Meister im Hause: Tor und Tür mussten angelweit offen stehen. Viele hier nicht Einquartierte kamen sturmweise hineingefallen, fraßen, soffen, spotteten meiner, zückten auf mich die Palässe [Pallasch: Säbel], wollten [herbei]geschafft haben, was ich nicht hatte. Sie brachten es dahin, dass ich kein Bier, kein Wein und kein Brot im Hause hatte. Was bei diesem gräulichen Verfahren bei mir und den meinigen für Furcht, Angst, Hunger und Kummer gewesen, mag ein jeder, der in seiner Seele ein deutsches Gefühl hat, erachten. [...] Nach diesen kamen zu mir 3 Sergeanten [Unteroffiziere] mit mehreren, blieben eine Nacht und zwei Tage. Sie waren auch nicht gut, doch nicht so böße wie die vorigen; gleichwohl musste ihnen unentgeltlich alles [herbei]geschafft werden, was sie verlangten.

Aus: Kraus, Thomas R.: Auf dem Weg in die Moderne. Aachen in französischer Zeit 1792/93, 1794-1814, Aachen 1994, S. 35f.

b) Proklamation des französischen Generals Dumouriez vom 15. Dezember 1792

Im Namen der französischen Republik. Kundmachung des Generals en Chef der belgischen Armee. Nachdem der General der Armee in Betrachtung gezogen, dass die Hintansetzung der Pflichten gegen das Eigentum, die Sicherheit und die individuelle Freiheit der Bürger von Aachen und ihres Bezirks, welche wir als unsere Brüder behandeln müssen, ein Laster ist, welches zur Verdunkelung der von der französischen Armee errungenen Lorbeeren geeignet ist; und da wir verhindern wollen, dass die geheiligsten Rechte von niemanden unserer Waffenbrüder misskannt werden sollen; also gebietet er im Namen des Vaterlandes den Soldaten, den Angesetzten und allen anderen Bürgern, die die belgische Armee ausmachen, das Eigentum von jeder Art sowohl als die individuelle Freiheit der Bürger der Stadt Aachen und ihres Bezirks zu ehren, auf ihre Erhaltung zu wachen und sie gegen jeden Anfall zu beschützen; und zwar unter Todesstrafe sowohl gegen diejenigen, welche diese geheiligten Rechte kränken, als auch gegen diejenigen, welche dergleichen Laster sehen und nicht zu verhindern suchen, fort die Schuldigen nicht arrestieren oder arrestieren lassen würden.

Aus: Kraus, Thomas R.: Auf dem Weg in die Moderne. Aachen in französischer Zeit 1792/93, 1794-1814, Aachen 1994, S. 39.

2.7.7 Dekret des Konvents über die Politik in den von der Armee der Republik Frankreich besetzten Gebieten (15. Dezember 1792)

Bis zum Zeitpunkt des Erscheinens dieses Dekrets und der Proklamation strahlten „nur" die Ideen der Freiheit und Gleichheit auf die Nachbarstaaten Frankreichs aus; vom Zeitpunkt an, da französisch-republikanische Truppen ausländische Territorien besetzten, musste sich zeigen, welche konkreten Folgen diese auch im Ausland in Teilen der Bevölkerung freudig aufgenommenen Ideen haben würden. Am 22. Mai 1790 hatte die Nationalversammlung einen Eroberungsverzicht proklamiert. Das hieß nicht, dass Frankreich keinen Krieg mehr führen würde; ein Krieg, so er denn nötig sei, müsse allerdings „gerecht" sein und der Verteidigung des Vaterlandes dienen. Der Beschluss lautete: „La Nation française renonce à entreprendre aucune guerre dans la vue de faire des conquêtes, et n'emploiera jamais ses forces contra la liberté d'aucun peuple"[1] („Die französische Nation verzichtet darauf, einen Krieg mit Blick auf Eroberungen zu führen und wird niemals seine Streitkräfte gegen die Freiheit irgendeines Volkes einsetzen"). Darüber hinaus bekannte sich die Nationalversammlung zum Selbstbestimmungsrecht der Völker, wonach die Bevölkerung

1 Mit diesem Satz beginnt der Titre VI („Des rapports de la Nation française avec les nations étrangères") der französischen Verfassungt vom 3. September 1791.

über seine soziale Ordnung und ferner darüber selbst entscheiden könne, welchem Staat sie zugehören wolle. Manche in den linksrheinischen Gebieten hofften auf eine „Befreiung" durch die Armeen der Revolution, wenngleich die französischen Truppen, als sie schließlich Ende 1792 dort als Sieger einrückten, von der Mehrheit der Bevölkerung nur in den seltensten Fällen auch als Befreier begrüßt wurden. Tatsächlich hat General Custine zwei Tage nach der Kapitulation von Mainz in seinem „Aufruf an das gedrückte Volk deutscher Nation" „den Mainzern ausdrücklich die Wahl ihrer künftigen Regierungsform vollkommen freigestellt."[1] Schon bald darauf sollte sich jedoch zeigen, dass die französische „Besatzungsmacht unter ‚Befreiung' letztlich doch nur die Ausbreitung ihrer eigenen Ordnung verstand. [...] Der Revolutionskrieg war für viele nur die Fortsetzung der Reunionskriege, und hinter der ‚neufränkischen Maske' erschienen wieder die ‚alten Franzosen'."[2] Den Nachbarn im linksrheinischen Gebiet die Freiheit zu bringen, „das hatte Frankreich spätestens seit April 1793 aufgegeben."[3]

Das nachstehend zitierte Dekret beschreibt die beabsichtigte Praxis der frühen Besatzungspolitik. Vor allem die beiden ersten Artikel des Dekrets dürften ihre Wirkung auf die Mehrheit der Bevölkerung, die bisher unter dem herrschenden Feudalrecht mit seinen zahlreichen Steuern, ohne Bezahlung zu erbringenden Dienst- und sonstigen Leistungen und den sonstigen Belastungen gelitten hatte, nicht verfehlt haben. Auch die Aufhebung der Leibeigenschaft und die angekündigte Möglichkeit, an politischen Entscheidungen mitwirken zu können, haben wohl in diese Richtung gewirkt.

Art. 1 In den Ländern, die von den Armeen der Französischen Republik besetzt sind oder noch besetzt werden, proklamieren die Generale unverzüglich im Namen der französischen Nation die Abschaffung der bisher dort geltenden Abgaben und Steuern, des Zehnten, der widerruflichen und unwiderruflichen Feudalrechte, der dinglichen und persönlichen Leibeigenschaft, des alleinigen Jagdrechts des Adels und überhaupt aller Privilegien. Die Generale erklären dem Volke, dass sie ihm Frieden, Beistand, Brüderlichkeit, Freiheit und Gleichheit bringen.

Art. 2 Sie proklamieren die Souveränität des Volkes und die Aufhebung aller bisher bestehenden Gewalten. Sodann rufen sie das Volk in Ur- oder Gemeindeversammlungen zusammen, um eine vorläufige Verwaltung ins Leben zu rufen und zu organisieren. Sie lassen die dem vorliegenden Dekret angefügte Proklamation durch öffentliche Bekanntmachung und Aushängung in der Sprache oder Mundart des jeweiligen Landes in jeder Gemeinde verbreiten.

Art. 3 Alle Bevollmächtigten und Beamten der früheren Regierung, desgleichen alle vormals als Adlige geltenden Personen oder Mitglieder irgendeiner vormals privilegierten Körperschaft sind – jedoch nur bei der ersten Wahl – vom Zugang zu den vorläufigen Verwaltungs- und Richterämtern ausgeschlossen.

Art. 4 Die Generale stellen sodann alles bewegliche und unbewegliche Gut, das sich im Besitz des Fiskus, des Fürsten, seiner Helfershelfer, Parteigänger und freiwilligen Mitläufer sowie öffentlicher Anstalten, weltlicher und geistlicher Körperschaften und Vereinigungen befindet, unter den Schutz und die Obhut der Französischen Republik. Sie lassen unverzüglich

1 Dumont, a.a.O, S. 94.
2 Ebd., S. 96f.
3 Ebd., S. 100.

ein detailliertes Inventar davon anfertigen [...] und ergreifen alle im Rahmen ihrer Befugnisse liegenden Maßnahmen zur Respektierung dieses Eigentums.

Art. 5 Die vom Volk ernannten vorläufigen Behörden [...] sorgen für die Durchführung der auf dem Gebiet des Zivil- und Strafprozesswesens, der Polizei und der öffentlichen Sicherheit geltenden Gesetze. Sie werden beauftragt, die kommunalen sowie die für die gemeinsame Verteidigung nötigen Ausgaben festzusetzen und für ihre Bezahlung zu sorgen. Sie dürfen Steuern erheben, jedoch nur unter der Voraussetzung, dass diese nicht von dem notleidenden und arbeitenden Teil der Bevölkerung aufgebracht werden müssen. [...]

Art. 7 Der Exekutivrat ernennt außerdem Nationalkommissare, die sich unverzüglich an die einzelnen Orte begeben, um sich mit der vom Volk ernannten vorläufigen Verwaltung sowohl über die Maßnahmen der gemeinschaftlichen Verteidigung als auch über die Mittel zu verständigen, den Armeen der Republik die nötige Verpflegung zu verschaffen und die Unkosten zu bezahlen, welche diese während ihres Aufenthaltes in dem fremden Gebiet gehabt haben und noch haben werden. [...]

Art. 9 Die vom Volk ernannte vorläufige Verwaltung sowie die Tätigkeit der Nationalkommissare endet, sobald das Volk seine Souveränität, seine Freiheit und Unabhängigkeit erklärt und eine freie, demokratische Regierung gebildet hat.

Die in Artikel 2 erwähnte Proklamation hat folgenden Wortlaut:

Brüder und Freunde! Wir haben uns die Freiheit erkämpft, und wir werden sie behaupten: unsere Einigkeit und unsere Stärke sind die Garantie dafür. Wir bieten euch an, euch an diesem unschätzbaren Gut teilhaben zu lassen, das euch immer gehört hat und das eure Unterdrücker euch nur durch ein Verbrechen rauben konnten. Wir sind gekommen, um eure Tyrannen zu verjagen: sie sind geflohen. Zeigt euch als freie Menschen, und wir werden euch gegen ihre Rache, ihre Anschläge und ihre Rückkehr schützen.

Von diesem Augenblick an proklamiert die französische Republik die Absetzung aller eurer Zivil- und Militärbehörden und aller Gewalten, die euch regiert haben. Sie proklamiert in diesem Lande die Abschaffung aller auf euch lastenden Abgaben, in welcher Form auch immer sie erhoben werden, der Feudalrechte, der Salzsteuer, der Brückenzölle, der Akzisen [indirekte Verbrauchssteuern], der Ein- und Ausfuhrzölle, des Zehnten, der ausschließlichen Jagd- und Fischereirechte, der Frondienste [zugunsten] des Adels und überhaupt jeder Art Abgaben und Knechtschaft, die ihr unter euren Unterdrückern zu tragen hattet.

Desgleichen schafft die Französische Republik in eurem Lande jeden Adels-, Priester- und sonstigen Stand ab sowie alle Vorrechte und alle der Gleichheit zuwiderlaufenden Privilegien. Ihr seid von diesem Augenblick an Brüder und Freunde, seid alle Bürger, genießt alle die gleichen Rechte und seid alle gleichermaßen aufgerufen, euer Vaterland zu verteidigen, zu regieren und ihm zu dienen.

Konstituiert euch ohne Säumen in Gemeindeversammlungen! Beeilt euch, eure vorläufigen Verwaltungen einzurichten; die Bevollmächtigten der Französischen Republik werden gemeinsam mit ihnen daran arbeiten, euer Glück zu sichern und die Brüderlichkeit, die fortan zwischen uns herrschen soll, zu festigen.

Aus: Grab, Walter (Hrsg.): Die Französische Revolution, München 1973, S. 127-129

2.7.8 Die „neue Ordnung“ in den von Frankreich besetzten Gebieten (1792/93)

In zahlreichen Gemeinden der von französischen Truppen besetzten Gebiete wurden als Symbol der neuen Ordnung Freiheitsbäume aufgestellt. Ob für diesen Akt die Besatzer selbst sorgten oder ob Sympathisanten der französischen Revolution unter den Einwohner hierfür verantwortlich waren, ist nicht in jedem Fall überliefert. Die nicht selten vorkommenden Übergriffe der französischen Soldaten bei Einquartierungen in Verbindung mit Nachrichten aus Paris etwa im Zusammenhang mit der Guillotinierung König Ludwigs XVI. zu Beginn des Jahres 1793 sowie die beginnende Terreur dürften etwaige vorhandene Sympathien für die „Neufranken“ stark gedämpft haben. Dies war auch an einem eher beiläufigen Ereignis abzulesen. Zu einem von den Franzosen am Neujahrstag 1793 in Aachen abgehaltenen Ball waren nur wenige Bürger und Frauen der Stadt gekommen. Ein Zeitgenosse schreibt hierzu:

Die [französischen] Generals sind äußerst aufgebracht, weil fast kein Frauenzimmer auf die Bälle und Konzerts kommt, welches indessen natürlich ist, da auf dem ersten Konzert eine Menge Volontärs und Husaren, von welchen mehrere besoffen waren, und der Beschluss mit dem Marseiller Hymnus [die Marseillaise], den die ganze Versammlung brüllte, gemacht wurde.

Anlässlich der Aufstellung eines Freiheitsbaumes in Aachen am 31. Dezember 1792 hielt der französische General Dampierre[1] *folgende Ansprache:*

Vertreter des Volkes von Aachen. Ich habe Sie im Namen der französischen Republik zusammen berufen, um Ihnen ihre Befehle anzuzeigen; sie verkündet allen Völkern die Freiheit, sie will die Szepter der Despoten und die Ketten der Sklaven brechen. Die Grundsätze der Freiheit sind der Stadt Aachen nicht fremd, da die Form ihrer Regierung republikanisch ist. Ich komme im Namen einer großen Nation, um die Souveränitätsrechte des Volkes wieder herzustellen. Ich habe freundschaftlich den Willen der französischen Nation dem alten Magistrat der Stadt Aachen mitgeteilt, damit durch ihn das Volk weiter darüber unterrichtet werde. Ich wollte Ihnen dadurch die Achtung beweisen, die ich vor den Gewählten des Volkes habe; erwidern Sie nun dieses Zeichen des Vertrauens und dienen Sie damit der Sache der Freiheit und in zweiter Linie den Absichten der französischen Republik, welche nichts als das Glück des Volkes will. Bald wird das Volk die Verwaltung und die Gerichtsbarkeit ausüben, bald eine starke Armee den siegreichen Truppen der Republik folgen, und der Gott des Krieges, der sehr mächtige, wird vor uns marschieren, um den Feinden der Freiheit des Volkes Schrecknisse und den Tod senden.

Aus: Kraus, Thomas R.: Auf dem Weg in die Moderne. Aachen in französischer Zeit 1792/93, 1794-1814, Aachen 1994, S. 43

---

1 Marquis [Markgraf] de Dampierre (1756-1793). Er schied nach sechsjährigem Dienst in den „Gardes françaises“ aus dem Militär aus und besuchte zu Beginn der 1780er Jahre Preußen, dessen Armee er bewunderte. Anschließend trat er wieder in die Armee ein und nahm an den Revolutionskriegen teil (z. B. Valmy). Dampierre hatte maßgeblichen Anteil am Sieg in der Schlacht von Jemappes, wo er in Konflikt mit seinem Vorgesetzten Dumouriez geriet, dessen Übertritt ins Lager der Österreicher er der Regierung in Paris anzeigte. Er proklamierte seine republikanischen Überzeugungen und stellte die Ordnung in der durch die Flucht Dumouriez' in Unordnung geratenen Armee wieder her. Am 8. Mai 1793 wurde er in einem Gefecht schwer verwundet und starb am folgenden Tag.

2.7.9 Das Hessendenkmal von 1793

Das sog. Hessendenkmal in Frankfurt am Main[1] *am Friedberger Tor ist eine Stiftung des preußischen Königs Friedrich Wilhelm II. zum Andenken an die hessischen Soldaten, die am 2. Dezember 1792 beim Sturm auf die von französischen Truppen unter General Custine besetzte Stadt gefallen sind. Namentlich werden auf dem Denkmal genannt: ein Oberst und sechs weitere Offiziere, sechs Unteroffiziere, ein Bataillons-Tambour (Trommler) und 41 Gemeine (einfache Soldaten).*

Der Krieg mit den französischen Revolutionstruppen brachte eine Neuerung im Kriegstotengedenken mit sich, die bis heute Gültigkeit besitzt: Dass nämlich auf Kriegerdenkmälern die Namen aller Gefallenen, also auch der einfachen Soldaten, erwähnt werden und nicht nur jene der Feldherren, wie dies noch zur Zeit des Siebenjährigen Krieges üblich gewesen ist; und dass der Kriegstoten auch fernab jenes Ortes, wo sie bestattet sind, gedacht wird, das Kriegerdenkmal also kein Grabmal, sondern ein Erinnerungsmal darstellt.

Wenn auf diesem Denkmal die Namen aller Gefallenen genannt werden, dann zeugt diese neue Praxis von der in dieser Zeit sich vollziehenden Aufwertung der Soldaten. Denn wir stehen jetzt am Beginn einer Entwicklung, die durch die Ablösung des Söldners durch den kämpfenden Bürger geprägt ist. Der Söldner kämpfte für Sold und für eine Beteiligung an der Beute im Falle eines Sieges; der Bürger kämpft für Ziele, die ihn persönlich etwas angehen: für Bürgerrechte, für die Verteidigung des Vaterlandes usw. Mit dieser Entwicklung des Kriegstotengedenkens korrespondiert die Einführung der allgemeinen Wehrpflicht zunächst in Preußen im Jahr 1814.

1 Hierzu grundlegend Lurz, Meinhold: Das Hessendenkmal. Vorgeschichte – Entstehung – Wirkung, in: Archiv für Frankfurts Geschichte und Kunst 62 (1993), S. 119-235; dort auch ausführlich über die überraschende Tatsache, dass hier ein preußischer König den gefallenen Soldaten eines anderen Landesherrn, nämlich des Landgrafen von Hessen-Kassel, ein Denkmal stiftet.

Inschriften:

Hier starben den Tod der Helden

Oberst Prinz Carl von Hessen-Philipsthal [folgen die weiteren Namen der Gefallenen]

Laborum sociis e Cattorum legionibus traiecto ad Moenum IIII non: Decembr: recepto decora morte occumbentibus poni iussit virtutis constantiae testis mirator Frid: Guil: II Boruss: Rex CDCCLXXXXIII.

Friedrich Wilhelm von Preussen, den edlen Hessen, die im Kampf fürs Vaterland hier siegend fielen.

Übersetzung der Inschriften:

Den Kampfgefährten aus den hessischen Regimentern, die bei der Wiedereroberung des Mainübergangs am 2. Dezember einen ehrenvollen Tod fanden, befahl Friedrich Wilhelm II., König von Preußen, als bewundernder Zeuge ihrer Tapferkeit und Standhaftigkeit [dieses Denkmal] zu errichten.

2.7.10 Bereit, gegen die Franzosen zu kämpfen – ein Gedicht aus Ulm aus der Revolutionszeit (um 1793)

Auf, ihr Bürger, in das Feld,
Ihr bekommt [auch] Brot und Geld,
Macht euch auf in eurem Land,
Nehmet das Gewehr zur Hand:

Diesseits sollet ihr am Rhein
Jetzo gute Wächter sein,
Jenseits ist das Land verheert
Und der Vorrat aufgezehrt. [...]

Streite, was nur streiten kann,
Reich und arm, wie Mittelmann,
Tut dem Feind recht Widerstand,
Sonst fällt er in unser Land.

Die Gewehre tut probieren,
Lernet auch gut exerzieren,
Damit, wenn der Feind rückt an,
Jeder von euch schießen kann.

Wenn Franzosen rücken an,
Schaut sie nicht wie Kälber an;
Seid recht hurtig und behend,
Tapfer auf sie losgebrennt.

Mancher Arme denket zwar,
Ich soll mich jetzt stellen dar
Und des Reiches Hüter sein,
Der niemals [hat] geachtet mein. [...]

Laufen hilft nicht, wehren gilt:
Hiemit sei mein Wunsch erfüllt,
Dass der Herr zu diesem Streit
Gnad und Segen uns verleiht.

Aus: Schmidt, Uwe: Südwestdeutschland im Zeichen der Französischen Revolution. Bürgeropposition in Ulm, Reutlingen und Esslingen (= Forschungen zur Geschichte der Stadt Ulm, Bd. 23), Stuttgart 1993, S. 318

2.7.11 Eine Art Besatzungsstatut (August 1794)

Wie gezeigt, versuchte die militärische Führung der französischen Armee nach der Besetzung eines Ortes Ausschreitungen seitens der Soldaten zu verhindern. In den späteren Jahren folgten teilweise umfangreiche Proklamationen der Pariser Regierung, mit denen die Politik der französischen Eroberer und Besatzer grundsätzlich geregelt werden sollte. Sie enthielten sowohl Gebote und Verbote für die französischen Soldaten gegenüber der deutsche Bevölkerung als auch nähere Bestimmungen für den Aufbau einer Zivilverwaltung in den besetzten Gebieten. Nachstehend werden die wichtigsten von insgesamt 34 Artikeln in einer modernen Zusammenfassung – zitiert, wie sie im August 1794 von den Volksrepräsentanten bei der Nordarmee sowie der Sambre- und Maasarmee, gestützt auf einen Beschluss des Wohlfahrtsausschusses vom 18. Juli 1794, in den besetzten Gebieten bekannt gemacht wurden.

1. Die bewaffnete Gewalt ruht allein in den Händen der Armee. Die Polizei untersteht den Militärkommandanten.
2. Die Einwohner der eroberten Gebiete haben sämtliche Waffen innerhalb von 24 Stunden nach Aufforderung beim Militärkommandanten abzugeben, andernfalls sie der Todesstrafe verfallen.
3. Die Militärkommandanten sollen Ruhe und Ordnung mit strengsten Mitteln aufrecht erhalten und somit die Sicherheit der Einwohner und ihres Eigentums garantieren. Vor allem sollen sie dafür Sorge tragen, dass die Freiheit der Religionsausübung unangetastet bleibt.
4. Die Soldaten der Republik sollen bei Strafe strenge Zucht üben, um die französische Sache nicht in Misskredit zu bringen und dem Gegner Zulauf zu verschaffen.
5. Sämtliche Einwohner der eroberten Gebiete stehen unter dem Schutz der Republik, sofern sie nicht die Feinde begünstigen. Letztere werden den Revolutionstribunalen überstellt werden.

6. bis 9. Diese Artikel beschäftigen sich mit der Behandlung der Emigranten.

10. Gesetze und Gewohnheiten in den eroberten Gebieten sollen bis zum ausdrücklichen Widerruf der Volksrepräsentanten weitergelten. Abgaben aller Art werden zugunsten der Republik erhoben.
11. Die bürgerlichen und peinlichen Tribunale, die Magisträte der Städte und Gemeinden, und überhaupt alle bürgerliche Beamten, wie sie immer Namen haben, sollen einstweilen in ihren Stellen gehandhabt werden, und unter dem Schutze der Französischen Republik die ihnen obliegenden Amts-Verrichtungen, jeder in seiner Gerichtsbarkeit, seinem Bezirke und Gebiete nach tragender Befugnis erfüllen.[...]
12. In peinlichen Sachen[1] soll in den eroberten Gebieten kein Endurteil gefällt [...] werden als durch die bewaffnete Macht und auf Befehl der Volks-Repräsentanten oder der Generäle oder Kommandanten der Plätze.

1 Gemeint sind hier Straftaten, die mit Verstümmelungen oder mit dem Tode bestraft werden konnten („Blutgerichtsbarkeit"), also etwa Raub, Mord, Hexerei, Unzucht, aber auch Landesverrat, Majestätsbeleidigung usw. „Peinlich" kommt von lat. „poena" = Strafe.

Weitere Artikel bezogen sich auf die Einführung des Papiergeldes, der Assignaten[1]*, und des Maximalpreises für Gegenstände des täglichen Bedarfs, andere regelten die Erhebung von Kontributionen*[2]*. Die freie Ausübung der Religion wird garantiert. In Artikel 29 heißt es schließlich: Die von der Französischen Republik eingesetzten Amtsinhaber „sollen ebenmäßig und ganz besonders darauf sehen, dass die geringen Landbebauer, die Tagelöhner, Handwerksleute und überhaupt alle diejenigen, welche von ihrer Hand-Arbeit leben, auf keinerlei Weise bedrückt werden. Auch sollen sie dafür sorgen, dass die bei den Partikulieren [Männer, die ohne ein Gewerbe auszuüben, von ihrem Vermögen leben] weggenommenen Gegenstände, sowie der Wert derselben mit Genauigkeit aufgezeichnet und niemand von ihnen gekränkt werde".*

Aus: Kraus, Thomas R.: Auf dem Weg in die Moderne. Aachen in französischer Zeit 1792/93, 1794-1814, Aachen 1994, S. 74ff.

2.7.12 Die Belastungen der Bevölkerung in den besetzten Gebieten (September 1794)

Neben den Kontributionen, die die Besatzungsmacht den Gemeinden auferlegten, richteten sich weitere Forderungen der französischen Eroberer direkt an die Einwohnerschaft. Nach der Eroberung einer Stadt oder Gemeinde forderten die Eroberer Wohngelegenheiten für die am Ort verbleibenden Soldaten sowie oft auch deren Verpflegung. Für diese Einquartierungen wurde den Quartiergebern seitens der Eroberer in der Regel nichts bezahlt. Allenfalls konnten sie mit einer Entschädigung aus dem Etat der Gemeinde rechnen. Außerdem nahm die französische Armee sog. Requisitionen vor, die beträchtlichen Umfang annehmen konnten. Darunter versteht man Beschlagnahmungen von zivilen Gütern ganz unterschiedlicher Art. Der nachstehende Bericht entstammt der Aachener Zeitung „Aachner Zuschauer" vom 29. September 1794.

Die Requisitionen [in Aachen und Burtscheid] [...] sind sehr beträchtlich. Außer der ungeheuren Menge Rationen Brot und Fleisch, Stroh und Heu, welche für das Korps d'Armee des Generals Hattry und für die hiesige starke Garnison unter dem Brigade-Chef Schelhammer, welcher Stadtkommandant ist, bereits mehrere Tage hindurch haben beigeschafft werden müssen, sind noch insbesondere viele tausend Zentner Weizenmehl und Korn, mehrere tausend Säcke Hafer, viele Fässer Wein, Branntwein, Rüb- und Baumöl, 10 000 Paar Schuhe, 3000 Pfund Wagenschmiere [zum Fetten der Wagenachsen], 20 000 Ellen[3] blaues Tuch, 10 000 Ellen weißes, 5000 Ellen scharlach [karminrot], 5000 Ellen grünes, 20 000 Ellen grau-

1 Über die unbeliebten, weil in ihrem Wert stetig sinkenden Assignaten reimte ein Arzt aus Düren: „Aus Lumpen ward ich einst gemacht,/Von Lumpen an den Rhein gebracht,/Aus Lumpen machen Lumpen mich/Und mancher ward ein Lump durch mich" (s. Kraus a. a. O., S. 85). Der Dichter spielt hier mit dem Doppelsinn des Wortes „Lumpen": Pluralform von „Lump" im Sinne von „übler Kerl" und „Lumpen", die man früher zur Papierherstellung benötigte.

2 Zwangserhebung von Geldbeträgen in eroberten Gebieten durch die und zugunsten der Eroberer, vor allem zur Bestreitung deren Versorgung mit Lebensmitteln.

3 Die Elle war ein Längenmaß, das im Heiligen Römischen Reich Deutscher Nation unterschiedlich lang gewesen ist. Sie wurde ursprünglich von der Länge eines Unterarmes abgeleitet, misst aber meist mehr als der Abstand zwischen Ellbogen und Mittelfingerspitze eines ausgewachsenen Mannes (meist ca. 0,6 m).

es oder von anderen Farben, alles Leinen, 8000 Pfund[1] Salz, 500 Paar Betttücher, 200 Matratzen, 500 Decken, 200 Paillassen [Strohsäcke], 1200 Pfund weiße Seite, 300 Pfund Süßholz [Lakritze], 600 Pfund Zucker, 1000 Pfund Cassonade [Zuckerart], 1000 Pfund Honig, 1000 Pfund Lichter [Kerzen], 500 Bettladen, 2000 Kalb-, Schaf-, Ochsen- und andere Felle, 10 000 Pfund Stabeisen [Schmiedeisen in Stabform], 10 000 Pfund Hanf, alles Seilwerk, 1200 Stab Serge [Gewebeart], 100 Platten Blech, eine Menge Bindfaden, gesponnener Kattun, Herfelgarn [Bindfadengarn], Papier, eine große Menge Medikamente, Materialisten- [Drogerie-]- und Apothekerwaren, alles Pulver, Blei, Pferde u.s.w. in Requisition gesetzt worden. [...]

Aus: Kraus, Thomas R.: Auf dem Weg in die Moderne. Aachen in französischer Zeit 1792/93, 1794-1814, Aachen 1994, S. 80

2.7.13 Ein Spottgedicht auf die Erste Koalition (Februar 1795)

Spottgedichte waren ein verbreitetes Medium der öffentlichen Meinung. In ihrer derberen Art richteten sie sich an die unteren Volksschichten und artikulierten deren Kritik an den herrschenden Zuständen, an der sie drückenden Besteuerung, an den Rekrutenaushebungen, an dem Verhalten der unbeliebten Emigranten usw. Oft nahmen sie Repräsentanten der Obrigkeit, deren Amtsführung und nicht selten hochnäsigen und arroganten Umgangsformen ins Visier. Das nachstehend zitierte, in Hannover gedruckte Spottgedicht ist ein Beispiel der subtileren Art. Sein Verständnis setzte Vorkenntnisse voraus (in diesem Falle über die Zusammensetzung und die Interessen der in der ersten Koalition gegen das revolutionäre Frankreich zusammengeschlossenen europäischen Mächte), die in der einfacheren Bevölkerung möglicherweise nicht vorhanden waren. Zudem lässt dieses Beispiel einen gewissen literarischen Anspruch erkennen. Das in Auszügen zitierte Gedicht hat 18 Strophen, von denen jede einzelne jeweils mit dem Namen einer der kriegführenden Mächte überschrieben ist. Wenige Monate vor Abschluss des Friedens von Basel lässt das Gedicht deutlich Sympathien für Frankreich erkennen und zeigt, wie wenig fest das Bündnis der Koalitionäre und wie unterschiedlich ihre Interessen in diesem Krieg gewesen sind. Der Papst, der der eidlichen Verpflichtung der Priester auf den Staat und dem Entchristlichungsprozess in Frankreich zuvor noch scharf entgegen getreten war, zieht sich zurück, der Kaiser beklagt den Verlust der habsburgischen Niederlande (Belgien), der englische König belässt es bei der Zahlung von Subsidien („Sterlinge") für seine Bündnispartner, der spanische König sieht seine Herrschaft in Gefahr und scheidet aus der Koalition aus, die holländischen Handelsherrn sehen angesichts der Sympathien ihrer Bevölkerung für die Revolution ihre Geschäfte bedroht, Preußen wird von den Vorgängen in Polen so absorbiert, dass es dort alle Kräfte braucht und befürchtet zudem den Verlust seiner Besitzungen im Westen, die Reichsfürsten sehen sich um den Besitz ihrer Territorien gebracht, die Zarin, die sich aus dem Krieg herausgehalten hatte, fordert mit falschem Zungenschlag zum Weiterkämpfen auf, dieweil sie selbst (was in dem Gedicht allerdings nicht angesprochen wird) im Windschatten der Kämpfe gegen Frankreich sich um die Ausdehnung ihres Herrschaftsbereichs im Westen (die 3. Polnische Teilung steht bevor) bemüht, die emigrierten Prinzen Frankreichs sind zu Bettlern geworden usw. Das revolutionäre Frankreich sieht sich hingegen als gottbegnadeter Sieger („Gott mit uns").

1 Gewichtsmaß, dessen Größe wie bei der Elle variieren konnte; meist wog ein Pfund um die 500 g = ½ kg.

Politische Klagen aller kriegführenden Mächte

Papst
Ich als Haupt der wahren Kirche,
Nehme jetzt mein Wort zurück;
Ich bin Euch nicht länger Bürge,
Fürsten, für das Waffenglück.
Denn es ist ja außer Zweifel:
Für die Franken kämpft der Teufel
Und das ganze Höllenreich,
Darum, Friede sei mit Euch!

Römischer Kaiser
Vater, ja, ich wünsch mit Freuden
Einen Frieden zu erflehn;
Muss ich gleich betrübt mich scheiden,
Von mein schönes Belgien! (sic!)
Will ich doch um Frieden bitten,
Frankreich hat mich sehr beschnitten
Und zerstöret meine Macht;
Ach! Wer hätte das gedacht!

König von England
Bruder, Du musst nicht verzagen,
Unser Bund muss feste stehn;
Musst noch einen Feldzug wagen,
Bis die Franken untergehn.
Du hast ja noch Untertanen,
Hast Kroaten und Ulanen;
Hast noch eine Reichsarmee,
Und ich habe Sterlinge.
[…]

König von Preußen
Ach! Ich kann für Euch nicht kämpfen,
Polen hat mich selbst berennt,
Ich muss diese Glut erst dämpfen,
Die in meinem Lande brennt;
Und wer weiß, ob mein Westfalen,
Nicht auch muss zur Zeche zahlen;
Wird nicht meine Macht am Rhein,
Bürge für den Schaden sein?
[…]

Bayern, Mainz, Pfalz, Trier und die anderen Reichsfürsten
Ach! Wer hätte das gemeint!
Ach! Wie schlimm wird uns zu Mut!
Wir verlieren, wie es scheint,
Unser Land und Fürstenhut!
Frankreich macht uns tausend Schmerzen;
Ach! Wie klopfen unsre Herzen!
Ach! Wir flehn in unsrer Not
Nur um Frieden, Geld und Brot.

Kaiserin von Russland
Pfui! Ihr wollt um Frieden bitten,
Weil das Los nicht glücklich fällt?
Schande wär' es für die Sitten,
Schande für die ganze Welt.
Frisch auf! Kraft und Mut zum Streiten!
Endlich ändern sich die Zeiten,
Da Ihr Euren Feind bezähmt
Und ihm seine Länder nehmt.

Alle koalierten Mächte
Schwester, ja, Du hast gut schwatzen,
Trug und List hegt Deine Brust;
Wenn wir hinterm Ohr uns kratzen,
Lachst Du dort nach Herzenslust.
Du versprachst mit uns zu schalten,
Und hast niemals Wort gehalten;
Hast die Glut mit angeschürt
Und uns hinters Licht geführt.

[…]

Prinzen von Frankreich
Wir von Gottes Gnaden Prinzen
Müssen leider betteln gehen;
Müssen unsre Erbprovinzen
In Rebellenhänden sehn. –
Ach! Unschätzbar ist der Schaden!
Lernt von uns, Ihr Potentaten:
Dass der Prinz und Bettelkind
Gleich wie alle Menschen sind.
[…]

Repräsentanten der französischen Nation
Gott mit uns und unsrer Sache
Trotzen wir den Tod und Neid;
Schwören den Tyrannen Rache
Und den Freunden Redlichkeit.
Gott mit unsern Losungsworten
Sprengen wir der Höllen Pforten:
Schwert des Herrn und Gidion![1]
Und der Teufel läuft davon.

Aus: Haase, Carl: Obrigkeit und öffentliche Meinung in Kurhannover 1789-1803, in: Niedersächsisches Jahrbuch für Landesgeschichte 39 (1967), S. 267-271

2.7.14 Der Friede von Basel (5. April 1795)

Mit dem Frieden von Basel zwischen Preußen und Frankreich schied Preußen aus der ersten Koalition (bestehend aus Österreich, Preußen, Großbritannien, Spanien und einige kleinere Staaten) aus, die von 1792 bis 1795 gegen das revolutionäre Frankreich Krieg geführt hatte. Preußen hatte schon gut ein Jahr zuvor seine Kriegsaktivitäten gegen Frankreich deutlich eingeschränkt, als nämlich König Friedrich Wilhelm II. von Preußen am 13. März 1794 in Berlin erklärte, dass er seine am Rhein stehende Armee bis auf das Österreich zugesagte Hilfskorps von 20 000 Mann zurückziehen werde. Schon dieser partielle Rückzug Preußens aus dem Krieg, dann aber besonders Preußens Sonderfrieden mit Frankreich im April 1795 in Basel wurde vom Kaiser in Wien als Verrat am Reich betrachtet. Der Friedensschluss von Basel legte fest, dass Preußen seine linksrheinischen Besitzungen an Frankreich abtrat; als Kompensation für diese Verluste wurde Preußen in einem Geheimartikel zugesichert, dass es rechtsrheinisch entschädigt werden sollte, sobald in einem zukünftigen allgemeinen Frieden alle Gebiete westlich des Rheins an die französische Republik fallen sollten. Zitiert wird der Vertrag nach dem Abdruck der Artikel in Posselts[2] Europäischen Annalen, die eine überaus detaillierte Beschreibung der politischen, diplomatischen und militärischen Vorgänge in Europa des Jahres enthalten (z. B. Wortlaut von Reden, Auflistung von Dekreten, Mannschaftsstärken von Truppenteilen mit Namensnennung der jeweiligen Befehlshaber, Schlachtenverläufe usw.). In dem Friedensvertrag von Basel heißt es:

Die fränkische Republik und Seine Majestät, der König von Preußen, [haben] nachfolgende Artikel abgeschlossen.

Art. 1 Es soll Frieden Freundschaft und gutes Einverständnis sein zwischen der fränkischen Republik und dem Könige von Preußen. [...]

1 Gideon ist ein Richter im Alten Testament, der auf göttliche Anweisung den Altar und die Kultsäule des Baal-Kultes zerstört hat.

2 Ernst Ludwig Posselt (1763-1804), Historiker und Jurist, war nach seinem Studium in Göttingen und Straßburg ab 1784 Professor an Gymnasium in Karlsruhe, ab 1791 Amtmann [Landrat] in Gernsbach (Baden). 1796 legte er dieses Amt nieder, weil er es nicht mit seinen Sympathien für die Französische Revolution vereinbaren konnte.

Art. 2 Demzufolge sollen alle Feindseligkeiten zwischen den beiden kontrahierenden [die Übereinkunft schließenden] Mächten von der Genehmigung des gegenwärtigen Vertrags an aufhören, und keine von beiden soll, von dem gleichen Zeitpunkt an gerechnet, gegen die andere, in welcher Eigenschaft und unter welchem Namen es auch sei, einige Hilfe oder Kontingent[e], es sei an Mannschaft, Pferden, Lebensmitteln, Geld, Kriegsmunition oder sonst etwas leisten.

Art. 3 Die eine der kontrahierenden Mächte soll Truppen, welche Feinde der anderen sind, keinen Durchzug durch ihr Gebiet gestatten können.

Art. 4 Die Truppen der fränkischen Republik werden innerhalb vierzehn Tagen nach der Ratifikation [Bestätigung; Anerkennung] des gegenwärtigen Vertrags den Teil der preußischen Staaten, welchen sie auf dem rechten Ufer des Rheins besetzt haben könnten, räumen. Die Kontributionen[1], alle Arten Lieferungen und Kriegsleistungen sollen innerhalb [von] vierzehn Tagen nach der Unterzeichnung dieses Vertrags aufhören. [...]

Art. 5 Die Truppen der fränkischen Republik werden den Teil der Staaten des Königs von Preußen, der am linken Ufer des Rheins liegt, noch ferner [weiterhin] besetzt halten. Alle endliche [endgültige] Übereinkunft in Betreff dieser Länder soll bis zur allgemeinen Friedensverhandlung zwischen Frankreich und dem deutschen Reich ausgesetzt bleiben. [...]

Art. 9 Alle seit dem Anfang des Krieges beiderseits gemachten Gefangenen [...] sollen spätestens innerhalb [von] zwei Monaten nach der Auswechslung der Ratifikation des gegenwärtigen Vertrags ohne irgendeine Nachforderung zurückgegeben werden. [...]

Aus: Posselt, Ernst Ludwig: Europäische Annalen, Jg. 1795, 2. Band, Tübingen 1795, S. 52-58 (zweisprachige Wiedergabe des Vertragstextes); s. hierzu auch Hansen, Joseph (Hrsg.): Quellen zur Geschichte des Rheinlandes im Zeitalter der Französischen Revolution 1780-1801, 3. Bd., Bonn 1935, S. 469ff.

2.8 Emigranten

Die Flucht aus Frankreich setzte sofort mit dem Fall der Bastille im Juli 1789 ein. Waren es zunächst vor allem Adlige und Priester, die ihr Heil im Nachbarland suchten, so verließen später auch Handwerker, Kaufleute und selbst Bauern ihr Heimatland. Dabei vollzog sich die Flucht in Wellen: Gesetze, Maßnahmen und Ereignisse, die erkennen ließen, dass auch die letzten Reste des Ancien Régimes zu Fall gebracht werden würden, provozierten immer neue Auswandererschübe. So führte etwa die „Constitution civile du clergé" (die Zivilverfassung des Klerus), die von den Priestern den Eid auf die Verfassung verlangte (12. Juli 1790), zu einer Fluchtwelle derjenigen Geistlichen, die nicht bereit waren, diesen Eid zu leisten. Die vollständige Abschaffung des Adels (19. Juni 1790) und die gescheiterte Flucht der königlichen Familie (21. Juni 1791) veranlassten viele Adlige gemeinsam mit ihren Familien das Land zu verlassen, da sie die materielle Basis ihrer Existenz und ihre gesellschaftliche Stellung bedroht sahen und mit der Aufhebung der Verfassung von 1791 und mit der Proklamation einer französischen Republik rechnen mussten. Neue Fluchtwellen wurden

1 Zwangserhebung von Geldbeträgen in eroberten Gebieten durch die und zugunsten der Eroberer, vor allem für deren Versorgung mit Lebensmitteln.

durch die Kriegserklärung Frankreichs an Österreich vom 20. April 1792, von den Septembermorden 1792 (s. S. 99, Anm. 1) und der Hinrichtung des Königs ausgelöst. Nachdem die französischen Armeen ab dem zweiten Halbjahr 1794 die Österreichischen Niederlande und bis Anfang 1795 auch die Niederländischen Generalstaaten erobert hatten, nahm der Zustrom französischer Emigranten in die westrheinischen Gebiete noch einmal zu. Zahlreiche wohlhabende Bürger, darunter auch einige, die zuvor noch die im August 1789 angebahnte Beseitigung des alten Feudalsystems begrüßt hatten, gingen nun ebenfalls in die Emigration. Gerade dieser Aspekt war mit ausschlaggebend dafür, dass die deutschen Obrigkeiten den Emigranten der Jahre ab 1792 mit äußerster Zurückhaltung begegneten und sie fast in keinem Territorium willkommen waren. Allzu leicht, so befürchtete man, könnten diese frühen Anhänger der Revolution, die erst wegen der späteren Gewaltakte und der ihnen jetzt drohenden Verfolgungen zu Gegnern der Revolution wurden, unerwünschtes Gedankengut in die deutschen Staaten einschleusen.

Die emigrierenden Hochadligen glaubten mit der Solidarität ihrer Standesgenossen im Nachbarland rechnen zu können, und tatsächlich fanden etwa die Mitglieder der Königsfamilie wie der Bruder des Königs, der Graf von Artois, und sein Vetter, der Prinz Louis Joseph de Condé, ferner hochrangige Kirchenfürsten[1] zunächst bei den geistlichen Kurfürsten in den grenznahen Territorien Trier und Köln sowie im Bistum Münster Unterschlupf. Vor allem die weltlichen Adligen pflegten, solange sie noch über ausreichende finanzielle Mittel verfügten, einen ausschweifenden Lebensstil – so, wie sei es in Versailles oder an ihren Höfen gewohnt waren. Zugleich betrieben sie große Politik, indem sie die übrigen europäischen Monarchien zum gewaltsamen Eingreifen in ihrem Heimatland zu gewinnen versuchten. Parallel zu diesen politischen Aktivitäten betätigten sie sich auch militärisch, indem sie Emigrantenkorps aufstellten, mit denen sie militärische Übungen durchführten, um an der Seite ihrer europäischen Verbündeten Frankreich – wie sie sagten – zu befreien. Koblenz, das zum Sprengel des Kurfürsten und Erzbischofs von Trier gehörte und von diesem zur Residenz ausgebaut worden war, entwickelte sich zum Zentrum der nach Deutschland Emigrierten. War Koblenz Zentrum der adligen Emigration, so war es das Fürstbistum Münster für die geistliche Emigration.[2]

Die Schlacht von Valmy im September 1792, die der anti-französischen Koalition aus Österreich und Preußen sowie dem von den geflohenen französischen Prinzen aufgestellten Heer eine Niederlage bescherte, machte aus den Flüchtlingen Emigranten, da sich jetzt herauszustellen schien, dass eine Umkehr der Verhältnisse und eine Rückkehr der Geflohenen nach Frankreich nicht unmittelbar zu erwarten war: Die Flucht wurde zum Dauerzustand, zur Emigration. Am 9. November 1791 wurde von der Nationalversammlung ein Dekret verabschiedet, das die Emigranten aufforderte, bis zum 1. Januar 1792 nach Frankreich zurückzukehren. Im Falle der Weigerung würden ihre Besitzungen konfisziert; ihnen selbst drohte die Todesstrafe. Noch konnte der König durch sein Veto dieses Gesetz verhindern. Im April 1792 war dies nicht mehr möglich: Jetzt wurden die Güter

---

1 Im Fürstbistum Münster fanden z. B. Aufnahme: der Kardinal de La Rochefoucauld von Rouen, der Erzbischof von Bordeaux, Champion de Cicé, der Erzbischof von Mecheln, Kardinal Franckenberg, der Comte de Maulévrier, der bis zum Tode Ludwigs XVI. generalbevollmächtigter Gesandter Frankreichs am kurfürstlichen Hof zu Köln gewesen ist; vgl. Kröger, Bernward: Territorialstaatliche Asylpolitik im Fürstbistum Münster angesichts der französischen Emigration (1792-1802), in: Westfälische Forschungen 48 (1998), S. 361.

2 Kröger, Bernward (Hrsg.): Tagebuch einer Verbannungsreise, Münster 2006, S. 1 f.

der Emigranten eingezogen und per Dekret vom 14. August 1792 zum Verkauf angeboten. Per Dekret vom 28. März 1793 wurden die Emigranten „auf ewige Zeiten aus dem Territorium Frankreichs verbannt; sie sind im bürgerlichen Sinne tot; ihr Vermögen verfällt der Republik."[1] Diese Gesetze machten die Emigranten zu Schwerverbrechern, die eine Rückkehr nach Frankreich nicht mehr wagen konnten. Sie waren jetzt politisch Verfolgte, die im Ausland dauerhaftes Asyl suchten. Zur Zeit des Direktoriums modifizierte man die Emigrantengesetze. Ganz im Interesse der Landwirtschaft und des Handels erlaubte das Gesetz vom 22. Nivôse III (13. Januar 1795) den Angehörigen des Dritten Standes, also den Arbeitern, Bauern und Handwerkern, die Rückkehr nach Frankreich, ohne dass ihnen eine Strafe drohte.

Im Laufe des ersten Koalitionskrieges entfernten sich die Emigrierten immer weiter von den Städten entlang der Rheinschiene und drangen ins Innere des Heiligen Römischen Reichs vor – immer auf der Suche nach Territorien, in denen sie geduldet wurden. Die Bereitschaft zur Duldung der Emigranten sank auch dadurch, dass einige von ihnen sich durch ihr Verhalten im Reich unbeliebt machten und sich ihre Anwesenheit in den Städten überdies auf die Miet- und Lebensmittelpreise auswirkten. Viele zeitgenössische Dokumente lassen etwas von der Erbitterung und vom Hass der Einheimischen gegen die Emigranten ahnen, „die auch das Unglück [ihrer Emigration] von ihren übermütigen Prätentionen nicht zurückbringen konnte."[2] Auch innerhalb der Koalitionsarmee waren die darin aktiven Emigranten oft wenig geachtet. Wegen ihrer Großsprecherei traf sie vielfach die Verachtung der deutschen (österreichischen und preußischen) Soldaten und Offiziere. Manche Zeitgenossen sahen in dem unangenehmen Auftreten der Emigranten einen wichtigen Grund dafür, dass sich viele Bewohner links des Rheins für die Revolution bzw. für einen Anschluss an die französische Republik erwärmen konnten. Die nachstehenden Texte geben Zeugnis hiervon.

Über die Anzahl der nach Deutschland emigrierten Franzosen sind die Angaben sehr schwankend. Um die Jahreswende 1791/92 schätzte der französische Gesandte beim Erzbistum Trier, dass in Koblenz 5000, in Trier 3000 Emigranten anwesend seien. Nur drei Monate später, im März 1792 schätzt er die Zahl der auf dem linken Rheinufer anwesenden Emigranten auf 15 000 Personen.[3]

2.8.1 Französische Emigranten in Karlsruhe (1791)

Wie unbeliebt die französischen Emigranten in Deutschland waren und welche wirtschaftlichen Auswirkungen deren Anwesenheit in deutschen Städten entlang des Rheines hatten, zeigt ein kritischer Bericht in Form eines Briefes vom 15. April 1791 aus Karlsruhe, den die revolutionsfreundliche „Berlinische Monatsschrift" in ihrem Juniheft 1791 veröffentlichte.[4] *Im Gegensatz dazu äu-*

1 Grab, Walter (Hrsg.): Die Französische Revolution. Eine Dokumentation, München 1973, S. 139.

2 Der französische Freiheitskrieg am Oberrhein, der Saar und der Mosel in den Jahren 1792/93 und 1794, 2. Theil, Frankfurt/M. 1796, S. 147; zit. nach Schneider, Erich: Der Revolutionskrieg in der Rheinpfalz 1792-95 in der zeitgenössischen Publizistik und der Memoirenliteratur, in: Mitteilungen des Historischen Vereins der Pfalz 75 (1977, S. 163 (dort zahlreiche weitere zeitgenössische kritische Urteile über die Emigranten).

3 Hansen, 2. Bd., a.a.O., S. 19, Anm. 1 und S. 87 Anm. 1.

4 Vgl. hiermit auch die Beispiele vom Oberrhein bei Voss, Jürgen: Oberrheinische Impressionen aus Memoiren und Tagebüchern französischer Emigranten der Revolutionszeit, in: Zeitschrift für Geschichte des Oberrheins 132 NF 93 (1984), S. 213-226, v. a. S. 215f., 220ff.

ßern sich französische Adlige in ihren Lebenserinnerungen im allgemeinen recht positiv über ihre Aufnahme durch den Markgrafen Karl Friedrich von Baden und gewannen auch positive Eindrücke von Land und Leuten am Mittelrhein.[1]

Gegenwärtig sind wir hier mit Fremden ganz überschwemmt. Eine Erscheinung, die sonst an unserem Hofe eine Seltenheit war. Die meisten dieser Fremden sind französische Aristokraten, die den Gräuel der Verwüstung in ihrem Vaterlandes nur von ferne zu betrachten für gut fanden. – Sie, mein Freund, kennen die menschenfreundliche Denkungsart unseres Fürsten[2]; und können also glauben, dass Er nur aus der edelsten Absicht diesen Flüchtlingen in seinem Lande und in seiner Residenz eine Freistätte gewährt. [...] Als vor einiger Zeit die Anzahl der Flüchtlinge in unserem Oberlande zu stark zu werden anfing und man deshalb in der Zukunft allerlei bedenkliche Folgen für unser Land besorgte, so erhielten sie [die französischen adligen Emigranten] alsbald den Befehl, diese Gegenden zu räumen. Aber, auch die Art, wie man sie hier bei Hofe aufnimmt und behandelt, erregt bei der Gegenpartei bitteren Hass und bei den wahren Patrioten Besorgnis. [...] Dass unter diesen Flüchtlingen auch manche sind, die in keiner Rücksicht diese edle Behandlung verdienen, darf ich Ihnen nicht erst sagen. [...] Aber das muss ich Ihnen doch sagen, weil es wirklich zu stark ist, um es vermuten zu können, dass unter ihnen Menschen sind, die sich noch über unseren Hof bei aller seiner Freigiebigkeit lustig machen; und das deswegen, weil man an unserem Hof nicht so sardanapalisch[3] schwelgt, als diese Herren zur Zeit ihrer Obergewalt von dem Mark ihrer unterdrückten Brüder zu tun gewohnt waren. Hierbei kann man sich wohl nicht enthalten zu fragen, ob diese Leute, die das natürliche Gefühl verleugnen, noch eines Mitleids würdig sind?

Das Opfer, welches unser Markgraf hierdurch seiner menschenfreundlichen Denkungsart bringt, dürfen Sie nicht gering ansehen. Denn es ist wahrlich keine Kleinigkeit, wöchentlich dreimal sich von 40 bis 50 Franzosen dieser Gattung umdrängt zu sehen. [...] Vielleicht, denken Sie aber, werde dieses alles durch das viele Geld, welches diese Fremden hier verzehren, weit aufgewogen. Allein, genau betrachtet, ist der Nutzen nicht so groß, als man glauben möchte. Die meisten unter ihnen [den französischen Adligen] leben sehr sparsam, weil ihre Finanzen es nicht anders erlauben. Am meisten gewinnen die Hauseigentümer dabei, weil die Mieten dadurch sehr gestiegen sind. [...] Den Gewinn der erhöhten Preise der Lebensmittel muss unser Landmann mit dem aus den benachbarten fremden Orten ohnehin teilen. Schlagen Sie noch den größeren Aufwand bei Hofe dazu, so wird der reine Gewinn unseres Landes sehr gering sein.

Man kann es also dem ansehnlichen Teil der hiesigen Einwohner nicht verargen, wenn sie über die steigende Anzahl dieser ungebetenen Gäste unzufrieden sind und ihre Unzufriedenheit ziemlich deutlich zeigen. So wenig ich gegenwärtig bei diesem Schauspiel interessiert

1 Ebd., S. 217ff.

2 Gemeint ist der Markgraf Karl Friedrich von Baden (1728-1811). Er regierte die wiedervereinigte Markgrafschaft Baden von 1771-1803, nachdem er bereits seit 1746 Regent der Markgrafschaft Baden-Durlach gewesen war. Er war von 1803 bis 1806 Kurfürst, von 1806 bis zu seinem Tod 1811 Großherzog von Baden.

3 Hier etwa: ausschweifend. Anspielung auf Assurbanipal, König von Assyrien, um 650 v. Chr. geb., der ein großer Schwelger und Genießer gewesen sein soll.

bin, so muss ich doch als Patriot die Entfernung dieser Herren früher wünschen, als sie vielleicht erfolgen dürfte.

Aus: Berlinische Monatsschrift, Juli 1791; zit nach: Berlinische Monatschrift (1783-1796). Auswahl, hrsg. v. Peter Weber, Leipzig 1986, S. 234ff.

2.8.2 „Emigrantenflut“ 1792

In seinen „Vertrauten Briefen aus Paris 1792“ weist Johann Friedrich Reichardt[1] wiederholt kritisch auf das Treiben der französischen Emigranten hin. Über die Absicht seiner Reise nach Frankreich schreibt er, es ginge ihm allein darum, „uns auf alle mögliche Weise von der Stimmung und Gesinnung des Volkes und von der gegenwärtigen Lage des Landes zu unterrichten“ (S. 60). Seine Reise führte ihn im Jahr 1792 zunächst nach Frankfurt. Von dort aus reiste er über Heidelberg, Bruchsal, Rastatt, Straßburg und Colmar weiter nach Lyon. Überall begegnete er auf seiner Reise Emigranten, oder er schilderte in seinen Briefen das, was ihm die einfache Bevölkerung über die Emigranten berichtete. In Frankfurt seien die Emigranten „sehr ungern gelitten und durch mehrere Verordnungen des Magistrats […] entfernt worden. Sie wagen es daher kaum, sich für das, was sie sind, auszugeben, viel weniger, wie in Mannheim und Mainz, impertinent [unverschämt] zu sein“ (S. 32). Auch andere Städte (z. B. Darmstadt, S. 36; Bruchsal, S. 42) und Regionen („im Pfälzischen wie im Trierischen“, S. 40) hatten Verordnungen erlassen, um die „Emigrantenflut“ einzudämmen. Andererseits brachten die Emigranten Geld ins Land. Reichardt berichtet auch über missliche Begleiterscheinungen: Die Nachfrage der Emigranten nach Unterkünften, Pferden und Lebensmitteln führte in den Gegenden, in denen sie sich niederließen, zu starker Teuerung bzw. Verknappung der nachgefragten Güter (s. z. B. S. 36), was nicht zu ihrer Beliebtheit beitrug. Immer zeigt sich Reichardt sehr gut unterrichtet über das, was in Paris an politischen Veränderungen bereits eingetreten ist, aber auch über das, was dort gerade Neues geschah. Neben Informationen, die er von Reisebekanntschaften erhält, liest er an seinen Etappenorten die dort verfügbaren lokalen Zeitungen und Flugschriften, aber auch Pariser Zeitungen wie etwa den „Moniteur“ oder die „Gazette universelle“.

(Frankfurt, 10. Januar 1792) […] In Mainz soll das Treiben der französischen Emigranten sehr weit gehen. Man erzählt hier [in Frankfurt] davon unter andern folgendes: Als der Comte

1 Reichardt kam 1752 in Königsberg als Sohn des dortigen Stadtmusikus auf die Welt. Bereits mit zehn Jahren begleitete er seinen Vater, der ihn als Wunderknabe präsentierte, auf Musikreisen in Ostpreußen. Ab 1769 studierte er auf Anregung Kants in Königsberg und Leipzig die Rechte. König Friedrich II. von Preußen („der Große“) ernannte ihn zum Hofkapellmeister. Zunehmend betätigte er sich als Schriftsteller und Komponist. Reisen führten ihn ins Ausland, nach Wien, Paris und London. Nach Erscheinen seiner „Vertrauten Briefen“ wurde er von König Friedrich Wilhelm II. als Revolutionssympathisant ohne Pension aus seinem Amt als Hofkapellmeister entlassen. Er zog nach Hamburg, besuchte aber nach seiner Begnadigung im Jahr 1796 häufig Berlin, um die Aufführung seiner Kompositionen zu leiten. Erfahrungen auf einer weiteren Reise nach Frankreich im Jahr 1803 ließ seine Vorliebe für Frankreich zusehends schwinden. Seine letzten Lebensjahre verbrachte er in Giebichenstein (heute: Halle/Saale), wo er im Jahr 1814 auch starb.

d'Artois[1] und Condé[2] neulich mit einigen Hunderten ihrer Anhänger nach Mainz kamen, zog der sehr splendide, prachtliebende Kurfürst[3] den ersten Tag alle, die sich nach der sonst strengen, itzt aber äußerst nachgelassenen Hofetikette nur irgend qualifizierten, zu seiner Tafel und bewirtete sie sehr prächtig. Den folgenden Tag kamen die jungen Chevaliers zu eben der Stunde ungerufen wieder und schalten und tobten wie in einem Wirtshause, als sie nicht wieder wie gestern für sich gedeckt fanden. (S. 35)

Reichardt begegnet auf dem Weg von Frankfurt nach Heidelberg in Darmstadt zwei emigrierten französischen Offizieren.

(Heidelberg, den 13. Januar 1792) [...] Wir erfuhren von ihnen, dass zwischen ihren Oberhäuptern, Monsieur [dem älteren Bruder des Königs] und dem Grafen von Artois, Brüdern des Königs, und dem Prinzen Condé, dem Hauptanführer von seiten des Militärs, doppelte Uneinigkeit herrsche. Monsieur lässt sich auf Calonnes[4] Projekt von zwei Kammern ein und soll selbst in seiner Korrespondenz mit dem Könige [Ludwigs XVI.] soviel wie möglich darauf hinlenken. Artois will davon durchaus nichts hören, sondern tollerweise die ganze alte, heillose Wirtschaft in Frankreich wieder eingeführt wissen, die doch allein die Reform hervorgebracht hat. Von der anderen Seite streiten sich Artois und Condé um das Kommando der Truppen. Der letztere zieht sich jetzt mit allen, auf die er rechnen zu können glaubt, den Rhein hinauf nach Ettenheim[5], sieht sich aber von den ersteren, die das Geld in ihrer Gewalt haben, bei jeder Gelegenheit schändlich verlassen, so dass er und seine Anhänger und seine dienenden Leute oft nicht Brot haben, indes jene zu Koblenz das Geld, das sie heimlich aus Frankreich und mehr noch von den mitleidigen Landesvätern häufig genug erhalten, in der ganz altfranzösischen schändlichen Üppigkeit und Wollust verschwenden. (S. 36f.)

[...] Hier ist alles von Franzosen angefüllt. Wo man hinsieht und hinkommt, findet man ihrer. Ebenso soll es im Badenschen sein. Das kleine Ländchen des Kardinals Rohan, wohin Con-

1 Zu Charles Philipp, comte d'Artois, s. S. 90, Anm. 2.

2 Gemeint ist Louis Joseph de Bourbon, prince de Condé (1736-1818). Er machte im Ancien Régime eine militärische Karriere, verließ Frankreich gleich nach dem Sturz der Bastille und organisierte eine Armee in Worms. Seine militärischen Aktivitäten wurden von Österreich und Preußen, später von England und Russland kontrolliert, Staaten, die ihm auch seinen Unterhalt sicherten.

3 Kurfürst von Mainz war seit 1774 Erzbischof Friedrich Karl Joseph von Erthal (bis 1802), der die Reformen zunächst wieder rückgängig machte, die unter seinem der Aufklärung gegenüber aufgeschlossenen Vorgänger verwirklicht worden waren. Dessen Reformprogramm für die Universitäten Mainz und Erfurt (Erfurt gehörte von 1664 bis 1802 zum Kurfürstentum Mainz) trugen aufklärerische Züge.

4 Charles Alexandre de Calonne (1734-1802) war im Ancien Régime von 1783 bis 1787 Generalkontrolleur der Finanzen, also eine Art Finanzminister, der über die schlechte Finanzlage im Königreich Frankreich sehr gut Bescheid wusste und daher Reformen im Steuerwesen, ferner die Abschaffung von Privilegien vorschlug. Er wurde vom König entlassen und ging zunächst nach London, schloss sich aber später den Emigranten in Deutschland an. Was Reichardt als „Calonnes Projekt" bezeichnet, meint dessen Vorschlag, das absolutistische Herrschaftssystem Frankreichs durch ein Zweikammersystem nach englischem Vorbild zu ersetzen.

5 Stadt nördlich von Freiburg, gehörte seit dem Mittelalter zum Erzstift Straßburg. Zur Zeit der Französischen Revolution residierte in Ettenheim bis zu seinem Tod im Jahr 1803 der aus Straßburg geflohene Kardinal Louis René Édouard de Rohan-Guémené, Fürstbischof zu Straßburg. Dies war der Grund, weshalb Ettenheim in der Zeit der Revolution zur Zufluchtstätte französischer Emigranten wurde.

dé mit seinem Heere gezogen ist, kann nur den kleinsten Teil seiner Leute fassen, und so sieht die Menschenfreundlichkeit des benachbarten Fürsten sich um so mehr gezwungen, die adligen Sünder zu tolerieren. Rohan selbst soll sich nach dem Kloster St. Blasii [St. Blasien], das im Schwarzwalde liegt, geflüchtet haben. Von diesem Elenden erzählte uns neulich ein sehr glaubwürdiger deutscher Mann: er habe mit [eigenen] Augen gesehen, dass jener einen bettelnden Judenjungen auf seinem Territorium zu seiner und seines Gesindels Belustigung von großen englischen und dänischen Hunden habe lebendig zerreißen lassen, ohne dass er durch Zureden davon abzuhalten gewesen sei. Ein andermal hatte er gesehen, dass der Nichtswürdige einen mit Wein beladenen zweispännigen Karren, der ihm nicht geschwind genug ausweichen konnte, mit Mann und Pferden in einen tiefen Graben werfen ließ, dass alles zugrunde ging. Man muss es während der letzten zwanzig bis dreißig Jahre in Frankreich erlebt haben, wie dieses bei Hofe und bei dem Hofadel der allgemeine Ton war, wider den es keine Gerechtigkeit gab, um den Hass und die Rache des Volkes gegen den Abschaum der Menschen begreifen und gewissermaßen entschuldigen zu können. (S. 39)

Reichardt, Johann Friedrich: Vertraute Briefe aus Paris 1792, hrsg. v. Weber, Rolf, Berlin (Ost) 1980. Die Seitenangaben in Klammern beziehen sich auf diese Ausgabe.

2.8.3 Kurfürstliches Reglement für das Verhalten der Emigranten im Erzstift Trier (3. Januar 1792)

Die geistlichen Fürsten entlang des Rheins waren besorgt, allzu offensichtliche militärische Aktivitäten der Emigrierten in diesen Territorien könnten kriegerische Verwicklungen mit Frankreich provozieren. So sah sich der Trierer Erzbischof im Januar 1792 veranlasst, nachstehende Verordnung herauszugeben, um das Verhalten der Emigranten im Gastland zu reglementieren.

S. Kf. D. [Seine Kurfürstliche Durchlaucht] gestatten den französischen Emigranten in Höchstdero Kurlanden mit Vergnügen Sicherheit und Unterkunft. Höchstdieselbe wollen aber, dass solche genau nach jenen Vorschriften und Maßregeln behandelt werden, welche I. K. und K. Majestät [Ihre Kaiserliche und Königliche Majestät; also: der Kaiser] in Allerhöchstdero niederländischen Provinzen[1] zum Grunde gesetzt haben. In Gemäßheit dessen darf

1) kein militärisches Korps in dem Erzstift wohnen.
2) Den Emigranten wird jede Gattung eines militärischen Exercitii [Übungen] wiederholt untersagt, und jene, welche dagegen handeln, müssen das Erzstift in [der] Zeit von drei Tagen verlassen, zu welchem Ende dann die Hauseigentümer anzuhalten sind, denselben auf den ersten Kontraventionsfall [Zuwiderhandlung] die Wohnung aufzukündigen.
3) Die schon erlassene Verordnung inbetreff der fremden Werbungen wird hiermit wiederholt, und die fremden Werber, ihre Helfer und Mitschuldigen wie auch jene kurfürstlichen Untertanen, welche sich bei jenen Emigranten als Soldaten anwerben lassen, werden mit zweijähriger Festungsstrafe belegt. […]

1 Die habsburgischen Niederlande sind weitgehend identisch mit dem heutigen Belgien.

4) Die schon erlassene fernerweite Verordnung inbetreff der Lieferung von Kriegsmunition an Auswärtige und insbesondere die französischen Emigranten unter zweijähriger Festungsstrafe wird wiederholt und dahin ausgedehnt, dass denselben weder Kanonen noch Schießgewehre, Schießpulver, Munitionswägen, Säbel, Degen und was man vernünftig als Kriegsmunitionen zählen kann, zu fertigen, zu liefern noch zu beschreiben erlaubt sein. [...]

6) In der Stadt Trier können zwar Partikularpersonen [Einzelpersonen] sich niederlassen, jedoch ist alles, was eine große Menge oder Rassemblement [Auflauf] ausmachen und hiermit Aufsehen erwecken könnte, zu vermeiden.

7) Die französischen Emigranten können in jenen Ämtern [heute: Landkreise], welche an der französischen Grenze liegen, sich nicht niederlassen; auch darf keiner auf vier Stunden von gedachten Grenzen noch auf vier Stunden in der Nähe von Trier auf dem Lande wohnen. [...]

9) Die französischen Emigranten dürfen weder zu Fuß noch zu Pferd in großer Anzahl oder truppenweis ausrücken noch einige Art von Militärexercitien [militärischen Übungen] oder Manoeuvres, weder heimlich noch öffentlich, unternehmen, und wenn solche entweder zu einem Spaziergang oder zu einer Reise sich über Land begeben, so darf solches niemals in großer Anzahl geschehen.

Aus: Hansen, Joseph (Hrsg.): Quellen zur Geschichte des Rheinlandes im Zeitalter der Französischen Revolution 1780-1801, 2. Bd., Bonn 1933, S. 19f.

2.8.4 Französische Emigranten im Kurfürstentum Hannover (Oktober 1792)

Vergleichbare Verordnungen wie die nachstehend zitierte hat es im Verlauf der Französischen Revolution in zahlreichen deutschen Staaten gegeben. Es fällt auf, dass diese Verordnung keine Gründe angibt, warum die französischen Emigranten unwünscht waren. Auch werden die einströmenden Ausländer weder als „Emigranten" noch als „Flüchtlinge" (sondern als „reisende Personen") bezeichnet, geschweige denn die Gründe für ihre „Reise" genannt. Verordnungen, mit denen den französischen Emigranten der Aufenthalt im Kurfürstentum Hannover verboten wurde bzw. diese aus dem Kurfürstentum ausgewiesen wurden, hat es auch später noch mehrfach gegeben (4. November 1794, 2. Oktober 1795, 3. Oktober 1797, 20. Januar 1798).

Regierungsausschreiben wegen der ins Land kommenden Personen französischer Nation, Hannover, den 29. Oktober 1792.

Mittelst desselben [Ausschreibens] wird, durch die gegenwärtigen Zeitumstände veranlasst, in Rücksicht der reisenden Personen französischer Nation, die keine besondere ausdrücklich bestimmten Geschäfte in hiesigen Landen zu verrichten haben und desfalls mit speziellen Zertifikaten versehen sind, folgendes verordnet und festgesetzt:

1.) Sollen alle zu Fuß oder zu Pferd oder mit eigenem Spannwerk in das Land kommende Personen französischer Nation, auf welcher Route oder Weg es sein möge, die nicht durch hinlängliche Zertifikate erweisen können, dass sie besondere, ausdrücklich bestimmte Geschäfte hier im Lande oder [in] benachbarten Provinzen zu verrichten haben, um deretwillen sie die hiesigen Lande notwendig passieren müssen, wes Standes sie sein mögen, auch ohne alle

Rücksicht, ob sie Pässe bei sich führen oder nicht, sofort mit der Eröffnung aus dem Lande zurückgewiesen werden, dass in weiterem Betretungsfalle mit schärferen Mitteln gegen sie werde verfahren werden.

2.) Den mit der Post oder mit Extrapost auf den ordinären [gewöhnlichen, üblichen] Postrouten in das Land kommenden Personen gedachter Nation, welche sich über die Verrichtung spezieller Geschäfte in hiesigen Landen nicht hinlänglich legitimieren können, soll zwar die Durchreise durch hiesige Lande verstattet werden, jedoch lediglich unter der Bedingung, dass sie sich an keinem der zu passierenden Orte länger als höchstens achtundvierzig Stunden aufhalten dürfen, und sind sie nach Verlauf dieser Frist von Obrigkeitswegen zur weiteren Fortreise außer Landes anzuweisen, auch ist darunter unter keinerlei Vorwand eine Ausnahme zu machen, es sei denn, dass Krankheit oder ein sonstiger Unglücksfall ihnen die sofortige Abreise unmöglich machte, auf welchen Fall ihnen nach Beschaffenheit der Umstände von Obrigkeitswegen eine jedoch nur höchst notwendige längere Frist kann verstattet werden.

Aus: Annalen der Braunschweig-Lüneburgischen Churlande 7. Jg. (1793), S. 517-519; Faksimileabdruck in: Oberschelp, Reinhard (Hrsg.): Die Französische Revolution und Niedersachsen 1789-1803, Textband, Hildesheim 1989, S. 110

2.8.5 Die Flucht eines französischen Priesters nach Deutschland (1794)

Am 16. Juli [1794] verließen wir also Holland und schlugen den Weg nach Deutschland ein. Wir kamen durch das zum preußischen Staat gehörige Herzogtum Kleve, durch Kleve selbst, Kalkar und Xanten. In der letzten Stadt kamen wir gegen acht Uhr abends mit einer Anzahl von neun Wagen an, von denen drei zu einer Frau Comtesse vom Wiener Hof gehörten und die sechs anderen zu französischen Priestern. [...] Da es nicht möglich war, dass so viele Personen in der Postherberge, wo wir ausgestiegen waren, Platz und Nahrung fanden, trennte man sich voneinander. Herr Angard und ich traten bei einem Krämer ein, den wir wegen seines Ladenschildes für einen Gastwirt hielten, und wir verlangten, dass man uns schnell ein Abendessen zubereitete. Die Dame des Hauses antwortete uns in gutem Französisch: „Meine Herren, das hier ist kein Gasthaus." Als sie derweil begriff, dass wir verbannte französische Priester waren, brachte sie uns jedes Mitgefühl entgegen, behielt uns bei sich und tischte uns kostenlos auf. Diese Mutter der Barmherzigkeit tat mehr. Als sie wusste, dass wir die ganze Nacht weiterreisen mussten, drängte sie uns, die Lebensmittel anzunehmen, die wir unterwegs brauchen könnten. Und diese Dame war eine Protestantin, was uns nicht abhielt, ihre Gunst anrührend zu empfinden und ihr all unsere Dankbarkeit dafür auszudrücken. Nach dem Abendessen stiegen wir wieder in den Wagen und setzten unsere Reise fort. Wir kamen über Rheinberg, Uerdingen und von da nach Neuss. Dort kamen wir am 17. [Juli 1794] an.

Wir aßen in der Stadt zu Mittag und überquerten bald darauf, eine halbe Meile von dort, den Rhein. [...] Am 18. Juli überquerte ich wieder den Rhein und ging nach Kloster Meer[1], einer Damenabtei vom Prämonstratenserorden, zwei Meilen von Neuss. [...] Wir kamen gegen 10

1 Gemeint ist das Prämonstratenserinnenkloster St. Laurentius in Meer, das von 1165 bis 1802 existierte.

Uhr morgens an der Klosterpforte an, aber wir trafen hier nur Leute ohne Mitgefühl. Man verwehrte uns den Zutritt, und man wollte uns weder zuhören, noch unsere Beglaubigungsschreiben öffnen, geschweige denn sie lesen. Jede Bitte, jedwede Einlassung zu diesem Thema waren unnütz. Der Pförtner kam zurück mit der Weisung, uns davon zu jagen.

Aus: Kröger, Bernward (Hrsg.): Jean-Baptiste Henry (OPraem). Tagebuch der Verbannungsreise (1792-1802), Münster 2006, S. 185

2.8.6 Französische Emigranten in Erfurt (1795)

Von den zahlreichen Kritiken an den französischen Emigranten ist jene von Georg Friedrich Rebmann (1768-1824) sicherlich eine der schärfsten. Rebmann hatte in Erlangen und Jena Jura studiert.[1] Als politischer Publizist trat er zunächst mit zwei Schriften über seine beiden Studienorte in die Öffentlichkeit. Reiseberichte in Form von Briefen und satirische Schriften folgten. In den Reiseberichten schilderte er – oft verbunden mit scharfer Kritik und beißender Ironie – seine Beobachtungen in verschiedenen deutschen Städten und Staaten. Als Aufklärer begrüßte Rebmann die Französische Revolution, in der er den Versuch des Dritten Standes erblickte, die herrschenden Lebensbedingungen zu verbessern und das ungerechte Steuersystem und die Despotie der Fürsten zu beseitigen. Aus seinem Wohnort Dresden unter dem Vorwurf, ein Jakobiner zu sein, ausgewiesen, ließ er sich in Erfurt nieder, wo er die politische Zeitschrift das „Neue graue Ungeheuer" herausgab. Auch wenn er nicht in allem mit der Politik der Mainzer Republik einverstanden war, kritisierte er doch scharf die Verfolgung der Mainzer Jakobiner durch den Mainzer Erzbischof und die preußischen Truppen, die Mainz wiedererobert hatten. Der Vollstreckung eines Haftbefehls entzog er sich durch Flucht in das damals dänische Altona, einem Zentrum der Aufklärung in Norddeutschland, wo eine liberalere Gesetzgebung praktiziert wurde. Im Gegensatz zu anderen Revolutionsfreunden in Deutschland, die die Radikalisierung der Revolution seit dem September 1792 und die Hinrichtung des Königs im Januar 1793 entschieden ablehnten, bekannte sich Rebmann auch in den folgenden Jahren zu den Prinzipien der Revolution und zur republikanischen Staatsform, ohne aber die Schreckensherrschaft gut zu heißen, hinter der er gegenrevolutionäre Bestrebungen vermutete. Als er sich ab August 1796 15 Monate lang in Paris aufhielt, musste Rebmann ernüchtert feststellen, dass es dort Versuche gab, die Monarchie wiedereinzuführen und die Macht der Kirche wiederherzustellen. In der Zeit danach amtierte er als geachteter Richter in den linksrheinischen, jetzt französischen Gebieten. Die Rückkehr zur Monarchie in Frankreich lehnte Rebmann ab. Sein Ansehen war so groß, dass er nach dem Sturz Napoleons trotz seiner früher bekundeten politischen Ansichten eine Stelle im bayrischen Staatsdienst erhielt.

Der nachstehende Text entstammt Rebmanns Schrift „Wanderungen und Kreuzzüge durch einen Theil Deutschlands", die 1795 in Altona unter dem Verfasserpseudonym Anselmus Rabiosus dem Jüngeren erschien und bereits 1796 wiederaufgelegt wurde.

1 Zu Rebmann, s. Kawa, Rainer: Georg Friedrich Rebmann (1768-1824). Studien zu Leben und Werk eines deutschen Jakobiners, Bonn 1980; Wadle, Elmar/Sauder, Gerhard (Hrsg.): Georg Friedrich Rebmann (1768-1824). Autor, Jakobiner, Richter, Sigmaringen 1997.

Gegenwärtig beherbergt Erfurt eine sehr große Anzahl französischer, brabanter und holländischer Flüchtlinge, die hier Schutz finden. Ob aber diese Menschen im Ganzen mehr Nutzen als Schaden bringen, wage ich nicht zu entscheiden.

Ihre französische Süffisance [Hochmut, Eingebildetheit], ihr Herabblicken auf Bürgerliche, ihre heillose Sucht zu prahlen und zu verschwenden, hat diejenigen, die noch einige Trümmer ihres Vermögens zu retten vermochten, noch nicht verlassen. Sie machen noch immer zum Teil einen allzu großen Aufwand, knickern [knausern] aber dabei auf der anderen Seite gegen manchen ehrlichen Bürger und Handwerker, wo sie gerade nicht knickern sollten. Da ihre Bedienten noch nach altfränkischer Weise haushalten, so verbrauchen sie ungemein viele Lebensmittel aller Art. Diese und das Holz steigen daher sehr im Preise. Dies ist der Nutzen, den die reicheren [Emigranten] dem Lande schaffen, die ärmeren fallen ihm vollends durch Bettelei zur Last, einige wenige ausgenommen, die sich herabließen, ein Handwerk zu lernen.

Unter allen den französischen Emigranten, die ich kennen lernte, waren zwei, die zur Vernunft gekommen zu sein scheinen. Einer bettelte mit der Formel: „Donnez quelque chose à un pauvre, que les maudits princes ont trompé."[1] Und der andere, ein Offizier, sprach von einem konstitutionellen König und leugnete nicht, dass eine Revolution nötig gewesen sei. Die übrigen waren größtenteils Gesindel, das ich zwar bedauerte, wie man jeden Unglücklichen bedauert, deren Grundsätze aber die aller abschäulichsten waren, die sich denken lassen. An ihren Bändern und nicht mehr existierenden Orden kleben diese Leute noch mit einer mehr als lächerlichen Anhänglichkeit. Der Marquis holt sich im abgeschabten Überrocke sein Brot selbst, vergisst aber sein Band dabei nicht und spricht von seinem Unglück, unter Rotüriers [Nichtadligen] leben zu müssen. Die Marquise, die noch eine Aufwärterin bezahlen kann, behandelt sie wie eine Negersklavin, und unter sich schimpfen beide über das Pack von benêts allemands [einfältigen Deutschen], die sich nicht wollen misshandeln lassen.

Hauptsächlich gehören hierher die [emigrierten französischen] Priester. Kann man sich überwinden, mit diesen zu sprechen, so findet man es sehr begreiflich, dass die Guillotine sich mit dieser Menschenklasse so sehr beschäftigte, aber man kommt zugleich in Versuchung zu wünschen, dass ihr wenigstens viele nicht entgangen sein möchten. Beispiellos ist die Unverschämtheit, mit welcher diese Menschen sich noch jetzt zu behaupten unterstehen, das Glück des Volkes sei unter der alten Regierung ausgezeichneter gewesen und das ganze Verderben Frankreichs daher entstanden, dass der Adel zu entgegenkommend und die Geistlichkeit zu aufgeklärt gewesen sei.

Aus: Rebmann, Georg Friedrich: Kreuzzüge durch einen Teil Deutschlands [1795], hrsg. v. Weise, Heinz, Leipzig 1990, S. 26f.

2.8.7 Über den Verkauf der Emigrantengüter (März 1794)

Dieses Dokument zeigt, dass der Beschluss des Konvents, die Emigrantengüter zu verkaufen und dabei den Zugriff auf sie auch jenen zu ermöglichen, die in der Zeit des Ancien Régimes Grundbesitz nicht erwerben konnten, nicht überall auf gerechte Weise erfolgt zu sein scheint. Am 9. März

1 Übersetzung: „Geben Sie etwas einem Armen, den die verfluchten Prinzen getäuscht haben."

1794 richtete deshalb der Hanfhechler Chancroux aus der Gegend von Périgueux (Südwestfrankreich, Departement Dordogne) ein Schreiben an den Präsidenten des Nationalkonvents, in dem er sich über die Modalitäten beim Verkauf der Emigrantengüter beschwerte.

Bürger Präsident! Ich habe immer zugestimmt, dass es besser ist, sich an Gott selber statt an seine Apostel zu wenden. Aus ebendiesem Grunde richte ich meine Beschwerde an Dich. Ich bin ein armer Mann, aber ich bilde mir ein, zu den Rechtschaffenen zu zählen. Entschuldige, dass ich mich nicht gut ausdrücke, doch ich kann es nicht besser. Während der Herrschaft der Könige wagte es der Arme nie, seiner Stimme bei Hofe Gehör zu verschaffen, weil er sich für zu gering hielt, um angehört zu werden. Gegenwärtig sind wir alle gleich; der arme Teufel in Lumpen mit seiner Mütze auf dem Ohr kann sich im Konvent ebenso gut Gehör verschaffen, wie der Reiche in bortenbesetztem Kleid und Biberfellmütze. Wie liebe ich dich, entzückende Gleichheit!

Als ich vor einiger Zeit den Sitzungen meines Gemeinderates beiwohnte, zu denen ich mich oft begebe, um dort die Wohltaten des Konvents zu überdenken, bekam ich mit, dass ein Gesetz, welchen Datums weiß ich nicht mehr[1], verlesen wurde, das jedem besitzlosen Bürger zusagte, etwas von den Emigrantengütern bei zwanzigjähriger Abzahlung als Eigentum zu bekommen. Gleich ließ ich mich auf der für diesen Zweck in meiner Gemeinde ausgelegten Liste einschreiben. Dieses Gesetz wurde aber nicht ausgeführt, weiß der Teufel warum. Es ist etwas im Busch. Ich tadele nicht den Konvent, denn ich bin der Ansicht, dass die Verwaltung den ganzen Tadel verdient; es scheint, dass sie sich nicht die Mühe machen wollte, diese Aufteilung vorzunehmen. Ich bitte Dich, Bürger Präsident, vernachlässige diese Angelegenheit nicht; lass dieses Gesetz durchführen! Diese Emigrantengüter dürfen nicht vorzugsweise für den Reichen da sein, so wie wir sehen können, dass es geschieht. Eher müssten sie für den Armen gedacht sein, der die Republik liebt und die Emigranten wie Teufel verabscheut.

Es lebe die Republik, zum Teufel mit den Emigranten, den Feinden des Volkes!

Ruhm und Gruß dem Konvent

Jean Chancroux, Hanfhechler

Aus: Markov, Walter: Revolution im Zeugenstand. Frankreich 1789-1799, Bd. 2, Leipzig 1982, S. 584f.

2.9 Der Sturz der Monarchie und die Ausrufung der Republik

Gerüchte, der König könnte es seinen Brüdern gleichtun und sich ebenfalls ins Ausland absetzen, kursierten in Paris schon seit Beginn des Jahres 1791. Als er sich im April 1791 nach Saint-Cloud begeben wollte, um dort das Osterfest zu feiern und die heiligen Sakramente aus der Hand eines Priesters zu erhalten, der den Eid auf die Zivilverfassung verweigert hatte, verhinderte eine aufgebrachte Menge seine Abfahrt. Man verdächtigte ihn, er wolle sich nach Brüssel absetzen, das da-

1 Chancroux bezieht sich wohl auf die Ventôse-Gesetz vom 8. Ventôse und 13. Ventôse II (26. Februar und 3. März 1794), in dem beschlossen wurde, Güter an bedürftige Patrioten zu verteilen.

mals zu den habsburgischen Niederlanden gehörte. Tatsächlich begab sich die königliche Familie in der Nacht vom 20. Juni 1791 auf die Flucht. Obwohl verkleidet wurde der König in Sainte-Menehould von dem dortigen Postmeister erkannt. Dieser ließ die Reisegesellschaft am 21. Juni einige Kilometer nördlich dieser Stadt, in Varennes, arretieren. Begleitet von Beschimpfungen und Bedrohungen musste die königliche Familie, bewacht von der Nationalgarde, die Rückreise nach Paris antreten. Dort traf die Fluchtgesellschaft am 25. Juni ein. Die Nationalversammlung verständigte sich darauf, die Flucht der königlichen Familie als Entführung darzustellen. Der König blieb zunächst im Amt, auch wenn damals schon Drohungen zu hören waren, dass man einen König, der geflohen war, absetzen sollte Der Streit hierüber führte zu dem Massaker auf dem Marsfeld am 17. Juli 1791, bei dem mehrere hundert Pariser den Tod fanden. Die am 3. September 1791 verabschiedete Verfassung, die der König beschwören musste, sah eine Schwächung seiner Stellung vor: Ihm verblieb als Machtmittel im Grunde nur noch ein suspensives Veto gegenüber den in der Nationalversammlung beschlossenen Gesetzen.

2.9.1 Nach der Flucht: Rückkehr Ludwigs XVI. nach Paris am 25. Juni 1791

Stich von Jean Duplessis-Bertaux (1750-1818), nach einer Zeichnung von Jean-Louis Prieur.
Reproduction par P. G. Berthault dans les Tableaux historiques de la Révolution française.

2.9.2 Die Revolution beenden – Rede Barnaves in der Nationalversammlung am 15. Juli 1791

Nachdem Barnave[1] *in dieser langen Rede gegen die Republik, für die Monarchie und die Unverletzlichkeit des Königs gesprochen hatte, kam er mit seinem entscheidenden Argument heraus.*

Und ich sage: Heute ist jede Veränderung verhängnisvoll, heute ist jede Fortsetzung der Revolution unheilvoll. Ich stelle eine Frage, die von nationalem Interesse ist: Werden wir alle die Revolution beenden, oder werden wir sie von neuem beginnen? Wenn Ihr einmal der Verfassung mißtraut, wo wird der Punkt sein, an dem Ihr dann einhalten werdet, und vor allem, wo werden Eure Nachfolger einhalten?

Ich habe vor einiger Zeit gesagt, daß ich den Angriff der fremden Mächte und der Emigranten nicht fürchte; aber heute sage ich mit derselben Aufrichtigkeit, daß ich die Fortsetzung der Unruhen und Gärungen fürchte, die uns so lange beschäftigen werden, als die Revolution nicht vollständig und friedlich beendet ist: Von außen her kann niemand Schaden anrichten, aber man fügt uns von innen her großen Schaden zu, wenn man uns mit unheilvollen Gedanken beunruhigt, wenn eingebildete Gefahren, die um uns her geschaffen wurden, im Volk einigen Bestand gewinnen und jenen Männern einigen Einfluß verschaffen, die sich ihrer bedienen, um das Volk ständig in Aufruhr zu halten. Man fügt uns viel Leid zu, wenn man diese revolutionäre Bewegung dauernd macht, die alles zerstört hat, was es zu zerstören galt, die uns an den Punkt geführt hat, wo wir einhalten müssen. [...]

Ihr habt getan, was gut war für die Freiheit und die Gleichheit; keine willkürliche Gewalt ist verschont worden, keine Anmaßung der Eigenliebe, keine widerrechtliche Besitzergreifung von Eigentum ist ungestraft geblieben; Ihr habt alle Menschen vor dem Gesetz gleichgemacht, Ihr habt dem Staat wiedergegeben, was ihm genommen wurde: Daraus ergibt sich diese große Wahrheit, daß, wenn die Revolution noch einen Schritt weitergeht, sie dies nicht ohne Gefahr tun kann; daß auf der Linie der Freiheit die erste Handlung, die noch folgen könnte, die Vernichtung des Königtums wäre; und daß auf der Linie der Gleichheit die erste Handlung, die noch folgen könnte, der Angriff auf das Eigentum wäre *(Beifall).* [...]

---

1 Antoine Barnave (1761 in Grenoble – guillotiniert 29.11.1793) wurde als Protestant von öffentlichen Schulen ausgeschlossen und erhielt Privatunterricht. Wie sein Vater ergriff er den Beruf des Advokaten. 1788 forderte er die Einberufung der Generalstände und die Erhöhung der Stimmenzahl des 3. Standes auf die gleiche Anzahl wie Adel und Klerus zusammen. 1789 war er Abgeordneter des Dritten Standes und spielte in der Nationalversammlung eine bedeutende Rolle: Auf seine Anregung ging die „Erklärung der Menschen- und Bürgerrechte" zurück. Barnave war Anhänger einer konstitutionellen Monarchie und zählte 1789/90 zu den Wortführern des Jakobinerclubs, dessen Statuten er redigierte;. Er forderte im Januar 1791 die soforte Eidesleistung der Priester auf die Verfassung und versuchte die Flucht des Königs als Entführung darzustellen. Er begann eine Geheimkorrespondenz mit der Königin, um den König zur Aufgabe der Unterstützung der Emigranten zu bewegen. Seine Reputation schwand in dem Maße, in dem sich die Meinung in der Bevölkerung verbreitete, er habe sich dem Hof verkauft; am 18. August 1792 wurde er verhaftet und über ein Jahr später, am 29.11.1793, guillotiniert. Zuvor hat er noch eine „Introduction à la Révolution française" geschrieben, mit der er als erster eine Theorie der bürgerlichen Revolution formulierte.

Es ist jetzt wahrlich an der Zeit, die Revolution zu beenden. [...] Heute, meine Herren, muß jedermann erkennen, daß es im Interesse der Allgemeinheit liegt, dass die Revolution einhält: diejenigen, die verloren haben, müssen einsehen, dass es unmöglich ist, sie rückgängig zu machen und dass es nur noch darum gehen kann, sie zu domestizieren. Diejenigen, die sie gemacht und gewollt haben, müssen einsehen, dass sie an ihrem letzten Ziel ist, dass das Glück Ihres Vaterlandes und Ihr eigener Ruhm es erforderlich machen, dass sie nicht länger andauert. Alle haben dasselbe Interesse: [...] Die Könige selbst müssen einsehen, dass für sie ein großer Unterschied liegt zwischen dem Beispiel einer durchgreifenden Reform in der Regierung und dem Beispiel der Abschaffung des Königtums; dass, wenn wir hier einhalten, sie immer noch die Könige sind; [...] diese Umstände, sage ich, bestätigen für die großen Staaten das System des Königtums; sie müssen einsehen, dass neue Ereignisse ein anderes Urteil herbeiführen könnten, und dass, wenn sie ihre wirklichen Interessen nicht leeren Hoffnungen opfern wollen, auch für sie die Beendigung der Französischen Revolution das Beste ist.

Aus: Fischer, Peter (Hrsg.): Reden der Französischen Revolution, München 1974, S. 136-138

2.9.3 Der Sturm auf die Tuilerien am 10. August 1792

Der Tuileriensturm bezeichnet eine Zäsur im Ablauf der Französischen Revolution: Spätestens mit den von manchen als „Massaker vom 10. August" bezeichneten Ereignissen endete die gemäßigte Phase der Revolution. Bis zu diesem Zeitpunkt schien es noch denkbar, die französische Monarchie nach dem Vorbild der englischen umzubilden, auch wenn das Ansehen des französischen Königs seit seiner Flucht im Juni 1791 und seiner Politik der Verweigerung gegenüber den Beschlüssen der Nationalversammlung stark gesunken war. Zu Beginn des Monats Juli begann die Koalitionsarmee unter dem Herzog von Braunschweig ihre Offensive gegen Frankreich. Brissot und die Nationalversammlung proklamierten „das Vaterland in Gefahr" (s. S. 93 f.). Mehrere Pariser Sektionen forderten die Absetzung des Königs. Am 10. August wurde schließlich der Tuilerienpalast, wo die königliche Familie seit dem 6. Oktober 1789, dem Tag ihrer Rückführung aus Versailles, residierte, von Teilen der Pariser Bürgerschaft gestürmt. Unter den Angreifern und unter der den König verteidigenden Schweizergarde gab es viele Tote.[1] Der König unterstellte sich dem Schutz der Nationalversammlung (Assemblée législative). Als sich der Sieg der Aufständischen abzeichnete, betrieb die Nationalversammlung die Absetzung des Königs. Ein nach allgemeinem Wahlrecht zu wählender Nationalkonvent sollte eine Verfassungsreform, d. h. den Sturz der Monarchie und die Etablierung einer Republik, herbeiführen. Die königliche Familie wurde ab dem 12. August 1792 im Temple festgehalten, einem ehemaligen Templerkloster, das 1790 zum Nationalgut erklärt worden war.

Die Mitglieder des Klubs der Feuillants hatten in der Nationalversammlung die Interessen des (Groß-)Bürgertums und des reformbereiten Adels vertreten mit dem Ziel der konstitutionellen Monarchie. Nach dem 10. August verschwanden sie als politische Kraft, obwohl sie noch wenige Monate zuvor die Mehrheit der Abgeordneten in der Nationaversammlung stellten. Nach den Neu-

1 In Luzern (Schweiz) befindet sich seit 1821 ein Löwendenkmal, das an die beim Tuileriensturm gefallenen Schweizergardisten erinnert. Es wurde nach einem Entwurf des dänischen Bildhauers Bertel Thorvaldsen von einem Konstanzer Steinmetz in einen ehemaligen Sandsteinbruch gehauen.

wahlen zum Nationalkonvent stellten die Girondisten die gemäßigtere „Partei" dar, während die Montagnards, die „Bergpartei", unter der Führung Robespierres im Konvent den radikalen Flügel bildeten. Die erste Sitzung des Nationalkonvents fand am 21. September 1792 statt.

Gemälde von Jean Duplessis-Bertaux (1747-1815): Der Sturm auf den Tuilerienpalast am 10 August 1792 (1793). Musée du Château de Versailles

2.9.4 Die Suspendierung des Königs – aus einem Dekret der Gesetzgebenden Versammlung vom 10. August 1792

Dieses Dekret stellt die Vorstufe zu einem verfassungsrechtlich noch viel gewichtigeren Dekret dar: Am 21. September 1792, dem ersten Sitzungstag des neu gewählten Konvents, beschloss dieser die Abschaffung des Königtums in Frankreich, einer Monarchie, die seit dem späten 10. Jahrhundert existierte. Der lapidare Beschluss lautete: „Der Nationalkonvent dekretiert, dass das Königtum in Frankreich abgeschafft wird."[1]

Artikel 1. Das französische Volk wird aufgefordet, einen Nationalkonvent zu bilden. [...]

Artikel 2. Der Träger der Exekutivgewalt [der König] wird vorläufig seiner Befugnisse enthoben, bis der Nationalkonvent über die Maßregeln entschieden hat, die er zur Sicherung der Volkssouveränität und Durchsetzung von Freiheit und Gleichheit für erforderlich hält. [...]

Artikel 4. Die Zahlungen aus der Zivilliste[2] bleiben bis zur Entscheidung durch den Nationalkonvent gesperrt. Die Sonderkommission legt innerhalb von vierundzwanzig Stunden den Entwurf eines Dekrets über das dem König während seiner Suspendierung zu gewährende Gehalt vor. [...]

---

1 Grab, a.a.O., S. 125, Anm. 2.

2 Die Zivilliste bezeichnet den jährlichen Betrag, der dem König aus der Staatskasse bewilligt wird. Der Betrag umfasst auch Aufwendungen für die Hofhaltung.

Artikel 6. Der König und seine Familie bleiben, bis die Ruhe in Paris wiederhergestellt ist, im Schoß der Gesetzgebenden Gewalt. [...]

Artikel 8. Jeder öffentliche Beamte, jeder Soldat, Korporal und Offizier, welchen Ranges auch immer, und jeder Armeegeneral, der in diesen Tagen der Alarmbereitschaft seinen Posten verlässt, wird für ehrlos und zum Vaterlandverräter erklärt.

Aus: Grab, Walter (Hrsg.): Die Französische Revolution. Eine Dokumentation, München 1973, S. 116

2.9.5 Die Verurteilung König Ludwigs XVI.

Gleichzeitig mit der Ausrufung der Republik am 21. September 1792 wurde auch der König abgesetzt („La royauté est abolie en France"). Damit war aber das Schicksal des Königs noch nicht besiegelt. Es hatte zwar durch seine Flucht im Sommer 1791 viel von seinem Ansehen in der Bevölkerung eingebüßt; auch konnte er den Verdacht nicht entkräften, dass er sich vom Eingreifen der europäischen Monarchen zu seinen Gunsten eine Wiederherstellung der alten Verhältnisse erhoffte. Dass er bzw. die Königin mit Österreich geheime Unterhandlungen führte, war den politisch einflussreichen Gruppierungen im Konvent bekannt. Noch gab es aber, so schien es jedenfalls, im Konvent keine Mehrheit für eine Verurteilung des Königs. Ende 1792 wurde der Prozess vorbereitet, wobei die Frage im Vordergrund stand, ob der König überhaupt angeklagt werden konnte. Am 12. Dezember erschien Louis Capet, wie der König jetzt genannt wurde[1], als Angeklagter vor dem Konvent, der zugleich als Ankläger und Richter fungierte.

a) Auszüge aus einer Rede von Louis Saint-Just[2] vom 13. November 1792

Die einzige Absicht des Ausschusses[3] bestand darin, Sie [die Abgeordneten des Nationalkonvents] zu überzeugen, dass der König wie ein einfacher Bürger beurteilt werden müsse, und

1 Da der Adel in Frankreich seit Juni 1790 abgeschafft war (s. S. 67), wurde König Ludwig XVI. ein quasi-Bürgername zugeteilt. Der „Nachname" Capet ist von Hugo (940 oder 941-996), dem ersten französischen König aus dem Herrschergeschlecht der Kapetinger, abgeleitet, von dem auch das Geschlecht der Bourbonen – eine Nebenlinie der Kapetinger – abstammte.

2 Louis Saint-Just (1767-guillotiniert 28.7.1794) studierte die Rechte in Reims. Nach ersten politischen Versuchen in der Provinz (u. a. als Kommandant der Nationalgarde in Blérencourt, Picardie) begab er sich nach Paris, wo er am ersten Jahrestag des Bastillesturms (14.7.1790) am Föderationsfest teilnahm. 1792 in die Gesetzgebende Versammlung gewählt, musste er auf seinen Sitz in der Versammlung verzichten, weil er das notwendige Mindestalter für die Wahrnehmung der Funktion eines Abgeordneten (25 Jahre) noch nicht erreicht hatte. Im September 1793 als Abgeordneter des Departements Aisne in den Nationalkonvent gewählt, betrieb er dort die Hinrichtung des Königs und bekämpfte an der Seite Robespierres die Girondisten, die Hébertisten und die „Indulgents". Zwischenzeitlich übernahm er mehrere militärische Kommandostellen bei der französischen Rheinarmee und bei der Nordarmee. Dabei bewies er nicht nur großes militärisches Geschick, sondern „reorganisierte" auch – oft mit brachialer Gewalt und unter Einsatz der Guillotine – eine ziemlich zerrüttete und demoralisierte Armee. Am 9. Thermidor wurde er zusammen mit Robespierre festgenommen und wenig später zusammen mit diesem guillotiniert. Saint-Just war eine der umstrittensten und widersprüchlichsten Persönlichkeiten der Französischen Revolution: „Erzengel der Terreur oder blutdürstiges Monster; klarsichtiger politischer Theoretiker oder lächerlicher Autor von Plänen, die sich beim Beginn der Industrialisierung auf dem Stand von Sparta befanden?" (Tulard u. a., S. 1083)

3 Gemeint ist der Gesetzgebungsausschuss, der u. a. darüber zu befinden hatte, ob die Person des Königs unverletzlich, d. h. von einem bürgerlichen Gericht nicht zu belangen sei.

ich für meine Person sage, dass der König als Feind zu behandeln ist, dass wir nicht sowohl über ihn ein Urteil zu fällen, sondern ihn vielmehr zu bekämpfen haben. [...]

Er unterdrückte eine freie Nation; er erklärte sich für ihren Feind; er missbrauchte die Gesetze; er muss sterben, um die Ruhe des Volkes zu sichern, da er das Volk niederzudrücken beabsichtigte, um seine Ruhe zu sichern! [...]

Zu einer anderen Zeit wird man sagen, dass einem König der Prozess gemacht werden muss, nicht wegen der Verbrechen seiner Regierung, sondern weil er König gewesen ist. Denn diese Usurpation kann unter keinen Umständen gesetzmäßig werden; und mit welcher Illusion, mit was für Verträgen sich auch das Königtum umhüllen mag, es ist ein ewiges Verbrechen, gegen welches jeder Mensch sich zu erheben und zu waffnen das Recht hat; [...] und alle Menschen erhalten die geheime Mission, das Herrschertum in jedem Lande zu zerstören. Man kann kein schuldloser Regent sein. Dies lehrt der Augenschein. Jeder König ist ein Rebell und Usurpator.[1] [...]

Ludwig hat das Volk bekämpft; er ist besiegt, er ist ein Barbar, ein fremder Kriegsgefangener. Sie haben seine treulosen Absichten durchschaut; Sie haben seine Armee gesehen; der Verräter war nicht der König der Franzosen; er war der König einiger Verschwörer; er hob insgeheim Truppen aus, hatte besondere Beamte; er betrachtete die Bürger als Sklaven; er hatte insgeheim alle rechtschaffenen und mutvollen Männer proskribiert [geächtet]. [...] Welcher Feind hat uns mehr Übel zugefügt? Er muss seiner würdig gerichtet werden. Dies ist der Rat der Weisheit und gesunder Politik; die Schlechten bedienen sich aller möglichen Mittel; man sucht das Mitleid anzuregen; man wird bald Tränen für Geld kaufen; man wird alles tun, uns zu gewinnen und sogar zu bestechen. Wenn der König jemals freigesprochen wird, so erinnere Dich, Volk, dass wir Deines Vertrauens nicht mehr würdig sein werden, und Du wirst uns der Treulosigkeit anklagen können!

Aus: Fischer, Peter (Hrsg.): Reden der Französischen Revolution, München 1974, S. 217-225

b) Auszüge aus einer Rede von Jacques Roux[2] vom 1. Dezember 1792

Wenn das Urteil gesprochen wird [...], dann müsst Ihr Euch groß, stolz, unerbittlich und schrecklich zeigen, indem Ihr nicht nur den Wucherern und Spekulanten den unversöhnli-

---

1 Als Usurpator wird eine Person bezeichnet, die sich auf unrechtmäßige und/oder gewaltsame Art und Weise Macht oder Besitz, besonders aber die Herrschaft in einem Staat an sich reißt, die geltende Verfassung umstürzt oder einen legitimen Herrscher oder Amtsinhaber verdrängt bzw. beseitigt.

2 Jacques Roux (1752-1794) war bis zum Beginn der Französischen Revolution Priester. In dieser Eigenschaft leistete er im Januar 1791 den Eid auf die Verfassung, trat in den Club der Cordeliers ein und gewann Einfluss auf radikale Sansculotten, die sich nach seinem Vor- und Zunamen „Jacquesroutins" nannten. Er stimmte für den Tod des Königs, den er aufs Schafott begleitete, und verlangte harte Strafen gegen Schieber, Hamsterer und Wucherer. Auf Seiten der Bergpartei betrieb er den Sturz der Girondisten, zählte seit Sommer 1793 zu den „Enragés" – er ist der Verfasser des „Manifests der Enragés" – und trat in dieser Eigenschaft in offene Opposition zur Bergpartei. Mehr noch als die radikalsten Mitglieder der Bergpartei fordert er eine Einschränkung des Prvateigentums. Auf Druck Robespierres wurde er aus dem Klub der Cordeliers ausgeschlossen und im September 1793 in Haft genommen, wo er sich – „das erste linke Opfer des revolutionären Terrors" (Bernd Jeschonnek) – am 10. Februar 1794 das Leben nahm.

chen Krieg erklärt, sondern auch all jenen, die durch den Handel mit Geld unsere Assignaten in Verruf bringen und den Preis für die Grundnahrungsmittel unverschämt in die Höhe treiben; indem Ihr also verlangt, dass der Kopf des Mörders der Franzosen [Ludwigs XVI.] schnellstens unter dem Schwert des Gesetzes fällt. [...] Es ist an der Zeit, den Völkern der Erde zu melden, dass die Nationen nicht mehr das Eigentum der Könige sind, dass allein Tugend den Menschen unantastbar macht, während das Verbrechen die Tyrannen aufs Schafott bringt. [...] Die Könige sind des Todes würdig von dem Augenblick an, da sie das Licht der Welt erblicken. [...]

Sammeln wir also alles, was in uns an Kraft und Fähigkeit ist, um unseren Bevollmächtigten [Abgeordneten des Volkes] zu sagen, dass, wenn sie keine Sklaven sind, keine blöden Anbeter des Verbrechen eines Ungeheuers von König, wenn man ihnen kein verführerisches Gold zugesteckt hat, um ihn freizusprechen, sie schnellstens das Todesurteil über den Verräter und eidbrüchigen Ludwig sprechen müssen. [...] Sagen wir ihnen, dass das Volk bereit steht, dass, wenn sie einen Tyrannen nicht inmitten seiner Freveltaten strafen, die souveräne Nation sie vor ihr eigenes hohes Gericht laden wird. Denn das Volk delegiert die Ausübung seiner Macht nicht mit dem Auftrag, die Könige von ihren Verbrechen rein zu waschen. Entweder fällt Ludwigs Kopf oder wir werden uns unter den Trümmern der Republik begraben. [...]

Macht Antoinette [der Königin] den Prozess. Alle Gesetzgeber, Richter, Kommandeure und Beamten, die die eine Hand dem Volk entgegenstreckten und mit der andern Geld vom Hofe nahmen, müssen feierlich zum Richtplatz geführt werden. Das Wohl des Volkes ist oberstes Gesetz.

Aus: Fischer, Peter (Hrsg.): Reden der Französischen Revolution, München 1974, S. 237-240

c) Romain de Sèze[1] verteidigt den König (26. Dezember 1792)

Ohne Zweifel kann die Nation heute erklären, dass sie kein monarchisches Regiment mehr will, weil dieses ohne Unverletzlichkeit seines Hauptes nicht bestehen kann; sie kann wegen ebendieser Unverletzlichkeit auf diese Verfassungsart verzichten; aber sie kann sie nicht auslöschen für die ganze Zeit, in der Ludwig den verfassungsmäßigen Thron eingenommen hat. Ludwig war unverletzlich, solange er König war; die Abschaffung des Königtums kann an seiner Rechtslage nichts ändern. Das Einzige, was daraus gefolgert werden kann, ist, dass man ihm die Strafe der bereits vorgenommenen Abdankung nicht mehr zuerkennen kann, aber hieraus allein geht schon hervor, dass man ihm eine andere nicht mehr zufügen kann. So kommen wir zu dem Schluss, dass, wo es kein anwendbares Gesetz gibt, auch kein Richten stattfinden kann und dass, wo kein Richten stattfindet, auch keine Verurteilung möglich ist. Ich spreche von Verurteilung! Aber nehmt euch in Acht; nehmt ihr Ludwig die Unverletzlichkeit des Königs, so seid ihr ihm wenigstens die Rechte des Bürgers schuldig; denn ihr könnt nicht bewirken, dass Ludwig aufhört, König zu sein, wenn ihr erklärt, ihn richten zu wollen, und dass er wieder König wird in dem Augenblick, da ihr das Urteil sprecht. Wollt ihr nun aber Ludwig als König richten, dann frage ich euch: Wo sind die schützenden Formen, die jeder Bürger kraft unveräußerlichen Rechtes verlangen kann? Ich frage euch: Wo ist jene Teilung der Gewalten, ohne die weder Verfassung noch Freiheit möglich ist? Ich

1 Romain de Sèze (1748-1828), ein Rechtsanwalt aus Bordeaux, der die Verteidigung des Königs übernommen hatte.

frage euch: Wo sind die Geschworenen für Anklage und Urteil, die den Bürgern durch das Gesetz als Geiseln zum Schutz ihrer Sicherheit und Unschuld gegeben sind? [...] Mit einem Wort, ich frage euch: Wo sind alle jene strengen Vorkehrungen, die das Gesetz bestimmt hat, damit der Bürger, selbst wenn er schuldig ist, nur durch das Gesetz getroffen wird? Bürger, ich spreche mit der Offenheit eines freien Mannes: Ich spähe unter euch nach Richtern und bekomme nur Ankläger zu Gesicht. Ihr wollt richten über Ludwig und habt euer Urteil schon ausgesprochen!

Histoire parlementaire XXII, S. 17-19, aus: Both, Hermann/Gestrich, Andreas: Die Französische Revolution, Berlin 2007, S. 82

d) Das Urteil gegen Ludwig XVI., 16. Januar 1793

Am 16.1.1793 verurteilte der Nationalkonvent den Bürger Ludwig Capet – ehemals König Ludwig XVI. – mit einer knappen Mehrheit zum Tode. Versuche der europäischen Monarchen, das Leben Ludwigs XVI. zu retten, waren vergeblich. Einsichtigere Abgeordnete des Konvents warnten, dass Frankreich mit fortdauerndem Krieg rechnen müsste, sollte der König hingerichtet werden. All dies fruchtete nichts: Am 21.1.1793 wurde das Urteil vollstreckt. In der europäischen Presse fand schon der Prozess gegen den König und nun erst recht die Hinrichtung großen Widerhall. Fast in allen Zeitungen wurde sie als barbarischer Akt gegeißelt. Im revolutionskritischen „Revolutions-Almanach" erschien 1794 (S. 365-371) ein Artikel, der – typisch für diese Art Berichterstattung – überschrieben war mit „Brandmahl [sic!] unsers Jahrhunderts am 21. Januar 1793. Die Hinrichtung Ludwigs XVI.".[1] Es erschienen ferner zahlreiche Lebensbeschreibungen des Königs, die seine Rechtschaffenheit, seinen guten Willen, seine Aufrichtigkeit, sein skandalfreies Eheleben betonten, Totenmessen wurden für ihn gelesen, in mehreren Staaten wurde Landestrauer angeordnet, öffentliche Belustigungen und Maskeraden wurden abgesetzt usw.

Der nachfolgende Text stammt aus dem Journal de Paris, das im Jahr 1777 als erste französische Tageszeitung gegründet worden war. Zunächst widmete sich das Journal in erster Linie der Literatur, den Theateraufführungen und dem Klatsch. Obwohl es kaum über politische Dinge berichtete, wurde es, da es viele Leser hatte, von der Bergpartei als die gefährlichste antirevolutionäre Zeitung eingeschätzt. Nach dem 10. August 1792 musste es vorübergehend sein Erscheinen einstellen, erschien aber wieder ab dem 1. Dezember 1792. In seiner Berichterstattung über den Prozess gegen den König enthielt sich die Zeitung jeglicher Wertung.

Dienstag, 15. Januar 1793

Um viertel vor eins begann der namentliche Aufruf. Die Frage war folgendermaßen formuliert worden: „Ist Louis Capet schuldig der Verschwörung gegen die Freiheit der Nation und des Angriffs gegen die allgemeine Sicherheit des Staates?"

[...] Von den 745 Abgeordneten des Konvents sind 20 beurlaubt, fünf krank, einer fehlte unentschuldigt. 26 haben Einlassungen gemacht, als sie ihr Votum abgaben; ihre Erklärungen beschränkten sich meist darauf, dass sie nicht glaubten, als Richter urteilen zu können. Die 693 übrigen haben einmütig zugestimmt. Als das Ergebnis vorlag, hat der Präsident es gelesen; dann sprach er folgendermaßen: „Ich erkläre im Namen der *Convention Nationale* Louis

1 Abgedruckt in Oberschelp, Reinhard (Hrsg.): Die Französische Revolution und Niedersachsen 1789-1803. Textband, Hildesheim 1989, S. 77-82.

Capet für überführt, gegen die Freiheit konspiriert und Anschläge auf die allgemeine Sicherheit des Staates unternommen zu haben."

Dann ging man zum namentlichen Aufruf in der Frage über, ob über das zu fällende Urteil das Volk befragt werden sollte. [...]

Diese Abstimmung wurde durch Reden in die Länge gezogen, die vielleicht nur dazu dienten, die Aufrichtigkeit der überwiegenden Mehrheit in allen Parteien zu beweisen, und endete kurz vor elf Uhr.

Hier das Ergebnis: Drei Abgeordnete abwesend wegen Krankheit; 20 beurlaubt oder in offiziellem Auftrag unterwegs; 10, die nicht abstimmen wollten. 424 haben die Möglichkeit der Volksbefragung abgelehnt. 283 wollten sie zulassen. Folglich verkündete der Präsident: „Ich erkläre somit im Namen der *Convention Nationale*, dass der Beschluss, den sie fassen wird, nicht Gegenstand einer Volksbefragung sein kann." [...]

In den nächsten Tagen erscheinen im Journal die kurzen Erklärungen, die die Abgeordneten bei ihrer Stimmabgabe machten, ferner Äußerungen aus der Debatte über die Frage, mit welcher Mehrheit das Urteil gefällt werden solle. Man entscheidet schließlich mit absoluter Mehrheit. In der Ausgabe vom 18. Januar 1793 wird das Urteil gegen Ludwig XVI. veröffentlicht:

Ergebnis der Abstimmung

„Bürger", kündigte Vergniaud[1] an, „ich werde jetzt das strenge Urteil gegen Louis verkünden. Wenn die Gerechtigkeit gesprochen hat, muss anschließend die Menschlichkeit ihre Stimme erheben. Ich fordere die Abgeordneten und die Zuhörer zu tiefstem Schweigen auf." Daraufhin herrscht völlige Ruhe. „Die Versammlung besteht aus 745 Mitgliedern; einer ist verstorben, bleiben 744; sechs sind krank; zwei fehlen unentschuldigt; elf sind in offiziellem Auftrag unterwegs; vier haben sich an der Abstimmung nicht beteiligt; insgesamt 23, abgezogen von 744 macht 721 Voten, die absolute Mehrheit beträgt 361.

23 stimmen für die Todesstrafe, die den Zeitpunkt der Vollstreckung zur Diskussion stellen; 8 für Todesstrafe mit Aufschub; 2 für Hinrichtung nach dem Friedensschluss; 2 für Zuchthausstrafe; 319 für Haft; 366 für den Tod. Bürger, die über Louis verhängte Strafe ist der Tod."

Aus: Paschold, Chris E./Gier, Albert (Hrsg.): Die Französische Revolution. Ein Lesebuch mit zeitgenössischen Berichten und Dokumenten, Stuttgart 1989, S. 252f., 255, 258f.

---

1 Pierre Vergniaud (1753-guillotiniert am 31. Oktober 1793), Advokat in Bordeaux. Als Verwalter des Departements Gironde plädierte er zu Beginn der Revolution für die Umwandlung der französischen Königsherrschaft in eine konstitutionelle Monarchie. 1791 wurde er in die Assemblée législative gewählt, wo er im Oktober 1791 zwei große Reden gegen die Emigranten und die eidverweigernden Priester hielt. Seit Januar 1792 forderte er Krieg gegen Österreich. Im Sommer 1792 wechselte er, der nie aufgehört hatte, König Ludwig XVI. zu attackieren, seine Position gegenüber dem Königtum und wandte sich gegen eine Absetzung des Königs. Als Präsident der Nationalversammlung seit dem 10. August 1792 konnte er den König jedoch nicht retten. Im Januar 1793 votierte er gleichwohl für die Todesstrafe Ludwigs, nachdem er zuvor vergeblich eine Volksabstimmung über das Schicksal des Königs gefordert hatte. Vergniaud ist ein gutes Beispiel für die schwankende Haltung der Girondisten seit Mitte 1792. Im Juli 1793 wurde er verhaftet und Ende Oktober hingerichtet.

2.9.6 Die Hinrichtung des Königs (21. Januar 1793)

a) Bericht Edgeworths de Firmont

Edgeworth de Firmont (Irland, 1745-1807), Sohn eines anglikanischen Pfarrers, konvertierte zum Katholizismus und studierte bei den Jesuiten in Toulouse. 1791 wurde er Kaplan (chapelain) der jüngeren Schwester Ludwigs XVI, Elisabeth, und diente als Kontaktperson zwischen dem französischen Hof und den royalistischen Agenten in der Emigration. Er wird Beichtvater Ludwigs XVI. und ist dessen Beistand bis zur Hinrichtung. Seine Memoiren gelten als beste Quelle zur Geschichte der königlichen Familie in den Jahren 1791 und 1792. Nach der Guillotinierung Elisabeths am 10. Mai 1794 verlässt er Frankreich und lebt nach der Restauration im Umkreis des späteren Königs Ludwig XVIII.

Als der König ausgestiegen war, umringten ihn drei Henkersknechte und wollten ihm den Rock ausziehen; aber er stieß sie stolz zurück und legte ihn selbst ab. Er knöpfte auch Kragen und Hemd auf und machte sich eigenhändig zurecht. Die Henkersknechte, die die stolze Haltung des Königs einen Moment verunsichert hatte, schienen ihre Kühnheit zurückzugewinnen; sie umringten ihn von neuem und wollten ihm die Hände binden. „Was haben Sie vor?", fragte der König empört und zog seine Hände schnell zurück. „Sie fesseln", antwortete einer der Henkersknechte. „Mich fesseln!", erwiderte der König empört, „nein, das werde ich niemals hinnehmen! Tun Sie, was Ihnen befohlen wurde, aber Sie werden mich nicht fesseln; nehmen Sie davon Abstand." Die Henkersknechte insistierten; sie wurden lauter und schienen Hilfe herbeirufen zu wollen, um es mit Gewalt zu tun.

Das war der schrecklichste Moment dieses trostlosen Vormittags: Noch eine Minute, und der beste aller Könige hätte vor den Augen seiner rebellischen Untertanen eine Kränkung hinnehmen müssen, die tausendmal unerträglicher ist als der Tod, wegen der Gewaltanwendung, zu der man offenbar entschlossen war. Er schien dies selbst zu befürchten; und zu mir gewandt sah er mich starr an, als wolle er mich um Rat bitten. Ach, ich konnte ihm keinen geben; zunächst antwortete ihm nur mein Schweigen; aber da er den Blick auf mich gerichtet hielt, sagte ich unter Tränen: „Sire, in dieser neuen Kränkung sehe ich nur eine letzte Gemeinsamkeit zwischen Eurer Majestät und dem Gott, der Ihnen als Lohn zuteil werden wird." Bei diesen Worten erhob er die Augen mit einem Ausdruck des Schmerzes zum Himmel, den ich niemals beschreiben könnte. „Gewiß", antwortete er, „es bedarf wirklich seines Beispiels, damit ich mich einem derartigen Affront unterwerfe." Und zu den Henkersknechten gewandt fügte er sofort hinzu: „Tun Sie, was Sie wollen; ich werde den Kelch bis zur Neige leeren."

Die Stufen, die zum Schafott führten, waren äußerst steil. Der König mußte sich auf meinen Arm stützen, und wegen der Mühe, die ihm das Steigen zu bereiten schien, fürchtete ich einen Augenblick, sein Mut würde schwinden. Aber wie erstaunt war ich, als ich oben auf der letzten Stufe sah, daß er sich gewissermaßen meinen Händen entzog, festen Schritts über das ganze Schafott ging, mit einem einzigen Blick fünfzehn oder zwanzig Trommler, die ihm gegenüberstanden, zum Schweigen brachte und mit lauter Stimme, daß man es bis zum Pont-Tournant hören konnte, die für immer denkwürdigen Worte deutlich aussprach: „Ich sterbe unschuldig an den Verbrechen, die man mir vorwirft. Ich vergebe den Urhebern meines Todes und bitte Gott, das Blut, das Sie vergießen werden, möge niemals über Frankreich kommen."

Aus: Paschold, Chris E./Gier, Albert (Hrsg.): Die Französische Revolution. Ein Lesebuch mit zeitgenössischen Berichten und Dokumenten, Stuttgart 1989, S. 262f.

b) Die Hinrichtung Ludwigs XVI., Kupferstich 1793

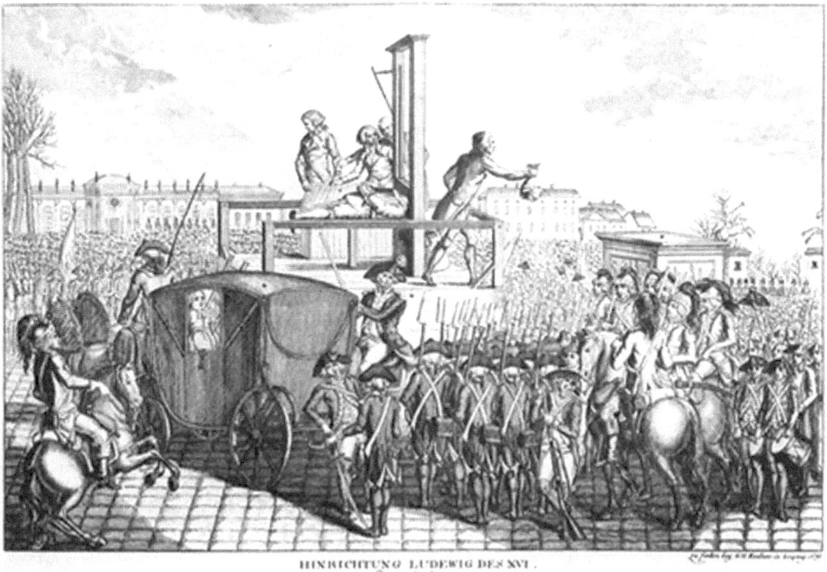

c) Bericht des Henkers Sanson[1] an einen Redakteur der Zeitung „Le Thermomètre" vom 20. Februar 1793

Bürger,

[...] Hier erhalten Sie nun meinem Versprechen gemäß die genaue Wahrheit über die Vorkommnisse.

Als er [der König] zur Hinrichtung aus dem Wagen stieg, sagte man ihm, man müsse seinen Rock ausziehen; er machte einige Schwierigkeiten, indem er sagte, man könnte ihn, so wie er wäre, hinrichten. Als man ihm vorstellte, daß das eine unmögliche Sache sei, half er selbst beim Ausziehen seines Rocks. Dann machte er die nämliche Schwierigkeit, als es sich darum handelte, ihm die Hände zu binden, die er selbst hinstreckte, als der Mann, der ihn begleitete[2], ihm sagte, das wäre ein letztes Opfer. Dann fragte er, ob die Trommler immer trommeln würden; es wurde ihm geantwortet, man wisse es nicht. Und das war die Wahrheit. Er stieg auf das Gerüst und wollte schnell nach vorne, weil er reden wollte. Aber man stellte ihm vor, daß die Sache noch unmöglich sei. Er ließ sich dann an die Stelle führen, wo man ihn festband, und da hat er sehr laut gerufen: Volk, ich sterbe unschuldig. Dann drehte er sich zu uns und sagte zu uns: Meine Herren, ich bin unschuldig an alledem, wessen man mich beschuldigt. Ich wünsche, daß mein Blut das Glück der Franzosen kitten möge. Das, Bürger, sind seine letzten und seine echten Worte.

1 Charles Henri Sanson (1739-1806) war Nachfolger seines Vaters als Henker von Paris im Jahr 1778 (bis 1795). Er hat Ludwig XVI., dessen Frau Marie-Antoinette, den Girondisten Danton, Robespierre und viele andere hingerichtet.

2 Gemeint ist Edgeworth de Firmont, den Beichtvater König Ludwig XVI. (s. S. 146).

Die Art kleiner Wortstreit, die sich am Fuß des Schafotts ereignete, drehte sich darum, daß er es nicht für nötig hielt, daß man seinen Rock auszog und ihm die Hände band. Er machte auch den Vorschlag, sich selbst die Haare abzuschneiden.

Und um der Wahrheit die Ehre zu geben, er hat all das mit einer Kaltblütigkeit und einer Festigkeit mitgemacht, die uns alle erstaunt hat. Ich bleibe ganz überzeugt, daß er diese Festigkeit in den Prinzipien der Religion geschöpft hatte, von welcher niemand mehr als er durchdrungen oder überzeugt schien.

Sie dürfen versichert sein, Bürger, daß Sie hier die Wahrheit in ihrem ganzen Lichte haben.

Ich habe die Ehre, Bürger, zu sein.

Ihr Mitbürger Sanson

Aus: Landauer, Gustav (Hrsg.): Briefe aus der Französischen Revolution, 1. Band, Frankfurt am Main 1919, S. 466f.

2.9.7 Eine typische Stimme aus der deutschen Gelehrtenwelt (1793)

Friedrich Schleiermacher (1768-1934), protestantischer Theologe, Philosoph und Publizist, seit 1804 Professor für Theologie und Philosophie an der Universität Halle, seit 1810 Professor für Theologe an der in diesem Jahr gegründeten Friedrich-Wilhelms-Universität Berlin (heute: Humboldt-Universität zu Berlin), dokumentiert in dem nachstehend zitierten Brief an seinen Vater eine Haltung zur Französischen Revolution, die in ihrer partiellen Zustimmung zu deren Ideen bei gleichzeitiger Ablehnung jeglicher Gewalt typisch für einen großen Teil der deutschen Gelehrten gewesen ist. Sie macht auch deutlich, dass die Hinrichtung König Ludwigs XVI. für viele in Deutschland den Zeitpunkt markierte, an dem die teils enthusiastische Zustimmung zur Revolution sich in ihr Gegenteil umzukehren begann.

14. Februar 1793

[...] Ich weiß nicht, wie es gekommen ist, dass ich bis jetzt noch nie mit Ihnen [dem Vater] von diesen Angelegenheiten [der Hinrichtung des französischen Königs] gesprochen habe, aber jetzt beschäftigt mich die Sache zu lebhaft. Offen, wie ich mit allen Gesinnungen gegen Sie herausgehe, scheue ich mich gar nicht, Ihnen zu gestehen, dass ich die französische Revolution im ganzen genommen sehr liebe, freilich, wie Sie wohl ohnehin von mir denken werden, ohne alles, was menschliche Leidenschaften und überspannte Begriffe dabei getan haben und was, wenn es sich auch in der Reihe der Dinge als unvermeidlich darstellen lässt, doch nicht als gut gebilligt werden kann, mit zu loben, und noch vielmehr ohne den unseligen Schwindel, eine Nachahmung davon zu wünschen und alles über den Leisten schlagen zu wollen – ich habe sie [die Revolution] eben ehrlich und unparteiisch geliebt, aber dies hat mich von ganzer Seele mit Traurigkeit erfüllt, da ich den guten König als sehr unschuldig ansehe und jede Barbarei gar herzlich verabscheue. Aber fast ebenso sehr, als ich mich an der Sache selbst geärgert habe, habe ich mich über die Art geärgert, wie ich so viele Menschen habe darüber urteilen hören. Manche verdammen die Handlung nur deswegen, weil er ein gesalbtes Haupt ist, andere entschuldigen die Sache selbst mit der Politik. [...] Wenn ich den Leuten das Wahre vorhielt, dass keine Politik der Welt zu einem Morde berechtige und dass es infam sei, einen Menschen zu verdammen, dem nichts erwiesen sei, so hatten sie dazu keine Ohren; wenn ich ihnen aber das Falsche ihrer Gründe vorhielt, dass, wenn die Todesstrafe überhaupt etwas Rechtmäßiges sei und Ludwig etwas verbrochen hätte, was sie den Gesetzen gemäß verdiente, das Gesalbtsein seiner Verdammung weiter nicht hinderlich wäre. [...] [Ich] gelte bei den Demokraten nicht selten für einen Verteidiger des Despotismus und für einen Anhänger des alten Schlendrians, bei den Brauseköpfen für einen Politikus, der den Mantel nach dem Winde hängt und mit der Sprache nicht heraus will, bei den Royalisten für einen Jakobiner und bei den klugen Leuten für einen leichtsinnigen Menschen, dem die Zunge zu lang ist.

Aus: Träger, Claus (Hrsg.): Die Französische Revolution im Spiegel der deutschen Literatur, Frankfurt a.M. 1979, S. 363ff.

2.10 Der Widerhall der Französischen Revolution in Deutschland

Es war nicht erst der Prozess gegen Ludwig XVI. und seine Hinrichtung, die den Blick der Deutschen auf Frankreich lenkten. Die Vorgänge in Frankreich seit dem Sommer 1789, der spektakuläre Sturm auf die Bastille und die nachfolgenden politischen Umwälzungen, vor allem die Beseitigung des alten Feudalsystems schon im August 1789, dazu die Möglichkeit, quasi das Praktischwerden der aufklärerischen Ideen miterleben zu können, haben viele Deutsche elektrisiert. Nicht wenige haben sich auf den Weg gemacht, um in der Hauptstadt Frankreichs sich selbst ein Bild von den Ereignissen zu machen. Ihre Berichte, die sie von dort in die Heimat schickten oder die sie nach der Rückkehr niederschrieben und oft auch alsbald veröffentlichten, geben eine Vorstellung von der Geschwindigkeit, mit der sich in Frankreich ein politischer und sozialer Umbruch von zuvor nicht vorstellbarem Ausmaß vollzog. Auch viele Schriftsteller, Philosophen und Wissenschaftler, die die Reise nach Frankreich nicht auf sich nehmen wollten oder konnten, beobachteten – je nach politischer Orientierung – mit Sympathie, Interesse oder Argwohn, manche auch mit Furcht, was im Nachbarland vor sich ging – die meisten allerdings mit freudiger Zustimmung![1]

So sehr in den zeitgenössischen Schilderungen der Revolutionsereignisse und der Analysen dessen, was dort geschah, oft das Spektakuläre und Gewaltsame im Vordergrund standen, die meisten stellten (sich) auch immer die Frage, welche Bedeutung die Französische Revolution für die deutschen Staaten haben könnte oder haben müsste. Die meisten der deutschen Intellektuellen, darunter zahlreiche Freimaurer, hatten zunächst durchaus Sympathien für die Revolution bekundet und die konstitutionellen Veränderungen begrüßt. Unter dem Eindruck der Septembermorde 1792 in Paris, spätestens aber – wie der oben zitierte Brief Schleiermachers (s. 2.9.7) zeigt – nach der Hinrichtung König Ludwigs XVI. revidierten viele ihre ursprüngliche Haltung und sahen in den Ereignissen seit diesen Gewaltexzessen eine Entartung der revolutionären Ziele. Im Übrigen äußerten sie Be-

1 Vgl. hierzu Gilli, Marita: Une littérature nouvelle pour un publique nouveau. L'évolution de la littérature allemande sous l'influence de la Révolution française, in: La Révolution française et les processus de la socialisation de l'homme moderne (= Colloque internationale de Rouen, octobre 1988), Paris 1989, S. 337-350. Vgl. in demselben Tagungsband auch den Aufsatz von Geissler, Rolf: La Révolution et littérature française vues par des revues en langue française de Berlin: Le *Journal littéraire de Berlin* (1794-95) et le *Journal de la littérature française (1796-97)*, in: Ebd., S. 547-553. Geissler untersucht den Niederschlag der Französischen Revolution in den hugenottischen Zeitschriften Berlins.

denken, „der Deutsche" sei für die „Volksherrschaft" noch nicht reif genug. Auch wurde behauptet, die deutschen Verhältnisse seien mit den üblen Verhältnissen in Frankreich nicht vergleichbar, wo ein verdorbener Adel den von ihm abhängigen Landleuten fast alles abpressten, um es zu verprassen. Gelegentlich wurde die Verhaltensweise der Menschen diesseits und jenseits des Rheins auch auf einen unterschiedlichen Volkscharakter von Franzosen und Deutschen zurückgeführt. Wollte man die zeitgenössischen deutschen Revolutionsanalytiker französischen Parteiungen zuordnen, könnte man sagen, dass die meisten von ihnen Konstitutionalisten der Zeit bis 1791 oder Feuillants, manche vielleicht auch noch Girondisten und nur ganz wenige echte Jakobiner waren. Ein Zeitgenosse, der Sturm-und-Drang-Schriftsteller Friedrich Maximilian Klinger (1752-1831), charakterisierte um 1800 diese deutschen Intellektuellen nicht ohne Sarkasmus: „Wenn etwas Sonderbares im deutschen Charakter ist […], so ist es dieses: dass die Gelehrten dieses Volkes noch im achten Jahre der Französischen Revolution untersuchten, ob die Franzosen ein Recht dazu hätten. Hätten sie dieses ausfinden können, sie hätten sich wahrscheinlich über das Übrige getröstet."[1]

2.10.1 Beschwerdeschriften in Deutschland

Gleichzeitig mit der Ankündigung, die Generalstände nach Versailles einzuberufen, hatte König Ludwig XVI. seine Untertanen aufgefordert, den gewählten Abgeordneten Aufzeichnungen über alle regionalen und lokalen Klagen und Missstände mitzugeben, um deren Abhilfe sich die Abgeordneten dann in den Sitzungen der Generalstände bemühen sollten. Auf diese Weise entstanden in fast allen Regionen Frankreichs Hunderte solche Beschwerdehefte (Cahiers de doléance). In ihnen wird vor allem über zu hohe Steuern, drückende Feudalabgaben und über die Privilegien der Feudalherren geklagt (s. 2.1.2).

Nach dem Vorbild der Cahiers de doléance wurden bereits in der zweiten Hälfte des Jahres 1789 auch in einigen Territorien Deutschlands solche Beschwerdeschriften abgefasst.[2] *Nachstehend wird*

1 Träger, Claus (Hrsg.).Die Französische Revolution im Spiegel der deutschen Literatur, Frankfurt a. M. 1979, S. 128.

2 So z. B. im Fürstentum Nassau-Saarbrücken, im Herzogtum Pfalz-Zweibrücken und im Fürstbistum Speyer; vgl. hierzu Berding, Helmut (Hrsg.): Soziale Unruhen in Deutschland während der Französischen Revolution, Göttingen 1988, S. 29, 51, 80ff., 85ff. Vgl. auch Roegele, Otto B.: Wendelin Thierry. Bruchsaler Chronik 1581-1797, in: Zeitschrift für Geschichte des Oberrheins 96 (1948), S. 392f., wo die 18 Beschwerdepunkte aufgeführt werden, die Stadtrat und Bürgerschaft der Stadt Bruchsal am 18. September 1789 an den Speyerer Fürstbischof gerichtet haben; ebd., S. 393, sind die 21 „gravamina und petita" (Beschwerden und Forderungen) zitiert, die die Gemeinden Deidesheim und Niederkirchen am selben Tag übergaben.; hierzu auch Kempf, a.a.O., S. 127-160. Am 13. September 1789 wurden in der Gemeinde Achern 24 Beschwerdepunkte zusammengestellt; s. Pillin, a.a.O.; s. im Übrigen auch die Hinweise auf Beschwerdehefte in der Markgrafschaft Baden in der nachfolgenden Quelle; zu dem Cahier de Doléance der damals französischen Stadt Landau/Pfalz, s. Müller, Wolfgang: Landaus Weg in die Französische Revolution, in: Mitteilungen des Historischen Vereins der Pfalz 86 (1988), v. a. S. 165ff. Es sind zwar keine Auszüge aus deutschen Cahiers de doléance, die Erich Schneider liefert, sondern Gravamina (Beschwerden), die er in verschiedenen autobiographischen Schriften über die Pfalz aus den 1790er Jahren aufgespürt hat und die den in den Cahiers genannten Beschwerden vergleichbar sind; s. Schneider: Der Revolutionskrieg, a.a.O., S. 133-189, v. a. S. 150ff. Dieser äußerst materialreiche Aufsatz bietet weit mehr, als sein Titel zum Ausdruck bringt!

aus der Ende Oktober 1789 an das Hochstift Speyer gerichteten Beschwerdeschrift der bei Bruchsal (Baden; damals zum Fürstbistum Speyer gehörend) gelegenen Gemeinde Neuthard zitiert. Auffallend ist, dass Forderungen nach politischer Partizipation über jene Mitspracherechte hinaus, die bereits existierten, offensichtlich nicht erhoben wurden. Es sind die unzähligen Frondienste, also jene Dienstleistungen, die dem Herrn ohne Bezahlung zu erbringen waren, und hier besonders die neu auferlegten bzw. neu eingeführten Fronden, die als besonders belastend angesehen wurden. Im Einzelnen beschwerten sich die Einwohner dieser Gemeinde:

1) Über Entziehung alter Gerechtigkeiten und Freiheiten durch herrschaftliche Obergewalt mit der Stadt Bruchsal, wo jetzt nicht einmal mehr ein vermöglicher [vermögender] Bürgersohn zum Stadtbürger angenommen werde.
2) Bedrückung durch viele und harte Fuhr- und Handfronden (Haberfuhren etc.) [Haber = Hafer]
3) Fronden sogar an Sonn- und Feiertagen
4) das viele neuaufgelegte Heumachen
5) das viele Dungladen und Düngen [...]
6) die neueingeführten Rübenfronden zu Altenbürg [...]
8) die vielen Jagdfronden, Fuchs- und Dachsgraben
9) das viele Büchel- [Bucheckern] und Eichellesen (Viehmast)
10) Holzfuhren für die Herrschaft und Dienerschaft [Beamten der Herrschaft] [...]
13) Verminderung der Allmenden [...]
16) Auflage der Rheinbaukosten
17) Erhöhung der Schatzung[1] [...]
18) die unnützen Schulprämien
20) Besoldung des Landphysikus [Landarztes]

Aus: Voss, Jürgen: Soziale Unruhen im rechtsrheinischen Teil des Hochstifts Speyer im Zeitalter der Französischen Revolution, in: Helmut Berding (Hrsg.): Soziale Unruhen in Deutschland während der Französischen Revolution, Göttingen 1988, S. 85

2.10.2 Bauern in Sachsen (Juni 1790)

Die Nöte der bäuerlichen Bevölkerung wurden nicht nur in Beschwerdebriefen festgehalten, sondern fanden ihren Niederschlag auch in Flugblättern in Versform, in Volksliedern und Gedichten. Das nachstehende Gedicht entstand im Juni 1790 während der Jagdunruhen im sächsischen Wehlen.

---

1 „Schatzung" bezeichnet eine direkte Steuer, die von einer Gemeinde als Ganzes (ursprünglich nur in Notfällen) gezahlt werden musste. Der aufzubringende Betrag konnte von der Gemeinde auf ihre Steuerpflichtigen umgelegt werden.

Ihr Bauern hier im Sachsenland
Erlegt das Wild mit eigner Hand.
Ihr tötet Hirsche, Reh' und Schwein,
Ein jeder spricht: die Jagd ist mein.
Ihr waget Leben, Gut und Blut,
Woher nehmt ihr doch diesen Mut?
Ihr sprecht: man hört nicht unser Klagen,
Wenn wir es gleich dem Fürsten sagen.
Das Wild verwüstet Feld und Saat,
Ob wir gleich wachen früh und spat.
Viel Steuern haben wir zu geben,
Kind und Gesinde wollen leben,
Drum machen wir uns selber Jagd,
Wir haben's Recht, ganz ungefragt,
Denn Gott, der unsre Würde kannte,
Bei Adam dort uns alle nannte:
Herrsch über Vieh im Wald und Feld,
Ich schuf's zu eurem Unterhalt,
Ihr mögt die Tiere schlachten und essen,
Und meine Liebe nicht vergessen.
Hier liest man nichts von Sklaverei,
Ein jeder Mensch soll herrschen frei,
Freiheit ist ihm von Gott gegeben,
Darüber lässt er Leib und Leben.
Wir schreiben uns von Adam her,
Wer ist, der nicht von Adam wär.
Komm[t] her, ihr stolzen Edelleute,
Wir haben Gottes Wort zur Seite.

Aus: Richter, Birgit: Wirkungen der Französischen Revolution auf das Leipziger Territorium, in: Archivmitteilungen 39 (1989), Heft 3, S. 74

2.10.3 Warnung vor Aufruhr in Baden – ein Straßenplakat (September 1789)

In Deutschland, und hier vor allem in den grenznahen Territorien am Rhein, beobachteten die Regierungen mit Sorge die Umwälzung, die sich seit dem Sommer 1789 in Frankreich vollzog. Um der Bevölkerung die Konsequenzen vor Augen zu führen, die etwaigen Aufrührern im Lande für den Fall drohten, dass sie Veränderungen wie in Frankreich herbeiführen wollten, veranlasste der Geheime Rat, die Regierung der Markgrafschaft Baden, bereits im September 1789 die Abfassung eines „der Erhaltung der öffentlichen Ordnung dienlichen Placats", das an sämtliche Oberämter zur öffentlichen Plakatierung geschickt wurde. Diese Präventivmaßnahme wurde auch außerhalb Badens wahrgenommen und im „Journal von und für Deutschland" veröffentlicht. Offensichtlich sah man in dieser Maßnahme ein geeignetes Mittel, um einer Radikalisierung der Bevölkerung vorzubeugen. Bemerkenswert an diesem Text erscheint ferner die genaue Beschreibung des Rechtsweges für Beschwerden: Er ist nicht ausgeschlossen für Anliegen, die in den Augen des Markgrafen berechtigt waren. Verboten werden aber alle Beschwerdeabsichten, hinter denen eine Gruppe von Menschen stand bzw. solche Beschwerden, die auf Versammlungen oder von ganzen Gemeinden abgefasst wurden.

Hier der Text des Plakats mit der Überschrift „Warnung der Badischen Regierung vor Aufruhr":

Das üble Beispiel der französischen Nachbarschaft wollte auch hie und da diesseits des Rheins ansteckend werden und hat bei den landsässigen Klosteruntertanen und einigen anderen Gemeinden schon um sich greifen wollen. Unser Markgraf hat daher seine Untertanen vor diesem Gräuel durch anliegendes Plakat, welches von den Kanzeln abgelesen und überall angeschlagen worden [ist], warnen lassen.

Wir Karl Friedrich von Gottes Gnaden Markgraf zu Baden [folgen seine weiteren Titel] fügen hiermit jedermänniglich zu wissen: Da bei Unseren landesväterlichen Gesinnungen gegen alle Unsere Untertanen Uns nichts unangenehmer fällt, als wenn Wir gegen einen und den anderen mit Strafen vorzugehen uns genötigt sehen, Wir jedoch zugleich dasjenige, was zur Erhaltung der gemeinen Sicherheit, Ruhe und Ordnung, somit zur Behauptung des Uns dazu von Gottes Vorsehung anvertrauten Regentenamtes erforderlich ist, nie aus den Augen lassen können noch werden: So finden Wir diesen unseren Gesinnungen und der Uns obliegenden Regentenpflicht gemäß, durch gegenwärtiges aller Orten anzuschlagendes Patent [öffentliche Verlautbarung des Herrschers] jedermann bei derzeitigen Zeitläuften zu warnen, dass er durch allerlei einschleichende Verführung sich zu Handlungen nicht hinreißen lasse, welche die bürgerliche Ruhe und Ordnung stören und ihn selbst in die schwere Strafe stürzen, welche nach Verschiedenheit des Falles durch Unsere bestehende Gesetzgebung darauf geordnet sind.

Wir glauben diese wohlgemeinte Warnung und landesväterliche Ermahnung nicht wirksamer tun zu können, als wenn Wir jedem hierin die schon längst vorhin [früher] von Uns und Unseren Vorfahren in der Regierung für die Sicherheit der bürgerlichen Verfassung nötig befundenen Gesetze ins Gedächtnis zurückrufen.

Im Folgenden werden die schon früher erlassenen und noch gültigen Gesetzesbestimmungen aufgelistet.

I.) Dass jeder Zusammenlauf oder Aufruhr, er möge gegen Uns, Unsere Kollegien, Beamte oder andere Unserer Diener, Ortsvorgesetzte oder Gerichte und Räte und deren Amtsversehung geschehen, nach Beschaffenheit der Bosheit an den Rädelsführern an Leib und Leben, an anderen, die sich mit verführen lassen, an Leib oder Gut gestraft werden. [...]

III.) Dass gleichergestalt diejenigen, welche Gefangene denen abnötigen, welchen sie zu bewahren übergeben sind und dadurch verursachen, dass sie entkommen, mit der gleichen Strafe, die der Gefangene verdient gehabt [hat], belegt oder, da es in Form eines Aufruhrs gegen die Obrigkeit geschähe, an Leib und Leben gestraft werden sollen. [...]

IV.) Dass hinfürter [zukünftig] niemand bei Straf an Leib und Gut einige Gemeind oder Versammlung halten noch dazu Rat und Hilfe tun solle, es geschehe denn auf vorgängige [vorherige] ober- und amtliche Erlaubnis unter Direktion [Leitung] von Gericht und Rat. Zu näherer Aufklärung aller dieser Schuldigkeiten haben Wir selbst unter dem 23. September 1779 festgesetzt,

V.) a) dass diejenigen, die sich den Befehlen obrigkeitlicher Personen tätlich widersetzen, mit der Zuchthausstrafe,

b) diejenigen, die auf Erfordern zur Handfestmachung [Mithilfe bei der Festnahme] einer Person nicht hilfreiche Hand leisten, mit harter Leibesstrafe belegt,

c) diejenigen, die bei einem solchen Vorfall müßige Zuschauer sind und nicht gleich nach Hause gehen, mit Geld- oder Leibesstrafe angesehen,

d) über [all]gemeine Angelegenheiten nicht anders als in gesetzmäßiger Versammlung beratschlagt, mithin

e) bei schwerer Leibesstrafe keine heimlichen Zusammengelobungen und Unterschriften gesammelt werden, auch wenn

f) in Privatangelegenheiten 10 oder mehr Personen miteinander ratschlagen wollen, solches nicht ohne Wissen und Aufsicht des Ortsvorgesetzten geschehen solle. Damit auch

VI.) Niemand durch unverständige Ratgeber oder Schriftverfasser gegen seine Absicht in den Verdacht ordnungswidriger Handlungen komme, so sind die Untertanen angewiesen, sich zu ihren Geschäften und Vorstellungen des Rats der im Land geordneten [eingesetzten] Amts- und Gerichtsschreiber oder Advokaten, nicht aber anderer unberechtigter Personen zu bedienen. [...]

VII.) Da aber Wir dermalen [jetzt] wahrnehmen, dass hie und da Gemeinden sich eigenmächtig versammeln und vorgebliche Beschwerden in einer Schrift zusammentragen[1], worin sie alles dasjenige, was ihnen an der zum Teil seit langen Jahren bestehenden Einrichtungen unangenehm oder beschwerlich dünkt, zu einer von Uns verlangenden Änderung vorbringen wollen, welches [...] ein Eingriff und [eine] Antastung Unseres obrigkeitlichen Amtes und [unserer] Würde ist, vermöge deren nur Uns und nicht den Untertanen zusteht [...], so verordnen Wir, dass dieses Beginnen [Vorhaben] künftighin unterbleiben solle, wie denn Wir selbst oder durch Unsere Kollegien dergleichen zusammen gelesenen Beschwerdehefte künftig weder annehmen lassen noch Resolution [Beschluss, Entscheidung] darauf erteilen, vielmehr gegen die Verfasser und Teilnehmer mit den nach obigen Gesetzen gebührenden Strafen verfahren lassen werden. Hingegen bleibt ferner, wie bisher, jedem Untertan und jeder Gemeinde frei, wenn eine Anordnung oder Einrichtung bei ihr gemacht wird, wogegen sie mit Recht sich beschweren zu können glauben und wogegen ihr von der in gebührender Ordnung zuerst anzugehenden unteren Stelle das Gehör versagt würde, bei unserer Regierung oder anderen Kollegien [etwa: Behörden], von welchen die Verordnung etc. ergangen ist, und, wenn sie auch durch deren Resolution beschwert zu sein glaubte, bei Uns selbst in geziemender Untertänigkeit Vorstellung [Widerspruch, Beschwerde, Gegendarstellung] also zu machen, dass jedoch die betreffenden Personen bei demjenigen, was alsdann auf von Uns genommene nähere [genauere] Einsicht und Prüfung ihrer Beschwerden von Uns resolviert [entschieden] wird, [...] sich beruhigen, mithin ohne alle weitere Widerrede und tätige Entgegenhandlung dem, was von Unsertwegen darauf beschlossen werden wird, in schuldiger Ruhe und Gehorsam Folge leisten müssen. Niemals aber sollen auch in dem Fall solcher ordnungsmäßigen Vorstellungen

VIII.) die Gemeinden in Corpore [in geschlossener Gruppe, insgesamt] oder durch zahlreiche Ausschüsse bei Uns oder Unseren Dicasterien [Landesbehörden; Gerichtshöfe] sich einfinden, womit ohne allen Nutzen ihre Zeit versäumt und unnützes Aufsehen erregt wird, sondern sie haben nur zwei, höchstens drei Deputierte [Beauftragte] dazu abzuordnen, welche [...] sich zu legitimieren haben, bei Vermeidung sonst nicht vorgelassen noch angehört oder nach Befinden an Leib oder Gut gestraft zu werden.

1 Diese Anspielung bezieht sich auf die Beschwerdehefte, wie sie in einigen deutschen Territorien in Anlehnung an die französischen Cahiers de doléance zusammengestellt wurden; zu den deutschen Beschwerdeheften s. S. 150f.

IX.) Da der Trunk wie der Zorn nicht tut, was vor Gott recht ist, so ermahnen Wir besonders zu dermaliger [jetziger] Zeit alle Unsere Untertanen, sich davor zu hüten, vornehmlich aber sollen die Wirte keinem, an dem man einiges Übermaß von Wein schon spürte, mehr zu trinken geben, auch überall keine Zusammenkünfte, wobei mehr als zehn, höchstens 12 Personen bei ihnen sich versammeln, bis auf weitere Verordnung dulden, ohne bei befindender Notwendigkeit und Unbedenklichkeit von dem Vorgesetzten erlangte Erlaubnis [...], widrigenfalls willkürlich scharfe Strafe sich zu gewärtigen ist.

Gegeben, Karlsruhe, den 7. September 1789

Carl Friedrich Markgraf zu Baden

Freiherr von Gayling [Geheimer Rat]

Aus: Journal von und für Deutschland 6. Jg. (1789), 9. Stück, S. 389-292; aus: Schulze, Olaf: Rebellen oder Unterthanen? Pforzheim zur Zeit der Französischen Revolution 1789-1794, Pforzheim 1995, S. 102-105

2.10.4 Beschwerden des Dritten Standes (Oktober 1792-1794)

In vielen Teilen Deutschlands „gärte" es schon vor Ausbruch der Französischen Revolution. In einigen Fällen haben die Nachrichten, die ab Mitte 1789 aus Frankreich über den Rhein drangen, die bereits im Gange befindliche „Gärung" noch verstärkt. Man nahm hierzulande zur Kenntnis, dass die Abschaffung des alten Feudalsystems, wie sie im August 1789 in Frankreich verwirklicht wurde, mit seinen den Dritten Stand außerordentlich bedrückenden Besteuerungen keine Utopie bleiben musste.

Im Fürstbistum Paderborn, wo seit 1788 Franz Egon von Fürstenberg (1737-1825) als Fürstbischof (zugleich von Hildesheim) regierte, hatte es schon vor 1789 Äußerungen des Unmuts des Dritten Standes (vor allem der Stadtbürger) gegeben. In den Versammlungen der Landstände versuchten diese die dort herrschende Dominanz von Adel und Klerus zu brechen. Im Jahr 1788 warfen die Stadtbürger den beiden anderen Ständen vor, diese würden ihr Übergewicht stets dazu nutzen, „über den Beutel des dritten Standes herzugehen."[1] Angesichts der Schulden, die seit dem Siebenjährigen Krieg auf dem Fürstbistum lasteten, sei es nicht länger tragbar, dass die Güter, die sich in der Hand der Ritterschaft befanden, keine Steuern zahlten. Früher sei deren Befreiung von der Steuer noch akzeptabel gewesen, da die Ritter (die Adligen) den Kriegsdienst für das Vaterland versahen. Dies sei aber nicht mehr der Fall, seitdem auch diese ursprüngliche Aufgabe der Ritter vollständig vom Dritten Stand getragen würde. „Wenn man bedenke, dass der Adel, die Klöster und die übrige Geistlichkeit zwei Drittel des Hochstifts besäßen, müsse man diese einseitige Lastenverteilung als schreiendes Unrecht bezeichnen." Jetzt, zu Beginn der 1790er Jahre, verschärfte sich die Lage im Fürstbistum noch dadurch, dass der Krieg gegen Frankreich neue finanzielle Belastungen brachte. Das Fürstbistum konnte kaum noch die Zinsen für den Schuldendienst aufbringen. Kurzum, es drohte der Staatsbankrott. Als dann noch Missernten und Viehseuchen hinzukamen, sah sich die Be-

1 Hierzu und zum Folgenden: Keinemann, Friedrich: Unruhen und Krisen im Fürstbistum Paderborn am Ende des 18. Jahrhunderts, in: Westfälische Zeitschrift 118 (1968), S. 339-362; Zitat S. 344.

völkerung außerstande, ihrer Steuerpflicht nachzukommen und bat um einen Aufschub der Zahlungen. Am 31. Oktober 1792 legte der Dritte Stand eine Beschwerdeschrift vor. Darin war zu lesen:

Die Untertanen eines Stifts bleiben immer gedrückt, wenn darin die Geistlichkeit und der Adel das Übergewicht hat und von allen Abgaben und Beiträgen zum Allgemeinen frei, sogar überdies unter dem Deckmantel der Freiheit allerhand Unterschleife [Unterschlagung, Betrug] macht. (S. 345)

Von der Stadt Paderborn heißt es in dieser Schrift, dass nahezu ein Drittel der Einwohner Geistliche seien, die nicht das Geringste zur Bestreitung der öffentlichen Ausgaben beitrügen.

Diese Bedrückung vergrößert sich dermalen [gegenwärtig] dergestalt, dass, wo solcher kein Einhalt geschieht, die Stadt sowohl als die Bürgerschaft völlig untergehen muss.

Nur wenn unterschiedslos von allen Bürgern Steuern bezahlt würden und keine Steuerbefreiung mehr erfolgte, wäre ein Ausweg aus dieser Situation möglich. Ansonsten sei die Lage der steuerpflichtigen Paderborner Bürger trostlos.

Der Bürger muss sich das ganze Jahr hindurch quälen, dass er seine Länderei mit Früchten bestelle; kommen sie zur Reife, so tritt schon der Zehntherr hervor und nimmt den Zehnten davon; sind die Früchte eingeheuert [in die Scheunen eingebracht], so muss schon auf die Ablieferung der Pacht Bedacht genommen werden sowie auch wegen Entrichtung der Schatzungen [direkte Steuern] davon. Ein jeder Acker ist also mit 3fachen Lasten beschwert, hingegen die Zehnt- und Gutsherren empfangen all dieses, ohne den mindesten Beitrag zu dem Allgemeinen zu leisten. Ja, dieses nicht allein, sondern sogar alles, was die Geistlichkeit und der Adel herein- und herauskommen lassen, soll frei heraus- und hereingehen.[1]

In der Beschwerdeschrift folgt daraus die Drohung, dass „verdrießliche Auftritte zu befürchten" seien, wenn es nicht bald zu einer gerechteren Lastenverteilung käme. Tatsächlich wurde in Paderborn bald darauf eine Pappel als Freiheitsbaum aufgestellt. Daran war ein Zettel angebracht, auf dem zu lesen war: „Liebe Bürger! Schüttelt endlich euer Joch von euch und schwört bei diesem Baum, frei zu sein." Die Auflehnung des Dritten Standes hatte Erfolg: „Unter dem Druck der revolutionären Begebenheiten fanden sich indes die privilegierten Stände nunmehr bereit, einen Beitrag zur Steuerlast zu leisten. Mehr noch, für zwei Jahre wurden sogar die pflichtigen Stände von der Kopfschatzung [Personalsteuer] befreit" (S. 348). Zu Beginn des Jahres 1793 wurde auf dem Landtag des Fürstbistums Paderborn diese zunächst einmalige Regelung auf Dauer gestellt. Geistlichkeit und Adel bekundeten dem Dritten Stand:

So angenehm es ist, von seinen Mitbürgern nicht verkannt zu werden, so lebhaft war das Vergnügen, welches beide vorsitzenden Stände hierüber empfanden; so willfährig werden sie sich auch nun erweisen, gemeinschaftliche Lasten, welche der bevorstehende Krieg erheischt, nach Billigkeit gemeinschaftlich zu tragen und dadurch dem 3. Stande tätig zu beweisen, dass die echten teutschen Männern angeborenen Gesinnungen ihrer Väter bei den Nachkommen, Enkeln und Urenkeln, nicht gestorben sind. (S. 348f.)

Im Jahr 1794 haben dann Geistlichkeit und Adel endgültig auf das Privileg der Steuerfreiheit ihres Grundvermögens verzichtet. Durch diese für den Dritten Stand positive Wende war dessen Op-

1 Gemeint ist wohl, dass die Genannten die Produkte zollfrei ein- und ausführen können.

positionsgeist aber nicht erloschen. Ganz im Gegenteil! In einem Schreiben vom 21. Februar 1798 berichtete der preußische Resident in Lippstadt über die Verhältnisse im Fürstbistum Paderborn:

Die Bauern hier im Lande sind alle zu sehr aufgeklärt, haben bei diesen kriegerischen Zeiten Geld gewonnen, und dieses macht Mut; lesen Zeitungen, lassen sich in Branntweinkrügen, was Neues in der Welt passiert, erzählen; der eine wiegelt den andern auf, und so entstehen dann böse Folgen." (S. 350)

Keinemann, Friedrich: Unruhen und Krisen im Fürstbistum Paderborn am Ende des 18. Jahrhunderts, in: Westfälische Zeitschrift 118 (1968), S. 339-362

2.10.5 Ein Freiheitsfest in Hamburg (14. Juli 1790)

Dass die Befürchtungen der deutschen Fürsten, aus Frankreich könnte unerwünschtes Gedankengut nach Deutschland herüberschwappen und auf die Bevölkerung Einfluss gewinnen, nicht unberechtigt waren, zeigt die Revolutionsfeier, die am ersten Jahrestag des Bastillesturms 1790 in Hamburg stattfand. Die nachstehende Quelle ist ein Beweis dafür, dass die Französische Revolution in Deutschland durchaus Resonanz gefunden hatte. Dass gerade in Hamburg ein Jahr nach dem Sturm auf die Bastille ein „Freiheitsfest" gefeiert wurde, erstaunt nicht. Denn in dieser Stadt, die keine Adelsherrschaft kannte, gab es republikanisch und demokratisch gesinnte Menschen, die den Umsturz in Frankreich im Jahr zuvor und sicher auch die seitdem vollzogenen Veränderungen begrüßt haben. Die Initiative zu diesem Fest war von dem Hamburger Kaufmann Georg Heinrich Sieveking (1751-1799) ausgegangen und fand auf seinem Landsitz in Hamburg-Harvestehude statt. Dieser hatte zu dem Fest eine große Zahl Gleichgesinnter zusammengerufen. Sieveking, ein Anhänger der Aufklärung, besaß in Hamburg zusammen mit einem Kompagnon eines der größten Handelshäuser. Seine Frau führte einen literarischen Salon. Die Radikalisierung der Revolution mit der Hinrichtung König Ludwigs XVI. brachte Sieveking, der zuvor – wie das unten stehende Lied zeigt – ein erklärter Freund der Revolution gewesen ist, in Erklärungsnot. Als man ihn als Jakobiner denunzierte, antwortete er mit einer öffentlichen fünfzehnseitigen Rechtfertigungsschrift „An meine Mitbürger" (1793), in der er bestritt, dass er den Tod Ludwigs freudig begrüßt hätte. Zugleich verurteilte er die Auswüchse der Revolution, ohne indes seine aufklärerischen Prinzipien aufzugeben.

Der Autor des nachstehenden Briefes an seine Tochter war Adolph Freiherr Knigge (1752-1796), der den meisten Menschen heute als Autor des „Knigge" bekannt ist. „Der Knigge" – der richtige Titel des Buches lautet „Über den Umgang mit Menschen" – ist erstmals 1788 erschienen und gilt als Benimmratgeber oder Anstandsfibel, das es aber nicht ist, jedenfalls nicht in erster Linie. Der Titel der ersten englischen Übersetzung des Buches macht deutlich, worum es in dem Buch in erster Linie geht: „Practical Philosophy of Social Life: Or the Art of Conversing with Men".

Knigge war wie viele der deutschen Revolutionsfreunde Mitglied verschiedener Freimaurerlogen und des Illuminatenordens, in denen aufklärerisches Denken stark verbreitet war. Seine Sympathie für die Französische Revolution verwundert daher nicht. Knigge war Teilnehmer des Hamburger Revolutionsfestes.

Hamburg Donnerstag den 15ten Julius 1790.
Gestern, meine liebste Philippine! habe ich zwey Briefe von Dir erhalten, als ich eben von einem herrlichen, schönen Feste nach Hause kam. Es war ein Freiheitsfest, zu Ehren der französischen Revolution. Es wurde außer[halb] der Stadt gefeyert; Alles, was von rechtlichen, für Freiheit warmen Leuten in Hamburg lebt, war zugegen, kein Edelmann, außer mir, dem Grafen Dohna[1] und Ramdohr aus Celle[2], und kein Fürstenknecht war dazu eingeladen. Alle Frauenzimmer waren weiß gekleidet und trugen weiße Strohhüte mit dem National-Bande, wovon ich Dir hier eine Probe schicke, auch Schärpen und Ordensbänder davon. Die Damen gaben dann auch den Herrn Stücke von diesem Bande. Als ich mein Stückchen erhielt, machte ich meinen Orden los und heftete statt dessen dies Band an, welches allgemeinen Beyfall fand. Wir hatten auch Music. Ein Chor von Jungfrauen, die musicalisch waren, sang ein dazu verfertigtes Lied [s. u], wovon der Refrain von uns allen wiederholt wurde. Wir blieben von 10 Uhr des Morgens an den ganzen Tag zusammen. Die drey schönsten jungen Weiber sammelten für die Armen. Klopstock las zwei neue Oden. Bey Abfeuerung der Canonen, Music und lautem Jubel wurden Gesundheiten getrunken, unter andern: auf baldige Nachfolge in Teutschland, Abschaffung des Fürsten-Despotismus pp. Vor und nach Tische wurde getanzt. – Es war ein herrlicher Tag und es wurde manche Thräne der Rührung vergossen. Alle Americaner, Engländer, Franzosen und Schweizer, die hier sind, waren dazu eingeladen. Ein gewisser Kaufmann Sieveking hatte das Lied gemacht, welches abgesungen worden ist.

Aus: Knigge, Adolph Freiherr: Ausgewählte Briefe, in: Ausgewählte Werke in zehn Bänden, hrsg. v. Wolfgang Fenner, Bd. 10, Hannover 1996, S. 79f.

Bei dem im Brief Knigges genannten Lied handelte es sich um das nachstehende Gedicht von Sieveking, das vertont worden war:

Freie Deutsche, singt die Stunde,
Die der Knechtschaft Ketten brach
Schwöret Treu' dem großen Bunde,
Unsrer Schwester Frankreich nach!
Eure Herzen sei'n Altäre
Zu der hohen Freiheit Ehre!
Chor: Laßt uns großer Tat uns freun,
Frei, frei, frei und reinen Herzens sein!

Fünfundzwanzig Millionen
Feiern heut das Bundesfest,
Das nur der Despoten Thronen
Und die Sklaven zittern läßt.
Gute Bürger, gute Fürsten
Läßt's nach höh'rer Tugende dürsten!
Chor: Laßt uns usw.

Aus: htpp://de.wikipedia.org/wiki/Georg_Heinrich_Sieveking (23.11.2010); weitere Strophen bei Hans-Werner Engels (s. Bibliografie)

---

1 Friedrich Ferdinand Alexander Graf von Dohna-Schlobitten (1771-1831), preußischer Staatsmann und Politiker, wurde 1808 Nachfolger des Freiherrn vom Stein als Innenminister, der auf Druck der Franzosen entlassen worden war.

2 Friedrich Wilhelm Basilius von Ramdohr (1757-1822), Oberappellationsrat in Celle, Diplomat, Schriftsteller und Kunstkritiker. Das Oberappellationsgericht in Celle war das höchste Gericht des Kurfürstentums Hannover. Es erstaunt, dass Ramdohr an diesem Fest teilnahm und von Knigge als „kein Fürstenknecht" bezeichnet wurde, wo Ramdohr doch nur ein halbes Jahr nach diesem Fest einen Aufsatz in der Berlinischen Monatsschrift vom Februar 1791 veröffentlichte, in dem er das Vorrecht des Adels auf Beamtenstellen verteidigte.

2.10.6 Propaganda für eine Revolution in Deutschland (August 1791)

Französische „Konstitutionsfreunde“ versuchten im August 1791 die Ideen der Revolution nach Deutschland hinüberzutragen. Die Flugschrift mit dem Titel „Letzter Ruf der frey gewordenen Franken an die unterdrückten Deutschen“ wurde von Straßburg aus in großer Zahl in der Markgrafschaft Baden, in der Pfalz und in den Territorien am Mittelrhein verbreitet. Die Deutschen werden aufgefordert, es den Franzosen gleichzutun und ihre Sklavenketten zu zerbrechen.

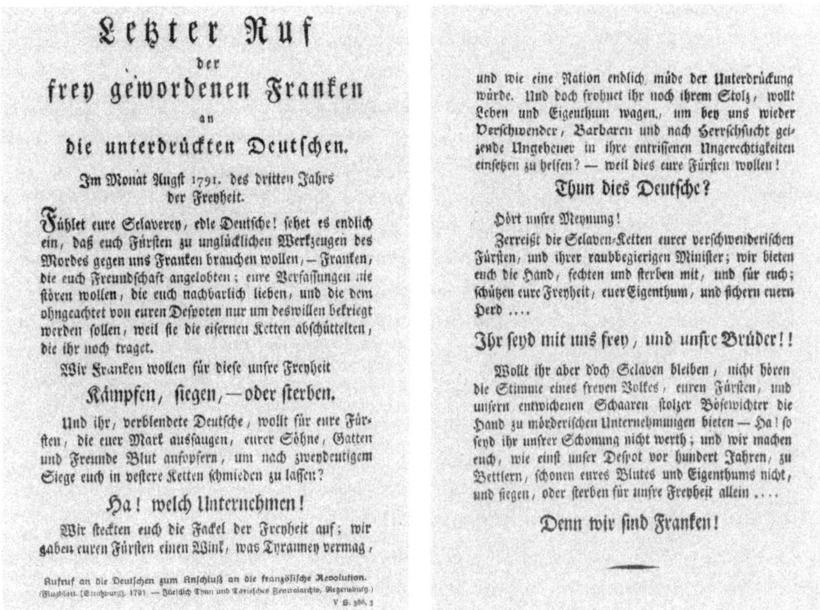

Letzter Ruf
der
frey gewordenen Franken
an
die unterdrückten Deutschen.

Im Monat Augst 1791. des dritten Jahrs der Freyheit.

Fühlet eure Sclaverey, edle Deutsche! sehet es endlich ein, daß euch Fürsten zu unglücklichen Werkzeugen des Mordes gegen uns Franken brauchen wollen, – Franken, die euch Freundschaft angelobten; eure Verfassungen nie stören wollen, die euch nachbarlich lieben, und die dem ohngeachtet von euren Despoten nur um deswillen bekriegt werden sollen, weil sie die eisernen Ketten abschüttelten, die ihr noch traget.

Wir Franken wollen für diese unsre Freyheit

Kämpfen, siegen, – oder sterben.

Und ihr, verblendete Deutsche, wollt für eure Fürsten, die euer Mark aussaugen, eurer Söhne, Gatten und Freunde Blut aufopfern, um nach zweydeutigem Siege euch in vestere Ketten schmieden zu lassen?

Ha! welch Unternehmen!

Wir steckten euch die Fackel der Freyheit auf; wir gaben euren Fürsten einen Wink, was Tyranney vermag, und wie eine Nation endlich müde der Unterdrückung würde. Und doch frohnet ihr noch ihrem Stolz, wollt Leben und Eigenthum wagen, um bey uns wieder Verschwender, Barbaren und nach Herrschsucht geizende Ungeheuer in ihre entrissenen Ungerechtigkeiten einsetzen zu helfen? — weil dies eure Fürsten wollen!

Thun dies Deutsche?

Hört unsre Meynung!

Zerreißt die Sclaven-Ketten eurer verschwenderischen Fürsten, und ihrer raubbegierigen Minister; wir bieten euch die Hand, fechten und sterben mit, und für euch; schützen eure Freyheit, euer Eigenthum, und sichern euern Herd ....

Ihr seyd mit uns frey, und unsre Brüder!!

Wollt ihr aber doch Sclaven bleiben, nicht hören die Stimme eines freyen Volkes, euren Fürsten, und unsern entwichenen Schaaren stolzer Bösewichter die Hand zu mörderischen Unternehmungen bieten — Ha! so seyd ihr unsrer Schonung nicht werth; und wir machen euch, wie einst unser Despot vor hundert Jahren, zu Bettlern, schonen eures Blutes und Eigenthums nicht, und siegen, oder sterben für unsre Freyheit allein ....

Denn wir sind Franken!

Aufruf an die Deutschen zum Anschluß an die französische Revolution.
(Flugblatt [Straßburg], 1791 — Fürstlich Thurn und Taxisches Zentralarchiv, Regensburg.)
V S. 386, 3

Aus: Markov, Walter Markov/Soboul, Albert: 1789. Die Große Revolution der Franzosen, Köln 1989, S. 127

2.10.7 Über „Regungen des Freiheitsgefühls“ in Revolutionen (1791)

Die nachstehende Textpassage entstammt einem längeren Aufsatz zum Thema „Philosophische Zergliederung des Endzwecks der Erziehung des Menschen“. Der nicht genannte Autor, wahrscheinlich handelt es sich um den evangelischen Theologen, Pädagogen und Reformer Heinrich Stephani (1761-1840), beschreibt im dritten Kapitel dieses Aufsatzes unter der Überschrift „Über die Erziehung des Menschen als Bürger eines Staates“ die Defekte der damals praktizierten Erziehung der Jugend.

Man überblicke die europäische Staatengeschichte, und auch da wird man in jeder Epoche Regungen des Freiheitsgefühls finden, welche so oft gewaltsame Revolutionen hervorbrachten und dadurch unaufhörlich die Gruppengestaltung der Staaten unseres Weltteils veränderten. Auch in unseren Tagen haben wir solcher Auftritte genug erlebt, um im geringsten nicht mehr daran zweifeln zu können, dass dieses Gefühl der Menschheit weder durch den feinsten, den Menschen zu einem sklavisch denkenden Geschöpfe umschaffenden, noch durch den furchtbaren Despotismus, der stehende Heeren von Hunderttausenden zu befehlen hat, bisher hat vertilgt werden können.

Wir sind Feinde aller gewaltsamen Revolutionen, weil sie stets mit so traurigen Szenen begleitet sind und selten das erwünschte Gute bewirken. Welcher Menschenfreund sollte hierin nicht mit uns übereinstimmen, wenn er die schauderhaftesten Auftritte übersieht, welche die Stürzung des den blühenden Wohlstand einer großen Nation aufprassenden Despotismus in Frankreich begleiteten.

So sehr wir jedoch abgesagte Feinde solcher gewaltsamen Revolutionen und ihrer Beförderer sind, eben so sehr sind wir es auch von denen, welche das Freiheitsgefühl der Menschheit zu unterdrücken und auszurotten vergeblich bemüht sind. Denn eben diese Letzteren sind gerade die vornehmsten Beförderer derselben und folglich die Urstifter aller sie begleitenden Freveltaten, die alsdann eine durch drückende Sklaverei aufs Höchste gebrachte Volkswut verüben kann. Alle diejenigen, die jenes Freiheitsgefühl einzudämmen suchen, bewirken nichts mehr, als dass durch die Vergrößerung dieses Dammes der Strom des Entgegenstrebens der leidenden Menschheit desto mehr anschwillt, desto mehr Kraft sammelt und endlich den Damm kühn und stolz durchbricht und Städte, Dörfer und Länder in seiner wütenden Ergießung zerstört.

Aus: Archiv der Erziehungskunde für Deutschland, 1. Bd., Weißenfeld und Leipzig 1791, S.58f.

2.10.8 Ein katholischer Denker und Aufklärer

So wie es kritische Pädagogen gab, so gab es unter dem Einfluss der Aufklärung und in ihren freizügigen Äußerungen möglicherweise angestoßen durch die Französische Revolution auch kritische (katholische) Theologen. Ein entschiedener Vertreter dieser Richtung war Felix Anton Blau, der 1754 in der kurmainzischen Gemeinde Walldürn (heute: Nordbaden) als Sohn eines Bäckers zur Welt kam.[1] *Er studierte Theologie und wurde 1779 zum Priester geweiht. Während seines Studiums stieß er auf manche Gegebenheiten in der katholischen Kirche, die ihm missfielen: Der Absolutismus des Papstes, die Intoleranz der katholischen Kirche gegenüber anderen Bekenntnissen, Elemente mittelalterlichen Aberglaubens, die das Kirchenleben durchzogen usw. Mit seiner Dissertation „De regula fidei catholicae" („Über die Grundregel des katholischen Glaubens"), die 1780 in Mainz erschien, wandte er sich gegen die in der katholischen Kirche vorherrschenden Orthodoxie. Obwohl er seine darin niedergelegten Gedanken widerrufen musste, erhielt er 1781 doch einen Lehrstuhl für theoretische Philosophie (nicht etwa der katholischen Theologie) an der Universität Mainz. Zwei Jahre später trat er in die theologische Fakultät über. 1788 veröffentlichte er eine Schrift gegen den Aberglauben – eine Abrechnung mit dem verbreiteten Wunderglauben, der so ganz aufklärerischem Denken widersprach. Anfeindungen gegen Blau blieben nicht aus. Diese hinderten ihn aber nicht, Ende 1792*

1 Die Angaben zur Biographie Blaus nach: Schweigard, Jörg: Felix Anton Blau. Frühdemokrat, Theologe, Menschenfreund, Obernburg/Main 2007 (mit zahlreichen Quellen zur Lebensgeschichte Blaus und seiner Mitstreiter).

in die „Gesellschaft der Freunde der Freyheit und Gleichheit" (Jakobinerklub) einzutreten, die sich nach der Besetzung Mainz' durch französische Revolutionstruppen dort gebildet hatte. Im Frühjahr 1793 wurde Blau als Abgeordneter in den rheinisch-deutschen Nationalkonvent, dem ersten deutschen Parlament, gewählt. Obwohl er dort gemäßigte Ansichten vertrat und jegliche Gewalt gegen Andersdenkende ablehnte, allerdings ein entschiedener Verteidiger des Republikanismus war, wurde er nach der Liquidierung der Mainzer Republik durch preußische Truppen für knapp zwei Jahre in der Festung Königstein festgesetzt. Im Februar 1795 kam Blau frei und begab sich sogleich nach Paris, wo er zusammen mit deutschen Gleichgesinnten von Januar 1796 bis zum Sommer 1797 die vom Direktorium finanzierte Zeitung „Der Pariser Zuschauer" herausgab. Darin wird die Vereinigung der Rheinlande mit der französischen Republik propagiert. Nachdem Mainz Ende 1797 wieder von französischen Truppen besetzt worden war – die Stadt sollte dann bis 1814 französisch bleiben –, zog es ihn zurück nach Mainz, wo er noch für kurze Zeit eine Anstellung als Bibliothekar wahrnahm. Am 23. Dezember 1798 stirbt Felix Anton Blau. Auf die Erteilung der Sterbesakramente hat er verzichtet, zumal er bereits aus der Kirche ausgetreten war. Der nachstehende Text entstammt der Vorrede zu seinem Werk über die Unfehlbarkeit, das 1791 anonym erschienen war.

Ich habe diese Geschichte blos in der Absicht entworfen, um mich und andre katholische Theologen in den Stand zu setzen, das katholische System gründlich zu prüfen. Es kann bei aller Behutsamkeit und Unbefangenheit (denn ich hatte wirklich noch eine vorteilhaftere Idee von dem Ansehen der Kirche, als ich die Arbeit vornahm) doch sein, dass ich entweder die Data [etwa: die Einzelbelege], die ich sammelte, nicht genau gefasst oder die Resultate daraus nicht richtig gezogen habe; darum lasse ich mich gerne von Theologen, für die ich eigentlich geschrieben habe, belehren.

Ich kenne aber eine doppelte Klasse katholischer Theologen. Zur ersten rechne ich alle jene Steifgläubigen, die sichs noch nie erlaubt haben, irgendeinen Zweifel gegen den Katholizismus oder gegen ein katholisches Dogma im Ernst zu hegen; die sich zum Grundsatz gemacht haben, hübsch beim Alten zu bleiben und den ganzen Katholizismus, so, wie sie ihn aus ihrem Kompendium kennen lernten, für göttlich zu halten; die sich glücklich dünken und es als eine Gnade des Himmels ansehen, dass sie wegen ihres Unvermögens oder aus Trägheit von der so genannten Aufklärung noch nicht ergriffen und verpestet wurden; die stolz darauf sind, dass der Ruf ihre Orthodoxie[1] noch nicht angetastet hat. Diesen missgönne ich ihre Ruhe, sie gründe sich auf Mangel an Nachdenken oder auf Überzeugung [...]; ich bitte sie vielmehr, diese Geschichte, wodurch ihre Behaglichkeit wohl manchen unangenehmen Stoß leiden möchte, gar nicht zu lesen; aber dann muss ich mir auch von ihnen ausbitten, dass sie bei der Beurteilung dieses Werkes keine Stimme geben. [...]

Zu der anderen Klasse gehören jene katholischen Theologen, deren ich in dem katholischen Deutschland viele kenne und verehre, in deren Kopf und Herz die wohltätigen Wirkungen der Aufklärung gedrungen sind, die über Katholizismus und katholisches Dogma unbefangen und freimütig nachzudenken gewohnt sind. [...] Ich erkenne diese Männer für die einzig kompetenten Richter [des Buches], weil ich bei ihnen unbefangene Wahrheitsliebe voraussetze.

1 Rechtgläubigkeit im Sinne von Ablehnung jeglicher Weiterentwicklung und Anpassung des Glaubens an neu eingetretene politische, kulturelle und soziale Verhältnisse.

Diesen Männern kann auch ein Versuch, wie der meinige ist, gar nicht unerwartet kommen. Der Katholik, der selbst denkt, findet heutzutage zur Untersuchung der Frage: „Ist deine Kirche, die dir so viele und mancherlei Sätze als Glaubenswahrheiten mit einem so zuverlässigen Anspruch auf Unfehlbarkeit vorschreibt; die deinem Forsch[er]geist Grenzen setzt, über die er sich nicht hinauswagen darf; die deinem Nachdenken eine ganz einseitige Richtung gibt, wirklich befugt, dich so zu beschränken?" stärkere Aufforderungen als jemals. [...]

Auf einer Seite wird das freie, der menschlichen Vernunft so natürliche Forschen nach Weisheit und folglich auch im Ganzen die Aufklärung durch den kirchlichen Zwang gehemmt; da man sich doch aus philosophischen Grundsätzen überzeugt hat, dass die Summe der Religionswahrheiten nicht unveränderlich, nicht für jedes Menschenalter, nicht für jedes Individuum dasselbe sein müsse, nicht sein könne. Hieraus scheint zu folgen, dass diese Kirchenautorität nicht notwendig, ja nicht einmal nützlich sei. Auf der anderen Seite hat man Ursache genug, auf diese untrügliche Autorität misstrauisch zu sein, indem man findet, dass die Kirche oft Entscheidungen, ohne hinreichenden Grund zu haben, gewagt; oft bloße Schulmeinungen zu Glaubenssätzen erhoben; die vorher gestattete Freiheit zu denken widerrechtlich eingeschränkt habe. [...] Es haben zwar bisher denkende Theologen die kirchliche Unfehlbarkeit schon auf mancherlei Art zu beschränken gesucht. [...] Es ist aber nun dem durch Aufklärung geweckten Forschergeist zum Bedürfürfnis gewordenen, die Frage weiter zu verfolgen. [...]

Das heutige System der kirchlichen Unfehlbarkeit setzt voraus, dass die Kirche aus einer großen Gesellschaft bestehe, deren Regierungsverfassung entweder monarchisch oder aristokratisch-monarchisch sei. [...] Findet man in der ersten Gründung der christlichen Kirchen den Plan zu dieser Verfassung nicht, so ist die kirchliche Unfehlbarkeit wie die hierarchische Kirchenverfassung selbst aus zufälligen Ursachen, nicht aus einer göttlichen Anordnung entstanden. [...] Und wenn er [der Theologe] auf kirchliche Lehrsätze verfällt, die er weder in der Bibel, noch in der alten Tradition finden kann, so muss er berechtigt sein, den Schluss zu machen, dass die Kirche dabei die Entscheidungsgewalt usurpiert [sich widerrechtlich oder mit Gewalt angeeignet] habe.

Aus: Blau, Felix Anton: Kritische Geschichte der kirchlichen Unfehlbarkeit zur Beförderung einer freiern Prüfung des Katholizismus, Frankfurt a.M. 1791, S. III-X

2.10.9 Ein „Freiheitsausruf" aus Göttingen (November 1792)

In der Universitätsstadt Göttingen, aber nicht nur dort, hat es fast von Beginn der Französischen Revolution an eine, wie man damals zu sagen pflegte, „Gärung" unter den „heimlichen Freunden des französischen Freiheits- und Gleichheitssinnes" gegeben, die in offenen und verdeckten Sympathiekundgebungen für die französische Revolution, in sog. Pasquillen (Schmäh- und Spottschriften), politischen Pamphleten in Form von Flugblättern, im Tragen von Kokarden in den Farben blau-weiß-rot und in Anschlägen mit aufrührerischem Inhalt ihren Niederschlag fanden.[1] *Einem Staatsbediensteten hat man in Celle im November 1792 gar „eine rote Mütze mit der Inschrift*

1 Henkel, Anne-Katrin/Seeger, Christine/Zacharias, Elke: Göttingen – eine der Revolution ergebene Stadt? In: Schneider, Gerhard (Hrsg.): Kurhannover im Zeichen der Französischen Revolution. Personen und Ereignisse, Bielefeld 1990, S. 33-70.

Freiheit und Gleichheit vor die Haustür gesetzt"[1]*. Auch Drohungen, dass man mit Gewalt gegen die Obrigkeit vorgehen wolle, sind vorgekommen. Am 9. November 1792 meldete ein Polizeiaufseher, dass am Göttinger Rathaus und an der Universitätsapotheke der nachstehend abgedruckte Anschlag angeheftet gewesen sei. Die Bezugnahme auf Postulate der Aufklärungsphilosophen ist offensichtlich. Über den Vorfall wurde eine sich länger hinziehende Untersuchung angestellt, ohne dass man des Urhebers des Pasquills habhaft geworden wäre.*

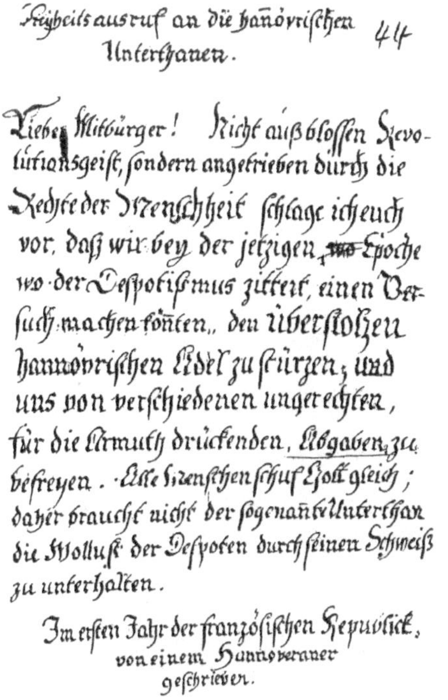
Freyheitsausruf an die hanövrischen Unterthanen. 44

Liebe Mitbürger! Nicht aus blossen Revolutionsgeist, sondern angetrieben durch die Rechte der Menschheit schlage ich euch vor, daß wir bey der jetzigen, ~~wo~~ Epoche wo der Despotißmus zittert, einen Versuch machen könten, den überstolzen hannövrischen Adel zu stürzen, und uns von verschiedenen ungerechten, für die Armuth drückenden, Abgaben zu befreyen. Alle Menschen schuf Gott gleich; daher braucht nicht der sogenante Unterthan die Wollust der Despoten durch seinen Schweiß zu unterhalten.

Im ersten Jahr der französischen Republick, von einem Hannoveraner geschrieben.

Transkription der abgebildeten Schmähschrift:

Freiheitsausruf an die hannövrischen Unterthanen

Liebe Mitbürger! Nicht aus blossen Revolutionsgeist, sondern angetrieben durch die Rechte der Menschheit schlage ich euch vor, daß wir bey der jetzigen Epoche wo der Despotißmus zittert, einen Versuch machen könnten, den überstolzen hannövrischen Adel zu stürzen, und uns von verschiedenen ungerechten, für die Armuth drückenden Abgaben zu befreyen. Alle Menschen schuf Gott gleich; daher braucht nicht der so genannte Unterthan die Wollust der Despoten durch seinen Schweiß zu unterhalten.

Im ersten Jahr der französischen Republick, von einem Hannoveraner geschrieben.

Aus: Schneider, Gerhard (Hrsg.): Das Kurfürstentum Hannover und die Französische Revolution. Quellen aus den Jahren 1791-1795, Hildesheim 1989, S. 89

1 S. Schneider: Das Kurfürstentum Hannover, a.a.O., S. 86.

2.10.10 Aufruf zur Erhebung (1792)

Friedrich Wilhelm von Schütz (1758-1834) studierte Rechtswissenschaften, betätigte sich aber in erster Linie als Schriftsteller. Nach Ausbruch der Revolution in Frankreich, die er im damals dänischen Altona erlebte, propagierte er u. a. in der Zeitschrift „Niedersächsischer Merkur", die nur wenige Monate bis zu ihrem Verbot erscheinen konnte (Juli 1792 bis Dezember 1792), die Ideen der Französischen Revolution. Schütz belässt es aber nicht, wie etwa einige idealistische Schriftsteller der deutschen Klassik, bei Äußerungen, mit denen sie Sympathie für die Revolution ohne konkreten Tatbezug äußern. Schütz fordert zur konkreten Aktion auf. Aus dieser Zeitschrift stammen die nachstehenden Gedichte.

Ein Deutscher an seine Brüder

Wollt ihr für den Despoten fechten
Und seiner Habsucht Knechte sein?
Ihm eine Lorbeerkrone flechten
Und schnitzen euch ein hölzern Bein?
Nein, Brüder! Wenn wir kämpfen müssen,
Dann soll nur unser warmes Blut
Für Menschenrecht und Freiheit fließen
Und nicht für Fürsten-Übermut!

Der nachstehende Appell richtet sich nicht wie das vorstehende Gedicht an die Deutschen, sondern an die französischen Revolutionsarmeen. Sie werden aufgefordert, in ganz Deutschland demokratische Zustände zu schaffen.

Ach Franken helft! Jetzt ist es Zeit!
Kommt doch in unsre Lande!
Und stürzt die Ungerechtigkeit
Und löset unsre Bande!
Macht uns von allem Übel los
Und setzt durch einen Gnadenstoß
Die Despotie vom Throne!

Aus: Grab, Walter: Ein Volk muss seine Freiheit selbst erobern. Zur Geschichte der deutschen Jakobiner, in: Mühleisen, Hans-Otto (Hrsg.): Die Französische Revolution und der deutsche Südwesten, München/Zürich 1989, S. 192, 194

2.10.11 Das Oberamt Bergzabern bittet um Aufnahme in die Französische Republik (November 1792)

(Bad) Bergzabern gehört heute zum Landkreis Südliche Weinstraße und liegt nahe an der Grenze zu Frankreich an der Straße Landau-Wissembourg (Elsass). Bis zur Revolution gehörte die Stadt zum Haus Pfalz-Zweibrücken. Mit diesem mit großem Pathos abgefassten Schreiben vom 10. November 1792 beantragten Stadt und umliegende Dörfer des Oberamts Bergzabern beim Nationalkonvent die Aufnahme in die Französische Republik. Gleichzeitig kündigten die Bewohner dem

Herzog von Pfalz-Zweibrücken den Treueid auf und beschlossen die Errichtung einer Munizipalität (Stadtobrigkeit) nach französischem Vorbild. Um diesen revolutionären Veränderungen sichtbar Ausdruck zu verleihen, wurden in den Gemeinden Freiheitsbäume gepflanzt. Der Antrag war in französischer Sprache abgefasst („Adresse du Grand-Bailliage de Berg-Zabern à la Convention Nationale"). Er wurde in der Konventssitzung am 19. November 1792 vorgelesen, anschließend gedruckt und auf Befehl des Konvents an alle 83 Departements verschickt. Eine Übersetzung der Adresse erschien am 19. November 1792 im Landauer Wochenblatt.

Bergzabern, den 10. Nov. 1792, im ersten Jahre der Franken-Republik.

Gesetzgeber!

Das aus mehr denn zehn Dörfern bestehende, dem Herzog von Zweibrücken bisher zugehörige Oberamt Bergzabern, müde, sich noch als Sklaven eines despotischen Fürsten und dessen grausamen Trabanten mitten unter einem freien und glücklichen Volke zu sehen, und durch die Siege der fränkischen Freiheitswaffen beherzt gemacht, hat plötzlich die Fesseln der schändlichen Knechtschaft, in der es seufzte, abgestreift und stellt sich den erhabenen Stellvertretern frei dar, um ihnen für die große, den Völkern zubereiteten Wohltaten zu danken und die Vereinigung mit der Republik zu begehren. [...] Schon haben wir geschworen, Freiheit und Gleichheit aus allen Kräften zu behaupten und auf unseren Posten zu sterben; die dreifarbige Kokarde prangt an unseren Hüten und an den Busen unserer Weiber und Töchter; Freiheitsbäume sind in der Stadt Bergzabern und in den Dörfern aufgepflanzt. Auch haben wir uns eure weisen Dekrete verschafft, die uns zur unveränderlichen Richtschnur der neuen Verwaltung unserer öffentlichen Geschäfte dienen sollen; und damit es uns nicht an patriotischen Beamten fehle, haben wir uns an die drei Stunden von hier entfernte Munizipalität der Stadt Landau gewendet, um von dort die nötigen Unterweisungen zu erhalten, wie unsere Munizipalitäten zu erwählen seien, deren guten Verwendung wir es auch zu verdanken haben, dass uns eine Absendung von mehreren Bürgern aus dem Schoße der dortigen patriotischen Gesellschaft geschickt wurde, unter deren Beistand wir unsere neuen Gemeinderäte errichteten.

Stellvertreter [Volksvertreter, Abgeordnete]! Die Natur selbst und unsere örtliche Lage haben uns zu Brüdern der Franken gemacht; wie wäre es uns möglich, mitten unter freien Menschen, von denen wir ganz umgeben sind, länger das Gepräge der Knechtschaft an uns zu tragen und zu Jagdhunden unseres Tyrannen zu dienen? Nein, eher werden wir uns samt unseren Familien unter den Schutt unserer Häuser begraben lassen, als dass wir wieder in das alte Elend fallen sollten, in welches uns unsere unmenschlichen Bedrücker gebracht hatten; gewähret uns also unseren Wunsch, mit dem Lande der Freiheit vereinigt zu sein, und ihr solltet sehen, dass wir es wert sind, Franken zu heißen.

Gesetzgeber! Erklärt der ganzen Welt, dass alle Völker, die von selbst das Joch der Zwangsherrschaft abschütteln und die Vereinigung mit der fränkischen Republik wünschen werden, [...] und ihr werdet sehen, dass dies der letzte Herzstoß für alle Tyrannen sein wird. Denn die Völker, unsere Nachbarn, und alle die bedauernwürdigen Untertanen der kleinen Fürsten des Heiligen Römischen Reichs erwarten in stiller Spannung diesen erwünschten Augenblick, um ihre Ketten abzulösen; und nur die Furcht, dass ihnen eure Unterstützung abgehen werde und sie also unterliegen müssten, hat sie bisher von den Schritten zum Tempel der Freiheit abgehalten.

Ja, Gesetzgeber! Diese Erklärung allein wird den vollkommensten Sieg über alle gekrönten Tiger davontragen und ihren gänzlichen Untergang beschleunigen. [...]

Im Namen derjenigen also, die uns ernannt haben, bitten wir euch, unserem Ansuchen zu willfahren. Aber im Namen der Menschheit flehen wir euch an, dieselben von den zahlen- und namenlosen Übeln, womit sie bedrückt wird, zu befreien und der feurigste Dank der künftigen Geschlechter wird euer Lohn sein.

Zit. nach dem Faksimile-Abdruck in: Volz, Günther: Die Südpfalz und das Elsass in der Zeit der Französischen Revolution, in: L'Outre-Forêt Nr. 129 (2005), S. 68. Druck (mit kleineren Verschreibungen): Remling, Franz Xaver (Hrsg.): Die Rheinpfalz in der Revolutionszeit von 1792 bis 1798. Ein urkundlicher Beitrag zur vaterländischen Geschichte, 2. Bd., Speyer 1866, S. 459f.

2.10.12 Revolution in Pforzheim (Dezember 1792)

Im „Courrier de Strasbourg" erschien am 13. Dezember 1792 ein Brief, der, wenn man ihm Glauben schenken will, den Eindruck vermittelt, als stünde im badischen Pforzheim und auch in den benachbarten Gebieten Württembergs die Revolution unmittelbar bevor. Der Brief ist an Jean-Charles Laveaux (1749-1827), den verantwortlichen Redakteur des „Courrier" und zeitweiligen Präsidenten des dortigen Jakobinerklubs, gerichtet und datiert vom 1. Dezember 1792. Laveaux war, bevor er nach Straßburg ging, Professor für Französisch und Literatur an der Hohen Carlsschule in Stuttgart, von wo er ausgewiesen worden war. In der Zeit der Terreur war Laveaux Chefredakteur des „Journal de la Montagne". Noch vor Beginn der Revolution hatte er mehrere umfangreiche Bücher über den preußischen König Friedrich II. („den Großen") veröffentlicht.

Seitens des Oberamtes Pforzheim wurde alles versucht, den Verfasser des Briefes als „Verleumder" darzustellen, der die Absicht verfolge, „Eure und Eurer Mitbürger Ehre zu brandmarken" und „Eure Liebe für das Vaterland und dessen Verfassung verdächtig zu machen, mit einem Wort, um Euch und einen großen Teil von Pforzheims ruhigen Bürgern mit dem Namen Rebellen zu bezeichnen." Gegenüber dem Landesherrn, dem Markgrafen von Baden, beeilte man sich mitzuteilen, „dass die hiesige Einwohnerschaft keinen Verdacht einiger Untreue" verdiene und diese bemüht sei, „die Lästerungen" in dem Bericht der Straßburger Zeitung zurückzuweisen. In einer Rede an die Zunftmeister und Fabrikentreprenneurs [Unternehmer] vom 20. Dezember 1792 stellte ein Beamter des Oberamts fest: „Es ist ein unrühmliches Geschäft, Rebellion unter fremden Völkern verbreiten, ruhige und glückliche Nationen um ihre Ruhe, um ihr Glück zu bringen." Diese beschwörende Feststellung schien nötig, denn nur zwei Monate zuvor, hatte dessen Kollege von „unruhigen Köpfen" im Oberamt gesprochen. Da klingt die Äußerung des Pforzheimer Oberamtsassessors am 20. Dezember 1792 stark nach Selbstbeschwörung, dass ein Bürger kein Rebell, ein Rebell aber kein Bürger sein könne.[1] Immerhin sah sich das Oberamt genötigt, in Absprache mit dem Landesherrn in der „Carlsruher Zeitung" vom 14. Januar 1793 eine Anzeige zu veröffentlichen. Darin erklären „sämmtliche Einwohner daselbst" „aus freier und eigener Bewegung, dass wir, vollkommen zufrie-

1 Sämtliche Zitate aus: Schulze, Olaf: Rebellen oder Untertanen? Pforzheim zur Zeit der Französischen Revolution 1789-1794, Pforzheim 1995, S. 30ff.; dort, S. 37, auch das folgende Zitat; ferner – die gesamte Rede – S. 106-111.

den mit unserer glücklichen Verfassung, im Genuss der wahren Freiheit keiner anderen bedürfen, auch nie uns ein anderes Glück aufdringen lassen werden als das, welches wir unserem guten Landesfürsten und dessen zweckmäßigen Gesetzen längst zu verdanken haben." Und um dieses Bekenntnis auch eidlich abzusichern, ließ die Landesregierung diejenigen Einwohner im Oberamt den Huldigungseid auf den Markgrafen schwören, die diesen Eid noch nicht geleistet hatten.

Hier der Brief an Laveaux:

Es leben die Franzosen, die uns das Beispiel gegeben haben, das auch wir uns bald zu Nutzen machen werden. Ja, wir singen nun auch ça va[1]. Man fürchtet den Tyrannen nicht mehr: Ganz laut spricht man von Freiheit, und ein großer Teil der Bürger ist ganz außer sich vor Freude, die bereits die Hoffnung besserer Zeiten in ihnen hervorbringt. Wohlan Freunde! Mitbürger! Wir wollen uns die Freiheitskappe anschaffen, wir wollen auf dem Marktplatz den Freiheitsbaum errichten! Die Franzosen – unsere Nachbarn, unsere Brüder werden uns unterstützen, sie haben es ja uns versprochen. Zu uns werden sie kommen, die wackren Franzosen, ja, die Freiheit wird längs den Rhein herauf von der Unterpfalz bis nach Basel neue Eroberungen machen. Es ist eine Lust zu hören, wie siegreich unsere französischen Nachbarn sind, wie sanft und menschlich, wie willkommen sie sind, wo sie hinkommen. Ja, braver Bruder zu Kehl, du hattest wohl Recht, der du in der Straßburger Zeitung Nr. 271 die Ahnung einrücken ließest: das gesamte mittägige [südliche] Deutschland werde bald frei werden? Sie wird in Erfüllung gehen, denn jetzt schon haben sich viele unter uns 3farbige Kokarden insgeheim angeschafft, und wir werden sie aufstecken, sobald sich die Franzosen zeigen werden: und du, wackrer Laveaux, du verdienst allen Beifall, dass du auch die Württemberger, unsere Nachbarn, die von wilden Tieren beherrscht werden, zur Freiheit aufrufest. Schon folgen sie deinen Ratschlägen, schon haben die Einwohner von Vaihingen, denen der Landestyrann[2] einen Amtmann aufbürden wollte, der jenem an Tyrannei nichts nachgibt. Schon haben diese braven Einwohner erklärt, dass sie keinen wollten und haben ihrem stolzen Tyrannen mit Custine gedroht. Der gehässige Mann bestand aber auf seinem Entschluss. Aber sie haben ihren Amtmann fortgejagt und warten mit Sehnsucht auf den Wink, die 3farbige Kokarde aufzustecken, und Hand in Hand werden Schwaben und Pfälzer diesen Gesinnungen beistimmen. Verkündige es doch den Franzosen, teurer Neufranke! Sag ihnen, dass sie auf uns zählen können, dring es ihnen an, dass wir die Tyrannen so innig verabscheuen als sie, erkläre ihnen, dass sie Freunde und Brüder in uns finden, dass wir mit einem Wort in Ungeduld brennen, sie zu herzen und zu segnen.

Aus: Schulze, Olaf: Rebellen und Unterthanen? Pforzheim zur Zeit der Französischen Revolution 1789-1794. Darstellung und ausgewählte Quellen, Pforzheim 1995, S. 28ff.

2.10.13 Ein (fast) blasphemisches Vaterunser (Dezember 1792)

Im Amt Isenbüttel (heute ein Teil des Landkreises Gifhorn im Osten Niedersachsens) kursierte im Dezember 1792 ein blasphemisches Vaterunser, das erkennen lässt, dass auf dem Lande in erster Linie die Frage der Besteuerung die Menschen umtrieb.

1 Gemeint ist wohl das berühmte Revolutionslied „Ça ira".

2 Gemeint ist Herzog Carl Eugen von Württemberg (1728-1793).

Großer Monarch überwündlicher König
Vater unser
Allergnedigster Landes Herr und Fürst
Der du bist
Dank solst du Haben und Belohnung
Im Himmel
Für den Abgeschaften Licent und Fisci [Steuer und Kopfgeld]
Werde geheiligt dein Name
Wir wünschen daß alle deine Versprochenen Gnaden
Zu uns Komme
Der aller Höchste wird dafür sägnen
Dein Reich
Wir wollen ferner Treue Unterthanen sein und sagen
Dein Wille geschehe
Wen[n] der Licent und Fisci wird abgeschaft sein so sind wir alle
Wie im Himmel
Den[n] dieses muß den Himmel mußfällig [missfällig] seyn
Also auch auf Erden
Durch den Licent Haben wir verlohren
Unser Tägliche Brodt
O großer König die verlohrne Freye Handlung
Gib uns Heute
Denke nicht an unsere Fehler gegen den Licent
Und vergib uns
Laß uns mit der Handlung verdienen damit wir bezahlen
Unsere Schuld
Haben doch die controleurs die allergnädigsten Befehle
Wie wir vergeben
Werden wir in der Handlung reich so können wir nachsehen
Unsern Schuldigern
Unser Gnädigster König weiß was uns Schädlich ist
Und fü[h]r [uns] nicht in Versuchung
Laß den Licent und Fisci nicht wieder zu Stande Kommen
Sondern erlöse uns von allen Übel
Du Kanst großer König die unterthanen Helfen
den dein ist daß Reich
Wenn dieses beydes abgeschaffet ist haben wir wieder
die Kraft
Als den werden wir die Controleurs nicht wieder zustande Krigen

Die Herlichkeit
Auch Könen sie alle abgeschaffet werden den[n] sie sind nicht
von Ewigkeit
Dank solst den Geben Großer König
Zu Ewigkeit

Aus: Schneider, Gerhard (Hrsg.): Das Kurfürstentum Hannover und die Französische Revolution. Quellen aus den Jahren 1791-1795, Hildesheim 1989, S. 116-118 (mit faksimiliertem Abdruck des Vaterunsers)

2.10.14 Überwachungsmaßnahmen (Ende 1792/1794)

Die „Gärung", wie man damals die Unruhe in der Bevölkerung und deren Aufbegehren zu bezeichnen pflegte, veranlasste die Obrigkeiten in nahezu allen deutschen Territorien zur Einleitung von akribisch durchzuführenden Überwachungsnahmen. Bis in die kleinsten Ortschaften hinein sollte festgestellt werden, ob sich die aus Frankreich kommenden Ideen bereits ausgebreitet hätten, inwieweit die Bevölkerung davon infiziert worden und zu welchen aufrührerischen Aktionen es bereits gekommen sei. Am Beispiel eines ländlichen Bezirks im damaligen Kurfürstentum Hannover, dem zwischen Hamburg und Lüneburg gelegenen Oberamt Winsen an der Luhe, soll dies gezeigt werden. Der Vorgang Ende des Jahres 1792 spielte sich folgendermaßen ab: Die Königliche Landesregierung in Hannover hatte mit einem Rundschreiben vom 31. Oktober 1792 sämtliche Oberämter (etwa vergleichbar mit Landkreisen) angewiesen, auf solche Personen ein Auge zu werfen, „welche in öffentlichen Gesellschaften oder bei öffentlichen Zusammenkünften und an öffentlichen Orten unvorsichtiger oder gar absichtlicher Weise gefährliche, der Landesverfassung und ihrem auf diese sich beziehende Huldigungseide zuwider laufende Äußerungen und Diskurse verbreiten und dadurch bei anderen schädliche Meinungen und verkehrte Gesinnungen zu erregen suchen." Sollten derartige Verstöße gegen die Landesverfassung vorliegen, sei „mit nachdrücklicher Warnung oder auch wirklicher Bestrafung gegen sie zu verfahren."[1] Der Oberamtmann (etwa: Landrat) hat daraufhin mit Schreiben vom 11. November 1792 die ihm untergebenen Amtsvögte (Ortsvorsteher) seines Bezirks hierüber unterrichtet. Zwar sei er angesichts „der Gutmütigkeit unserer Amtseinwohner" überzeugt, dass „die französischen Freiheitsideen" in seinem Amtsbezirk keinen Anklang finden würden, zumal nur von wenigen Personen Zeitungen gelesen würden, dennoch hält er eine Befragung der Ortsvorsteher für notwendig. Hierzu richtete er an alle Amtsvögte folgende Fragen:

1. Ob die Einwohner Zeitungen halten und lesen?
2. Ob sie Journale oder andere auf die französischen Unruhen[2] sich beziehende Schriften halten?

---

1 S. Schneider: Das Kurfürstentum Hannover, a.a.O, S. 80.

2 Bei all diesen Dokumenten ist auffallend, dass in jenen, die von der Landesregierung an die nachgeordneten Behörden gerichtet wurden, die Bezeichnung „französische Revolution" niemals verwendet, dass aber in den Antworten, die von den Ämtern und Gemeinden an die Regierung eingereicht werden, sehr wohl von „französischer Revolution" gesprochen wird. Beides ist kein Zufall: Es verstand sich von selbst, dass die Landesregierung die Bezeichnung vermied, stattdessen von Aufruhr sprach und dabei das Unbotmäßige und Gesetzeswidrige dieses Vorgangs betonte. Wenn selbst die Amtsinhaber der kleinsten Gemeinden den Begriff „französische Revolution" verwendeten, dann zeigt dies, dass er bereits große Verbreitung bis selbst in die entferntesten Gebiete gefunden hatte.

3. Ob in den Krügen [Gasthäusern] wohl über die französischen Freiheitsangelegenheiten öffentlich geredet werde?
4. Wie man darüber urteilt und ob Unbesonnene Wollust bezeugen, dass es auch hier im Lande zu Unruhen komme? Oder ob die Ausschweifungen und Gräuel, welche die französischen Unruhen begleiten, Eindruck auf sie machen [...]?

Diese allgemeinen Erkundigungen müssen indessen mit Vorsicht und ohne Aufsehen oder Besorgnisse merken zu lassen, angestellt werden, und ich bin der Meinung, dass man am zuverlässigsten von den Predigern [Pfarrern] oder Schulmeistern Nachricht erhält, wie es um die Kenntnisse, Gesinnungen und Urteile der Landleute stehe. Von den Nachrichten, welche ich darüber erhalten werde, werde ich höheren Orts Gebrauch machen.

Aus den innerhalb eines Monats bei dem Oberamtmann in Winsen einlaufenden Antworten ging hervor, dass nur eine Handvoll Leuten eine Zeitung halte und von nur wenigen mehr Zeitungen auch gelesen würden. Allenfalls wenn sie in Geschäften nach Hamburg oder Lüneburg kämen, könne es geschehen, dass sie Nachrichten aus Zeitungen zur Kenntnis nehmen. Journale seien überhaupt nicht bekannt. Was die Gesinnungen der Landbevölkerung angeht, betonen die Amtsvögte, dass es den zurückhaltenden Bewohnern ihrer Gemeinden in erster Linie um Bewahrung der Ruhe gehe.

Aus: Schneider, Gerhard (Hrsg.): Das Kurfürstentum Hannover und die Französische Revolution. Quellen aus den Jahren 1791-1795, Hildesheim 1989, S. 98 ff. und 214ff.

2.10.15 Gegen den Revolutionsimport – ein Hofdekret Kaiser Franz' II. (9. Februar 1793)

Die Furcht vor einem Eindringen revolutionärer Ideen war nicht nur in den Territorien, die an Frankreich angrenzten, verbreitet, sondern erreichte auch den Hof in Wien. Immer intensiver und systematischer wurden verdächtige Personen überwacht, die Zensur von Druckschriften aller Art verschärft und Institutionen wie Lesegesellschaften, Freimaurerlogen und die vermuteten Relikte des seit 1785 verbotenen Illuminatenordens kontrolliert, von denen man annahm, dass sie für die aus Frankreich kommenden Gedanken anfällig sein würden.

Da Seiner Majestät nichts dringender am Herzen liegt als alle gedeihlichen Mittel zur Aufrechterhaltung der Ruhe, der Sicherheit und des Wohlstandes ihrer Untertanen anzuwenden, und dagegen alles dasjenige zu beseitigen, was auf die Verbreitung der in Frankreich herrschenden zügellosen und verderblichen Gesinnungen und Grundsätze Beziehung nehmen kann, so haben Se. Maj. zu befehlen geruht [...]

1. Keine heimliche Zusammenkünfte, unter was immer für einem Vorwand, zu gestatten, und die dagegen Handelnden zu bestrafen;
2. Auf alle emigrierten Franzosen und ihren Briefwechsel ein obachtsames Auge zu tragen, und unter diesen nur jenen den Aufenthalt im Lande zu gestatten, welche mit vorschriftsmäßigen Pässen versehen sind und sich ruhig betragen;
3. Vermittelst der Zensur auf die bestehende Vorschrift strenge zu halten, dass kein inländischer Druck, Nachdruck und keine Einfuhr solcher Bücher erlaubt werde, die von der

Französischen Revolution eine günstige Schilderung machen, oder von solchen Staatsveränderungen und Grundsätzen handeln, die den Grundsätzen einer wohl eingerichteten Monarchie und besonders der österreichischen Staaten, entgegen sind, und ebenso auch

4. Genau darauf zu achten, damit in den inländischen Zeitungen den bereits bestehenden Anordnungen gemäß, nichts eingeschaltet werde, was eine vorteilhafte Beziehung auf die französische Revolution hat. Vielmehr würde gut geschehen, wenn sowohl Zeitungsschreiber als Gelehrte aufgemuntert würden, bei schicksamer Gelegenheit die üblen Folgen der französischen Revolution lebhaft darzustellen und sich dabei besonders einer popularen jedermann leicht fasslichen Schreibart zu bedienen.

Aus: Demel, Walter/Puschner, Uwe (Hrsg.). Von der Französischen Revolution bis zum Wiener Kongress 1789-1815 (= Deutsche Geschichte in Quellen und Darstellung, Bd. 6), Stuttgart 1995, S.253f.

2.11 Deutsche Intellektuelle und die Französische Revolution

Dass ein Ereignis wie die Französische Revolution auf das Denken der Gelehrten und Schriftsteller auch außerhalb Frankreichs sich auswirken würde, überrascht nicht. Ganz im Gegenteil! Die Umwälzungen in Frankreich verlangten nach Erklärung, nach Ursachenforschung, nicht nur nach Antworten auf die Frage, wie es dazu kommen konnte, sondern auch wohin sich das neue Frankreich entwickeln würde und welche Konsequenzen dies für das Denken und Handeln der Menschen in den angrenzenden Staaten haben könnte. Die ereignisreichen Jahre der Revolution boten dem politisch sensiblen Schriftsteller Stoff in Hülle und Fülle, um sich zu äußern. Und so haben auch fast alle Gelehrten und Schriftsteller, deren Werk heute noch von Bedeutung ist, zur Französischen Revolution Stellung bezogen bzw. sie in ihren literarischen Produktionen (Gedichten, Schauspielen, Essays, Briefen usw.) teils zustimmend, teils ablehnend „verarbeitet": Goethe und Schiller, Kant und Fichte, Klopstock und Hölderlin, Wieland und Herder, Campe und Schleiermacher u.v. a.m.[1]

2.11.1 Klopstocks Ode „Sie, und nicht wir" (1790)

Nach Besuch der Fürstenschule in Schulpforta studierte Friedrich Gottlieb Klopstock (1724-1803) Theologie in Jena. Schon während seines Studiums und seiner anschließenden Hauslehrertätigkeit begann er, vor allem Oden – das sind feierliche, erhabene Gedichte –, zu schreiben, deren neuer

1 S. etwa die umfangreiche Anthologie „Die Französische Revolution im Spiegel der deutschen Literatur", hrsg. v. Klaus Träger, Frankfurt a. M. 1979 (Umfang: 1135 S.); fener: Eberle, Friedrich/Stammen, Theo (Hrsg.): Die Französische Revolution in Deutschland. Zeitgenössische Texte deutscher Autoren. Augenzeugen, Pamphletisten, Publizisten, Dichter und Philosophen, Stuttgart 1989; Lefebvre, Joël: La Révolution Française vue par les Allemands, Lyon 1987; Fink, Gonthier-Louis: Die Französische Revolution im Spiegel der deutschen Literatur und Publizistik (1789-1800), in: Mühleisen, Hans-Otto (Hrsg.): Die Französische Revolution und der deutsche Südwesten München/Zürich 1989, S. 60-147; Stern, Alfred: Der Einfluß der französischen Revolution auf das deutsche Geistesleben, Stuttgart/Berlin 1928; Voss, Jürgen (Hrsg.): Deutschland und die Französische Revolution, München und Zürich 1983.

Ton die Öffentlichkeit begeisterte. Ganz unter dem Eindruck der Französischen Revolution schrieb er noch 1789 das Gedicht „Kennet Euch selbst", das mit den Versen „Frankreich schuf sich frei. Des Jahrhunderts edelste Tat hub da sich zu dem Olympus empor" beginnt und in dem er die Deutschen fragt „Und wir?". Auch in der nachstehenden Ode aus dem Jahr 1790, mit dem oft zitierten „Sie und nicht wir" überschrieben, geht es ihm um die Haltung der Deutschen angesichts dessen, was in Frankreich gerade geschah. Ein leicht resignativer Unterton ist in diesem Gedicht unverkennbar. Obwohl ihn die französische Nationalversammlung zum Ehrenbürger ernannte, hielt er sich mit Kritik an der Radikalisierung der Revolution und der Guillotinierung des Königs nicht zurück. Als 1796 im 27. Band der „Berlinischen Monatsschrift" nacheinander von einem Deutschen, einem Franzosen und einem Engländer das Gerücht verbreitet wurde, Klopstock habe sein Ehrenbürgerdiplom nach Frankreich zurückgeschickt, widersprach er diesem Gerücht mit einer Stellungnahme, die mit „Das nicht zurückgeschickte Diplom" überschrieben war.

Hätt' ich hundert Stimmen; ich feyerte Galliens Freyheit
Nicht mit erreichendem Ton, sänge die göttliche schwach.
Was vollbringet sie nicht! So gar das gräßlichste aller
Ungeheuer, der Krieg, wird an die Kette gelegt!
Cerberus hat drey Rachen; der Krieg hat tausend: und dennoch
Heulen sie alle durch dich, Göttin, am Fesselgeklirr.
Ach mein Vaterland! Viel sind der Schmerzen; doch lindert
Sie die heilende Zeit, und sie bluten nicht mehr.
Aber es ist Ein Schmerz, den sie nie mir lindert! und kehrte
Mir das Leben zurück; dennoch blutet' er fort!
Ach du warest es nicht, mein Vaterland, das der Freyheit
Gipfel erstieg, Beyspiel strahlte den Völkern umher:
Frankreich wars! du labtest dich nicht an der frohsten der Ehren,
Brachest den heiligen Zweig dieser Unsterblichkeit nicht!
O ich weiß es, du fühlest, was dir nicht wurde; die Palme,
Aber die du nicht trägst, grünet so schön, wie sie ist,
Deinem kennenden Blick. Denn ihr gleicht, ihr gleichet die Palme,
Welche du dir brachst, als du die Religion
Reinigtest, sie, die entweiht Despoten hatten, von neuem
Weihtest, Despoten voll Sucht Seelen zu fesseln! voll Blut,
Welches sie strömen ließen, so bald der Beherrschte nicht glaubte,
Was ihr taumelnder Wahn ihm zu glauben gebot.
Wenn durch dich, mein Vaterland, der beschornen Despoten
Joch nicht zerbrach; so zerbrach das der gekrönten itzt nicht.
Könt' ein Trost mich trösten; er wäre, dass du vorangingst
Auf der erhabenen Bahn! aber er tröstet mich nicht.
Denn du warest es nicht, das auch von dem Staube des Bürgers
Freyheit erhob, Beyspiel strahlte den Völkern umher;

Denen nicht nur, die Europa gebar. An Amerika's Strömen
Flamt schon eigenes Licht, leuchtet den Völkern umher.
Hier auch winkte mir Trost, er war: In Amerika leuchten
Deutsche zugleich umher! aber er tröstete nicht.

Aus: Klopstock, Friedrich Gottlieb: Oden, Band 2, Leipzig 1798, S. 140-143

2.11.2 Die Französische Revolution – ein Schiffbruch (1792)

Johann Gottfried Herder (1744-1803), aus Ostpreußen stammend, war Dichter, Übersetzer, Pfarrer, Sprachwissenschaftler und Philosoph, der nach seinem Studium in Königsberg und Predigerstellen in Eutin und Bückeburg von Goethe als Generalsuperintendent nach Weimar berufen wurde. Zuvor hatte er auf Reisen bedeutende Zeitgenossen kennengelernt (d'Alembert, Lessing, Basedow, Claudius, Johann Christoph Bach u. a.). Er bildete in Weimar zusammen mit Goethe, Schiller und Wieland das Viergestirn der deutschen Klassik.

Für mich will ich es nicht leugnen, dass unter allen Merkwürdigkeiten unsres Zeitalters die Französische Revolution mir beinah als die wichtigste erschienen ist und meinen Geist oft mehr beschäftigt, selbst beunruhigt hat, als mir selbst lieb war. Oft wünschte ich sogar diese Zeiten nicht erlebt zu haben und ihre zweifelhaften Folgen den Meinigen nicht nachlassen zu dürfen; mit hüpfender, kindischer Freude nahm ich an ihr nie teil. Indessen tröstete mich der Gedanke, dass wir unter einer höheren Haushaltung leben, die auch aus dem Bösen das Gute, oft aus dem Schlimmsten das Beste zu ihrer Zeit zu bereiten weiß. […]

Dem bedächtigen, gewissenhaften, wir wollen nicht sagen langsamen und trägen Charakter der Deutschen geschähe gewiss kein Gefalle[n], wenn er zur Behandlung gerichtlicher oder politischer Geschäfte nach französischer Art und Kunst gezwungen und in das drückende Joch der Volksherrschaft zahlloser Munizipalitäten [Obrigkeiten] gesteckt würde. Dazu ist er weder vorbereitet, noch hat er dazu die Gewandtheit, Lust und Zeit; von allen diesen Seiten ist also nichts zu fürchten. Wir können der Französischen Revolution wie einem Schiffbruch auf off[e]nem, fremden Meer vom sich[e]ren Ufer herab zusehen, falls unser böser Genius uns nicht wider Willen ins Meer stürzte.

Aus: Herder, Johann Gottfried: Briefe zu Beförderung der Humanität (Zurückbehaltene Briefe 1792), zit. nach Träger, Claus (Hrsg.): Die Französische Revolution im Spiegel der deutschen Literatur, Frankfurt a. M. 1979, S. 55, 57

2.11.3 Europa im Zeitalter der Mündigkeit

Der Autor der nachstehenden Texte, Christoph Martin Wieland (1733-1813), Sohn eines evangelischen Pfarrers aus dem Schwäbischen, begann sein Jurastudium in Tübingen, brach es aber schon bald ab, um sich als Verehrer Klopstocks der Dichtkunst zuzuwenden. Nach einer Phase, in der er vor allem christlich inspirierte Gedichte verfasste, wandelte er sich unter dem Einfluss Voltaires der Aufklärung zu. Schon früh erwarb er sich großen Ruhm als (Mit-)Begründer einer deutschen Nationalliteratur und als Übersetzer (z. B. Shakespeares). 1769 erhielt er einen Ruf an die Universität Erfurt; von dort holte ihn die Herzogswitwe Anna Amalia von Sachsen-Weimar als Erzieher ihrer beiden Söhne nach Weimar. Als großherzoglicher Hofrat finanziell unabhängig, veröffentlich-

te er in der Folgezeit zahlreiche Werke und gewann mit der von ihm 1772 begründeten Zeitschrift „Der Teutsche Merkur" großen Einfluss auf die deutsche Literaturszene.

a) Die „untersten Klassen" dulden nicht mehr alles

Die Kultur und Ausbildung der Menschheit, die seit dreihundert Jahren in dem größeren Teil von Europa von einer Stufe zur anderen emporgestiegen ist, hat endlich unvermerkt eine beinahe gänzliche Umänderung der alten Vorstellungsarten, Meinungen und Gesinnungen hervorgebracht. Eine Art von allgemeiner intellektueller und moralischer Revolution, deren natürliche Folgen aufhalten zu wollen vergeblich und um so unpolitischer wäre, da sie durch Gerechtigkeit und Klugheit so geleitet werden können, dass sie, ohne heftige Erschütterungen zum größten Nutzen des menschlichen Geschlechts überhaupt und der einzelnen Staaten insonderheit ausschlagen müssen, wofern die rechte Zeit und die rechte Art einer so weisen und nötigen Operation nicht versäumt wird. [...]

I. „Die Menschheit hat in Europa die Jahre der Mündigkeit erreicht."[1] Sie lässt sich nicht mehr mit Märchen und Wiegenliedern einschläfern; sie respektiert keine angeerbte Vorurteile mehr; kein Wort des Meisters gilt mehr, weil es Wort des Meisters ist; die Menschen, sogar die von den untersten Klassen, sehen zu klar in ihrem eigenen Interesse und in dem, was sie zu fordern berechtigt sind, als dass sie sich länger durch Formeln, die ehemals eine Art von Zauberkraft hatten, aber nun als Worte ohne Sinn befunden worden sind, abweisen und beruhigen lassen sollten. Sie können nicht mehr alles glauben, was ihre Großväter glaubten, und wollen nicht mehr alles dulden, was ihre Väter duldeten. Missbräuche, Kränkungen, Bedrückungen, die man ehemals zwar seufzend und murrend ertrug, aber doch ertrug, weil man maschinenmäßig glaubte, es könne nicht anders sein; man fragt sich deshalb, warum man sie ertragen müsse? Und man findet, es sei kein Grund zu einer solchen Notwendigkeit vorhanden. Man sieht sich um, ob es nicht möglich sei, sich davon zu befreien, und fängt an, eine Möglichkeit zu ahnen, dass man sich vielleicht selbst helfen könne, wenn man sich in der Hoffnung getäuscht finden sollte, von denen Hilfe zu erhalten, denen man noch immer so viel guten Willen zutraut, dass sie gern helfen möchten, wenn sie könnten, die aber auch dieses Zutrauen notwendig verscherzen müssten, wenn man sehe, dass sie nichts tun wollten, um es zu verdienen.

b) Frankreich und Deutschland im Vergleich – und warum es in Deutschland keiner Revolution bedarf

VI. [...] Da auch in Deutschland ein großer Teil der Verfassung auf der Grundlage des alten Feudalsystems und, sozusagen, mit den Trümmern desselben erbaut ist; da auch wir einen mit großen Vorrechten ausschließlich begabten hohen und niederen Adel, Bischöfe und Äbte, die zugleich Fürsten und regierende Herren sind und eine Menge reicher Domkapitel[2] haben, an welche der alte ritterbürtige Adel sich eine Art von Geburtsrecht zugeeignet hat; da die Überreste der alten Lehnsverfassung und die verschiedenen Gattungen

1 Warum Wieland diesen Satz in Anführungsstriche gesetzt hat, geht aus dem Text nicht hervor. Vielleicht tat er dies, um damit eine gewisse ironische Distanz zum Ausdruck zu bringen.

2 Aus Geistlichen bestehendes Gremium, das (zeitweise) den Bischof wählte und in seinen Tätigkeiten unterstützte; an dieser Stelle wohl „Bischofskirchen" gemeint.

von persönlichen Knechtsdiensten und Realservituden [Dienstleistungen], womit die Untertanen auf dem Lande den Grundherren verhaftet sind, hier und da ziemlich drückend auf den Schultern der ersten liegen; da also auch bei uns der Mangel an persönlicher Freiheit und freiem Besitz des Eigentums und die enorme Ungleichheit zwischen einem verhältnismäßig ziemlich kleinen Teil der Staatsbürger und allen übrigen auffallend ist: So war nichts natürlicher als die Wahrnehmung dieser Ähnlichkeiten und der Gedanke an die Möglichkeit, dass ähnliche Ursachen auch bei uns ähnliche Wirkungen hervorbringen könnten. Kein Wunder also, dass sich bei Gelegenheit der Französischen Revolution auch die deutsche Nation in Parteien teilte, die, wenn gleich, Dank sei dem Himmel! die öffentliche Ruhe nicht durch sie unterbrochen worden ist, darum nicht weniger existierten und ihr Dasein durch allerhand Äußerungen spürbar machten.

Kaum erhielt in Frankreich die Volkspartei die Oberhand über die so genannten Aristokraten, so zeigte sich auch in Deutschland eine Partei, die viel zu wünschen, und eine andere, die viel zu befürchten hatte. Beide nahmen immer lebhafteren Anteil an derjenigen französischen Partei, mit welcher sie einerlei [das gleiche] Interesse zu haben glaubten. Jeder Vorteil, den die Aristokraten in Frankreich über die Volkspartei oder die so genannten Demokraten, oder diese über jene zu erhalten schienen, fachte die Leidenschaft stärker an. [...][1]

Im Folgenden geht Wieland auf diejenigen ein, die eine gemäßigte Mittelposition vertraten. Die „Moderierten", wie Wieland sie nennt, hätten es sich mit dieser Haltung mit den beiden anderen „Parteien" verdorben.

IX. Befände sich Deutschland in eben denselben Umständen, worin sich Frankreich vor vier Jahren befand; hätten wir nicht eine Verfassung, deren wohltätige Wirkungen die nachteiligen noch immer überwiegen; befänden wir uns nicht bereits im wirklichen Besitz eines großen Teils der Freiheit, die unsere westlichen Nachbarn erst erobern mussten; genössen wir nicht größtenteils milder, gesetzmäßiger und auf das Wohl der Untertanen aufmerksamer Regierungen; hätten wir nicht mehrere Hilfsmittel gegen Bedrückungen als die ehemaligen Franzosen; wären unsere Abgaben so unerschwinglich, unsere Finanzen in so verzweifeltem Zustande, unsere Aristokraten so unerträglich übermütig, so gegen alle Gesetze privilegiert wie in dem ehemaligen Frankreich[2]: – so ist kein Zweifel, dass die Beispiele,

1 Fußnote Wielands an dieser Stelle: „Es ist übrigens bemerkenswürdig, dass die eifrigsten Verfechter des Aristokratismus in Deutschland Roturiers [bürgerliche Personen] und die hitzigsten Demokraten Edelleute sind; wiewohl in dubio [im Zweifel] präsumiert [angenommen] wird, dass jeder die Klasse begünstige, in welcher er geboren ist."

2 Fußnote Wielands an dieser Stelle: „Freilich gilt dies nicht von allen Teilen des Deutschen Reiches und leidet überall seine Einschränkungen. Freilich liegt in manchen Gegenden das Joch des politischen und religiösen Despotismus noch hart genug auf den Hälsen des Volkes. Freilich werden in manchen die unverletzlichen Rechte der Vernunft und des Gewissens aus Beschränktheit oder Verkehrtheit derer, die am Staatsruder sitzen oder das Ohr des Regenten haben, zu wenig geachtet und nicht selten gröblich verletzt. [...] Aber das alles, und was hierüber noch in einem dicken Buche zu sagen wäre, wenn man ins Besondere gehen wollte, beweist nur, dass wir noch nicht da sind, wohin wir durch rechtmäßige Mittel zu streben schuldig sind und zu gelangen gute Hoffnung haben; – nicht, dass es so schlimm mit uns stünde, dass wir aus Verzweiflung eine desperate Kur, auf die Gefahr darüber zu Grunde zu gehen, versuchen müssten."

die uns seit einigen Jahren in diesem Lande gegeben wurden, ganz anders auf uns gewirkt hätten; so würden, anstatt dass es bloß bei Disposionen zur Ansteckung blieb, die Symptome des Fiebers selbst ausgebrochen und das deutsche Volk aus einem bloß teilnehmenden Zuschauer schon lange handelnde Personen geworden sein.

Wieland beschreibt sodann die großen Erfolge der französischen Revolutionsarmeen im Herbst 1792, wobei er seinen Respekt für diese überraschenden Leistungen durchaus anklingen lässt, geht dann aber auf die negativen Begleiterscheinungen der „Freiheitsschwärmerei" ein.

Solch ein Glückswechsel, solche Beweise einer seit Jahrhunderten beispiellosen Nationalenergie, die man einem so frivolen, so tief verderbten Volke nicht zugetraut hatte, mit solchen Erfolgen gekrönt, warfen einen Glanz von sich, der durch die reißende Schnelligkeit, womit die Begebenheiten sich über einander herwälzten, noch blendender werden musste.

Der kältere Menschenforscher lässt sich indessen durch alle diese Großtaten der neuen Gallofranken so wenig als durch die großen Grundsätze und Gesinnungen, die ihre Redner mit einer so sirenenmäßigen Beredsamkeit geltend zu machen wissen, verblenden; er kann sich diese Aufwallungen einer allgemeinen Freiheitsschwärmerei bei so einem Volke wie das französische in einem entscheidenden Momente sehr gut erklären. Aber er vergisst nicht darüber, dass es eben dieses Volk ist, das vom Anfange der Revolution bis zum 6. Oktober des verwichenen Jahres [1792] sich einer so ungeheuren Menge von brutalen, barbarischen und diabolischen Atrocitäten [Abscheulichkeiten] schuldig gemacht hat, dass keine Zeit die Schande, die sie dem französischen Namen zugezogen haben, jemals auslöschen kann. Ein Nationalcharakter der sich eben so stark durch Grausamkeit, Blutdurst, kaltblütige Rachgier und Mordlust als durch Ehrgefühl, Stolz, Eitelkeit, Großherzigkeit und Verachtung des Lebens auszeichnet, verwandelt sich nicht in so kurzer Zeit, dass es gerecht und vernünftig wäre, die mit einem solchen Charakter gestempelte Nation wegen einiger, ja sogar wegen einer langen Reihe glänzender Handlungen hochachtungswürdig zu finden oder ihr ein Verdienst aus Scheintugenden zu machen, die ihr eben so natürlich wie ihre Laster sind und mit diesen aus einer gemeinschaftlichen Quelle fließen.

Aus: Wieland, Christoph Martin: Betrachtungen über die gegenwärtige Lage des Vaterlandes, geschrieben im Januar 1793, in: C. M. Wielands Sämmtliche Werke, 29. Band: Vermischte Aufsätze, Leipzig 1797, S. 366ff., 376ff., 398f. (Rechtschreibung modernisiert)

2.11.4 Ehrenbürger der Französischen Revolution

Am 26. August 1792 fasste die französische Nationalversammlung den Beschluss, einer Reihe von ausländischen Gelehrten und Schriftstellern die Ehrenbürgerschaft der Französischen Revolution zu verleihen. In dem entsprechenden Dekret heißt es:

In Anbetracht, daß die Männer, die durch ihre Schriften und durch ihren Mut der Sache der Freiheit gedient und die Befreiung der Völker vorbereitet haben, von einer Nation, welche ihre Einsicht und ihr Mut frei gemacht hat, nicht als Ausländer angesehen werden können;

In Anbetracht, daß, wenn fünf Jahre Aufenthalt in Frankreich für einen Ausländer genügen, um den Titel eines Französischen Bürgers zu erhalten, dieser Titel mit weit größerem Rechte denen zukommt, die, auf welchem Boden sie auch wohnen, ihren Arm und ihr Bestreben der Verteidigung der Sache der Völker gegen den Despotismus der Könige, der Beseitigung der Vorurteile in der Welt und der Erweiterung der Bereiche menschlicher Erkenntnis gewidmet haben;

In Anbetracht, daß, wenn schon nicht erlaubt ist zu hoffen, daß die Menschen eines Tages vor dem Gesetz wie vor der Natur nur eine einzige Familie, eine einzige Gemeinschaft bilden, darum die Freunde der Freiheit und allgemeinen Brüderlichkeit einer Nation nicht minder wert sein dürfen, welche den Verzicht auf jede Eroberung und den Wunsch nach Verbrüderung mit allen Völkern erklärt hat;

In Anbetracht schließlich, daß in dem Augenblick, da ein Nationalkonvent daran geht, das Schicksal Frankreichs zu entscheiden und vielleicht das des Menschengeschlechts zu begründen, es einem großmütigen, freien Volke ansteht, alle Geister aufzurufen, und das Recht, an diesem großen Werke der Vernunft mitzuwirken, den Männern zuzusprechen, die durch ihre Gesinnungen, ihre Schriften und ihren Mut sich höchst würdig erwiesen haben:

Den Titel eines Französischen Bürgers zu verleihen an Doktor Joseph Priestley, an Thomas Payne, an Jérémy Bentham, an William Wilberforce, an Thomas Clarkson, an Jacques Mackintosh, an David Williams, an N. Gorani, an Anarchis Cloots, an Corneille Pauw, an Joachim-Henri Campe, an N. Pestalozzi, an Georges Washington, an Jean Hamilton, an N. Madison, an H. Klopstock, und an Thadée Kosinsko.[1]

Aus: http://www.freimaurer-in-essen.de/cms/index.php?option=com_content&task=view&id=35&Itemid=39 (11.10.02011)

2.11.5 Ehrenbürgerbrief für Friedrich Schiller

Der Straßburger Abgeordnete Phillip Jakob Rühl beantragte am Tag des Beschlusses der Nationalversammlung (s. S. 176), dass „Herr Gille [Schiller], deutscher Schriftsteller, in die Liste derer aufgenommen werde, denen die Nationalversammlung soeben den Titel Französischer Bürger zugesprochen hat.“ Dieser Antrag wurde angenommen. Schiller erhielt damit die auch auf seine Nachkommen übertragbare französische Staatsbürgerschaft, ohne seine bisherige aufgeben zu müssen. Schiller erfuhr noch 1792 von dieser Ehrung, erhielt aber erst 1798 das Ernennungsdekret –

1 Joseph Priestley (1733-1804), engl. Theologe, Philosoph und bedeutender Naturforscher; Thomas Payne (1737-1809) engl.-amerikan. Schriftsteller und Politiker; Jeremy Bentham (1748-1832), engl. Philosoph; William Wilberforce (1759-1833), engl. Philantrop und Politiker; Thomas Clarkson (1760-1846), engl. Politiker, bekämpfte die Sklaverei; James Machintosh (1765-1832), Jurist, Politiker, Philosoph und Historiker; Jonathan Williams (1750-1815) amerikanischer Soldat und Ingenieur; Guiseppe Gorani (1740-1819), ital. Politiker und Schriftsteller; Jean Baptiste (gen.: Anarchis) Baron von Cloots (1755-1794), deutscher Republikaner; Cornelius von Pauw (1739-1799), holländischer Schriftsteller und Philosoph; Joachim Heinrich Campe (1746-1818), deutscher Pädagoge; Johann Heinrich Pestalozzi (1746-1825), Schweizer, Pädagoge und Sozialreformer; George Washington (1732-1799), amerikanischer General im Unabhängigkeitskrieg, erster Präsident der USA; Alexander Hamilton (1757-1804), amerikanischer General und Staatsmann; James Madison (1751-1836), amerikanischer Staatsmann, 4. Präsident der USA; Friedrich Gottlob Klopstock (1724-1803), deutscher Dichter; Tadeusz Kosciuzko (1746-1817), polnischer Feldherr und Freiheitskämpfer.

und zwar durch Joachim Heinrich Campe aus Braunschweig (s. S. 177, Anm. 1), der ebenfalls den Ehrenbürgerbrief erhalten hatte.[1]

Am unteren Rand des Faksimiles ist der Empfänger dieses Briefs genannt: „M.[onsieur] Gille Publiciste allemand". Offensichtlich konnte man in der Nationalversamlung mit dem Namen „Schiller" nicht allzu viel anfangen und hat ihn nach Gehör aufgeschrieben.

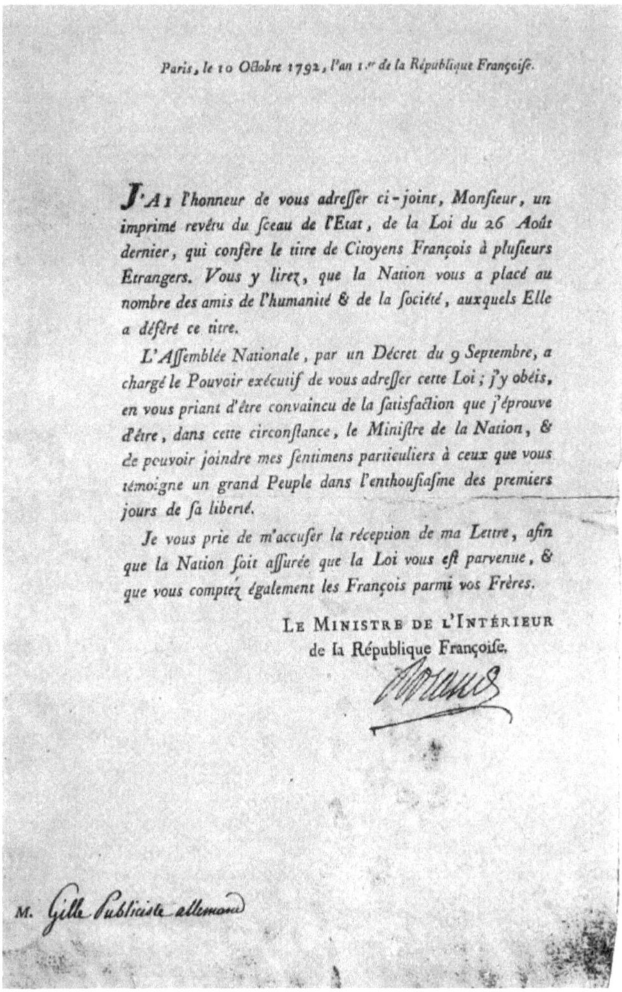

Paris, le 10 Octobre 1792, l'an 1.er de la République Françoise.

J'AI l'honneur de vous adresser ci-joint, Monsieur, un imprimé revêtu du sceau de l'Etat, de la Loi du 26 Août dernier, qui confère le titre de Citoyens François à plusieurs Etrangers. Vous y lirez, que la Nation vous a placé au nombre des amis de l'humanité & de la société, auxquels Elle a déféré ce titre.

L'Assemblée Nationale, par un Décret du 9 Septembre, a chargé le Pouvoir exécutif de vous adresser cette Loi; j'y obéis, en vous priant d'être convaincu de la satisfaction que j'éprouve d'être, dans cette circonstance, le Ministre de la Nation, & de pouvoir joindre mes sentimens particuliers à ceux que vous témoigne un grand Peuple dans l'enthousiasme des premiers jours de sa liberté.

Je vous prie de m'accuser la réception de ma Lettre, afin que la Nation soit assurée que la Loi vous est parvenue, & que vous comptez également les François parmi vos Frères.

LE MINISTRE DE L'INTÉRIEUR
de la République Françoise.

Roland

M. Gille Publiciste allemand

1 Hierzu und zu Schillers Reaktion auf die Ehrung s. Schmid, Gerhard: Die Verleihung des Bürgerrechts der Französischen Revolution an Friedrich Schiller im Jahre 1792, in: Archivmitteilungen 39 (1989), Heft 3, S. 81.

Übersetzung (G. S.):

Paris, den 10. Oktober 1792, im 1. Jahr der Französischen Republik

Ich habe die Ehre, mein Herr, Ihnen hier angefügt einen mit dem Staatssiegel versehenen Abdruck des Gesetzes vom vergangenen 26. August zu übersenden, das mehreren Ausländern den Titel eines Französischen Bürgers zuerkennt. Sie werden dort lesen, dass die Nation Sie unter der Anzahl derjenigen Freunde der Humanität und der Gesellschaft aufgeführt hat, denen sie diesen Titel verliehen hat.

Die Nationalversammlung hat mit einem Dekret vom 9. September die ausführende Gewalt [Regierung] beauftragt, Ihnen dieses Gesetz zu übermitteln; ich befolge dies und bitte Sie von der Genugtuung überzeugt zu sein, die ich als Minister der Nation bei dieser Gelegenheit empfinde, und meine besonderen Gefühle mit denjenigen verbinden zu können, die Ihnen ein großes Volk in der Begeisterung der ersten Tage seiner Freiheit bezeugt.

Ich bitte Sie, mir den Empfang meines Briefes zu bestätigen, damit die Nation versichert sei, dass das Gesetz zu Ihnen gelangt ist und dass Sie die Franzosen gleichermaßen zu Ihren Brüdern zählen.

Der Minister des Innern
der französischen Republik
[gez.] Rolland

M. Gille, deutscher Schriftsteller

Schiller hat diesen Ehrenbrief wohl in erster Linie wegen seines Dramas „Die Räuber“ (Erstaufführung Januar 1782 in Mannheim) und wegen seiner dramatischen Flucht aus Stuttgart erhalten. In dem vor allem von der Jugend begeistert aufgenommenen Stück thematisiert Schiller den Konflikt zwischen Gesetz und Freiheit, verkörpert durch das Brüderpaar Karl und Franz Moor – Karl der Freiheitsliebende, der zum Räuber wird, und Franz, der Berechnende, der unter der fehlenden Vaterliebe leidet. Dies alles lag aber bereits mehr als ein Jahrzehnt zurück, und seit 1789 hat sich Schiller öffentlich kaum zur Revolution geäußert, geschweige denn positiv zu ihr bekannt. Will man den Aufzeichnungen von Johann Peter Eckermann (1792-1854), dem Vertrauten Goethes, Glauben schenken, dann behauptete Goethe am 24. Januar 1824 von Schiller sogar, dieser sei „weit mehr ein Aristokrat [gewesen] als ich, der aber weit mehr bedachte, was er sagte als ich“, und deshalb habe Schiller „als besonderer Freund des Volkes“ gegolten.[1] *Beißende Kritik an Schiller und seiner Haltung zu den Ereignissen seiner Zeit hat auch der Publizist, Musiker und Komponist Johann Friedrich Reichardt in seiner nur ein Jahr lang (1796) erschienenen Monatsschrift „Deutschland“ geäußert. Anlass hierzu bot ihm die von Schiller herausgegebene Zeitschrift „Die Horen“ (1795 bis 1797), in deren Vorrede zum ersten Band Schiller geschrieben hat, die Beiträger zu den „Horen“ wollten sich bezüglich der politischen Tagesereignisse („Krieg, politische Meinungen, Staatskritik“) ein „strenges Stillschweigen“ auferlegen, um dann gleich im ersten Band gegen diesen Vorsatz selbst zu verstoßen. Darin nimmt sich Reichardt Goethes „Unterhaltungen deutscher Ausgewanderter“ vor, ein nicht vollendetes Stück, in dem Goethe nach Reichardts Ansicht für „Adel*

1 Eckermann, Johann Peter: Gespräche mit Goethe in den letzten Jahren seines Lebens, München 1999, S. 549. Zu „Schiller und die Französische Revolution“, s. Kuhn/Schweigard, a.a.O, S. 54ff.

und Adelsstolz" eintritt und in erster Linie Personen des „alten Systems" auftreten lässt. Nur ein junger Mann stört diese Gesellschaft, „der sich von der blendenden Schönheit hatte verführen lassen, die unter dem Namen Freiheit sich erst heimlich, dann öffentlich so viele Anbeter zu verschaffen wusste", und der hoffte, „dass die Guillotine auch in Deutschland eine gesegnete Ernte finden und kein schuldiges Haupt verfehlen werde." Reichardt nimmt sich also der politischen Implikationen des Stückes von Goethe an, um dann an die Adresse Schillers – die Vorrede zur ersten Nummer der „Horen" zitierend - die Frage zu richten: „Ist das ehrlich? Heißt das ‚strenges Stillschweigen über das Lieblingsthema des Tages, über Krieg, politische Meinungen und Staatskritik strenges Stillschweigen beobachten'"?[1]

2.11.6 Schillers Verhältnis zur Französischen Revolution

a) Aus Gesprächen mit seinem Freund Schiller berichtet der Arzt Friedrich Wilhelm von Hoven (1759-1838):

Von dem französischen Freiheitswesen, für welches ich mich so sehr interessierte, war Schiller kein Freund. [...] Er hielt die französische Revolution lediglich für die natürliche Folge der schlechten französischen Regierung, der Üppigkeit des Hofes und der Großen, der Demoralisation des französischen Volks und für das Werk unzufriedener, ehrgeiziger und leidenschaftlicher Menschen, welche die Lage der Dinge zur Erreichung ihrer egoistischen Zwecke benutzten, nicht für ein Werk der Weisheit. Er gab zwar zu, dass viele wahre und große Ideen, welche sich zuvor nur in Büchern und in den Köpfen hell denkender Menschen befunden, zur öffentlichen Sprache gekommen; aber um eine wahrhaft beglückende Verfassung einzuführen, sei das bei weitem nicht genug. [...] Und, was die Hauptsache sei, müsse auch das Volk für eine solche Verfassung reif sein, und dazu fehle noch sehr viel, ja alles. Daher sei er fest überzeugt, die französische Republik werde ebenso schnell wieder aufhören, als sie entstanden sei, die republikansiche Verfassung werde früher oder später in Anarchie übergehen, und das einzige Heil der Nation werde sein, dass ein kräftiger Mann erscheine, er möge herkommen, woher er wolle, der den Sturm beschwöre, wieder Ordnung einführe und den Zügel der Regierung fest in der Hand halte, auch wenn er sich zum unumschränkten Herrn nicht nur von Frankreich, sondern auch von einem Teil von dem übrigen Europa machen sollte."

Aus: Träger, Klaus (Hrsg.): Die Französische Revolution im Spiegel der deutschen Literatur, Frankfurt a.M. 1979, S. 259f.

b) Der Tyrannenmord im „Wilhelm Tell"

Nach der Guillotinierung Ludwigs XVI. schrieb Schiller am 8. Februar 1793 an seinen vertrautesten Freund Christian Gottfried Körner, er könne „keine französische Zeitung mehr lesen, so ekeln diese elenden Schindersknechte mich an."[2] *Im Herbst 1792 erwähnte er in Privatbriefen gar, er*

1 Reichardt, Johann Friedrich (Hrsg.): Deutschland. Eine Zeitschrift, Erster Band, Berlin 1796; zitiert nach der im Reclam-Verlag in Leipzig 1989 erschienenen Auswahl aus dieser Zeitschrift (dort S. 56ff.): s. dort auch (S. 267ff.) Reichardts Replik auf die „Xenien", die 1797 in Schillers Musenalmanach erschienen waren und in denen sich die Autoren der Xenien „durch die boshaftesten Verleumdungen und Grobheiten" an Reichardts Horen-Kritik „zu rächen versucht" hätten.

2 Zit. nach Kuhn/Schweigard, a.a.O., S. 56.

plane eine Verteidigungsschrift für König Ludwig XVI. abzufassen. Erst Jahre später, 1798, kommt Schiller noch einmal auf eine Grundidee der Französischen Revolution zu sprechen. Hier zeigt sich, dass Schiller die Beschränkungen der Freiheit des Menschen, wie sie im Ancien Régime an der Tagesordnung waren, ablehnte und von dieser Haltung auch später nicht abwich. Dies zeigt sich auch in seinem 1804 uraufgeführten Schauspiel „Wilhelm Tell", in dem er den Tyrannenmord als letztes Mittel der unterdrückten Untertanen rechtfertigte. Die zweite Strophe des Gedichts „Die Worte des Glaubens" lautet:

Der Mensch ist frei geschaffen, ist frei,
Und würd' er in Ketten geboren.
Laßt euch nicht irren des Pöbels Geschrei,
Nicht den Missbrauch rasender Thoren!
Vor dem Sklaven, wenn er die Kette bricht,
Vor dem freien Menschen erzittert nicht!

In der Rütliszene des „Wilhelm Tell" (2. Akt, 2. Szene) nimmt Schiller offensichtlich Bezug auf die jakobinische Schreckensherrschaft. Deren Ablehnung bedeutet für Schiller aber nicht, dass er den Menschen den Anspruch auf Durchsetzung ihrer Freiheitsrechte abspricht.

Nein, eine Grenze hat Tyrannenmacht.
Wenn der Gedrückte nirgends Recht kann finden,
Wenn unerträglich wird die Last – greift er
Hinauf getrosten Mutes in den Himmel
Und holt herunter seine ew'gen Rechte,
Die droben hangen unveräußerlich
Und unzerbrechlich, wie die Sterne selbst –
Der alte Urstand der Natur kehrt wieder,
Wo Mensch dem Menschen gegenüber steht –
Zum letzten Mittel, wenn kein andres mehr
Verfangen will, ist ihm das Schwert gegeben –
Der Güter höchstes dürfen wir verteid'gen
Gegen Gewalt – [...]

Aus: Schillers sämmtliche Werke in zwölf Bänden, 6. Band, Stuttgart/Tübingen 1847, S. 66f., 366

c) Schillers Absage an Revolutionen (1795)

In seinem 1795 verfassten Gedicht „Das Lied von der Glocke", das über Generationen hinweg von den Schülern auswendig gelernt werden musste, heißt es gegen Ende:

Der Meister kann die Form zerbrechen
Mit weiser Hand, zur rechten Zeit;
Doch wehe, wenn in Flammenbächen
Das glühnde Erz sich selbst befreit!
Blindwütend, mit des Donners Krachen,
Zersprengt es das geborstne Haus,
Und wie aus offnem Höllenrachen
Speit es Verderben zündend aus.
Wo rohe Kräfte sinnlos walten,
Da kann sich kein Gebild gestalten;
Wenn sich die Völker selbst befrein,
Da kann die Wohlfahrt nicht gedeihn.

Weh, wenn sich in dem Schoß der Städte
Der Feuerzunder still gehäuft,
Das Volk, zerreißend seine Kette,
Zur Eigenhülfe schrecklich greift!
Da zerret an der Glocke Strängen
Der Aufruhr, daß sie heulend schallt,
Und, nur geweiht zu Friedensklängen,
Die Losung anstimmt zur Gewalt.

Freiheit und Gleichheit! hört man schallen;
Der ruh'ge Bürger greift zur Wehr,
Die Straßen füllen sich, die Hallen,
Und Würgerbanden ziehn umher.
Da werden Weiber zu Hyänen
Und treiben mit Entsetzen Scherz:
Noch zuckend, mit des Panthers Zähnen,
Zerreißen sie des Feindes Herz.
Nichts Heiliges ist mehr, es lösen
Sich alle Bande frommer Scheu;
Der Gute räumt den Platz dem Bösen,
Und alle Laster walten frei.
Gefährlich ist's, den Leu zu wecken,
Verderblich ist des Tigers Zahn;
Jedoch der schrecklichste der Schrecken,
Das ist der Mensch in seinem Wahn.
[...]

Aus: Schillers sämmtliche Werke in zwölf Bänden, 1. Band, Stuttgart/Tübingen 1847, S. 338f. (Hervorhebungen von G. S.)

2.11.7 Ludwig Tieck – ein begeisterter Freund der Franzosen (Ende 1792)

Ludwig Tieck (1753-1853), aus Berlin stammend, war ein deutscher Schriftsteller der Romantik. Er begann sein Studium der Geschichte, Philologie und der alten und neuen Literatur 1792 an der Universität Halle; im November 1792 wechselte er an die Universität Göttingen. Von dort aus schrieb er am 28. Dezember 1792 seinem Freund Wilhelm Heinrich Wackenroder (1773-1798) den nachfolgenden Brief.

O, wenn ich jetzt ein Franzose wäre! Dann wollt ich nicht hier sitzen, dann –. Doch leider bin ich in einer Monarchie geboren, die gegen die Freiheit kämpfte, unter Menschen, die noch Barbaren genug sind, die Franzosen zu verachten. [...] O, in Frankreich zu sein, es muss doch ein großes Gefühl sein, unter Dumouriez[1] zu fechten und Sklaven in die Flucht zu jagen, und auch zu fallen, – was ist ein Leben ohne Freiheit? [...] Frankreich ist jetzt mein Gedanke Tag und Nacht.

Aus: Vietta, Silvio/ Littlerjohns, Richard (Hrsg.): Wilhelm Heinrich Wackenroder. Sämtliche Werke und Briefe. Historisch-Kritische Ausgabe, Bd. 2, Heidelberg 1991, S. 114; zit. nach Kuhn, Axel/ Schweigard, Jörg: Freiheit oder Tod! Die deutsche Studentenbewegung zur Zeit der Französischen Revolution, Köln usw. 2005, S. 227

2.11.8 Goethe – kein Freund der Revolution

a) Ein Epigramm

Das nachstehende Epigramm – es ist das 51. von insgesamt 104 – hat Goethe im Frühjahr 1790 in Venedig geschrieben. Ein Epigramm ist ein kurzes Sinngedicht.

1 Zu Dumouriez s. S. 232, Anm. 2.

Alle Freiheitsapostel, sie waren mir immer zuwider;
Willkür suchte doch nur jeder am Ende für sich.
Willst du viele befrein, so wag' es, vielen zu dienen.
Wie gefährlich das sey, willst du es wissen? Versuch's!

Aus: Goethes Werke, 1. Bd.: Gedichte. Mit einer Einleitung von Gustav Wendt, Berlin 1873, S. 214

b) „Die Aufgeregten"

In einem Gespräch mit seinem Vertrauten Johann Peter Eckermann am 4. Januar 1824 hat Goethe, wenn man Eckermann Glauben schenken mag, sein unvollendet gebliebenes Stück „Die Aufgeregten" als sein „politisches Glaubensbekenntnis jener Zeit" bezeichnet. Nach Eckermann habe Goethe mit Bezug auf dieses Stück dann weiter gesagt:

„Als Repräsentanten des Adels hatte ich die Gräfin hingestellt und mit den Worten, die ich ihr in den Mund gelegt, ausgesprochen, wie der Adel eigentlich denken soll. Die Gräfin kommt soeben aus Paris zurück, sie ist dort Zeuge der revolutionären Vorgänge gewesen und hat daraus für sich selbst keine schlechte Lehre gezogen. Sie hat sich überzeugt, dass das Volk wohl zu drücken, aber nicht zu unterdrücken ist und dass die revolutionären Aufstände der unteren Klassen eine Folge der Ungerechtigkeiten der Großen sind. Jede Handlung, die mir unbillig scheint, sagt sie [die Gräfin], will ich künftig streng vermeiden, auch werde ich über solche Handlungen anderer in der Gesellschaft und bei Hofe, meine Meinung laut sagen. Zu keiner Ungerechtigkeit will ich mehr schweigen, und wenn ich auch unter dem Namen einer Demokratin verschrien werden wollte."

„Ich dachte", fuhr Goethe fort, „diese Gesinnung wäre durchaus respektabel. Sie war damals die meinige und ist es noch jetzt. Zum Lohne dafür aber belegte man mich mit allerlei Titeln, die ich nicht wiederholen mag." [...]

„Es ist wahr, ich konnte kein Freund der Französischen Revolution sein, denn ihre Gräuel standen mir zu nahe und empörten mich täglich und stündlich, während ihre wohltätigen Folgen damals noch nicht zu ersehen waren. Auch konnte ich nicht gleichgültig dabei sein, dass man in Deutschland künstlicherweise ähnliche Szenen herbeizuführen trachtete, die in Frankreich Folge einer großen Notwendigkeit waren.

Ebensowenig aber war ich ein Freund herrischer Willkür. Auch war ich vollkommen überzeugt, dass irgendeine große Revolution nie Schuld des Volkes ist, sondern der Regierung. Revolutionen sind ganz unmöglich, sobald die Regierungen fortwährend gerecht und fortwährend wach sind, so dass sie ihnen durch zeitgemäße Verbesserungen entgegenkommen und sich nicht so lange sträuben, bis das Notwendige von unten her erzwungen wird.

Weil ich nun aber Revolutionen hasste, so nannte man mich einen Freund des Bestehenden. Das ist aber ein sehr zweideutiger Titel, den ich mir verbitten möchte. Wenn das Bestehende alles vortrefflich, gut und gerecht wäre, so hätte ich gar nichts dawider. Da aber neben vielem Guten zugleich viel Schlechtes, Ungerechtes und Unvollkommenes besteht, so heißt ein Freund des Bestehenden oft nicht viel weniger als ein Freund des Veralteten und Schlechten."

Aus: Eckermann, Johann Peter: Gespräche mit Goethe in den letzten Jahren seines Lebens, München 1999, S. 548ff.

2.11.9 Immanuel Kant als Verteidiger der Revolution (1793ff.)

a) Kant und die Freiheit

Es ist bekannt, dass sich Kant von Beginn an sehr für die Revolution in Frankreich interessierte. Bereits in den 1780er Jahren hatte er liberal-demokratische Ansichten geäußert, allerdings mit der Einschränkung, die in ähnlicher Form auch von anderen Autoren geäußert wurde, dass die Welt „noch unreif" sei „für große Verbesserungen".[1] Versteckt in einer Anmerkung zu seinem Werk „Die Religion innerhalb der Grenzen der bloßen Vernunft", die 1793 erschien, entwickelte er einen Gedankengang, der durchaus als Verteidigung eines Grundprinzips der Französischen Revolution verstanden werden kann: der Freiheit.

Ich gestehe, dass ich mich in den Ausdruck, dessen sich auch wohl kluge Männer bedienen, nicht wohl finden kann: Ein gewisses Volk (was in der Bearbeitung einer gesetzlichen Freiheit begriffen ist) ist zur Freiheit nicht reif [...]. Nach einer solchen Voraussetzung aber wird die Freiheit nie eintreten; denn man kann zu dieser nicht *reifen*, wenn man nicht zuvor in Freiheit gesetzt worden ist (man muß frei sein, um sich seiner Kräfte in der Freiheit zweckmäßig bedienen zu können). Die ersten Versuche werden freilich roh, gemeiniglich auch mit einem beschwerlicheren und gefährlicheren Zustande verbunden sein, als da man noch unter den Befehlen, aber auch der Vorsorge anderer stand; allein man reift für die Vernunft nie anders als durch *eigene* Versuche (welche machen zu dürfen man frei sein muss).

Aus: Kuhn, Axel/Schweigard, Jörg: Freiheit oder Tod! Die deutsche Studentenbewegung zur Zeit der Französischen Revolution, Köln usw. 2005, S. 66

b) Kants Bekenntnis zur Revolution

Kant gehörte nicht zu jenen Intellektuellen, die der Revolution jemals ihre Sympathie aufsagten. Auch nach den Gewaltexzessen vom September 1792 und der Hinrichtung des Königs verteidigte er „Grundprinzipien einer weltgeschichtlichen Bewegung" (Karl Vorländer), wie sie in der Französischen Revolution postuliert wurden. Vielen galt er als Jakobiner. Sein ehemaliger Schüler und späterer Verleger F. Nicolovius berichtet aus dem Jahr 1794, dass Kant „noch immer ein völliger Demokrat sei und neulich sogar die Äußerung getan habe, dass alle Gräuel, die jetzt in Frankreich geschähen, unbedeutend seien gegen das Übel der Despotie, das vorher in Frankreich bestanden, und dass höchstwahrscheinlich die Jakobiner in allem, was sie gegenwärtig täten, recht hätten."[2]

In seiner Schrift „Der Streit der Fakultäten", die 1798 erschien und aus drei Teilen besteht, die, wie Kant selbst am Ende der Vorrede zu dieser Schrift schreibt, „in verschiedener Absicht, auch zu verschiedenen Zeit" entstand, bekennt der alte Kant sich noch einmal eindeutig zu den Ideen der Französischen Revolution. Der Druck dieser Schrift wurde von der preußischen Zensur verboten. Er erschien dann in Halle/Saale, wo die Philosophische Fakultät der dortigen Universität sich für den Druck aussprach.

1 Zum Folgenden, s. Vorländer, Karl: Immanuel Kant. Der Mann und das Werk, Hamburg 3. Aufl. 1992; dort bes. im 4. Buch, S. 210-238, das Kapitel „Kant als Politiker" (daraus auch die obigen Zitate).

2 Zit. nach Vorländer, Karl, a. a. O., S. 221f.

Die Revolution eines geistreichen Volkes, die wir in unseren Tagen haben vor sich gehen sehen, mag gelingen oder scheitern; sie mag mit Elend und Gräueltaten dermaßen angefüllt sein, dass ein wohldenkender Mensch sie, wenn er sie zum zweitenmal unternehmend glücklich auszuführen hoffen könnte, doch das Experiment auf solche Kosten zu machen nie beschließen würde, – diese Revolution, sage ich, findet doch in den Gemütern aller Zuschauer (die nicht selbst in diesem Spiele mit verwickelt sind) eine *Teilnehmung* dem Wunsche nach, die nahe an Enthusiasmus grenzt, und deren Äußerung selbst mit Gefahr verbunden war, die also keine andere als eine moralische Anlage im Menschengeschlecht zur Ursache haben kann. Diese moralische einfließende Ursache ist zweifach: erstens die des Rechts, daß ein Volk von anderen Mächten nicht gehindert werden müsse, sich eine bürgerliche Verfassung zu geben, wie sie ihm selbst gut zu sein dünkt; zweitens die des Zwecks (der zugleich Pflicht ist), daß diejenige Verfassung eines Volkes allein an sich rechtlich und moralisch gut sei, welche keine andere als die republikanische Verfassung, wenigstens der Idee nach, sein kann, mithin in die Bedingung einzutreten, wodurch der Krieg (der Quell aller Übel und Verderbnis der Sitten) abgehalten und so dem Menschengeschlechte bei aller seiner Gebrechlichkeit der Fortschritt wenigstens nicht gestört zu werden. [...]

Nun behaupte ich, dem Menschengeschlechte nach den Aspekten und Vorzeichen unserer Tage die Erreichung dieses Zweckes [nämlich „zu einer Verfassung hinzustreben, welche nicht kriegstüchtig sein kann, nämlich der republikanischen"] und hiermit zugleich das von da an nicht mehr gänzlich rückgängig werdende Fortschreiten desselben zum Besseren auch ohne Sehergeist vorhersagen zu können. Denn ein solches Phänomen in der Menschengeschichte *vergisst sich nicht mehr*, weil es eine Anlage und ein Vermögen in der menschlichen Natur zum Besseren aufgedeckt hat, dergleichen kein Politiker aus dem bisherigen Laufe der Dinge herausgeklügelt hätte [...]

Aber wenn der bei dieser Begebenheit beabsichtigte Zweck auch jetzt nicht erreicht würde, wenn die Revolution oder Reform der Verfassung eines Volkes gegen das Ende doch fehlschlüge, [...] so verliert jene philosophische Vorhersage doch nichts von ihrer Kraft. – Denn jene Begebenheit ist zu groß, zu sehr mit dem Interesse der Menschheit verwebt und ihrem Einflusse nach auf die Welt in allen ihren Teilen zu ausgebreitet, als dass nicht den Völkern bei irgendeiner Veranlassung günstiger Umstände in Erinnerung gebracht und zu Wiederholung neuer Versuche dieser Art erweckt werden sollte.

Aus: Kant, Immanuel: Der Streit der Fakultäten, hrsg. v. Steffen Dietzsch, Leipzig 2. Aufl. 1992, S. 84f., 87f.

2.11.10 Respektlosigkeiten eines deutschen Demokraten gegen einen Fürsten (1795)

Georg Friedrich Rebmann (zu seiner Person s. S. 134) hat in seinem 1795 erschienenen Reisebericht zahlreiche mitteldeutsche und süddeutsche Städte besucht (Nürnberg, Erlangen, Bamberg, Erfurt, Jena, Halle, Köthen, Leipzig, Dreden u. a.) und darin meist kritisch-satirisch die dort herrschenden Lebensumstände geschildert. Sein Weg führte ihn auch in das kleine Fürstentum Anhalt-Zerbst (heute im Bundesland Sachsen-Anhalt gelegen). Aus diesem Fürstenhaus stammt die Prinzessin

Sophie Auguste Friederike von Anhalt-Zerbst (1729-1796), die 1745 den Großfürsten Peter (den späteren Zar Peter II.) heiratete und als Zarin Katharina die Große in die Geschichte einging. Mit Fürst Friedrich August, der 1793 ohne Nachkommen starb, erlischt das Fürstentum Anhalt-Zerbst. Bis es 1797 an das Fürstentum Anhalt-Dessau fiel, wurde es – wie Rebmann richtig schreibt – von einer „Interims-Kommission" verwaltet. Wenn mutige Zeitgenossen wie Rebmann ohne Scheu Fürstenkritik übten, dann zeigt dies, bis zu welchem Grad die Aufklärung und wohl auch die Auswirkungen der Französischen Revolution das Bewusstsein der Menschen beeinflusst haben. Der nachstehende Text dokumentiert diesen Bewusstseinswandel.

Der verstorbene Fürst war eines der originellsten Despötchen, die jemals unter den Paschas in Deutschland existierten. Er war eigentlich, was man verrückt nennt, und darunter mussten seine Untertanen leiden. Friseure und Kammerdiener regierten nach ihren Launen. [...] Der Fürst hatte ein paar Hundert Leutnants, zu denen er dann und wann Schweinehirten erhob. Auch gab sein Soldatenspiel zu manchen Justizverletzungen Anlass, vermöge denen [weshalb] man halbgeschundene Menschen über die Grenzen brachte und dergleichen mehr. Man hätte denken sollen, das Völkchen zu Zerbst müsse seinen Todestag wie ein allgemeines Fest feiern. Dennoch waren die Zerbster gutmütig genug, bei der Nachricht seines Ablebens zu weinen und all das Böse, das ihnen unter seiner Regierung widerfahren war, bloß auf seine Räte zu schieben, ohne sich zu erinnern, dass Fürsten für die Übeltaten ihrer Günstlinge verantwortlich sind.

Der Fürst war gerade bei einem anderen Nabob[1] seinesgleichen, als er die Strafe Ludwigs XVI. [gemeint ist dessen Hinrichtung im Januar 1793] erfuhr. „Ach Gott! Ew. Liebden"[2], rief er ängstlich aus, „wenn die Leute Königen die Köpfe abschlagen, was werden sie erst mit uns armen Hunden anfangen!"

Aus: Rebmann, Georg Friedrich: Kreuzzüge durch einen Teil Deutschlands [1795], hrsg. v. Weise, Heinz, Leipzig 1990, S. 58ff.

2.12 Gegner der Revolution

2.12.1 Aus der Denkschrift eines Revolutionsgegners (1794)

Der Autor des nachstehenden Textes, August von Kotzebue (1761-1819), ein in seiner Zeit sehr erfolgreicher Schriftsteller und Autor von zahlreichen Theaterstücken, war ein entschiedener Gegner der Französischen Revolution. Nach seinem Jurastudium trat er in russische Dienste, wurde geadelt und bereits 1786 Präsident des Magistrats des Gouvernement Estland (damals zu Russland gehörig). Nach Aufenthalten in Paris, Mainz, Wien und Weimar (seiner Geburtsstadt) kehrte er 1806 nach Russland zurück, bis er 1817 als Generalkonsul in russischem Auftrag wieder nach Deutschland ging. Dort publizierte er gegen den politischen Liberalismus und vor allem gegen die Universitäten als angebliche Brutstätten der Revolution. Seine Schriften wurden auf dem Wartburgfest 1817 von den Burschenschaften verbrannt. 1819 wurde er von dem Jenaer Burschen-

1 Nobob: historischer Herrschertitel in Asien; dt. etwa Provinzgouverneur. Heute versteht man unter einem Nabob einen Menschen, der auf zweifelhafte Art und Weise zu Reichtum und Macht gekommen ist.

2 Fürstliche Personen gleichen Standes pflegten sich mit „Euer Liebden" (in Schriftstücken: Ew. Liebden) anzureden.

schafter und Theologiestudenten Sand erstochen. Der nachstehende Text, in dem auch Zitate aus Zeitschriften zu finden sind, die der Revolution seiner Meinung nach positiv gegenüberstanden, hat denunziatorischen Charakter.

Ungefähr zweihundert junge Leute, sowohl vom Adel als auch aus dem Bürgerstande, verlassen jährlich das Reich, um in fremden Ländern oder auf fremden Akademien Gelehrsamkeit, Erfahrung und Torheit einzusammeln. Ungefähr ebenso viele kehren jährlich in das Reich zurück, und die Nahrung ihres Geistes ist gewöhnlich unverdaut. Noch ist mir keiner dieser Jünglinge vorgekommen, der nicht mehr oder weniger von der Seuche angesteckt gewesen wäre. Man kennt die warme Teilnahme der Deutschen an den französischen Angelegenheiten. Vorzüglich zeichnet sich dasjenige Publikum aus, welches unsere Jünglinge frequentieren: Ich meine die Akademien. Die deutschen Professoren legen ihre Gesinnungen bei jeder Gelegenheit nur allzu deutlich an den Tag, und wenn sie auch in den meisten Ländern nicht geradezu die Grundsätze der Franzosen verteidigen dürfen, so wissen sie doch ihre Vorlesungen der Geschichte und Philosophie mit solchen Sätzen auszuschmücken, welche eine indirekte Billigung jenes Systems enthalten. – Und auf welches Land streuen sie diesen Samen? Schon die Lebensart der Studenten macht sie geneigt zur Ungebundenheit, der sie so gern den Namen Freiheit leihen. Sie hegen Achtung für die gedruckten und ungedruckten Urteile ihrer Lehrer, sie hüllen die Affenfreiheit in das Gewand der Philosophie, ihre jugendliche Einbildungskraft glüht, und sie berauschen sich aus einem Giftbecher.

Wenn sie dann die Hörsäle verlassen und sich in Kaffeehäusern, Schauspielhäusern oder auf Klubs zerstreuen wollen, so schallt ihnen abermals aus allen Winkeln die Stimme eines schwärmerischen Publikums entgegen. Sie sehen und hören täglich, wie jedermann seine Freude äußert, wenn die Franzosen den Sieg davontragen, wie jedermann trauert, wenn die Tapferkeit der Alliierten [Österreich, Preußen und weitere Staaten der Koalition gegen Frankreich] die Bastarde der Freiheit zu Boden schlagen.

Es ist sehr natürlich, daß junge Leute, welche noch gar keine Grundsätze haben, diejenigen Grundsätze annehmen, welche ihre Lehrer und der große Haufe ihnen vorpredigen. Sie machen es wie mit den mancherlei Früchten, deren sie in ihrem Vaterlande nicht gewohnt sind; es ist ihnen etwas Neues, sie verschlingen sie hastig ohne Unterschied und werden krank.

Mit solchen Krankheiten behaftet, kehren sie nun in ihr Vaterland zurück. Wenn sie sich hier zu Predigern des neuen Systems aufwerfen, so geschieht das selten oder nie in der Absicht, Unruhe zu stiften, sondern:

Erstens: weil sie die Sucht zu glänzen mit allen Reisenden gemein haben. Sie wollen ihre Mitbürger durch neue Moden und neue Meinungen blenden; sie scheinen sich einzubilden, man habe hier in großer Finsternis bis zu ihrer Zurückkunft gelebt, und es sei ihre Pflicht, das Lämpchen leuchten zu lassen, welches sie im Auslande angezündet.

Zweitens: weil sie von Langeweile und Geschäftslosigkeit gequält werden. Was sollen sie anfangen? Womit sollen sie sich beschäftigen? Die kleinen Dienste in den Kanzeleien werden sehr selten mit jungen Gelehrten besetzt, auch sind die Konkurrenten zahllos bei jeder erledigten Stelle. Advokaten und Ärzte gibt es schon weit mehrere, als der Gerechtigkeit und Gesundheit zuträglich ist; alle Predigerstellen sind besetzt, und die Priester leben ruhig und lange. Es bleibt ihnen daher nichts anders übrig, als Hofmeister in adligen Häusern auf dem Land zu werden. Von solchen Hofmeistern ist das ganze Land überschwemmt; sie haben Einfluß auf ihre Prinzipale und Hausgenossen, und da sie größtenteils aus geborenen Liv- und Estländern bestehen, folglich die Landessprache vollkommen innehaben, so könnte es ihnen einst leicht werden, das Gift unter die Bauern zu verbreiten. Diese Bauern harren nur auf einen Anführer, um sich den grausamsten Ausschweifungen zu überlassen. [...]

Die Leipziger Messe liefert uns jährlich ungefähr 4000 neue Schriften. Ich wage nicht zuviel, wenn ich behaupte, daß in 3000 derselben die Grundsätze der Franzosen angepriesen werden, und ich mache mich anheischig, es zu beweisen. Doch man verstehe mich recht: ich weiß recht gut, daß vielleicht kaum ein Achtel dieser Bücher von der Französischen Revolution selbst handelt oder geradezu dieses schreckliche Unwesen verteidigt; aber es ist doch nun einmal Lieblingsmaterie deutscher Schriftsteller, die sie bei der entferntesten Veranlassung mit den Haaren herbeiziehen. Oft führt ein Buch einen ganz unschuldigen Titel, es handelt einen Gegenstand aus der Geschichte oder Philosophie ab, der gar nichts mit unserer jetzigen Zeit gemein hat, und plötzlich stößt man auf eine Stelle oder auch eine Note, wo der Verfasser sich auf dem beliebten Kampfplatz herumtummelt und ein Samenkorn hinwirft, welches nur allzu leicht in allerlei Boden gedeiht. [...]

Es wird beinahe kein Roman und kein Schauspiel geschrieben, wo man nicht Winke von Freiheit und Gleichheit fände. Trauerspiele schildern Tyrannen, Lustspiele machen den Adel lächerlich. In Romanen sogar setzt man dem Gott der Liebe eine Freiheitsmütze auf, oder die Freiheit wird mit Amors Bogen geschmückt.

Am meisten zeichnen sich Journale und gelehrte Zeitungen aus. Unter mehr als hundert dergleichen wären kaum zwei oder drei zu nennen, welche gar kein Gift enthielten. [...]

Vorzüglich trägt die Jenaische Literaturzeitung[1] dazu bei, die heutige Denkungsart zu verbreiten und fortzupflanzen. Es arbeiten einige hunderte Gelehrte daran, und schon aus dem gleichen Ton, der überall darin herrscht, läßt sich beweisen, wie die deutschen Gelehrten überhaupt gestimmt sind. Wer in Religion, Politik und Philosophie nicht mit ihnen gleiche Grundsätze hegt, der wird in dieser Zeitung verschrien und verlästert. Oft geben sie bedeutende Winke; oft scheinen sie nur trocken anzuzeigen, aber die Wendung, mit welcher es geschieht, läßt den Leser leicht erraten, wohin man ihn locken will. [...]

Kotzebue, August von: Mémoire über den Revolutionsgeist, in Rücksicht auf einige russische Provinzen, und über die Mittel, dessen Fortschritte zu hemmen; aus: Träger, Claus (Hrsg.): Die Französische Revolution im Spiegel der deutschen Literatur, Frankfurt a. M. 1979, S. 211 ff., 216 ff.

1 Gemeint ist die „Allgemeine Literatur-Zeitung", die von 1785 bis 1804 in Jena erschien, danach bis 1849 in Halle verlegt wurde. Sie war die wichtigste Rezensionszeitschrift in Deutschland. Dem Anspruch nach wollte diese täglich erscheinende Zeitschrift alle Wissensgebiete abdecken. In Jena erschien nach dem Auszug der „Allgemeinen Literatur-Zeitung" in den Jahren von 1804 bis 1841 die „Jenaische Allgemeine Literaturzeitung".

2.12.2 Was tun? (1794)

Wie sehr die Obrigkeiten bemüht waren, die als schädlich und gefährlich erachteten Ideen und Einflüsse von außen vom eigenen Territorium fern zu halten, zeigt die Preisfrage, die die Churmanzische Akademie der nützlichen Wissenschaften zu Erfurt im Jahr 1793 stellte. Antworten wurden im darauffolgenden Jahr unter dem Titel „Über die Erhaltung öffentlicher Ruhe in Deutschland und anderen Staaten" veröffentlicht. Der Mainzer Erzbischof, zu dessen Herrschaftsbereich Erfurt gehörte, hatte die Preisfrage folgendermaßen präzisiert: „Wodurch das deutsche Volk von den Vorteilen seiner vaterländischen Verfassung belehrt und vor den Übeln gewarnt würde, wozu überspannte Begriffe von ungemessener Freiheit und idealistischer Gleichheit führen." Die Akademie fügte weitere Fragen an:

1. Auf wie vielerlei Arten kann man die Untertanen eines deutschen Staates überzeugen, dass sie unter einer weisen, gerechten und milden Regierung leben?
2. Was heißt bürgerliche Freiheit und auf wie vielerlei Wegen lassen sich die richtigen Begriffe davon unter alle Stände, besonders die niedrigsten Volksklassen, verbreiten?
3. Wie müssen zur Erreichung dieses Endzwecks die häusliche Erziehung, der Unterricht in Schulen und auf Universitäten, in den Volksbüchern und Zeitschriften, und andere zur Nationalbildung gehörige Anstalten eingerichtet werden?
4. Durch welche Mittel kann man ohne auffallenden Zwang es dahin bringen, dass die dazu vorgeschlagenen besten Einrichtungen wirklich ausgeführt werden?

In den eingereichten Arbeiten wurde vorgeschlagen: „wahre Aufklärung" durch Reformen im Denken und Handeln (gegen Despotismus, Ahnenstolz, Eroberungsgeist) und im sozialen Bereich durch Errichtung von Arbeitsanstalten, Krankenhäusern, und durch Abschaffung der Bettelei. In Zeitungen, Gesprächen und Schauspielen sollten die neuen Ideen verbreitet werden.

Aus: Marwinski, Felicitas: „Nur wie ein dumpfer Donner rollte der Waffenklang in der Ferne ..." 1792 wurde in Erfurt die Lesegesellschaft im Tournier gegründet, in: Blätter des Vereins für Thüringische Geschichte 3 (1993), S. 40ff.

2.12.3 Badische Denkschrift gegen „das Gift der Empörung" (Juli 1794)

Wie sehr die Sorge die deutschen Landesherrn umtrieb, der Revolutionsgeist könnte auch die deutschen Untertanen diesseits des Rheines erfassen, zeigt die Denkschrift des badischen Hofrats Johann Friedrich Baumgärtner vom 18. Juli 1794. Zum Zeitpunkt der Abfassung seiner Denkschrift war Baumgärtner Oberamtsverweser in Pforzheim, einer Stadt, die schon knapp zwei Jahre zuvor unter Verdacht geraten war, hier könnte revolutionäres Gedankengut Anhänger gefunden haben. Baumgärtners Landesherr, der Markgraf von Baden, hatte ihn aufgefordert, „seine Gedanken, wie der Gemeine Geist bei höchstdero Untertan[en] in die erforderliche Stimmung gebracht werden" könnte, zu Papier zu bringen, also welche Abwehrmaßnahmen möglich und nützlich sein könnten, um die Bewohner dieser Stadt gegen revolutionäres Gedankengut zu immunisieren und ihnen einen

„enthusiastischen Eifer für die Verteidigung ihres Vaterlandes" einzuflößen (so Baumgärtner in seiner Denkschrift). Es ist ein neuer und in dieser deutlichen Form selten in ähnlichen Schriften zum Ausdruck gebrachter Gesichtspunkt, wenn Baumgärtner auf die soliden wirtschaftlichen Verhältnisse der Mehrheit der Bewohner hinweist und darin einen Grund dafür sieht, dass die Bevölkerung gegen das „Gift der Empörung" gefeit sei – so, als ob die Entstehung eines revolutionären Bewusstseins einzig und allein in wirtschaftlicher Not ihre Ursache hätte.

Pforzheim, den 18. Juli 1794

Ich halte es eben für nicht sehr schwer, einen Gemeingeist unter die badischen Einwohner zu bringen, der sie nicht nur gegen das Gift der Empörung sichere, sondern ihnen auch ein wahres Verlangen, einen enthusiastischen Eifer für die Verteidigung ihres Vaterlandes einflöße. Ich gründe meine Behauptung auf Folgendes: Der größte Teil der Einwohner Badens besteht aus Landleuten, die bei weitem dem größten Teil nach Vermögen besitzen. An vielen Orten gibt es gar keine Leute, die nichts zu verlieren haben, und da, wo es [solche] gibt, sind es immer nur wenige, die auch mit allem bösen Willen nicht weit kommen würden. In den Städten gibt es schon mehrere arme Leute, aber auch überall Brot und Verdienst, und die Armenanstalten sind meist gut. Not bringt also nicht leicht jemand zu verzweifelten Gedanken. Wenn es auch einige bösartige und freche [Leute] gibt, wie nicht zu leugnen ist, so werden diese wenigen durch Furcht und durch die eigene Überzeugung, dass sie sogleich bei ihren Mitbürgern selbst den stärksten Widerstand finden würden, im Zaume gehalten. Der badische Untertan in den Städten sowohl als in den Dörfern ist im Allgemeinen seinem Fürsten und dem Fürstlichen Hause innig zugetan. Er genoss schon so lange Zeit eine gute, gerechte und milde Regierung. Er kennt die Tugend seines Fürsten und verehrt sie. Er ist großenteils seiner Religion von Herzen zugetan. Sein Charakter ist gut und bieder. Er verabscheut Ungerechtigkeiten. Den Schlechten, den Meineidigen, wenn er es auch nur verdachtsweise ist, lohnt [trifft] allgemeine Verachtung. [...] Die Materialien zu diesem Enthusiasmus sind also da, sie dürfen nur geordnet in Bewegung und in Feuer gesetzt werden. Folgendes scheinen mir hierzu die fachgemäßen, in meinen Augen nicht schwer auszuführenden Mittel:

1. Öffentliche Belehrungen von den [über die] Wohltaten der bisher genossenen milden Regierung, von dem unschätzbaren Glück ihrer künftigen Fortdauer, von der Unrechtmäßigkeit der französischen Revolution und des dadurch veranlassten Krieges, von der Ursache der sich zuweilen auf französischer Seite zeigenden Übermacht, von der Unfehlbarkeit der dagegen zu Händen [zur Verfügung] stehenden Mittel durch Anwendung der größeren Übermacht der Deutschen, [...] von den üblen Folgen, die ein jedes Individuum bei einem feindlichen Überfall zu gewärtigen hat, besonders von der Wegnahme der waffenfähigen Menschen durch die Franzosen und deren Versendung an andere französische Grenzen [...].

Diese öffentlichen Belehrungen könnten geschehen

a. durch Predigten; den Geistlichen müsste befohlen werden, oft und viel über diesen Gegenstand mit eindringlicher Wärme zu predigen und ihnen diesfalsige [solche] Predigten aufzuschreiben. [...] Beamte müssten von Zeit zu Zeit dergleichen Predigten besuchen.

b. durch unentgeltliche Austeilung zweckmäßiger Schriften, die dann in zu haltenden Gemeindeversammlungen durch den Pfarrer oder Schulmeister vorgelesen und von ersterem erklärt werden könnten. [...]

d. Nicht undienlich würde es sein, wenn auf Kosten des Staates öffentliche Zeitungen gedruckt und unentgeltlich ausgeteilt würden, welche [...] vorgelesen werden könnten und die teils die eingangs erwähnten Belehrungen, teils Nachrichten von dem Fortgang des Krieges auf eine Art erzählt enthalten könnten, dass dadurch manche widrigen Eindrücke vorgebeugt würden.

2. Noch festere Zusammenknüpfung des Bandes zwischen Herren und Untertanen

a. durch mannigfaltige [häufige] Besuche und Reisen Serenissimi[1] und der fürstlichen Familie in den einzelnen Oberämtern und Ämtern, wobei kleine hie und da auszuteilende Geschenke von ausnehmender [sehr großer] Wirkung sein würden. [...]

b. durch Erleichterung der gegenwärtig drückenden Kriegslasten und und unentgeltlicher Austeilung von Früchten und Gemüsen an die Bedürftigen. Nichts schlägt freilich den Gemeingeist mehr nieder als Mangel. [...]

d. durch öffentliche Volksfeste bei den Huldigungen und anderen schicklichen [passenden] Veranlassungen [Anlässen], besonders dann, wenn das Glück der Anwesenheit Serenissimi den einen oder anderen Ort trifft.

Im folgenden 3. Punkt mit 16 (!) Unterpunkten werden detaillierte Vorschläge für geeignete militärische Verteidigungsmaßnahmen und für eine Verbesserung der militärischen Ausbildung der waffenfähigen Männer sowie der militärischen Ausrüstung gemacht.

Alles dies ist zwar mit vielen und schweren Kosten verknüpft; allein wenn man bedenkt, dass, wenn es schlimm geht, unendlich viel mehr verloren ist und dass es demnach an Mittel und Quellen, alle diese Kosten ohne sonderliche Bedrückung der Untertanen herbeizuschaffen, nicht fehle, so dürfte die Wahl über deren Anwendung wohl nicht lange zweifelhaft sein.

Sicher wird Badens Beispiel auch auf die übrigen Staaten Deutschlands Einfluss haben und Reiz zur Nachahmung hervorbringen.

Aus: Schulze, Olaf: Rebellen oder Unterthanen? Pforzheim zur Zeit der Französischen Revolution 1789-1794. Darstellung und ausgewählte Quellen, Pforzheim 1995, S. 144-147

2.12.4 „Wir verdammen dich, abtrünniges Frankreich"

Hasserfülltes „Te Deum laudamus" „gegen die neugebackenen französischen Freiheits- und Unsinnsfabrikanten nebst einer freien teutschen Uebersetzung, gesungen im fünften Jahr der französischen Freiheits- und Gleichheitswuth, 1793". „Te Deum laudamus" („Dich, Gott, loben wir") ist der Anfang eines feierlichen, lateinischen Lob-, Dank- und Bittgesangs der christlichen Kirche.

1 Offizielle lateinische Anrede eines Fürsten; hier mit „des Landesherrn" zu übersetzen.

Wir verdammen dich, abtrünniges Frankreich,

Als eine von aller Welt verfluchte[n] Mutter der Ketzereien!

Alle Teufel, alle verworfene Geister und höllische Mächte,

Alle Länder und Völker rufen mit unablässiger Stimme:

Satan, Satan, Satan, Rebell gegen den Herrn Gott Zebaoth!

Himmel und Erde sind voll von dem Gräuel deiner Konstitution,

Dich rühmet der ruchlose Schwarm der Gottesleugner,

Dich lobet die verfluchte Jakobiner-Rotte,

Dich preiset das verworfene Heer der Lasterknechte,

Dich, Mutter der zügellosesten Frechheit und der unerhörtesten Gräuel,

So wie den schändlich von dir angefangenen ungerechten Krieg

Und deine gottlose Konstitution,

Verfolgt der Fluch der heiligen Kirche durch alle Winkel der Erde,

Du, o Frankreich, bist die Quelle aller Laster!

Du bist eine würdige Tochter deines Vaters des Teufels!

Um die Gesetze der Natur zu vernichten, hast du dich nicht gescheut, deine Hände in dem Blute deines Königs und deiner Bürger zu baden.

Alle Natur und Religionsgesetze hast du mit Füßen getreten, und hierdurch deinen Anhängern die Pforten der Hölle geöffnet.

Du wirst zur Rechten Luzifers sitzen, und mit unaufhörlichen Qualen gepeinigt werden.

Wir glauben, dass du bald durch Feuer und Schwert verheeret und gänzlich wirst zu Grunde gerichtet werden.

Dich, o Gott! der du durch deine Gnade die ausgewanderten Söhne Galliens aus ihren Klauen gerissen hast,

Bitten wir deswegen um Beistand für deine Diener.

Verewige das Andenken des Nationalkonvents, mit der ganzen schändlichen Brut seiner Anhänger durch unendliche Höllenqualen,

Segne und erhalte, o Herr, die tapferen österreichischen Streiter!

Und sprich deinen Fluch über die Klubs und Versammlungen Frankreichs aus;

Verfolge die Glieder derselben mit deinem gerechten Zorn; zertrete, vernichte sie und rotte ihr Andenken auf ewig aus.

An jedem Tage verfluchen wir diese gottlosen Versammlungen,

Und verwünschen ihren Namen bis in Ewigkeit.

Schütze gütigst, o Herr, zu dieser Zeit Ludwig den siebenzehnten[1] für die Gewalt der Patrioten!

Erbarme dich über ihn, o Herr, und über seine trostlose Familie! erbarme dich über den jüngsten König!

Deine gerechte Rache komme über Frankreich, und seine lasterhaften Bewohner, weil sie ihre Hoffnung nicht auf dich gesetzt haben.

Auf dich, o Herr! hat Ludwig der Sechzehnte mit allen guten Untertanen sein Vertrauen gesetzt; darum wirst du ihn auch nicht zu Grunde gerichtet, sondern in dein ewiges unvergängliches Reich aufgenommen haben.

Aus: Kraus, Thomas R.: Auf dem Weg in die Moderne. Aachen in französischer Zeit 1792/93, 1794-1814, Aachen 1994, S. 427f.

2.12.5 Der Kampf gegen revolutionäre Ideen (1794)

Im Schutz der Anonymität veröffentlichte Ernst August Anton von Göchhausen (1740-1824) im Jahr 1794 einen Reisebericht, in dem er die Bevölkerung und wohl auch die deutschen Fürsten gegenaufklärerisch und konterrevolutionär gegen die aus Frankreich kommenden Ideen, aber auch gegen deutsche Parteigänger wie etwa die Mainzer Klubbisten zu mobilisieren versuchte. Seine „Handlungsanweisung" lautete:

Wir sind frey gebohren. Laßt uns, wenn's nicht anders seyn kann und soll – auch allenfalls verlassen von unsern Fürsten, im schlimmsten Falle mit dem Schwerdte in der Hand, unsre Unabhängigkeit von fremden und anarchischen Meynungen behaupten, und lieber als freye deutsche Männer sterben, als zugeben, daß unser Volk ungebrochen in die Klauen deutscher Jacobiner falle, die es so sehr darauf anlegen, es in Bestien zu verwandeln, wie die, die jetzt in Frankreich nahe dahin gebracht sind, ihr eigenes Fleisch zu fressen.

Aus: [Göchhausen, Ernst August Anton von:] Meine Wanderung durch die Rhein- und Mayn-Gegenden und die Preussischen Kantonnirungsquartiere im Februar 1794. Nebst Nachrichten über die Maynzer Klubbisten und über den in die Preussische Kriegsgefangenschaft nach Magdeburg gebrachten PEUPLE SOUVERAIN, Frankfurt und Leipzig 1795, S. 255; aus: Von „Obscuranten" und „Eudämonisten". Gegenaufklärerische, konservative und antirevolutionäre Publizisten im späten 18. Jahrhundert, hrsg. v. Christoph Weiß in Zusammenarbeit mit Wolfgang Albrecht, St. Ingbert 1997, S. 155-192, Zitat auf S. 178

1 Ludwig XVII. (1785-1795), 2. Sohn Ludwigs XVI., der nach dem Tod seines älteren Bruders Dauphin Frankreichs wird. Obwohl er nie regiert hat, wird er von Royalisten als Ludwig XVII. gezählt. Nach der Guillotinierung seiner Eltern lebte Ludwig weiter im Temple, wo zuvor auch seine Eltern inhaftiert waren. Er starb unter nicht ganz geklärten Umständen wohl in Folge einer Tuberkuloseerkrankung.

2.13 Frauen in der Französischen Revolution

2.13.1 Das Spiel ist bald vorbei

Diese Karikatur zeigt eine Bäuerin, die auf ihrem Rücken eine Dame des ersten Standes (Nonne) und des zweiten Standes (Adlige) trägt. Ein vergleichbares Bild mit identischer Bildunterschrift, bei der ein Bauer einen Geistlichen und einen Adligen auf seinem Rücken trägt, ist oben (S. 42) abgedruckt.

„A faut espérer q'eu se jeu la finira bentot." – „Es ist zu hoffen, dass dieses Spiel bald enden wird." Anonyme Karikatur, 1789, Musée Carnavalet, Paris

2.13.2 Zug der Frauen nach Versailles am 5. Oktober 1789

Der Demonstrationszug nach Versailles hatte seine Ursache in einer allgemeinen Unzufriedenheit vor allem der unteren Volksschichten mit der politischen und wirtschaftlichen Lage des Landes, vor allem in der Hauptstadt Paris. Zwar hatte die Nationalversammlung bereits zu Beginn des Monats August die Privilegien des Adels beseitigt, der König hatte sich aber geweigert, die Dekrete zu unterzeichnen, denn erst mit seiner Unterschrift erhielten sie Gesetzeskraft. In Paris wurde überdies das Gerücht verbreitet, der König und seine Frau hätten sich anlässlich eines Festes in Versailles abfällig über die Revolution geäußert. Daraufhin machten sich am 5. Oktober 1789 einige hundert Marktfrauen („Poissarden" = Fischweiber) auf den Weg nach Versailles, begleitet von einem Zug mehrerer Tausend mit Piken, Sensen und Dreschflegeln bewaffneter Zivilisten und Soldaten der Nationalgarde. Dass es ihnen gelang, König Ludwig XVI. am 6. Oktober 1789 von Versailles nach Paris zu holen und ihn zu nötigen, im Tuilerienpalast zu wohnen, war für viele Zeitgenossen ein überraschendes Ergebnis dieser Demonstration.

Anonyme Gravur, 1789; Paris, Bibliothèque Nationale.

2.13.3 Politisierung der Frauen (1791)

a) Patriotischer Frauenclub (Club Patriotique de Femmes)

Gouache der Brüder Pierre Étienne und Jaques Philippe Lesueur, Paris 1791, 303 x 535 mm; ausgeschnitten und auf blau aquarelliertes Papier geklebt; darunter aufgeklebt eine eigenhändige Beischrift mit brauner Tinte.

Übersetzung der Bildunterschrift:

„Sehr patriotische Frauen hatten einen Club gebildet, zu dem niemand anders zugelassen wurde. Sie hatten ihre Vorsitzende und Sekretärinnen. Man versammelte sich zweimal wöchentlich, die Präsidentin verlas die Sitzungsprotokolle des Nationalkonvents, dessen Beschlüssen man Beifall oder Kritik zollte. Aus Wohltätigkeitseifer veranstalteten die Damen unter sich eine Sammlung und verteilten den Erlös an hilfsbedürftige Familien guter Patrioten."

Das in frischen Farben gemalte, idealtypische Bild und seine Beischrift belegen, dass auch im zeitgenössischen Selbstverständnis die revolutionäre Club-Kultur nicht auf die Männerwelt beschränkt blieb, sondern dass Frauen eigenständig an ihr teilhatten. Die meisten der hier dargestellten Frauen sind aufgrund ihrer Hauben und Kattuntücher dem Bürgertum zuzuordnen, ausgenommen die ganz vom Betrachter abgekehrte Dame in Oberschichtenkleidung. Was der gesammelte Ernst in Haltung und Mienen dieser Frauen andeutet, das bestätigen die offensichtliche Existenz einer Geschäftsordnung (Glocke auf dem Tisch), die halb gesprochene, halb geschriebene Informationsvermittlung (die Präsidentin liest aus dem Moniteur vor, der führenden Parlamentszeitung), die offene Meinungsäußerung (Klatschen der Frau vorne links), die Regelmäßigkeit der Club-Sitzungen (siehe Übersetzung der Bildunterschrift) und die Wohltätigkeitssammlung: Hier handelt es sich nicht um einen Geselligkeitskonvent, sondern um eine bewusst politische Versammlung zu gemeinschaftlicher Meinungsbildung und engagiertem, solidarischem Handeln.

Aus: Both, Hermann/Gestrich, Andreas: Die Französische Revolution, Berlin 2009, S. 113

b) Olympe de Gouges: Erklärung der Rechte der Frau und der Bürgerin (September 1791)

„Die Erklärung der Rechte der Frau und der Bürgerin", die Olympe de Gouges (1748-1793) im September 1791 der Nationalversammlung zur Annahme vorgelegt hat, enthält nichts weniger als die Forderung nach voller rechtlicher, politischer und sozialer Gleichberechtigung der Frauen. Der „Déclaration" beigegeben ist ein Brief von Olympe de Gouges an die Königin Marie Antoinette: „Madame, wenig geübt in der Sprache, die man Königen gegenüber an den Tag legt, werde ich nicht die Lobhudeleien der Höflinge gebrauchen, um Euch diese besondere Schrift zu widmen. Mein Ziel, Madame, ist, offen zu Euch zu sprechen." Es folgen durchaus deutliche Worte der Kritik an die Adresse der Königin, die man der Komplicenschaft mit dem Ausland verdächtigte. Man darf nicht vergessen, dass zum Zeitpunkt des Erscheinens der „Déclaration" die Flucht des Königs und seiner Familie, mit der die Monarchie in Frankreich viel an Ansehen in der Bevölkerung verloren hatte, gerade zwei Monate zurücklag. Im folgenden Abschnitt widmet sich Olympe de Gouges dann den Rechten der Frau. Sie leitet diesen Abschnitt folgendermaßen ein:

Mann, bist du fähig, gerecht zu sein? Es ist eine Frau, die dir diese Frage stellt, zumindest dieses Recht nimmst du ihr nicht. Sag mir, wer hat dir die unumschränkte Herrschaft verliehen, mein Geschlecht zu unterdrücken? Deine Kraft? Deine Begabungen? Beobachte den Schöpfer in seiner Weisheit; prüfe die Natur in ihrer ganzen Größe, der du dich annähern zu wollen scheinst, und gib mir, wenn du es wagst, ein Beispiel für diese Tyrannenherrschaft.[1]

Olympe de Gouges verweist hier auf die Natur: Weder in der Tierwelt noch in der Pflanzenwelt gebe es eine Herabstufung des weiblichen Teils der Schöpfung. Und sie fährt fort:

Nur der Mann hat sich einen davon abweichenden Grundsatz geschustert. Absonderlich, verblendet, wissenschaftlich aufgeblasen und degeneriert will er in diesem Jahrhundert der Aufklärung und des Scharfsinns in gröbster Unwissenheit als Despot über ein Geschlecht befehlen, das alle intellektuellen Fähigkeiten besitzt; er beabsichtigt, in den Genuss der Revolution zu kommen und seine Rechte auf Gleichheit einzufordern, um darüber hinaus nichts zu sagen. [...]

I. Die Frau wird frei geboren und bleibt dem Mann an Rechten gleich. [...]

II. Der Zweck jeder politischen Vereinigung ist die Erhaltung der natürlichen und unantastbaren Rechte der Frau und des Mannes: Dies sind die Rechte auf Freiheit, Eigentum, Sicherheit und besonders auf Widerstand gegen Unterdrückung.

III. Der Ursprung jeder Souveränität liegt seinem Wesen nach in der Nation, die nichts anderes als die Vereinigung von Frau und Mann ist. [...]

IV. Freiheit und Gerechtigkeit bestehen darin, alles, was einem anderen zukommt, herzugeben; es hat daher die Ausübung der natürlichen Rechte der Frau nur die Grenzen der

1 Hierzu schreibt de Gouges in einer Art Fußnote: „Von Paris bis Peru und von Rom bis nach Japan – ist das allerdümmste Tier, meiner Meinung nach, der Mann."

beständigen Tyrannei, die der Mann ihr entgegensetzt; diese Grenzen müssen durch die Gesetze der Natur und der Vernunft nachgebessert werden.

V. Die Gesetze der Natur und der Vernunft verbieten alle Handlungen, die der Gesellschaft schädlich sind: Alles, was durch diese weisen und göttlichen Gesetze nicht verboten ist, darf nicht verhindert werden, und niemand kann zu tun gezwungen werden, was sie nicht anordnen.

VI. Das Gesetz muss Ausdruck des Gemeinwillens sein; alle Bürgerinnen und Bürger müssen persönlich oder durch ihre Repräsentanten an der Gesetzgebung mitwirken; es muss dasselbe für alle sein: Alle Bürgerinnen und alle Bürger, die in seinen Augen gleich sind, müssen gleichermaßen entsprechend ihren Fähigkeiten und ohne anderen Unterschied als den ihrer Tugenden und Begabungen zu allen Würden, Stellen und öffentlichen Ämtern zugelassen sein. [...]

IX. An jeder für schuldig befundenen Frau wird die volle Härte des Gesetzes angewendet.

X. Wegen seiner, selbst fundamentalen, Meinungen braucht niemand etwas zu befürchten, die Frau hat das Recht auf das Schafott zu steigen; sie muss gleichermaßen das Recht haben, [als Rednerin] ein Podium zu besteigen. [...]

XI. Die freie Mitteilung der Gedanken und Meinungen ist eines der wertvollsten Rechte der Frau, weil ja diese Freiheit die Legitimität der Väter gegenüber ihren Kindern sichert. [...]

XIII. Für den Unterhalt der Streitmacht und für die Kosten der Verwaltung sind die Abgaben der Frau und des Mannes gleich; sie hat Anteil an allen Strapazen, an allen beschwerlichen Arbeiten; sie muss deshalb ebenso Anteil an der Besetzung von Stellen, Ämtern, Arbeitsplätzen, Würden und Gewerben haben.

XIV. Die Bürgerinnen und Bürger haben das Recht, entweder selbst oder durch ihre Repräsentanten die Notwendigkeit der öffentlichen Abgabe festzustellen. Die Bürgerinnen können ihr nur bei anteilsgleicher Zulassung zu Vermögen sowie zur öffentlichen Verwaltung zustimmen und Höhe, Aufteilung, Eintreibung und Dauer der Steuer festsetzen.

XV. Die große Menge der Frauen, durch die Abgabe mit der der Männer verbunden, hat das Recht, von jedem öffentlichen Beamten Rechenschaft über seine Amtsführung zu verlangen.

XVI. Jede Gesellschaft, in der die Gewährleistung der Rechte nicht sichergestellt und die Gewaltentrennung nicht festgelegt ist, hat keine Verfassung; die Verfassung ist nichtig, wenn die Mehrheit der Individuen, die die Nation ausmachen, an seiner Erstellung nicht mitgewirkt hat.

XVII. Eigentum gehört allen Geschlechtern gemeinsam oder einzeln; es ist für jeden ein unverletzbares und heiliges Recht; niemandem kann es als wahres Erbe der Natur entzogen werden, außer unter der Bedingung einer gerechten und im Voraus festgelegten Entschädigung, wenn eine gesetzmäßig festgestellte öffentliche Notwendigkeit es ausdrücklich erfordert.

Aus: http://olympe-de-gouges.info/Erklaerung-der-Rechte-der-Frau-und-Buergerin.htm (23.3.2011)

Olympe de Gougues, die Verfasserin der Erklärung, wurde im November 1793 guillotiniert, wohl weil sie politisch den Girondisten nahe stand.[1] *Welche Wirkung die Erklärung der Rechte der Frau und der Bürgerin hatte, ist nicht eindeutig zu klären. Einiges spricht dafür, dass die männlichen und weiblichen Zeitgenossen wenig davon mitbekommen haben. Denn die Erklärung erschien 1791 in nur fünf Exemplaren. Im Übrigen geriet die Erklärung weitgehend in Vergessenheit und wurde erst 1972 in der Bibliothèque Nationale in Paris wieder entdeckt.*

c) Aus einer Rede von Théroigne de Méricourt (März 1792)

Anne-Josèphe Théroigne de Méricourt (1762-1817), Tochter eines wohlhabenden Bauern aus Belgien, stand den Jakobinern nahe, was sie nicht daran hinderte, Robespierre öffentlich zu kritisieren. Sie beteiligte sich am Tuileriensturm am 10. August 1792 (s. S. 139) und trat in der Nationalversammlung besonders kompromisslos auf. Sie wurde aber im Mai 1793 von aufgebrachten Sansculotten als Verräterin ausgepeitscht, weil sie eine Verbindung mit dem Girondisten Brissot eingegangen war. Von ihrem Bruder im Sommer 1794 als geisteskrank erklärt, verbrachte sie die restlichen 23 Jahre ihres Lebens in einem Irrenhaus. Der französische Historiker Jules Michelet (1798-1874) nannte sie „die berühmte Amazone aus Lüttich". Er beschrieb auch, wie sie 1793 von Mitgliedern der Bergpartei drangsaliert wurde: „Die Montagnards dachten sich ein Mittel aus, um sie ihres Prestiges zu berauben und um sie mit einem der gemeinsten Gewaltakte zu entwürdigen, den Männer auf Frauen verüben können. Sie ging fast allein auf der Terrasse der Feuillants (s. S. 206, Anm. 1) spazieren; da bildeten sie eine Gruppe um sie herum, ergriffen sie, nahmen ihr ihre Röcke weg und peitschten sie unter dem Gespött der Menge aus. Ihre Bitten, ihre Schreie, ihr hoffnungsloses Wehklagen ließen das Gelächter dieser zynischen und grausamen Menge nur noch ansteigen. Als man sie schließlich losgelassen hatte, setzte diese Unglückliche ihr Wehklagen fort, gleichsam in ihrer Würde und ihrem Mut von einer barbarischen Kränkung getötet."[2]

Bürgerinnen, vergessen wir nicht, dass wir ganz und gar dem Vaterland gehören. [...] Bewaffnen wir uns, wir haben das Recht dazu, durch die Natur und selbst durch das Gesetz: zeigen wir den Männern, dass wir ihnen nicht unterlegen sind, weder an Tugenden noch an Tapferkeit. Zeigen wir Europa, dass die Französinnen ihre Rechte kennen und uneingeschränkt den Geist der Aufklärung vertreten. [...] Es ist an der Zeit, dass die Frauen aus ihrer beschämenden Nichtswürdigkeit heraustreten, in der die Ignoranz, der Hochmut und die Ungerechtigkeit der Männer sie solange versklavt hielten. [...] Bürgerinnen, warum sollten wir nicht in Konkurrenz zu den Männern treten? Sollten sie etwa allein Anspruch auf Ruhm haben? Nein!

Aus: Roudinesco, Elisabeth: Théroigne de Méricourt. Une femme mélancholique sous la Révolution, Paris 1989; zit. nach Thiele, Gunter (Hrsg.): Demokratisierung in der Französischen Revolution, Villingen-Schwenningen 1990, S. 87

---

1 Vgl. zum Kontext: Schröder, Hannelore (Hrsg.): Olympe de Gouges: Mensch und Bürgerin. Die Rechte der Frau, Paris 1791, Aachen 1995; Schröder, Hannelore (Hrsg.): Die Frau ist frei geboren. Texte zur Frauenemanzipation, Bd. 1: 1789-1870, München 1979; es war die Herausgeberin dieser beiden Schriften, die den Text der Erklärung der Rechte der Frau und Bürgerin wieder entdeckt hat; ferner: Petersen, Susanne: Marktfrauen und Amazonen. Frauen in der Französischen Revolution, Köln 3. Aufl. 1991.

2 Zit. nach Tulard, Jean u. a. (Hrsg.): Histoire et dictionnaire de la Révolution française 1789-1799, Paris 1987, S. 1118.

d) Auszug aus einer Petition von 300 Frauen (März 1792)

Gesetzgeber! […] Wir sind Bürgerinnen, und das Schicksal des Vaterlandes kann uns nicht gleichgültig sein. Eure Vorgänger haben uns den Schutz der Verfassung ebenso anvertraut wie Euch; aber wie können wir uns schützen, wenn wir keine Waffen haben, um sie gegen die Angriffe der Feinde zu verteidigen? […] Die Gesellschaft kann uns dieses Recht [Waffen zu tragen] nicht verwehren, es sei denn, man will behaupten, dass die Menschenrechtserklärung für Frauen keine Gültigkeit hat.

Aus: Creati, Marie: Les clubs des citoyennes républicaines révolutionnaires, Paris 1966, S. 41; zit. nach Thiele, Gunter (Hrsg.): Demokratisierung in der Französischen Revolution, Villingen-Schwenningen 1990, S. 87

e) Antwort der Dijoner Republikanerinnen an den Bürger Prudhomme (10. Februar 1793)

Unter den vielen politischen Klubs, die im Laufe der Revolution vor allem in den Städten entstanden, waren Frauenclubs nicht sehr zahlreich. Als Vereinigungen bürgerlicher Frauen, die sich um Frauen- und Mädchenbildung oder um soziale Belange kümmerten, waren sie von den Männern akzeptiert. Sobald sie für die Gleichberechtigung der Frauen agitierten, also dezidiert politische Ziele verfolgten, stießen sie bei den meisten Revolutionären auf Widerstand. Bei der hier genannten Person handelt es sich um den aus Lyon stammenden Louis Marie Prudhomme (1752-1830), der ab 1787 unzählige Pamphlete veröffentlichte. Ab dem 12. Juli 1789 erschien seine Wochenzeitung „Les Révolutions de Paris", die beträchtlichen Erfolg hatte. Darin hatte er sich vehement gegen ein politisches Engagement von Frauen gewandt. Die nachstehende Replik hat er ebenfalls in seiner Zeitung veröffentlicht.

Bürger Prudhomme, was erwartet Ihr eigentlich für einen Gewinn für die Republik aus Eurer Kritik? […] Ihr richtet sie im Wesentlichen gegen die Frauen aus Lyon und Dijon. Aber wenn Ihr diesen vorhaltet, dass sie sich ihrer Würde bewusst in Klubs zusammenschlössen, reguläre Sitzungen abhielten und davon Protokolle aufbewahrten, greift Ihr die französischen Frauen ganz allgemein an. Tatsächlich überraschen uns diese Worte aus Eurem Mund. Kann es denn möglich sein, dass sich Frauen heute eher auf der Höhe der Revolution befinden als selbst ein Republikaner, dass sie ihm Lektionen in Philosophie und Freiheit erteilen?

Von allen Staatsformen ist die Republik diejenige, die der Natur am nächsten ist. Und weil in dieser Staatsform jedes Individuum ein integraler Bestandteil des Ganzen ist, muss es also zum Wohl der Republik beitragen. Daraus folgt zwangsläufig, dass die Frauen, die Teil der Gesellschaft sind, alles in ihrer Macht Stehende für das Allgemeinwohl tun müssen. Es ist also unter diesen Umständen, wo unsere in den Annalen der Welt einzigartige Revolution von allen Bürgern der Republik Unterstützung in Form von Arbeit, Reichtum und Wissen fordert, ganz natürlich, dass die Bürgerinnen daran teilhaben und stolz darauf sind, sich auch der Gesellschaft nützlich machen zu können. […] Haben sie [die Republikanerinnen] kein Beispiel gegeben und nicht die Bürger angehalten, patriotische Spenden für unsere wackeren Freiwilligen zu machen? Und haben sie nicht mit ihren eigenen Händen daran gearbeitet, ihre Waffenbrüder auszurüsten? Haben sie sich nicht ohne Unterlass damit beschäftigt, den Armen und Behinderten zu helfen?

Wir begnügen uns keineswegs damit, Bürger Prudhomme, die Hymne der Freiheit zu singen, wie Ihr es uns anempfohlen habt; wir wollen darüber hinaus Taten des Bürgersinns vollbringen. Wir haben soeben unter uns eine Spendensammlung für die Verteidiger der Freiheit eröffnet, wo jede soviel hinterlegte, wie man bei früherer Gelegenheit für frivole Vergnügungen auf Bällen opferte. [...]

Euch zufolge, Bürger Prudhomme, scheint es unnütz, dass Frauen lesen können; Ihr behauptet sogar, dass die Frauenklubs eine Geißel für die häuslichen Sitten darstellten. [...] Und so soll ein Philosoph, ein Republikaner sprechen? Wollt Ihr die Frauen also in einem Zustand der Naivität oder der Frivolität halten? [...]

Lasst also von Eurem System ab, Bürger Prudhomme, das gegenüber den Frauen genauso despotisch ist, wie es jenes der Aristokratie gegenüber den Völkern war. Es wird Zeit, bei den Sitten der Frauen eine Revolution durchzuführen; es wird Zeit, sie wieder in den Stand ihrer natürlichen Würde zu versetzen. [...] Seid also gerecht, Männer, die Ihr von Aufklärung nur so strotzt, und verurteilt nicht die Frauen, wenn sie an Euren Rechten teilhaben. [...]

Aus: Petersen, Susanne: Die Große Revolution und die Kleinen Leute. Französischer Alltag 1789/95, Köln 1988, S. 180-184

f) Zur Begründung eines Dekrets zum Verbot der Frauenklubs (30. Oktober 1793)

Der nachstehende Text ist ein Auszug aus einer Rede des Konventsabgeordneten und Mitglieds des Sicherheitsausschusses Jean-Pierre Amar (1755-1816) aus Grenoble. Obwohl scharfer Gegner der Girondisten, deren Vertreter er wegen ihrer Kritik an den Gewaltakten der Bergpartei festnehmen ließ, zählte Amar am 9. Thermidor zu den Gegnern Robespierres. Im April 1795 wurde er wegen Teilnahme an der Terreur arretiert, wurde aber in Folge der Amnestie vom Oktober 1795 freigelassen. Amar opponierte in der Folgezeit gegen die führenden Köpfe des Direktoriums und zählte 1796 zu den Verschwörern Babeufs. Er entging einer Verurteilung und lebte in der Folgezeit zurückgezogen als Anhänger der Lehre des schwedischen Mystikers Emanuel Swedenborg (1688-1772).

[Nach der Schilderung einiger öffentlicher Vorfälle im Zusammenhang mit der Nationalkokarde, dem Klub der Revolutionären Republikanerinnen und dem Antrag der Sektion Marchés, Frauenklubs zu verbieten, hätten sich dem Sicherheitsausschuss Fragen allgemeiner Natur gestellt:]

1. Dürfen Frauen politische Rechte ausüben und sich in Regierungsangelegenheiten einmischen? Regieren heißt, die öffentlichen Angelegenheiten durch Gesetze zu lenken, deren Abfassung ausgedehnte Kenntnisse, Hingabe und grenzenlose Ergebenheit, eine strenge Unempfindlichkeit und Verneinung seiner selbst verlangt. Regieren heißt darüber hinaus, die Handlungsweise der gewählten Vertreter zu lenken und zu berichtigen. Sind die Frauen für diese Bedürfnisse und Fähigkeiten, die sie erfordern, geeignet? Man kann ganz allgemein mit nein antworten. [...]

2. Dürfen sich die Frauen in politischen Vereinigungen versammeln? Das Ziel volkstümlicher Vereinigungen besteht in Folgendem: die Manöver der Feinde der öffentlichen Ordnung zu entschleiern, die Bürger als Individuen wie auch die Beamten und selbst die gesetzgebende

Körperschaft zu überwachen. [...] Können sich Frauen diesen nützlichen und mühseligen Aufgaben hingeben? Nein, weil sie dann dazu gezwungen wären, wichtigere Aufgaben, zu denen die Natur sie ruft, dem zu opfern. Diese häuslichen Aufgaben, zu denen Frauen von Natur aus bestimmt sind, gehören selbst zur allgemeinen Ordnung der Gesellschaft. Diese soziale Ordnung resultiert aus dem Unterschied, der zwischen Mann und Frau besteht. Jedes Geschlecht bedarf einer eigenen Art von Beschäftigung. [...]

Der Mann ist stark, robust, mit einer großen Energie, mit Kühnheit und Mut geboren. Er meistert die Gefahren, die Rauheit der Jahreszeiten durch seine Konstitution. Er widersteht allen Elementen. Er ist für die Kunst wie für schwere Arbeiten geeignet. Und da er fast ausschließlich für die Landwirtschaft, den Handel, die Schifffahrt, die Reisen, den Krieg bestimmt ist, d. h. zu all jenem, was nach Kraft, Intelligenz und Fähigkeit verlangt, so scheint auch er allein zu tiefgehenden und ernsthaften Meditationen geeignet, die eine große Anstrengung des Geistes und lange Studien voraussetzen. [...]

Welches ist der der Frau eigentümliche Charakter? Die Sitten und die Natur selbst haben ihr Aufgaben zugesprochen: die Erziehung der Menschen zu beginnen, den Geist und das Herz der Kinder auf die öffentlichen Tugenden vorzubereiten, sie von früh an zum Guten hin zu lenken, ihr Gemüt [âme] zu entfalten und sie im Freiheitskult zu unterweisen – darin bestehen ihre Aufgaben nach den Sorgen um den Haushalt. Natürlich ist die Frau [auch] dazu bestimmt, die Tugend liebenswert zu machen. Wenn sie [die Frauen] all diese Aufgaben erfüllen, haben sie sich um das Vaterland verdient gemacht. Zweifellos ist es notwendig, dass sie sich selbst in den Grundsätzen der Freiheit unterrichten, um diese ihren Kindern nahe zu bringen. Sie können den Beratungen der Sektionen, den Diskussionen der Volksgesellschaften beiwohnen. Dürfen sie aber, die doch dazu bestimmt sind, die Sitten der Menschen zu mäßigen, aktiv an Diskussionen teilhaben, deren Hitzigkeit unvereinbar mit der Sanftmut und Bescheidenheit ist, die den Charme ihres Geschlechts ausmachen? [...]

Erlaubt es die Sittsamkeit einer Frau, sich in der Öffentlichkeit zu zeigen und gemeinsam mit Männern zu kämpfen, im Angesicht des Volkes über Fragen zu diskutieren, von denen das Wohl des Volkes abhängt? Im Allgemeinen sind Frauen kaum zu hohen Vorstellungen und ernsthaftem Nachdenken fähig. [...]

Wir glauben also, dass eine Frau nicht ihre Familie verlassen darf, um sich in Regierungsgeschäfte einzumischen. [...]

Wir glauben also, und Ihr werdet zweifellos denken wie wir, dass es nicht möglich ist, dass Frauen politische Rechte ausüben. Vernichtet also diese angeblichen Volksgesellschaften von Frauen, die der Adel nur schuf [...], um Unruhe zu stiften.

Aus: „Rapport Amar“, in: Petersen, Susanne: Marktweiber und Amazonen. Frauen in der Französischen Revolution, Köln 1989, S. 221ff.

g) Republikanische Hochzeit 1793/94

Kupferstich von Jean Baptiste Mallet (1759-1835), Paris, Musée Carnavalet

2.14 Die Mainzer Republik[1]

2.14.1 Über das Verhältnis der Mainzer gegen die Franken – aus der Rede Forsters vor dem Mainzer Jakobinerklub (November 1792)

Der nachstehende Text stammt von einem der berühmtesten und sicher am weitesten gereisten Menschen des 18. Jahrhunderts, nämlich von dem aus der Nähe von Danzig stammenden Georg Forster (1754-1794). Bereits als Zehnjähriger hat er zusammen mit seinem Vater, einem evangelischen Pfarrer und Naturforscher, das südliche Russland an der Wolga bereist und unter Anleitung des Vaters kartographische Studien betrieben. Nebenbei lernte er Russisch. Als Dreizehnjähriger reiste er mit seinem Vater nach England, wo er die „Kurze russische Geschichte" von Lomonossow vom Russischen ins Englische übersetzte. Der Vater wurde eingeladen, Kapitän James Cook auf seiner zweiten Weltumsegelung zu begleiten und über die Reise einen Bericht abzufassen. Er setzte durch, dass sein Sohn für diese Reise als Zeichner engagiert wurde. Nach der gut dreijährigen Reise legte Georg Forster eine für das breite Publikum gedachte Schrift mit dem Titel „A Voyage round the World"(1778/80) vor, die auch ins Deutsche übersetzt wurde und Forster in ganz Europa berühmt machte. Hier handelte es sich nicht nur um einen Reisebericht, sondern um eine ethnographische, botanische und soziologische Studie von dauerhaftem Wert. Bald darauf nach Deutschland zurückgekehrt, nahm er eine Stelle als Professor für Naturgeschichte am Collegium Carolinum in Kassel an. Von 1784 bis 1787 lehrte er dieses Fach im polnisch-litauischen Wilna. Von 1788 an war Forster Oberbibliothekar der Universität Mainz. Nach Besetzung der Stadt Mainz durch den Revolutionsgeneral Custine am 21. Oktober 1792 war es Forster, der mit einigen Gleichgesinnten nur wenige Tage später dort einen Jakobinerklub („Freunde der Freiheit und Gleichheit") gründete.

Die nachstehende Rede, die Forster am 15. November 1792 in diesem Klub hielt, zeigt, wie Forster in Mainz für die Errichtung einer Republik im linksrheinischn Gebiet etwa zwischen Landau und Bingen und für deren Anschluss an Frankreich kämpfte. Es war dies die erste Republik auf deutschem Boden, die allerdings nur wenige Monate existierte. Forster war dort Vizepräsident der provisorischen Verwaltung. Im Frühjahr 1793 waren die Koalitionstruppen zum Gegenangriff übergegangen. Sie belagerten Mainz vom 31. März bis zur Eroberung am 23. Juli 1793. Zum Zeitpunkt des Abzugs der Franzosen Ende Juli 1793 war Forster als Abgeordneter des Nationalkonvents in Paris, was seine Verhaftung durch die preußischen Truppen, die Mainz besetzt hatten, verhinderte. Nur wenige Monate später, mitten in der Hochzeit der Terreur, starb Forster im Januar 1794 in Paris an einer Lungenentzündung.

Mit Recht erinnere ich noch einmal, was nie zu oft in dieser Gesellschaft gesagt werden kann, dass die Feinde des Bürgers geschäftigt sind, ihr Gift überall einzumischen, damit nur Mainz still sitze, damit es fürchte und warte, mit einem Wort: Damit es nimmermehr frei werde! Dies ist der wichtige Punkt, wohin ich eigentlich kommen musste, um von unserem Verhältnis zu den Franken zu reden. Hütet Euch, Mitbürger, vor denen die Euch raten, die Hände in den

1 Einen guten historiographiegeschichtlichen Überblick über Schriften zur Mainzer Republik bietet Franz Dumont im ersten Teil seines Aufsatzes „Okkupation und ‚Revolution'". Der Bericht des französischen Regierungskommissars Simon über seine Tätigkeit in Mainz 1793, in: Mainzer Zeitschrift 83 (1988), S. 123-128.

Schoß zu legen und der Freiheit nicht entgegen zu kommen; traut den Ohrenbläsern nicht, die Euch gern beschwatzen möchten, die alte Tyrannei unter einem neuen Namen wieder anzunehmen. Ich kann Euch beweisen, dass es nicht nur ehrenvoller ist, die ganze, unvermischte Freiheit zu wählen, sondern dass in diesem Falle wie es immer sein muss, das *Beste* und *Ehrenvollste* auch zugleich das *Vorteilhafteste* und *Sicherste* ist. Dürfte ich hier einen Augenblick Euch an die Verhältnisse desjenigen, der mit Euch spricht, erinnern, so würde es nicht zur Unzeit gesagt sein, dass sein Rat desto treuer, unverdächtiger und annehmenswerter ist, weil keine besondere Privatleidenschaft ihn antreibt, gegen Despotismus zu eifern.

Dies ist aber ein Zeitpunkt, wo kein guter Bürger unentschieden bleiben darf; jeder muss jetzt zum allgemeinen Besten seinen kleinen Beitrag liefern, und vor allem ist jeder schuldig, jetzt seine wahren Gesinnungen an den Tag zu legen. Nach diesen Grundsätzen, liebe Brüder, richtet mich. Ich finde mich in meinem Gewissen gedrungen, öffentlich zu bekennen:

1. Dass mir die freieste Verfassung die beste scheint.
2. Dass wir es vor Gott und der Welt nicht verantworten könnten, wenn wir die Gelegenheit, wo wir eine Verfassung bekommen können, von uns stießen.
3. Dass man jedesmal, so oft es auf das dauerhafte Glück einer ganzen Stadt und eines ganzen Landes ankommt, auf einzelne Personen keine Rücksicht nehmen, viel weniger der Befriedigung einiger wenigen, wenn sie auch sonst unbescholten wären, die Freiheit und die damit verbundene moralische Veredlung aller aufopfern darf. Endlich
4. dass dies der glückliche, erwünschte Zeitpunkt wirklich ist, wo wir alle Kräfte anspannen müssen, um die Freiheit und Gleichheit, die unsere fränkischen Brüder uns darbieten, mit Eifer und warmen Dankgefühlen anzunehmen und mit Mut bis in den Tod für ihre Beibehaltung zu streiten.

Was die drei ersten Punkte betrifft, so wäre es eine Beleidigung der gesunden Vernunft, wenn ich hier, in diesem der Freiheit und Gleichheit geheiligten Versammlungsort nach allem dem, was Brüder Boos, Hoffmann, Metternich und Wedekind [weitere Mitglieder des Mainzer Jakobinerklubs] Euch schon über die Wahl der besten Verfassung gesagt haben, noch erst weitläuftig erläutern müsste, dass es besser ist, frei zu sein als zu dienen, besser, ganz frei als ein halber Sklave zu sein; daß Viele mehr wert sind und mehr Rücksicht verdienen als Einer, dass es nicht genug sei, die Freiheit für das bessere zu erkennen, sondern dass man sie auch wollen, und zu rechter Zeit entscheidende Schritte tun müsse, um sie zu erringen. – Alle diese Sätze sind so wahr in sich selbst, tragen das Siegel der Wahrheit so deutlich an der Stirne, dass man ohne Wahnsinn das Gegenteil nicht behaupten kann. [...]

Im Sommer also soll der Angriff [der Koalitionstruppen] geschehen? Werden aber die Feinde nicht erst Kastel [heute: Stadtteil von Wiesbaden] nehmen müssen? Ihr wisst ja, wie gut sie sich auf Belagerungen verstehen! Und wenn sie es nun haben, so wisst, dass Mainz nur von der Landseite belagert werden kann. Wo werden sie aber über den Rhein gehen, wo werden sie Magazine anlegen, um in einem ganz von Subsistenzen entblößten Lande zu leben? Sollen denn endlich die Franken müßig zusehen, derweil die Preußen oder die Kaiserlichen Euch beschießen? Die Franken? Sie haben Euch Schutz bis auf den lezten Blutstropfen zugesagt; das werden sie leisten, denn es sind nicht Söldner eines treulosen Fürsten; sie sind Republikaner,

Brüder und freie Männer, denen ihr Wort heilig ist. Habt Ihr es vergessen, dass jeder Franke die Waffen fürs Vaterland trägt? Zu Hunderttausenden, und wenn das nicht zureichte, millionenweise, werden sie hinzuströmen, wo Gefahr den Brüdern droht; ihre Haufen [Truppen] werden immerwährend sich folgen, dass die Sklaven wieder sagen, sie wüchsen aus der Erde hervor, und die Despoten auf ihren Thronen erzittern! [...]

Dies ist also der günstige Zeitpunkt, Mitbürger, wo Ihr frei werden und frei bleiben könnt, so bald es Euch ein rechter Ernst ist, Euch an die Franken fest anzuschließen und mit Ihnen gemeinschaftliche Sache zu machen. Jetzt bringt es Euch Ehre, die Ersten in Deutschland zu sein, welche den Ketten entsagten; lasst nicht Eure Nachbarn in edlem Wetteifer Euch zuvorkommen. [...]

Ich behaupte nichts zuviel; Ihr werdet alles verlieren, wenn Ihr jetzt nicht alles nehmt, wenn Ihr nicht jetzt von ganzem Herzen ganz frei werden wollt. Die Sache ist ja klar am Tage! Wer soll Euch denn Euer sauberes Mitteldings, Euer gemäßigtes Feuillantenprojekt[1], Euern gewählten Fürsten, Eure schulden- und ahnenreichen Landstände, Eure zwei Kammern, wer soll sie Euch garantieren? Doch nicht das liebe heilige deutsche Reich, das sich selbst kaum garantieren kann und in den letzten Zügen liegt? Doch nicht der Reichstag in Regensburg, wo der mainzische Direktorialis [der leitende Geschäftsträger des Mainzer Erzbischofs und Kurfürsten] von Strauß seit der Einnahme von Mainz mit einer politischen Unpässlichkeit geplagt ist, die den ganzen Reichstag in Untätigkeit versetzt? Doch nicht Österreich und Preußen, die sich um Euch so wenig bekümmern? Doch nicht die Fürsten selbst, denen Ihr Euch wieder anvertrauen wolltet? Da hättet Ihr eine schöne Sicherheit! Ihr wisst vielleicht nicht, wie leicht es den Fürsten wird, so bald sie Macht haben, alles Vorhergehende was nicht nach ihrem Sinne geschehen ist, geradewegs als ungesetzmäßig anzusehen, aufzuheben und noch obendrein Recht zu behalten. [...]

Aus: http://gutenberg.spiegel.de/?id=5&xid=700&kapitel=1#gb_found (14.12.2010)

2.14.2 Der Mainzer Jakobinerklub 1793

Der Mainzer Jakobinerklub war am 23. Oktober 1792 unter dem Namen „Gesellschaft der Freunde der Freiheit und Gleichheit" gegründet worden. Seine Sitzungen hielt er in einem Saal des kurfürstlichen Schlosses ab. Dem Klub gehörten zeitweise rund 400 Mäner an. Die Darstellung des Mainzer Hof- und Theatermalers Johann Jakob Hoch lässt die heterogene Zusammensetzung der Anwesenden gut erkennen. Man erkennt auf dem Bild Alte und Junge, Reiche und Arme, dazu auch einige Frauen und – links hinter dem Rednerpult eine Pike, wohl ein Hinweis darauf, dass es auch in Mainz Sansculotten gab.

1 Forster schreibt in demselben Text über die Feuillants: Es handele sich bei ihnen um die „so genannten gemäßigten Hof- oder Feuillants-Partei. Erinnert Euch, dass diese kurzsichtigen, kleinen Intriganten, die immer nur unter der Decke spielten, heimliche Pläne und ränkevolle Kabalen schmiedeten, umher schlichen die Gemüter aufzuhetzen, Verläumdungen, Drohungen, Schmähschriften ausstreuten und durch Bestechungen Anhänger zu gewinnen suchten." Die Feuillants waren jene Mitglieder der Nationalversammlung, die in der konstitutionellen Monarchie entsprechend der Verfassung von 1791 die Ziele der Revolution von 1789 ausreichend verwirklicht sahen (s. auch S. 139f.).

2.14.3 Pressefreiheit in Mainz (1. Januar 1793)

In den deutschen Staaten herrschte keine Pressefreiheit. Sie wurde erst im von französischen Truppen seit Ende Oktober 1792 besetzten Mainz durchgesetzt. Zuvor hatten die deutschen Zeitungen zwar recht freimütig und gelegentlich auch mit Sympathie über den Sturm auf die Bastille und auch über die Revolutionsgesetze berichtet. Den Obrigkeiten dürfte aber bewusst gewesen sein, dass mit dieser Berichterstattung auch in Deutschland Begehrlichkeiten geweckt werden konnten, denen man keinen Raum gewähren wollte. Für die Führer der im Entstehen begriffenen Mainzer Republik war klar, dass die Durchsetzung der Pressefreiheit die Voraussetzung dafür sein würde, dass sich die Ideen der Französischen Revolution nicht nur in der Stadt, sondern auch darüber hinaus verbreiten konnten. Der nachstehende Text ist ein Auszug aus dem Eröffnungsartikel einer neuen Zeitung, die ab dem 1. Januar 1793 in Mainz erschien.

Die Pressfreiheit herrscht endlich innerhalb diesen Mauern, wo die Buchdruckerpresse erfunden ward. Täglich erscheinen hier neue Beiträge zur Bekehrung eines guten Volkes, dem aber die Binde erst so kürzlich von den Augen fiel, dass es noch blinzelnd in die Sonne der Wahrheit sieht und sich allmählich an ihr wohltätiges Licht gewöhnen muss. [...] Einheimischen und Ausländern kann es also nicht gleichgültig sein, dass hier eine neue Zeitung erscheint, welche von den politischen Ereignissen und dem in unserem Zeitpunkte besonders merkwürdigen, wichtigen und beinahe schon entschiedenen Kampfe der Freiheit mit der willkürlichen Gewalt eine zusammenhängende wohl gewählte und so viel als möglich vollständige Nachricht liefern soll. Wahrheit, echten Republikanersinn und redliches Streben nach dem allgemeinen Wohl sind die Grundlagen, von denen sich die Verfasser dieser neuen Zeitung nie entfernen werden. Jede Art der Schwärmerei und des Fanatismus wird ihnen gleich fremd bleiben, und nur der eine Enthusiasmus für die Beförderung des Glücks, der Freiheit und der Gleichheit an Rechten aller ihrer Mitbürger wird sie mit Eifer beseelen und ihnen die Lehre der Aufopferung bis zum Tode, wenn jener große Gewinn den Übriggebliebenen dadurch erkämpft werden kann, zur unverbrüchlichen Richtschnur machen. [...] Die edelste Sache, für welche je mit Feder oder Schwert gestritten ward, die Sache der Menschheit bedarf die Waffen der Schmähung nicht, und die Zierde des Republikaners muss neben seinem Mute, seiner Freimütigkeit, seiner Standhaftigkeit auch der gesittete Ton des in den süßen Bruderbanden der Gesellschaft verbundenen Menschen bleiben.

Aus: Die neue Mainzer Zeitung oder der Volksfreund Nr. 1 v. 1. Januar 1793

2.14.4 Freiheitsbaum in Mainz (Ende 1792 bzw. 13. Januar 1793)

Wie der nachstehende Zeitungsbericht darlegt, wurden in Mainz zweimal Freiheitsbäume aufgestellt: der erste bald nach der Besetzung von Mainz im Herbst 1792; der zweite am 13. Januar 1793, als bereits Pläne für den Anschluss des Mainzer Gebiets an die französische Republik gefasst worden waren. Welchen Freiheitsbaum die nachstehende Abbildung zeigt, ist nicht bekannt.

Kupferstich; Bundesarchiv Koblenz

Über die Errichtung des zweiten Mainzer Freiheitsbaums berichtete die lokale Mainzer Zeitung:

Gestern [13.1.1793] feierte unsere Stadt das Fest ihrer Befreiung. Die Freunde der Freiheit und Gleichheit hatten zwar bereits in den ersten Tagen nach der Ankunft der Franken [Franzosen] ein Zeichen der Unabhängigkeit, einen Freiheitsbaum aufgepflanzt; allein jetzt sollte, da in wenigen Tagen die Volkswahlen vor sich gehen werden, ein neues Zeichen der Freiheit zuvor die Souveränität des Volkes verkündigen, und es ist öffentlich an den Tag zu legen, dass das Volk in den Besitz seiner Rechte getreten sei. Um 2 Uhr nachmittags versammelte sich die Generalität nebst den verschiedenen Verwaltungsstellen auf dem Schlosse bei den Kommissarien der Nationalkonvention. Die Freunde der Freiheit und Gleichheit hatten sich im Schauspielhaus eingefunden und schickten eine Deputation [Abordnung] auf das Schloss, um die daselbst anwesenden fränkischen Obrigkeiten einzuladen, sich dem Zuge anzuschließen. Sobald sie in den gesellschaftlichen Versammlungsort getreten waren, empfing sie der Vorsitzende mit einer kurzen Anrede, worauf der Zug unter Vortragung von Piken, in Begleitung der Musikanten von verschiedenen fränkischen [französischen] Regimentern und zwischen einer doppelten Truppenreihe durch die Hauptstraßen nach dem großen Speisemarkte ging. Unter dem Donner der Kanonen, unter unaufhörlichem Jubelgeschrei bei der aufmunternden Melodie des ça ira, und während der heilige, begeisternde Freiheitshymnus der Marseiller [die Marseillaise] tausendstimmig ertönte, ward der Freiheitsbaum zwischen zwei mit Piken besetzten Säulen aufgepflanzt. Sechs unter Bedeckung [Schutz] von bewaffneten Mainzer und Frankenbürgern herbeigeschleppte Sklaven [Anhänger der alten Ordnung] brachten jetzt eine Krone und Szepter, ein anderer den Reichsapfel, ein dritter Ordenskreuze und andere kindische Unterscheidungszeichen, noch andere einen Haufen alter Adelsbriefe und Ahnentafeln herbei. Eine lichte Flamme loderte auf dem Altar der Freiheit empor; man entriss dem Sklaven diese scheußlichen Insignien der Feudalität; der Bürger Maire [Bürgermeister] und die Munizipalen [städtische Beamte], mit ihren dreifarbigen Schärpen geziert, warfen sie in die Flammen und ließen sie vom Feuer verzehren. Hierauf hielt der Bürgermeister Hofmann eine Rede an das versammelte Volk; er lehrte, [...] was bürgerliche und politische Freiheit sei, und bewies in der eindringenden Sprache der Wahrheit, die dem Volke fasslich ist, den unendlichen Gewinn, den Mainz durch diesen Tausch der Freiheit statt des alten Despotismus zu gewärtigen habe. Der schmetternde einstimmige Ruf der ganzen Stadt: „Es lebe die Freiheit! Es lebe die Nation! Es lebe die Republik!“ gab nicht nur Beifall, sondern lebendige Behauptung der Rechte der Menschheit und erklärten souveränen Willen des Volkes zu erkennen. Jetzt ging der Zug durch andere Straßen in den schön erleuchteten Versammlungssaal der Freiheits- und Gleichheitsfreunde zurück, woselbst die Zuschauer alle Logen und Bühnen besetzten. Es wurden mehrere patriotische Reden aus vollem Herzen, ohne Vorbereitung, gehalten, die den Gemeingeist unserer Mitbürger entflammten. Die anwesenden Bürgerinnen, aufgefordert von der Gesellschaft, bewiesen ihren Republikanersinn, indem sie die Bänder von allen Farben, womit sie ihr Haar geschmückt hatten, herabreichten, um den im Saal gepflanzten Freiheitsbaum zu schmücken. Ein Ball auf dem Redoutensaale [Ballsaal] beschloss die Feier dieses schönen, unvergesslichen Tages.

Aus: Die neue Mainzer Zeitung oder der Volksfreund Nr. 7 v. 15.1.1793

2.14.5 Aufruf des Generals Custine für die Wahlen zum rheinisch-deutschen Nationalkonvent (Februar 1793)

Für den 24. Februar 1793 waren die Volkswahlen zum rheinisch-deutschen Nationalkonvent anberaumt worden. Die Proklamation Custines (zu Custine s. S. 106, Anm. 1), die der nachstehend zitierte Bericht aus der Kölner „Reichsoberpostamtszeitung" vom 26. Februar 1793 zusammenfasst, war in Mainz in deutscher und französischer Sprache erschienen und auf deutsch auch in der Neuen Mainzer Zeitung vom 19. Februar 1793 abgedruckt worden.

[Zu der Wahl am 24. Februar 1793 sollte niemand zugelassen werden,] der nicht den Eid der Freiheit und Gleichheit geschworen und der nicht auch allen Privilegien und Vorrechten, die er bisher genossen, entsagt habe. Da die Volkswahlen solches erforderten, so erklärte der General Custine, dass alle in Mainz, Worms, Speyer, Bingen, Winnweiler usw.[1] sich aufhaltenden Adelige, Geistliche und deren Beamten, alle Mitglieder der Universität und alle in Diensten des ehemaligen Fürsten gestandenen Zivilbeamten, welche noch nicht zur Freiheit und Gleichheit geschworen haben, bis zum 20. Februar in der Stadt Mainz und im übrigen Lande bis zum 23. Februar eine schriftliche Erklärung folgenden Inhalts mit ihrem Namen unterschrieben von sich zu stellen hätten: „Ich N. schwöre, treu zu sein dem Volke und den Grundsätzen der Freiheit und Gleichheit, und entsage hierdurch feierlichst sowohl dem Kurfürsten – oder wenn es in anderen Gegenden ist, dem Bischof von Worms oder zu Speyer, dem Kaiser als Grafen von Falkenstein, dem Fürsten von Nassau-Weilburg usw. – und seinem Anhang, als auch allen meinen bisherigen Privilegien und Vorrechten." Denjenigen nun, welche sich durch Verweigerung oder Unterlassung der vorgeschriebenen Entsagung sich als solche zu erkennen zu geben weigern werden, sollen augenblicklich aus den Grenzen entfernt und dem Feinde als dessen verräterische Helfershelfer zugeschickt werden.

Aus: Hansen, Joseph (Hrsg.): Quellen zur Geschichte des Rheinlandes im Zeitalter der Französischen Revolution 1780-1801, 2. Bd., Bonn 1933, S. 751f.

2.14.6 „Trinklied der freien Mainzer" (wohl 1792/93)

Der anonyme Autor dieses Liedes bedient sich sicher mit Absicht einer populären poetischen Form, dem Trinklied, um seine politische Meinung zu verbreiten. Zugleich parodiert er das 1776 entstandene Rheinweinlied von Matthias Claudius (1740-1815), das seinerzeit eines der beliebtesten Trinklieder Deutschlands gewesen ist.

Nun kränzt mit Laub den liebevollen Becher,
Und trinkt ihn fröhlich leer,
Denn unser Vaterland, ihr lieben Zecher,
Drückt kein Despote mehr!

Gefallen ist die harte Landesplage,
Gestürzet von dem Thron,
Er hörte nicht des armen Bürgers Klage –
Nun hat er seinen Lohn.

1 Im Wortlaut der Proklamation heißt es: „alle in Mainz, Worms, Speyer, Bingen, Winnweiler und überhaupt in allen zwischen Landau, der Mosel und dem Rhein gelegenen Ortschaften".

Triumph nun! Brüder! Seht, er liegt im Staube,
Der unser Recht verkannt –
Triumph! Er liegt! Er liegt, der nur gelebt vom Raube!
Ihn stürzt' der Franken Hand!

Gefallen ist der geistliche Despote[1],
Der unsern Schweiß verprasst,
Gefallen der Tyrann, der uns noch drohte
Mit tausendfacher Last.

Wir waren ihm nur niedre Sklavenhunde,
Ihm galt kein Menschenrecht.
Was kümmert' ihn des armen Bürgers Wunde?
Der war ihm viel zu schlecht.

Die gaben uns die edle Freiheit wieder,
Sie leben lang' und hoch!
Trinkt auf ihr Wohl, ihr biedre deutsche Brüder,
Sie leben lang und hoch!

Ha! Seht den Wein in diesem Becher blinken –
Nun würzet Freiheit ihn!
Der Bürger leb', Despoten müssen sinken
Und Menschenrechte blühn.

Aus: Engels, Hans Werner (Hrsg.): Gedichte und Lieder deutscher Jakobiner, Stuttgart 1971, S. 51f.

Das „Rheinweinlied" von Matthias Claudius hat neun Strophen; hier die beiden ersten Strophen zum Vergleich:

Bekränzt mit Laub den lieben vollen Becher,
Und trinkt ihn fröhlich leer.
In ganz Europia, ihr Herren Zecher!
Ist solch ein Wein nicht mehr.

Er kommt nicht her aus Hungarn noch aus Pohlen,
Noch wo man Franzmännsch spricht;
Da mag Sanct Veit, der Ritter, Wein sich hohlen,
Wir hohlen ihn da nicht.

Aus: http://de.wikisource.org/wiki/Rheinweinlied (18.1.2011)

Ein siebenstrophiges „Bürgerlied der Mainzer" wurde am 13. Januar 1793 bei der Pflanzung des Freiheitsbaumes in Mainz gesungen. Nachstehend die erste Strophe:

Auf Brüder! Auf! Die Freiheit lacht,
Die Ketten sind entzwei,
Uns hat sie Custine losgemacht,
O Bürger, wir sind frei!
Nun drückt uns kein Despote mehr
Und raubt uns unsre Taschen leer,
Der Mainzer ist nun frei!
Der Mainzer ist nun frei!

Aus: Engels, Hans Werner (Hrsg.): Gedichte und Lieder deutscher Jakobiner, Stuttgart 1971, S. 53.

1 Gemeint ist der Mainzer Erzbischof Friedrich Karl Joseph von Erthal (1774-1802).

2.14.7 Die Mainzer Republik: Trennung vom deutschen Reich (März 1793)

Der zu Mainz versammelte rheinisch-deutschen Nationalkonvents beschloss am 18. März 1793:

Artikel 1. Der ganze Strich Landes von Landau bis Bingen, welcher Deputierte zu diesem Konvent schickt, soll von jetzt an einen freien, unabhängigen, unzertrennlichen Staat ausmachen, der gemeinschaftlichen, auf Freiheit und Gleichheit gegründeten Gesetzen gehorcht.

Artikel 2. Der einzige rechtmäßige Souverän dieses Staates, nämlich das freie Volk, erklärt durch die Stimme seiner Stellvertreter allen Zusammenhang mit dem deutschen Kaiser und Reiche für aufgehoben.

Artikel 3. Der Kurfürst von Mainz, der Fürst von Worms [...][1], wie auch alle mit der Volkssouveränität unverträgliche weltliche und geistliche Körperschaften werden ihre Ansprüche auf diesen Staat oder dessen Teile verlustig erklärt, und sind alle die durch Usurpation [widerrechtliche bzw. gewaltsame Aneignung von Besitz] angemaßten Souveränitätsrechte auf ewig erloschen.

Artikel 4. Gegen alle und jede der im vorhergehenden Artikel benannten unrechtmäßigen Gewalthaber, falls sie sich auf die Behauptung ihrer vermeintlichen Rechte und Ansprüche in diesen Ländern, wo nur die Rechte freier und gleicher Bürger gelten, betreten ließen [berufen], sowie auch gegen ihre Unterhändler und Helfershelfer wird die Todesstrafe erkannt.

Artikel 5. Gegenwärtiges Dekret soll sogleich gedruckt, an alle Municipalitäten [Gemeindeverwaltungen] geschickt, allenthalben angeheftet und feierlich bekannt gemacht werden.

[Unterschriften]

Aus: Hansen, Joseph (Hrsg.): Quellen zur Geschichte des Rheinlandes im Zeitalter der Französischen Revolution 1780-1801, 2. Bd., Bonn 1933, S. 799f.

2.14.8 Zerstörungen in Mainz nach der Belagerung

Die Belagerung von Mainz durch preußische und österreichische Truppen begann am 14.4.1793. Ende März hatte eine Mainzer Abordnung Paris erreicht, die bewirken sollte, dass Mainz in die französische Republik aufgenommen wird. Am 30. März nahm der Konvent diesen Antrag der Mainzer Deputierten zwar einstimmig an, eine Entsetzung des belagerten Mainz durch französische Truppen erfolgte jedoch nicht. Am 17. Juni 1793 begannen die Belagerer mit der Beschießung von Mainz mit Kanonen, was schließlich zur Kapitulation der Stadt am 23. Juli 1793 führte. Die französischen Truppen konnten aus Mainz abziehen, die Anhänger der Mainzer Republik wurden grausam verfolgt.

Aus Goethes autobiographischem Bericht „Die Belagerung von Mainz 1793", erstmals 1822 veröffentlicht.

---

1 Genannt werden weitere Fürsten, die bisher Besitzrechte in dem Gebiet zwischen Landau und Bingen hatten. Nicht erwähnt werden allerdings der Kurfürst von Pfalzbayern, der Herzog von Pfalz-Zweibrücken und der Landgraf von Hessen-Darmstadt, möglicherweise weil die französische Republik mit diesen Fürsten noch Bündnisse abzuschließen beabsichtigte. Den beiden erstgenannten Fürsten gehörte der größte Teil des genannten Territoriums.

Den 26. und 27. Juli. Den 26. gelang es uns schon, mit einigen Freunden zu Pferd in die Stadt einzudringen: Dort fanden wir den bejammernswertesten Zustand. In Schutt und Trümmer war zusammengestürzt, was Jahrhunderten aufzubauen gelang, wo in der schönsten Lage der Welt Reichtümer von Provinzen zusammenflossen und Religion das, was ihre Diener besaßen, zu befestigen und zu vermehren trachtete. Die Verwirrung, die den Geist ergriff, war höchst schmerzlich, viel trauriger, als wäre man in eine durch Zufall eingeäscherte Stadt geraten.

Bei aufgelöster polizeilicher Ordnung hatte sich zum traurigen Schutt noch aller Unrat auf den Straßen gesammelt; Spuren der Plünderung ließen sich bemerken in Gefolg innerer Feindschaft. Hohe Mauern drohte der Einsturz, Türme standen unsicher, und was bedarf es einzelner Beschreibungen, da man die Hauptgebäude nacheinander genannt, wie sie in Flammen aufgingen. Aus alter Vorliebe eilte ich zur Dechanei[1], die mir noch immer als ein kleines architektonisches Paradies vorschwebte: Zwar stand die Säulenvorhalle mit ihrem Giebel noch aufrecht, aber ich trat nur zu bald über den Schutt der eingestürzten schön gewölbten Decken; die Drahtgitter lagen mir im Wege, die sonst netzweise von oben erleuchtende Fenster schützten; hie und da war noch ein Rest alter Pracht und Zierlichkeit zu sehen. Und so lag denn auch diese Musterwohnung für immer zerstört. Alle Gebäude des Platzes umher hatten dasselbe Schicksal; es war die Nacht vom 27. Juni, wo der Untergang dieser Herrlichkeiten die Gegend erleuchtete.

Hierauf gelangte ich in die Gegend des Schlosses, dem sich niemand zu nähern wagte. Außen angebrachte bretterne Angebäude deuteten auf die Verunreinigung jener fürstlichen Wohnung; auf dem Platze davor standen, gedrängt ineinander geschoben, unbrauchbare Kanonen, teils durch den Feind, teils durch eigene hitzige Anstrengung zerstört.

Wie nun von außen her durch feindliche Gewalt so manches herrliche Gebäude mit seinem Inhalt vernichtet worden, so war auch innerlich vieles durch Rohheit, Frevel und Mutwillen zugrunde gerichtet. Der Palast Ostheim stand noch in seiner Integrität, allein zur Schneiderherberge, zu Einquartierungs- und Wachstuben verwandelt: eine Umkehrung, verwünscht anzusehen. Säle voll Lappen und Fetzen, dann wieder die gips-marmorenen Wände mit Haken und großen Nägeln zersprengt, Gewehre dort aufgehangen und umher gestellt.

Das Akademiegebäude nahm sich von außen noch ganz freundlich aus; nur eine Kugel hatte im zweiten Stock ein Fenstergewände von Sömmerrings Quartier zersprengt. Ich fand diesen Freund wieder daselbst, ich darf nicht sagen eingezogen, denn die schönen Zimmer waren durch die wilden Gäste aufs Schlimmste behandelt. Sie hatten sich nicht begnügt, die blauen reinlichen Papiertapeten, so weit sie reichen konnten, zu verderben; Leitern oder übereinander gestellte Tische und Stühle mussten sie gebraucht haben, um die Zimmer bis an die Decke mit Speck oder sonstigen Fettigkeiten zu besudeln.

Aus: Die Belagerung von Mainz 1793, in: Goethes Werke, 25. Bd.: Reisen. Mit einer Einleitung von Hermann, Ernst, Berlin 1873, S.161f.

1 Wohnung eines Dechanten, des Vorstehers eines Kirchenbezirks, auch Dekanat.

2.15 Öffentlichkeit, Medien und die Möglichkeiten der Meinungsbildung

Die Französische Revolution war ein Medienereignis ersten Ranges. Nicht nur in Frankreich selbst, auch in den Nachbarländern waren die revolutionären Geschehnisse Gegenstand eingehender Berichterstattung. Wie oben gezeigt, berichteten zahlreiche deutsche Zeitungen über den Sturz der Bastille; Bücher informierten die Leser auch über das Bauwerk selbst und seine Funktion als Staatsgefängnis. Die politische Druckgraphik hatte Konjunktur. Die Verleger witterten wohl zu Recht ein Geschäft. Bereits ein Jahr später erschien eine „Geschichte der großen Revolution in Frankreich".[1] Die Durchsetzung der Pressefreiheit galt als eines der wichtigsten Revolutionsziele, und es verwundert nicht, dass sie überall auch dort durchgesetzt wurde, wohin französische Revolutionsheere als Sieger kamen.[2] Zweifellos haben die Medien, vor allem Zeitungen und Zeitschriften, wie niemals zuvor in der Geschichte Einfluss auf die politischen Geschehnisse genommen. Im Ancien Régime unterlagen Zeitungen der Zensur, d. h. sie wurden, bevor sie gedruckt werden durften, einer Überprüfung unterzogen (Vorzensur). Artikel 10 und 11 der Erklärung der Menschen- und Bürgerrechte (26. August 1789) verboten jegliche Art von Zensur. „Nul ne doit être inquiété pour ses opinions, même religieuses […]; La libre communication des pensées et des opinions est un des droits les plus précieux de l'homme: tout citoyen peut donc parler, écrire, imprimer librement, sauf à répondre de l'abus de cette liberté dans les cas déterminés par la loi." (Niemand soll wegen seiner Anschauungen, selbst religiöser Art, behelligt werden. […] Die freie Äußerung von Gedanken und Meinungen ist eines der kostbarsten Menschenrechte: Jeder Bürger kann daher frei reden, schreiben, drucken, vorbehaltlich seiner Verantwortlichkeit für den Missbrauch dieser Freiheit in den Fällen, die das Gesetz bestimmt.) Diese Artikel wurden in etwas abgewandelter Form dann auch in die Verfassung vom 3. September 1791 aufgenommen. Darin heißt es im „Titre premier", der mit „Dispositions fondamentales garanties par la constitution" („Grundlegende Bestimmungen, die von der Verfassung verbürgt werden") überschrieben ist: „La Constitution garantit, comme droits naturels et civils: […]: La liberté à tout homme de parler, d'écrire, d'imprimer et publier ses pensées, sans que ses écrits puissent être soumis à aucune censure ni inspection avant leur publication …" („Die Verfassung verbürgt als Natur- und Bürgerrechte: […] Die Freiheit eines jeden Menschen zu reden, zu schreiben, zu drucken und seine Gedanken zu veröffentlichen, ohne dass seine Schriften vor ihrer Veröffentlichung irgendeiner Zensur oder Überprüfung unterworfen sein dürfen …"). Schon im Jahr 1789 hatte sich die Anzahl der Zeitungen stark vermehrt: Vom 5. Mai bis zum Ende des Jahres entstanden mindestens 250 Periodika neu. Jede politische Richtung verfügte teilweise über mehrere Zeitungen, um ihre Ansichten zu vertreten. Auch die Meinung des Hofes und selbst die der Royalisten fanden in entsprechenden Zeitungen ihren Niederschlag. Ab 1792 nahm die Zahl der periodisch erscheinenden Publikationen kontinuierlich ab, nachdem es der Bergpartei gelungen war, die ihr feindliche Presse zu unterdrücken. Nach dem Tod Robespierres wuchs die Anzahl der Zeitungen von neuem an, bis der Staatsstreich vom 18. Fructidor V (4.9.1797) der Freiheit der Presse einen neuerlichen Rückschlag versetzte. Mit diesem Staatsstreich wurde die seit den Aprilwahlen 1797 durch eine royalistische Mehrheit gefährdete Republik wieder gefestigt. Dabei spielten die re-

1 Schulz, Friedrich: Geschichte der großen Revolution in Frankreich, Berlin 1790.

2 Zur Durchsetzung der Pressefreiheit in Mainz s. S. 207 f.

publikanisch gesinnten Generale Hoche und Bonaparte eine entscheidende Rolle. In mehr als der Hälfte der Departements wurden die Wahlergebnisse für ungültig erklärt; 177 Abgeordnete verloren ihr Mandat; mehrere von ihnen, darunter auch Journalisten, wurden nach Cayenne (Stadt in der französischen Kolonie Guayana in Südamerika) deportiert. Bereits zurückgenommene Gesetze zugunsten von Emigranten und ehedem eidverweigernden Priestern wurden wieder in Kraft gesetzt.

Man schätzt, dass zwischen 1789 und 1800 in Frankreich mehr als 1350 Zeitungen erschienen, manche davon allerdings nur mit wenigen Ausgaben.[1] *Man kann sagen, dass zu diesem Zeitpunkt eine „öffentliche Meinung" entstanden ist, d. h. dass in der Öffentlichkeit über politische, religiöse usw. Ansichten diskutiert wurde und dass diese Diskussionen durch obrigkeitliche Eingriffe nicht mehr unterbunden werden konnten.*

2.15.1 Revolutionäre Publizistik und Öffentlichkeit

Die große Anzahl an Meinungsblättern bezog sich natürlich in erster Linie auf Paris. Auf dem platten Land war der Einfluss der Presse deutlich geringer. Der Engländer Arthur Young schildert in seinem Bericht über seine Reise nach Frankreich im Jahr 1789, wie er in den Kaffeehäusern in den abgelegeneren Provinzen wiederholt vergeblich nach Zeitungen Ausschau gehalten hatte, und er wunderte sich, dass man in derart ereignisreichen Zeiten über das, was in Paris vor sich ging, dort so wenig erfahren konnte. Dem aufgeklärten deutschen Pädagogen Campe hingegen, einem Parisreisenden, der im Jahr 1789 die ersten Tage der Revolution miterlebte, war diese neue Art der Publizität aufgefallen. In einem Brief vom 9. August 1789 berichtet er über seine Beobachtungen in Paris.

Das Erste, was uns, außer der hin und her wallenden Volksmenge auffällt, sind die vielen, dicht in einander geschobenen Menschengruppen, welche wir teils vor vielen Haustüren, wo entweder Bürgerwachstuben sind, oder Bäcker wohnen, teils vor allen denjenigen Häusern erblicken, deren Mauern mit Affichen [gedruckte Bekanntmachungen] beklebt sind. Diese Affichen oder Bekanntmachungszettel sieht man in allen Straßen, besonders an den beiden Seitenwänden aller Eckhäuser und an dem ganzen Gemäuer aller öffentlichen Gebäude auf den Quais und sonstigen freien Plätzen, eine so unzählbare Menge, dass ein rüstiger Fußgänger und geübter Schnelleser den ganzen Tag, vom Morgen bis an den Abend herumlaufen und lesen könnte, ohne nur mit denjenigen fertig zu werden, welche man an jedem Tage von neuem ankleben sieht. […] Denken Sie sich, wie diese Publizität, diese Teilnahme Aller an allem, auf die Entwicklung der menschlichen Seelenkräfte, besonders auf die Verstandes- und Vernunftausbildung der Leute wirken muß! – Vor jedem, mit dergleichen Zetteln, die in großen Bogen mit großer Schrift gedruckt bestehen, beklebten Hause, sieht man ein unendlich buntes und vermischtes Publikum von Lastträgern und feinen Herrn, von Fischweibern und artigen Damen, von Soldaten und Priestern, in dichten, aber immer friedlichen und fast vertraulichen Haufen versammelt, alle mit emporgerichteten Häuptern, alle mit gierigen Blicken den

1 Darnton, Robert/Roche, Daniel (Hrsg.): Revolution in Print. The Press in France 1775-1800, New York 1989; Böning, Holger (Hrsg.): Französische Revolution und deutsche Öffentlichkeit. Wandlungen in Presse und Alltagskultur am Ende des 18. Jahrhunderts, München usw. 1992; Greiling, Werner: „Die nächsten Nachrichten aus Frankreich könnten überhaupt künftig wichtig werden." In: Francia 23, 2 (1996), S. 65-111 (zur Frankreichberichterstattung vorwiegend in thüringischen Zeitungen).

Inhalt der Zettel verschlingend, bald leise, bald mit lauter Stimme lesend, darüber urteilend und debattierend. Zehn oder zwanzig Schritte weiter hin stößt man auf einen andern eben so bunten und vermischten Haufen, der einen an die Mauer gelehnten Tisch mit einer kleinen Verdachung umgibt, worauf die fliegenden Blätter und Broschüren des Tages feilgeboten werden, welche zu eben der Zeit von vielen hundert Colporteuren [Schriftenverbreiter; Ausrufer] durch alle Straßen der Stadt, nicht bloß dem Titel, sondern auch dem Hauptinhalt nach ausgeschrieen werden. Auffallend und befremdend für den Ausländer ist hier der Anblick ganz gemeiner Menschen aus der allerniedrigsten Volksklasse, z. B. der Wasserträger, welche die Küchen aller Häuser der Stadt, wohin keine Wasserleitungen führen, mit dem unreinen Seinewasser versorgen – auffallend, sage ich, ist es zu sehen, welchen warmen Anteil sogar auch diese Leute, die größtenteils weder lesen noch schreiben können, jetzt an den öffentlichen Angelegenheiten nehmen; zu sehen, wie sie ihre Eimer wohl zwanzigmal in einer und eben derselben Straße niedersetzen, um erst zu hören, was der Colporteur ausruft oder was etwa einer von denen, welche vor den Bekanntmachungszetteln sich angehäuft haben, mit lauter Stimme abliest und was von Andern darüber geurteilt und vernünftelt wird; zu sehen – was ich mehrmals beobachtet habe – wie vier, fünf oder sechs solcher armseligen Lastträger mit einem ihrer Kameraden, der den seltenen Vorzug besitzt, Gedrucktes lesen zu können, in Verbindung treten, ihre Liards[1] zusammenlegen, sich dafür gemeinschaftlich eins der fliegenden Blätter oder der kleinen Broschüren des Tages kaufen, und nun zwischen ihren Eimern oder sonstigen Lasten sich dicht zusammenstellen, um dem vorlesenden gelehrten Kameraden, mit vorgehaltenem Ohre, starren Augen und offenem Munde zuzuhören.

Mit Erstaunen bemerkte ich vor einigen Tagen, daß die Broschüre, welche ein solcher Straßenclub von Wasserträgern, Savoyarden und anderem Pariser Pöbel sich vorlesen ließ, einer von den Entwürfen der *Déclarations des droits des Hommes* war, welche einige Mitglieder der Nationalversammlung in Vorschlag gebracht hatten und drucken ließen, bevor die Versammlung darüber zu Rate gegangen war und entschieden hatte. Lastträger sich mit den Rechten der Menschheit unterhalten zu sehn; welch ein Schauspiel!

Aus: Campe, Joachim Heinrich: Briefe aus Paris zur Zeit der Revolution geschrieben, (zuerst veröffentlicht im Braunschweigischen, November 1789); in: Reichardt, Rolf (Hrsg.): Die Französische Revolution, Würzburg 1988, S. 43f.

2.15.2 Pressegesetz vom 22. und 23. August 1791

Artikel 1. Niemand darf wegen des Druckes oder der öffentlichen Verbreitung von Schriften, gleichgültig welchen Inhalts, belangt oder verfolgt werden, außer wenn er vorsätzlich zum Ungehorsam gegen das Gesetz, zur Mißachtung der konstituierten Gewalten und zum Widerstand gegen ihre Maßnahmen oder zu einer vom Gesetz als Verbrechen oder Vergehen erklärten Handlung aufruft.

---

1 Kupfermünze von geringem Wert: 1 Liards = ¼ Sous; 1 Sou = 1/20 Francs.

Kritik an den Maßnahmen der konstituierten Gewalten ist gestattet; jedoch können vorsätzliche Verleumdungen, die sich gegen die persönliche Integrität der staatlichen Beamten und die Redlichkeit ihrer Absichten bei der Ausübung ihrer Funktionen richten, von den Betroffenen gerichtlich verfolgt werden.

Verleumdungen und Beleidigungen, die sich gegen das Privatleben irgendeiner Person richten – gleichgültig, wer dies ist –, werden geahndet, sofern Strafantrag gestellt wird.

Artikel 2. Niemand darf, sei es auf zivilrechtlichem, sei es auf strafrechtlichem Wege, wegen des Druckes oder der öffentlichen Verbreitung von Schriften verurteilt werden, ohne daß ein Geschworener untersucht und erklärt hat, 1) ob die denunzierte Schrift ein Delikt enthält, 2) ob der Beklagte schuldig ist.

Aus: Grab, Walter (Hrsg.): Die Französische Revolution. Eine Dokumentation, München 1793, S. 59.

2.15.3 „Notwendige Verbesserung der deutschen politischen Zeitungen" (1791)

Der Autor dieses so überschriebenen Artikels, ein nicht näher zu identifizierender C. H. Schmid, beurteilt aus konservativer Sicht die Bedeutung und Wirkung von Zeitungen im Hinblick auf die Verbreitung revolutionären Gedankenguts und macht sich Gedanken, welche Fähigkeiten ein Zeitungsschreiber haben sollte und welche Informationen in eine Zeitung eingerückt werden, aber auch welche außen vor bleiben müssten.

Man hat in unseren Tagen, wo es der Revolutionen und der Gärungen in den Staaten so viele gegeben, es durch vielfältige Erfahrung bestätigt gefunden, dass es nicht gleichgültig ist, was der gemeine Mann in den Zeitungen und aus was für einem Gesichtspunkte ihm die Begebenheiten dargestellt werden, und doch überlässt man die Abfassung der politischen Zeitungen Leuten, denen es gleichgilt [gleichgültig ist], womit sie ihre Blätter füllen. [...] Man gibt ihnen sogar Privilegien [staatliche Genehmigungen] dazu, und lässt sie dann mit gnädigster Freiheit Unsinn und Albernheiten verbreiten, die den Seelen des großen Haufens [der einfachen Bevölkerung] in der Tat eben so schädlich sind wie Arzneien der Marktschreier den Körpern. [...]

Zu einer vollkommenen Verbesserung der deutschen politischen Zeitungen ist, dünkt mich, eine strenge Zensur noch lange nicht hinreichend. Der Zensor gibt nur Achtung, ob in Ansehung der Sachen keine grobe Beleidigungen gegen Landesobrigkeit und deren Freunde, keine auffallenden Verletzungen der guten Sitten vorkommen, aber auf Sentiments [Meinungen] und Darstellungsart Rücksicht zu nehmen, hat er keine Muße und keinen Beruf. Mir scheint es am besten, wenn man einen vom Staate verpflichteten und wohl besoldeten Manne anstellte, der unter der Garantie des Staates, nicht um des Erwerbs, sondern um des [all]gemeinen Besten willen, nicht bloß die Neugierde zu befriedigen, sondern dabei auch höhere Absichten zu befördern, mit den nötigtsen Einsichten und Gaben ausgerüstet, das vielköpfige Publikum zugleich unterhielte und belehrte. [...]

Ein solcher Zeitungsschreiber müsste Kenntnisse, Wissenschaft und Belesenheit genug besitzen, um von den Begebenheiten, die auf das Wohl der Menschheit und auf die Lage ganzer

Staaten Einfluss haben, so reden zu können, dass man sieht, er wisse den Grad ihrer Wichtigkeit zu würdigen. Es gereicht wahrhaftig einer ganzen Nation zur Schande, wenn ihre öffentlichen Blätter Denkmäler der gröbsten Unwissenheit sind! Der Geographie, der Staatengesichte, der Statistik (insbesondere der allgemeinen und besonderen deutschen Staatsverfassung und Staatsverhältnisse), der politischen Händel neuerer Zeiten muss der Zeitungsschreiber vollkommen kundig sein. [...] Da der Zeitungsschreiber auch öfters merkwürdige Naturbegegebenheit zu erzählen hat [...], so muss er Physik und Naturgeschichte nach ihrer neuesten Beschaffenheit kennen, um nicht im Ammen- und Chronikenton zu reden. [...] Mehrere neuere Sprachen, besonders die französische und englische, muss er ganz inne haben, nicht allein um die ausländischen Zeitungen benutzen zu können, sondern auch, um nicht lächerliche Fehler zu begehen, wenn von fremden Namen und Gebräuchen die Rede ist. [...] Lieber einige Posttage später von einer Sache gesprochen, als ungewisse, vergrößernde, mit Unwahrheiten verbrämte Gerüchte niedergeschrieben, die man hernach ganz oder zum Teil widerrrufen muss! Von allem, was erst künftig geschehen soll, wird er besser ganz schweigen, indem die Nachrichten davon sich insgemein nur auf unsichere oder wohl gar absichtlich ausgesprengte Gerüchte gründen und bei der Veränderlichkeit sowohl des menschlichen Willens als der Umstände bis zur Vollziehung sich noch manche Abänderungen der Projekte ereignen können. [...] Sogar bei wirklichen Tatsachen muss der Zeitungsschreiber Überlegung und Klugheit beobachten und wohl bedenken, ob es ratsam sei, sie sogleich unter das unvorbereitete Publikum zu bringen. [...]

Wenn bei irgendeiner Sache Behutsamkeit erforderlich ist, so ist sie dann nötig, wenn der Zeitungsschreiber Schwachheiten regierender (selbst auch auswärtiger) Fürsten zu berühren hat. In unseren Tagen, wo man sich so vielfältig erfrecht hat, die heiligsten Gerechtsame [Vorrechte] der Regenten anzutasten, ist es doppelt notwendig, alles zu verhüten, was dem Ansehen derselben bei dem gemeinen Manne, der den Menschen von dem Regenten nicht zu unterscheiden weiß, nachteilig werden kann. Man braucht es nicht erst durch skandalöse Anekdoten darzutun, dass die Erdengötter auch Menschen sind, in Zeiten, da die Lehre von einer allgemeinen Gleichheit wie eine Seuche um sich greift. [...] Mancher, übrigens gute, Fürst liebt die Jagd, hält Mätressen [Geliebte bzw. Nebenfrau eines Herrschers], stellt kostbare Feierlichkeiten an, man gönne ihm seine Erholungen, ohne ihn deshalb dem Publikum zur Schau zu stellen. Ob ein Fürst verschwendet oder spart, ob er durch Lieblinge oder selbst regiert, ob seine Tafel prächtig ist oder ob er mäßig lebt, ob er in Gesellschaft heiter ist oder ob er alle Gesellschaften flieht, sind Fragen, die gar nicht in Zeitungen gehören. [...]

Man kann es keinem Regenten verdenken, wenn er in der einheimischen Zeitung alles aus demjenigen Gesichtspunkt darstellen lässt, aus dem er um politischer Ursachen willen wünscht, dass Untertanen und Ausländer eine Sache ansehen sollen. [...]

Niemals müsse der Zeitungsschreiber sich herausnehmen, irgendeine Handlung eines Regenten oder einer Nation (auch der fernsten Lande) zu tadeln oder lächerlich zu machen. Man bestärkt damit nur den Pöbel in seinem Hang, Staatshandlungen, so wenig er sie auch beurteilen kann, zu tadeln; man verleitet ihn, den Tadel, den er gelesen, vermehrt und vergrößert zu wiederholen. [...]

Am füglichsten bleiben wohl alle Raisonnements [Urteile über einen Sachverhalt] ganz weg; sie müssten dann sehr kurz und sehr treffend abgefasst sein. Moralische und politische Gemeinwörter, redselig durchgeführt, werden von den meisten Lesern überschlagen oder schläfern ein. [...] Man überlasse französischen Zeitungsschreibern den Vorzug der Frechheit und Unverschämtheit und bleibe bei deutscher Gravität [Ernsthaftigkeit] und Kaltblütigkeit [hier etwa: Abgeklärtheit].

Aus: Journal von und für Deutschland 8. Jg. (1791), 8. Stück, S. 637-643.

2.15.4 Revolution und Öffentlichkeit (1792)

Rudolf Zacharias Becker (1752-1822) war in seiner Zeit ein erfolgreicher, aufgeklärter Volksschriftsteller, der als Zielgruppe seiner Veröffentlichungen vor allem die unteren Volksschichten im Auge hatte. Er wirkte als Lehrer am Philanthropinum Johann Bernhard Basedows in Dessau und war der Herausgeber der „Deutschen Zeitung für die Jugend und ihre Freunde", eine der ersten Jugendzeitschriften in Deutschland. Ab Ende des 18. Jahrhunderts war er in Gotha Inhaber der von ihm gegründeten Buchhandlung mit Verlag. Becker, der die Revolution von 1789 als Akt der Freiheit begrüßte, lehnte aber jegliche gewaltsame Auflehnung ab. Er beschreibt, welche Probleme seiner Meinung nach die jetzt eingetretene große Publizität mit sich bringe.

Bei den bisherigen durch Frankreichs Beispiele in Deutschland veranlassten innern, meistens glücklich unterdrückten Unruhen hat man die Publizität beschuldiget, daß sie eine der wirksamsten Ursachen davon gewesen sei, und das nicht ohne Grund. Der gemeine Bürger und Landmann las in öffentlichen Blättern lauter abgebrochene vereinzelte Nachrichten von den in Frankreich abgeschafften bürgerlichen Lasten und Abgaben, von Aufhebung des Unterschiedes der Stände und Herstellung der natürlichen Freiheit und Gleichheit der Menschen. Weil nun in seinem bisherigen Unterricht zuwenig Rücksicht darauf genommen worden ist, ihm richtige Begriffe von der bürgerlichen Gesellschaft, von ihren Vorteilen für den einzelnen und die Familien, von der Notwendigkeit der Abgaben und der Verteilung der Geschäfte unter verschiedene Stände und Klassen, worauf das Wohl aller beruhet etc., beizubringen: So nahm er aus jenen zerstückelten Nachrichten von der Französischen Revolution nur das heraus, was ihm wohlgefiel, machte sich ein schimärisches Bild von einem glücklichen Leben ohne Gesetze, Herrschaften und Gerichte, welches durch Rebellieren eingeführt würde. Kam dann das Gerücht, daß seine Nachbarn rebellierten: So glaubte er, nun sei die Zeit gekommen, da das verlorene Paradies oder das neue Jerusalem auch in seinem Dorfe eröffnet werden müsste. Auf diese Art ergriff das Rebellionsfieber manche Bauerschaft, welche die beste Herrschaft von der Welt und nicht die mindeste Beschwerde gegen sie anzuführen hatte. [...]

Aus diesen überwiegenden Gründen kann also der wahre Freund der Vervollkommnung nie zu gewaltsamen Staatserschütterungen die Hand bieten – so wenig als zum Selbstmord: Sondern er überläßt die Leitung der Schicksale der Länder und Völker der Vorsehung und begnügt sich seinerseits, seine Bürgerpflichten redlich zu erfüllen und seine Bürgerrechte friedlich, aber standhaft für sich zu behaupten. Er weiß, dass nach dem großen Gesetz der Menschheit jeder Staat im Ganzen wirklich um so viel besser wird, als seine Glieder besser werden; dass keine Gewalt den beständigen Fortgang des menschlichen Geistes zu hindern vermag; dass jede Regierung diejenigen Verbesserungen, wozu die Nation reif ist, endlich von selbst machen muss; dass sie wenigstens nicht lange der allgemeinen Überzeugung widerstehen kann. [...]

Der wahre Freund der Vervollkommnung richtet zuerst sein Bestreben dahin, selbst immer besser zu werden und selbst so viel zum allgemeinen Fortgang der Menschen im Guten mitzuwirken, als er kann, und sich davon durch nichts abhalten zu lassen. Er beweist seine Freiheitsliebe und seinen Mut nicht durch Anstiftung von Unruhen: sondern durch standhafte, gelassene Ergebung in die Schicksale, die ihm sein Eifer für die Tugend zuziehet. [...] Nie beunruhigt der Weltbürger den Staat, um das Glück der Menschheit zu vermehren: weil er überzeugt ist, dass alles das kein wahres Menschenglück sein kann, was mit Menschenelend erkauft werden muss. Er ist also keineswegs ein Freund und Beförderer der Volksgärungen, welche unser Zeitalter für das Wohl und Wehe der Nachwelt so bedenklich machen. Das Werk, das er treibet, ist ein Werk des Friedens.

Aus: Träger, Claus (Hrsg.): Die Französische Revolution im Spiegel der deutschen Literatur, Frankfurt a.M. 1979, S. 195f., S. 198f.

2.15.5 Verbot von Druckschriften aller Art (1792)

Zu den Maßnahmen, mit denen die Ausbreitung revolutionären Gedankenguts verhindert werden sollte, gehörte in vielen deutschen Staaten das Verbot des Vertriebs sog. anstößiger Druckschriften. Gut ein Jahr nach dieser Verordnung, am 19. Dezember 1793, erging eine weitere Verordnung, mit der nun auch die Bücher der Lesebibliotheken und Lesegesellschaften überwacht werden sollten. Zu diesem Zweck wurden die Inhaber oder Betreiber solcher Einrichtungen aufgefordert, Verzeichnisse aller Bücher und Broschüren, die von ihnen gehalten oder zukünftig erworben werden, „an die Polizeiobrigkeit ihres Ortes" zur Überprüfung einzureichen. Verstöße hiergegen (etwa wenn ein Inhaber einer Lesebibliothek ein Buch in seinem Verzeichnis nicht aufführte) werden mit 10 Reichsthalern, im Wiederholungsfalle mit der doppelten Buße und dem Verbot weiterer Bücherverleihung bestraft. Denunzianten erhalten die Hälfte der Strafsumme.[1]

Verordnung gegen die Ausbreitung und Vertreibung anstößiger Zeitungen, periodischer Schriften und fliegender Blätter

Hannover, 24. November 1792

Sie [die Verordnung] ist durch die Wahrnehmung veranlasst worden, dass an auswärtigen Orten Zeitungen, Wochenblätter, Journale, periodische Schriften und andere fliegende Blätter[2] und Aufsätze nicht nur eigens zu dem Zweck, um die Meinungen und Gesinnungen von Aufwiegelungen der Untertanen, Verunglimpfungen der Obrigkeiten und Umkehrung aller bürgerlichen Ordnung zu empfehlen und auszubreiten, verfasst und ausgegeben, sondern auch überdies ungefordert und unverlangt [in] zudringlicher Weise allenthalben herumgeschickt werden, um sie abzusetzen und recht bekannt zu machen. Ob man nun gleich von der ganzen Denkungsart und von der bewährten Anhänglichkeit der Untertanen genug versichert sei,

1 Annalen der Braunschweig-Lüneburgischen Churlande, 8. Jg. (1794), S. 575ff.

2 Gemeint sind Flugschriften von geringem Umfang, oft Schmähschriften.

dass sie dergleichen Grundsätze und Beginnen nicht anders als um so mehr verachten und missbilligen können, je mehr auch schon die Erfahrung gezeigt habe, wie sehr damit unumgänglich nicht allein das Wohl des Landes überhaupt, sondern ebenfalls der ganze bürgerliche Wohlstand vornehmlich und die Privatsicherheit, Ruhe und Glückseligkeit eines jeden Einzelnen zugleich untergraben und über den Haufen geworfen werde, so wird jedoch, damit solchen anstößigen und verderblichen Zudringlichkeiten und Versuchen durchaus gesteuert werde, hierdurch verordnet:

1) dass die Buchhandlungen, Buchdrucker, Colporteurs [Hausierer, Schriftenverbreiter], Antiquare [Händler mit alten Büchern], Commissionairs [Zwischenhändler] überall dergleichen Zeitungen, Wochenblätter, periodische Schriften, Journale, Broschüren und fliegende Blätter, die in der vorgedachten [oben erwähnten] bösgesinnten Absicht geschrieben werden, nicht führen, noch annehmen, noch verabfolgen [ab- oder weitergeben] lassen, sondern, wenn ihnen solches zugeschickt wäre [würde], lediglich solches an den Ersten von der Obrigkeit des Orts einliefern sollen, von welchem darauf an das Geheime Ratskollegium zu berichten und dessen Verfügung darüber zu gewärtigen [abzuwarten] ist;
2) dass die Postämter und einzelne Postbediente, desgleichen die Zeitungs- und Intelligenzexpeditionen[1] weder Bestellungen auf solche Schriften annehmen und besorgen, noch was ihnen etwa von selbst zugeschickt wird, ausgeben und verbreiten, sondern sofort gerade an das Geheime Ratskollegium einsenden sollen;
3) dass überhaupt kein Diener, Untertan und Eingesessener sich auf eine nahe oder entfernte, direkte oder indirekte Art mit der Verschreibung, Ausbreitung und Divulgierung [gerüchtemäßige Verbreitung] von der Art Schriften und Blätter irgend[wie] befassen solle und dürfe, vielmehr wird einem jeglichen [Untertan] auf seinen Huldigungs- und Diensteid zur Pflicht gemacht, wenn dergleichen an ihn adressiert oder überschickt würde, solches sofort seinem Vorgesetzten im Dienst oder seiner Obrigkeit oder auch, wie ihm frei steht, unmittelbar bei dem Geheimen Ratskollegium zur Anzeige zu bringen.

Aus: Annalen der Braunschweig-Lüneburgischen Churlande, 7. Jg. (1793), S. 521-523

2.16 Revolutionäre Symbole

Ritual und Geste, Fest und Symbol sind wichtige Bestandteile der Französischen Revolution, und zwar so sehr, wie dies zu keiner Zeit zuvor der Fall gewesen ist. Manche symbolische Handlung, die zur Zeit der Französischen Revolution üblich und verbreitet gewesen ist, mutet heute im Abstand von mehr als zwei Jahrhunderten befremdlich, fast ist man geneigt zu sagen ein wenig lächerlich an. So, wenn etwa die Sansculotten der Pariser Sektionen zu allen möglichen Veranstaltungen ihre Piken mitnahmen, eine auch zu jener Zeit keine wirklich ernst zu nehmende Waffe mehr, sondern bloßes Symbol, das mit politischer Bedeutung aufgeladen war, die demjenigen, der die Pike mitführte, Bedeutung verlieh und Kennzeichen seiner politischen Gesinnung war.

1 Ausgabestellen für Bekanntmachungs- und Anzeigenblätter.

Erstaunlich ist auch die große Anzahl von (politischen) Festen, die nicht nur in der Hauptstadt Paris, sondern auch in der Provinz begangen wurden. Und selbst in besetzten linksrheinischen Gebieten fanden sie in großer Zahl statt. Neben Festen mit eher traditionellem Festanlass wie etwa Jubiläen und Jahrestage[1] entstanden Feste mit ganz neuen Inhalten[2]; so etwa Feste zur Verehrung des Höchsten Wesens oder die Pantheonisierungen, d. h. die Überführung der Leichname großer Persönlichkeiten in das Pantheon. Feste, so scheint es, waren wichtig, um Gemeinschaft zu stiften, um Bekenntnis abzulegen, um nationalen Konsens herzustellen, um erwünschte Traditionen zu begründen[3] und um die Ideen, denen man sich verpflichtet hatte, immer wieder aufs Neue einzuschärfen. Und vieles von dem, was die Revolution auf der Symbolebene schuf, wirkt zumindest in Frankreich bis auf den heutigen Tag nach. „Die Revolution in Frankreich trug wenig zum wirtschaftlichen Wachstum oder zur politischen Stabilisierung bei. Was sie indessen hervorbrachte, das war[en] die mobilisierende Kraft des Gedankens einer demokratischen Republik und die mitreißende Intensität revolutionären Wandels. Die Sprache nationaler Erneuerung, die Gesten von Gleichheit und Brüderlichkeit und die Rituale der Republik gerieten nicht so schnell in Vergessenheit.“[4]

Die aus Anlass der Zweijahrhundertfeiern 1989 erschienenen Bücher machen deutlich, dass die Erforschung der Französischen Revolution nicht mehr allein, auch nicht mehr in erster Linie auf die Klärung ökonomisch-soziale oder politisch-ideengeschichtliche Fragen abzielt, sondern sich dem kulturellen Umbruch widmet, den die Französische Revolution darstellt.[5]

2.16.1 Über das Tragen der Kokarde (1792)

Die Kokarde bestand aus einer an der Kopfbedeckung befestigten Bandschleife in Form einer Rosette, die es bereits seit dem 17. Jahrhundert zur Kennzeichnung der eigenen Soldaten gab; nach dem Sturm auf die Bastille trug Ludwig XVI. eine blau-rote Kokarde (blau und rot sind die Farben von Paris); später kam die Farbe weiß – ursprünglich die Farbe des französischen Herrschergeschlechts der Bourbonen – hinzu.

---

1 So z. B. das Föderationsfest auf dem Pariser Marsfeld am 14. Juli 1790, dem ersten Jahrestages des Bastillesturms, als im Beisein einer riesigen Zuschauermenge etwa 60 000 Nationalgardisten aus allen Teilen Frankreichs auf dem Altar des Vaterlands den Treueid auf die Nation, das Gesetz und den König ablegten.

2 Vgl. Ozouf, Mona: La fête révolutionnaire 1789-1799, Paris 1976.

3 Vgl. Lüsebrink, Hans Jürgen: La Nation-Spectacle. Zur Bedeutung des Literarischen in der Selbstdarstellung der Grande Nation, in: Literaturmagazin 28, Hamburg 1991, S. 40-50.

4 Hunt, Lynn: Symbole der Macht – Macht der Symbole. Die Französische Revolution und der Entwurf einer politischen Kultur, Frankfurt 1989, S. 29.

5 Vgl. Reichardt, Rolf: Zur visuellen Dimension geschichtlicher Symbole am Beispiel der „Bastille“, in: Die Wirklichkeit der Symbole. Grundlagen der Kommunikation in historischen und gegenwärtigen Gesellschaften, hrsg. von Schlögl, Rudolf, u. a., Konstanz 2004, S. 303-338; Reichardt weist noch auf weitere Symbole der Französische Revolution und auf symbolische Aktionen hin: auf das Backen „republikanischen Brotes“, auf die Piken, auf neue Ort-, Straßen- und Personennamen, auf den Sturz alter und die Errichtung neuer Denkmäler und – ganz zentral und gut illustriert – auf die Bastille als Symbol. Vgl. auch Lüsebrink, Hans-Jürgen/Reichardt, Rolf: Die „Bastille“. Zur Symbolgeschichte von Herrschaft und Freiheit, Frankfurt/M. 1990.

Seit Mitte 1792 musste jeder Franzose, seit dem September 1793 auch jede Französin die blau-weiß-rote Kokarde als Wahrzeichen der Revolution tragen. Wurde sie in Deutschland getragen, so war dies immer ein symbolischer Akt, um Verbundenheit oder Sympathie für die Französische Revolution zu bekunden.[1] *So harmlos diese symbolische Demonstration war, so unnachgiebig wurde sie von den Obrigkeiten verfolgt.*

Der Komponist und Publizist Johann Friedrich Reichardt beschreibt, wie er beim Übertritt nach Frankreich aufgefordert wurde, die Kokarde zu tragen.

(Straßburg, den 17. Januar 1792) [...] In einer halben Stunde hatten wir Nationalkokarden an unsern Hüten: W., der eifrige Demokrat, eine kleine militärische, eigentlich einen von Wolle künstlich gewirkten Stern, in welchem die drei Farben so ineinander verwebt sind, dass keine abgesondert werden kann; ich eine große modische, seidne Kokarde, die aus drei ineinander gehefteten Bandschleifen von den drei Nationalfarben besteht. Mein Demokrat fand daran auszusetzen, dass diese recht auf Verräterei und Umsattlung eingerichtet sei: man könne in einem Augenblicke die rote und blaue Schleife herausreißen, und so habe man die royalistische am Hute.

Aus: Reichardt, Johann Friedrich: Vertraute Briefe 1792, hrsg. v. Weber, Rolf, Berlin (Ost) 1980, S. 49f.

2.16.2 Verbot des Kokardentragens (1792)

Wie die nachstehende Verordnung aus dem Kurfürstentum Hannover zeigt, hat man versucht, eine etwaige Sympathiebekundung für die Französische Revolution durch das Anstecken von Kokarden zu verhindern.

Regierungsausschreiben, das Tragen der weißen und bunten Kokarden betreffend

Hannover, 8. November 1792

Hierdurch wird überhaupt sowohl Fremden als Einheimischen das Tragen weißer und bunter Kokarden, insofern sie sich nicht durch etwaige spezielle Dienstverhältnisse dazu gehörig legitimieren können, bei zehn Reichsthaler Strafe untersagt.

Aus: Annalen der Braunschweig-Lüneburgischen Churlande, 7. Jg. (1793), S. 519

2.16.3 Kokarden (Nürnberg)

Mitte 1794 wurde in der Freien Reichsstadt Nürnberg ein revolutionärer „Psalm" gefunden. Das nachstehende Gedicht ist eine Nachschrift, die einzelnen Exemplaren dieses „Psalms" beigefügt wurde. Das Gedicht lässt erkennen, dass auch noch in der zweiten Hälfte des Jahres 1794 radikales Denken in einem Teil des Bevölkerung vorhanden war. Adressat dieses Gedicht war wohl die städtische Oligarchie.

1 Schon 1789 tauchen Kokarden auch in Deutschland auf (Trier, Saarbrücken, Köln, Aachen).

Mit so Kokarden ziehen wir
Vor eure Wohnung und Quartier,
Euch Schurken und infamste Horden,
Euch große Dieb' im Staat zu morden.
Dann machen wir uns alle frei!
Vivat Frankreich, leb hoch dabei!
In allem: Vivat! Hoch!

Aus: Scheel, Heinrich (Hrsg.): Jakobinische Flugschriften aus dem deutschen Süden Ende des 18. Jahrhunderts, Berlin (Ost) 1965, S.55

2.16.4 Symbole der Sansculotten

Dargestellt ist auf dem untenstehenden Flugblatt der Freudentanz einfacher Frauen und Männer in Arbeitskleidung. Zahlreiche Symbole der Revolution sind erkennbar: Im Zentrum steht der Freiheitsbaum, der – wie das Banner auf der Festung rechts im Hintergrund – von einer phrygischen Mütze, dem Kennzeichen der Sansculotten, bekrönt ist. Sie ist mit einer Kokarde, dem Kennzeichen der Freunde der Revolution, versehen. Der Sansculotte vorne links trägt die Sansculotten-Weste, die rote phrygische Mütze und die Pike, eine ihn kennzeichnende Waffe, und eine Hose in den Farben der Trikolore. Er steht stellvertretend für die Wachsamkeit und Einsatzbereitschaft der Sansculotten (zu den Sansculotten s. S. 239). Im Hintergrund links stürmen die Truppen der Koalition unter der Führung eines Reiters mit einer Standarte heran, auf der der preußische Adler zu erkennen ist.

Anonyme kolorierte Radierung, Paris [1792/93]; Bibliothèque Nationale, Paris, Kupferstichkabinett, Sammlung de Vinck Nr. 5010

Als Carmagnole wird ein Rundtanz bezeichnet, der in der Zeit der Französischen Revolution aufkam und in Kreisen der Sansculotten beliebt war. „Carmagnole" erinnert an den Ort Carmagnola in Piemont (Italien), der 1792 von den französischen Truppen eingenommen worden war. Ein direkter Zusammenhang zwischen Ortsnamen, dem Text und der Melodie konnte bisher nicht zweifelsfrei hergestellt werden. Erstmals getanzt wurde er von den Siegern des Sturms auf die Tuilerien am 10. August 1792.

„Politische Bedeutung gewinnt der Freiheitstanz auch durch den zweiten Refrain: ‚Tanzen wir die Carmagnole,/Es lebe, es lebe der Donner,/Tanzen wir die Carmagnole,/Es lebe der Donner der Kanone'."

Übersetzung der Bildunterschrift:

Wenn Ihr den Tanz liebt,
Kommt, eilt alle herbei,
Um den Wein Frankreichs zu trinken (bis)
Und um mit uns zu tanzen.

Tanzen wir die Carmagnole,
Es lebe der Klang, es lebe der Klang,
Tanzen wir die Carmagnole
Es lebe der Klang [Donner] der Kanone.

Ja! Wir werden es schaffen, wir werden es schaffen, wir werden es schaffen,
Das Volk wiederholt es dieser Tage ohne Unterlass,
Ja! Wir werden es schaffen, wir werden es schaffen, wir werden es schaffen,
Freuen wir uns, die gute Zeit wird kommen.

Aus: Reichardt, Rolf (Hrsg.): Die Französische Revolution, Freiburg/Würzburg 1988, S. 50f. (dort auch die Übersetzung des Liedes).

2.16.5 Die phrygische Mütze

Die Freiheitsmütze, wie sie die Sansculotten trugen, erinnerte an Kopfbedeckung befreiter Galeerensträflinge der Antike. Die phrygische Mütze wurde ursprünglich von den Phrygern und anderen indogermanischen anatolischen Völkern getragen. Später wurde sie charakteristisch für die Iranier und Thraker. Sie wurde aus rotem Stoff gefertigt; der längere runde Zipfel wurde nach vorne geschlagen. Wie die Kokarde war sie ein Erkennungszeichen jener Menschen, die sich zur Revolution bekannten. Seit 1792 fand sie immer größere Verbreitung.

Marmorbüste aus dem 2. Jahrhundert n. Chr., wohl aus der Regierungszeit Kaiser Hadrians (117-138).

Bibliothèque Nationale Paris, Cabinet des Médailles

Phrygische Mütze und andere Symbole der Französischen Revolution (Republik): die französische Fahne in den neuen Nationalfarben, die Kokarde, das Rutenbündel der Liktoren der römischen Republik, der Eichen(sieger)kranz und die nationale Devise: „Unité, Liberté, Égalité, Fraternité, Indivisibilité de la République ou la mort."

2.16.6 Revolutionäre Lieder

a) „Ah! Ça ira!" Republikanisches Kampflied aus der Zeit der Französischen Revolution

Das nachstehend abgedruckte Lied entstand aus Anlass des Föderationsfestes am ersten Jahrestag der Sturms auf die Bastille (14. Juli 1790). Es existiert in zahlreichen Fassungen.[1]

1 Eine längere (andere) Version findet sich im Internet unter: http://www.univie.ac.at/igl.geschichte/europa/FR/Petz/caira.htm (1.11.2010); vgl. auch Semmer, Gerd/Süverkrüp, Dieter: Die Lieder der Französischen Revolution, in: Marxistische Studien. Jahrbuch des IMSF 14 (1988), S. 415-433

Ah! ça ira, ça ira, ça ira, Les aristocrates à la lanterne! Ah! ça ira, ça ira, ça ira, Les aristocrates on les pendra!	Ah, wir werden es schaffen, Die Adeligen an die Laterne! Ah, wir werden es schaffen, Die Adeligen werden wir aufknüpfen!
Le despotisme expirera, La liberté triomphera, Ah! ça ira, ça ira, ça ira, Nous n'avons plus ni nobles, ni prêtres,	Die Tyrannei wird ihren Geist aushauchen, Die Freiheit wird triumphieren, Ah, wir werden es schaffen, Es gibt weder Adelige noch Priester mehr,
Ah! ça ira, ça ira, ça ira, L'égalité partout régnera. L'esclave autrichien le suivra, Au diable s'envolera.	Ah, wir werden es schaffen, Die Gleichheit wird überall herrschen. Der österreichische Sklave kommt auch noch an die Reihe, Er wird zum Teufel gehen.
Ah! ça ira, Ah! ça ira, Au diable s'envolera.	Ah, wir werden es schaffen, Er wird zum Teufel gehen.

Aus: http://de.wikipedia.org/wiki/Ah!_%C3%87a_ira (1.11.2010)

b) Die Marseillaise (April 1792)

Das Lied, das noch während der Französischen Revolution zur Nationalhymne wurde (1795), entstand Ende April 1792 nach der Kriegserklärung Frankreichs an Österreich und trug den Titel „Chant de guerre pour l'armée du Rhin" („Kriegslied für die Rheinarmee"). Gedichtet wurde das Lied von Claude Joseph Rouget de Lisle (1760-1836), einem Adligen, der als Pionieroffizier in Straßburg Dienst tat. Den Namen „Marseillaise" erhielt das Lied, weil Freiwillige aus Marseille es im Juli 1792 nach Paris brachten, wo es schnell populär wurde und das zuvor verbreitete Lied „Ça ira" als Revolutionslied ablöste. Nachdem die Marseillaise wiederholt verboten worden war, wurde sie im Jahr 1879 endgültig zur französischen Nationalhymne bestimmt. Von den insgesamt sieben Strophen wird hier die erste Strophe wiedergegeben (Übersetzung G.S.).

Allons, enfants de la patrie, Le jour de gloire est arrive! Contre nous de la tyrannie L'étendard sanglant est levé. (2x) Entendez-vous dans les campagnes Mugir ces féroces soldats? Ils viennent jusque dans vos bras Égorger vos fils, vos compagnes.	*Refrain:* Aux armes, citoyens! Formez vos bataillons! Marchons! Marchons! Qu'un sang impur abreuve nos sillons! (2x)

Übersetzung:
Auf, Kinder des Vaterlands!
Der Tag des Ruhms ist da.
Gegen uns wurde der Tyrannei
Blutiges Banner erhoben. (2 x)
Hört ihr auf den Schlachtfeldern
Das Brüllen der wilden Krieger?
Sie rücken uns auf den Leib,
Eure Söhne, eure Ehefrauen abzuschlachten.

Refrain:
Zu den Waffen, ihr Bürger!
Bildet Bataillone!
Vorwärts, marschieren wir!
Damit ein unreines Blut unserer Äcker
Furchen tränkt! (2x)

2.16.7 Freiheitsbäume

Das Aufstellen eines Freiheitsbaumes („L'arbre de la liberté") gehörte wie das Tragen der sog. Freiheitskappe zu den bekanntesten Symbolhandlungen der Französischen Revolution. Über die Wurzeln dieses Brauches gibt es unterschiedliche Erklärungen. So wird vermutet, das Aufstellen von Freiheitsbäumen während der Französischen Revolution knüpfe an eine entsprechende Praxis während der westfranzösischen Bauernerhebungen an, wo in Abwandlung der Maibaumtradition das Pflanzen von Freiheitsbäumen aufgekommen sei. Eine andere Wurzel weist nach Nordamerika, wo in Boston im August 1765 eine Ulme als Protest gegen den Stamp Act aufgestellt worden sei. Das britische Parlament hatte im März 1765 ein Stempelgesetz erlassen. Dies bedeutete, dass in den nordamerikanischen Kolonien Großbritanniens (aus denen schließlich die USA hervorgingen) für jedes von behördlicher Seite ausgestellte Schriftstück, aber auch für Zeitungen gegen Zahlung einer Gebühr (der sog. Stempelsteuer) eine Steuermarke erworben werden musste. Die Ulme wurde „Tree of Liberty" genannt. Unter ihr mussten die staatlichen Steuereinnehmer schwören, künftig keine Stempelmarken zu verkaufen. Der französische General Marquis de la Fayette (später meist: Lafayette), der auf Seiten der Kolonisten am amerikanischen Bürgerkrieg teilnahm, soll diesen Brauch aus Amerika nach Frankreich gebracht haben, wo er erstmals 1790 in Paris nachgewiesen werden kann. Damals errichteten Mitglieder des Jakobinerklubs einen Freiheitsbaum und bekrönten ihn mit der phrygischen Mütze. Schon zuvor soll im Mai 1790 ein Dorfpfarrer im Departement Vienne (Hauptort: Poitiers) aus Anlass der Einführung der Gemeindebehörde einen Freiheitsbaum errichtet haben. Darüber wurde in der Presse ausführlich berichtet: Dieses Beispiel wurde überall in Frankreich nachgeahmt. Schon zwei Jahre später soll es in Frankreich 60 000 Freiheitsbäume gegeben haben. Ihr Aufstellungsort war oft zugleich revolutionäre Kultstätte und der Ort, an dem die revolutionären Feste stattfanden. Man schmückte die Freiheitsbäume mit Bändern in den neuen Nationalfarben blau, weiß und rot. Die in Frankreich feststellbare Vorliebe für Pappeln (frz. peuplier) als Freiheitsbäume rührt daher, dass „peuplier" dem Wort „peuple" (Volk) ähnelt, der Baum daher als Symbol des Volkes gelten konnte. Mit der Ausbreitung des revolutionären Gedankenguts kam dieser Brauch auch nach Deutschland und selbst bis nach Polen, wo in der Folgezeit zahlreiche Freiheitsbäume gepflanzt wurden.[1] *Von den*

1 Vgl. hierzu Haasis, Hellmut G./Gallé, Volker: Oberrheinische Freiheitsbäume, Berlin/Bodenheim 1999; es handelt sich hier um einen politischen Reiseführer, der nicht nur die Pflanzung von Freiheitsbäumen nachweist (allerdings nicht sehr vollständig), sondern auch frühdemokratische Erinnerungszeichen an verschiedenen Orten beschreibt; ferner Kreutz, Wilhelm: Einen Freiheitsbaum, den pflanzen wir am Rhein, Mainz o.J. (1989).

Obrigkeiten wurde dieses sichtbare Bekenntnis zu den Idealen der Französischen Revolution und ab dem Spätjahr 1792 oft auch als Ausdruck des Willens, sich der Französischen Republik anschließen zu wollen, scharf bekämpft. Während der Zeit der Besetzung durch französische Truppen wurden in vielen Städten Freiheitsbäume gepflanzt. Wurden solche Städte von deutschen Truppen zurückerobert, gehörte die Beseitigung der Freiheitsbäume zu den ersten Maßnahmen der Rückeroberer. In der Zeit der Restauration wurden auch in Frankreich die meisten Freiheitsbäume wieder ausgerissen.

Der Brauch, aus besonderem Anlass Bäume zu pflanzen, wurde jedoch immer wieder aufgegriffen: so während des Hambacher Festes (1832) und während der Revolution von 1848 – in beiden Fällen als Ausdruck des Freiheitswillens der Bevölkerung. Nach dem Sieg gegen Frankreich im Krieg von 1870/71 und der Errichtung des deutschen Kaiserreiches wurden in deutschen Gemeinden (meist) Linden (sog. Kaiserlinden) gepflanzt. Auch am 3. Oktober 1990, dem Tag der deutschen Einheit, kam es zu feierlichen Baumpflanzungen.

a) Tanz um den Freiheitsbaum (1793?)

Das nicht datierte Ölgemälde zeigt ein Freiheitsfest rund um den Freiheitsbaum im deutschsprachigen Raum. Der Baumstamm ist mit blau-weiß-roten Bändern umwickelt; auf seiner Spitze sitzt die rote Freiheitsmütze. Eine fröhliche Gesellschaft – Frauen und Männer, darunter Soldaten, ein Priester und ein Mönch – tanzt einen Reigen um den Baum. Aufgrund der im Hintergrund erkennbaren Gebäude wird vermutet, dass es sich um die Stadt Aachen handeln könnte.

Kolorierte Radierung von Hieronymus Löschenkohl (1753–1807) nach Caspar Pitz (1756–1795)

c) Errichtung eines Freiheitsbaums in Zweibrücken (1793)

Es handelt sich hier um eine revolutionskritische, karikaturhafte Darstellung der Errichtung eines Freiheitsbaumes vor dem Schloss in Zweibrücken. Die Bildunterschrift lautet: „Vorstellung wie den

11ten Hornung [11. Februar] 1793 der Vortrab der Mosel Armée den Zweybrücker Unterthanen die tolle [verrückte] Französische Freiheit und Gleichheit anbot, welche diese biederen Teutschen aber mit Abscheu verwarfen und ihrem geliebten Regenten [dem Herzog von Pfalz-Zweibrücken] treu blieben." Auf dem Bild sind ausgelassene und undisziplinierte, möglicherweise auch betrunkene und sich prügelnde französische Soldaten zu erkennen. Auf der linken Bildseite wird von französischen Soldaten ein mit Heu beladener Wagen angehalten und die Beladung als Fourage für die Pferde der Soldaten beschlagnahmt. Im Vordergrund (links von der Bildmitte aus gesehen) werden Franzosen gegenüber einheimischen Frauen handgreiflich. Unmittelbar vor dem Freiheitsbaum tanzen Franzosen offensichtlich einen Rundtanz (die Carmagnole?). Im März 1793 wurden in Zweibrücken und Umgebung weitere Freiheitsbäume gepflanzt: einer vor dem Haus des neuen Bürgermeisters (maire), ein anderer vor dem Haus des Stallmeisters.[1] Ab 1793 war Zweibrücken zunächst von französischen Truppen besetzt; seit 1801 war die Stadt Teil Frankreichs und Sitz einer Unterpräfektur des Departements Donnersberg.

d) Der Freiheitsbaum in Worms wird ausgerissen

Nachdem am 30. Mertz 1793 wegen Annäherung der Alliierten Armee Mittags um 2 Uhr die Franzosen Worms verlassen, auch ihre Magazine theils zerstöhrt, theils verbrant, zogen die Preußen unter vielem Jubel der Bürgerschaft den 2. April Morgens gegen 10 Uhr ein, der

1 Die Französische Revolution und die Saar. Ausstellung des Landesarchivs Saarbrücken 1889/90. Katalog, St. Ingbert 1989, S. 172f.

H[err] Obrist der Avangarde [Vorhut] lies alsobald die haupt Klubisten [Anhänger der Revolution] auf dem büergerhoff zusammenholen, wo dan solche unter Bedeckung [Bewachung] eines Ober-Offiziers u[nd] mehrerer Soldaten zu den grosen Freyheitsbaum, um welchen unzuhauen, geführt wurden, am Ende dann führte man solche unter nehmlicher Bedeckung mit Beesen, Gablen, Schauflen u[nd] Karren zu Hoffe, um von den Unrath, so ihre Herrn Collegen hinterlassen, zu säubern, wie auch die Strassen der Stadt einige Tage kehren, u[nd] dan auf das französische Gebiet gebracht wurden.

Aus: Stein, Wolfgang Hans: Untertan-Citoyen-Staatsbürger. Die Auswirkungen der französischen Revolution auf den rheinisch-pfälzischen Raum, Koblenz 1981, S. 85f.

2.16.8 Die Guillotine – ein neues Hinrichtungsinstrument (1. Dezember 1789)

Im Ancien Régime wurden die zum Tode Verurteilten je nach den ihnen angelasteten Verbrechen auf unterschiedlichde Weise hingerichtet. Die Kreuzigung war in der Antike die würdeloseste Art der Hinrichtung. Die häufigste Hinrichtungsart im Mittelalter war das Hängen. Die Hinrichtung mit der Guillotine ersetzte die Enthauptung, bei der der Scharfrichter oft mehrere Schläge benötigte, um die Hinrichtung „korrekt" und „erfolgreich" durchzuführen. Die erste Hinrichtung mit der Guillotine wurde am 25. April 1792 auf der Place de Grève an einem Dieb vollzogen. Die Guillotine war von dem Arzt Joseph-Ignace Guillotin (1738-1814) entwickelt worden, um mit Hilfe des Fallbeils eine „humanere" Form der Hinrichtung zu ermöglichen. Seinen Vorschlag für eine neue Art der Hinrichtung unterbreitete Guillotin bereits am 10. Oktober 1789 der Nationalversammlung. Die erste Guillotine baute der in Paris lebende deutsche Harfenbauer Tobias Schmitt. Ironie der Geschichte: Nur der Sturz Robespierres rettete den Schöpfer der Guillotine vor der Hinrichtung mit Hilfe seiner Erfindung. Man hat errechnet, dass in der Zeit der Schreckensherrschaft 16594 Menschen guillotiniert wurden.

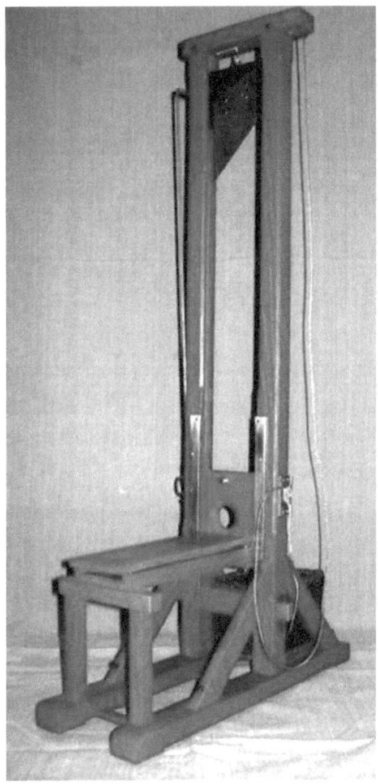

Guillotine, 1792. Modellnachbau Maßstab 1:6

Die Mechanik der Guillotine funktionierte folgendermaßen: Der Verurteilte wurde stehend an eine bewegliche (kippbare) Plattform geschnallt. Dann wurde die Plattform mit dem Delinquenten so weit nach vorne gekippt, dass dieser mit dem Gesicht nach unten parallel zum Boden lag. Der Hals ruhte dabei auf einem halbrund geformten Holzbrett, dessen halbrundes Gegenstück von oben auf den Hals aufgesetzt wurde, um den Kopf vollständig zu fixieren. Das Fallbeil wog etwa 40 kg und wurde durch den Henker ausgelöst.

Die Guillotine gilt als Symbol des Massenmords in der Zeit der Terreur 1793/94.

3. Von der Terreur bis zum Ende des Konvents 1793–1795

3.1 Jakobinerherrschaft und Terreur

3.1.1 Aus einer Rede Dantons über die Notwendigkeit, ein Revolutionstribunal zu schaffen (10. März 1793)

Georges Jacques Danton (1759 – guillotiniert am 5. April 1794), Rechtsanwalt, war zum Zeitpunkt seiner Rede Justizminister des Provisorischen Exekutivrats (einer Art Regierung des Konvents). Er hielt die Rede nach einer mehrstündigen Debatte im Nationalkonvent über die prekäre militärische Lage Frankreichs. Das Tribunal sollte Anschläge auf die Freiheit, die Gleichheit, die Einigkeit der Republik, die innere und äußere Sicherheit aburteilen, also im Prinzip alle denkbaren Delikte. Es setzte sich aus fünf Richtern, einem öffentlichen Ankläger und zwölf durch das Los bestimmte Geschworene zusammen. Die Urteile sollten sofort vollzogen werden – ohne Berufungsmöglichkeit. Von den 5343 Verfahren vor dem Pariser Revolutionstribunal endeten 2747 mit Verhängung der Todesstrafe.

Bürger, in einem Augenblick, wo – und das ist durchaus möglich – Miranda[1] vielleicht geschlagen wird, Dumouriez[2] bedrängt wird und vielleicht gezwungen ist, die Waffen zu strecken, wollt Ihr auseinandergehen, ohne die Maßregeln getroffen zu haben, die das öffentliche Wohl erfordert. Ich fühle, wie notwendig es ist, ein Gericht zur Bestrafung der Konterrevolutionäre einzurichten, denn für sie ist dieses Tribunal erforderlich, und dieses Tribunal muß an die Stelle des höchsten Tribunals der Volkssache treten. [...]

---

1 Francisco Miranda (1756-1816), aus Venezuela stammend, Teilnehmer am amerikanischen Unabhängigkeitskrieg, Kämpfer für die Unabhängigkeit der spanischen Kolonien in Amerika. In Paris taucht er 1791 auf; 1792 ist er für einige Zeit Brigadegeneral in der Armee von Dumouriez. Als Anhänger Dumouriez' und der Girondisten drohte ihm die Deportation. Flieht nach England und kehrt schließlich nach Venezuela zurück, wo er an Aufständen gegen Spanien teilnimmt. Simon Bolivar lässt ihn 1812 festnehmen und liefert ihn an Spanien aus, wo er bis zu seinem Tod inhaftiert bleibt.

2 Charles François Du Périer, genannt Dumouriez (1739-1823), saß in den 1770er Jahren kurze Zeit in der Bastille und wurde von König Ludwig XVI. bei seinem Herrschaftsantritt freigelassen. Er scheiterte mit seinem Versuch, sich 1789 in die Generalstände wählen zu lassen, schloss sich Mirabeau und La Fayette an und wurde im März 1792 Außenminister. Er trat für den Krieg gegen Österreich ein. Danach übernahm er das Oberkommando der Nord- und der Ardennenarmee und errang gemeinsam mit Kellermann den Sieg in der Schlacht von Valmy gegen die Preußen (20. September 1792) und Holland (Februar 1793). Nachdem er schon zuvor der Kollaboration mit dem Feind verdächtigt worden war und einem Befehl, nach Paris zu kommen, um sich dort zu rechtfertigen, nicht nachgekommen war, wechselte er am 5. April 1793 ins Lager der Österreicher. Er konnte aber nirgendwo in Europa wieder Fuß fassen; erst 1800 erhielt er eine Pension Englands. Er starb, nahezu vergessen, in England.

Nichts ist schwieriger als zu bestimmen, was ein politisches Verbrechen ist. Wenn es aber so ist, daß der Mann aus dem Volke für ein bestimmtes Verbrechen sofort bestraft wird, hingegen ein politisches Verbrechen nur schwer zu verfolgen ist, braucht man da nicht außerordentliche Gesetze, die außerhalb der gesellschaftlichen Institutionen wurzeln, welche die Rebellen schrecken und die Schuldigen treffen?

Das Wohl des Volkes verlangt jetzt große Mittel und furchtbare Maßnahmen. Ich sehe keinen Mittelweg zwischen einem ordentlichen Gericht und einem Revolutionstribunal. Diese Wahrheit wird von der Geschichte bestätigt. [...]

Lernen wir aus den Fehlern unserer Vorgänger. Tun wir, was die Gesetzgebende Versammlung nicht getan hat: Seien wir schrecklich, damit nicht das Volk schrecklich sein muß. [...]

Ich verlange also, dass noch im Laufe der Sitzung das Revolutionstribunal organisiert wird, dass im Rahmen der Neuorganisierung die Exekutive die zu energischen Handlungen notwenigen Vollmachten erhält. Ich verlange nicht, dass etwas desorganisiert wird, ich schlage nur Mittel zur Verbesserung vor. [...]

Ich fasse zusammen: Heute Abend Organisierung des Tribunals, Organisierung der exekutiven Gewalt; morgen militärische Bewegung. Morgen müssen Eure Kommissare aufgebrochen sein! Ganz Frankreich muß sich erheben, zu den Waffen eilen und gegen den Feind marschieren! Holland muß besetzt werden, Belgien muß frei sein, der englische Handel muß zugrunde gerichtet werden! Die Freunde der Freiheit müssen über dieses Land triumphieren! Unsere überall siegreichen Waffen müssen den Völkern Befreiung und Glück bringen – und die Welt wird gerächt sein!

(Inmitten von tosendem Beifall verläßt Danton die Tribüne.)

Aus: Fischer, Peter (Hrsg.): Reden der Französischen Revolution, München 1974, S.278ff.

3.1.2 Die Errichtung des Revolutionstribunals (10. März 1793)

Das Revolutionstribunal war eine Art Sondergericht zur Aburteilung der Feinde der Republik. Das Prairial-Gesetz vom 10. Juni 1794 verschärfte das Vorgehen des Revolutionstribunal noch. Ein Angeklagter hatte keinen Anspruch auf einen Verteidiger; Zeugenvernehmungen waren nicht vorgesehen; gegen das Urteil konnte keine Revision beantragt werden. Das Urteil konnte danach nur Freispruch oder Todesstrafe lauten; andere Strafmaße waren nicht vorgesehen. Ein Urteil musste innerhalb von 24 Stunden vollstreckt werden (s. auch S. 271f.).

Der Nationalkonvent dekretiert nach Anhörung des Berichtes seines Gesetzgebungsausschusses wie folgt:

Abschnitt I. Die Zusammensetzung und Organisation eines außerordentlichen Kriminalgerichtshofes

Artikel 1. In Paris wird ein außerordentlicher Kriminalgerichtshof eingerichtet, der jede gegenrevolutionäre Tätigkeit, jeden gegen die Freiheit, Gleichheit, Einigkeit und Unteilbarkeit der Republik, gegen die innere und äußere Sicherheit des Staates gerichteten Anschlag, sowie jede Verschwörung mit dem Ziel, das Königtum wieder zu errichten oder irgendeine andere der Freiheit, Gleichheit und Souveränität des Volkes feindlich gesinnte Macht einzusetzen, aburteilen wird, gleichgültig, ob die Angeklagten Zivil- bzw. Militärbeamte oder einfache Bürger sind.

Artikel 2. Der Gerichtshof setzt sich zusammen aus einer Jury und fünf Richtern, welche die Untersuchung leiten und das Gesetz gemäß dem Schuldspruch der Geschworenen anwenden.

Artikel 3. Die Richter können ein Urteil nur dann fällen, wenn ihre Zahl mindestens drei beträgt. [...]

Artikel 5. Die Richter werden vom Nationalkonvent mit verhältnismäßiger Stimmenmehrheit gewählt, die jedoch mindestens ein Viertel der Stimmen betragen muß. [...]

Artikel 10. Es wird ein Ausschuß von sechs Mitgliedern des Nationalkonvents gebildet, der beauftragt wird, alle Aktenstücke zu prüfen, darüber Bericht zu erstatten, die Anklageschriften aufzusetzen und vorzulegen, den Gang der Untersuchung vor dem außerordentlichen Tribunal zu überwachen, mit dem öffentlichen Ankläger und den Geschworenen in ständiger Verbindung wegen aller vor dem Tribunal anhängig gemachten Prozeßsachen zu stehen und dem Nationalkonvent darüber Bericht zu erstatten.

Artikel 11. Angeklagte, die einen oder mehrere Geschworene ablehnen möchten, müssen die Gründe für ihre Ablehnung zusammengefaßt zu Protokoll geben; das Gericht entscheidet binnen vierundzwanzig Stunden über ihre Anerkennung.

Artikel 12. Die Geschworenen geben ihre Meinung öffentlich, vernehmlich ab und fällen ihren Spruch mit absoluter Stimmenmehrheit.

Artikel 13. Das Urteil wird unter Ausschluß der Berufung an den Kassationshof vollstreckt.

Artikel 14. Flüchtige Angeklagte, die sich nicht binnen drei Monaten nach dem Urteilsspruch stellen, werden als Emigranten behandelt und sowohl hinsichtlich ihrer Person als auch hinsichtlich ihres Besitzes den gleichen Strafen wie diese unterworfen. [...]

Abschnitt II. Die Strafen

Artikel 1. Die Richter des außerordentlichen Tribunals verkünden die vom Strafgesetzbuch und den späteren Gesetzen für ihre Schuld überführte Anklage festgesetzten Strafen. [...]

Artikel 2. Das Vermögen der zur Todesstrafe Verurteilten verfällt der Republik; für den Unterhalt der Witwen und Kinder wird gesorgt, falls sie über sonst kein Vermögen verfügen.

Artikel 3. Diejenigen, welche eines Verbrechens oder Vergehens überführt sind, das vom Strafgesetzbuch und den späteren Gesetzen nicht vorgesehen ist, ferner diejenigen, deren Strafen von den Gesetzen nicht festgelegt sind, deren Mangel an Bürgertugend jedoch ihr Verbleiben auf dem Territorium der Republik zu einer Quelle öffentlicher Unruhe und Agitation machen würde, werden zur Strafe der Deportation verurteilt.

Aus: Grab, Walter (Hrsg.): Die Französische Revolution. Eine Dokumentation, München, S. 133ff.

3.1.3 Jean-Paul Marat über die Errichtung des Wohlfahrtsausschusses (6. April 1793)

Der Wohlfahrtsausschuss („Comité de Salut public“) wurde vom Konvent am 6. April 1793 eingerichtet. Die anfangs neun auf einen Monat gewählten, geheim beratenden Mitglieder hatten die Aufgabe, die Tätigkeit der Minister zu überwachen und ggf. deren Entscheidungen zu revidieren sowie Maßnahmen zur Verteidigung des Staats gegen innere und äußere Feinde zu treffen. Der

Ausschuss – eine Art Notstandsregierung – stellte also die Exekutive dar; ihm gegenüber spielten die Minister nur eine untergeordnete Rolle. Zunächst arbeitete der Wohlfahrtsausschuss unter Führung der Girondisten nicht sehr effektiv: Weder konnte der Aufstand in der Vendée niedergeschlagen werden, noch konnten gegen die Armee der antifranzösischen Koalition Erfolge erzielt werden. Zudem verschlechterte sich die Versorgungslage. Nach und nach wurden die Girondisten aus dem Wohlfahrtsausschuss abgewählt, der Ausschuss zahlenmäßig vergrößert (12, später 11 Mitglieder). Ab Anfang September 1793 bis zum Sturz Robespierres am 9. Thermidor (27. Juli 1794) war der Wohlfahrtsausschuss das alles entscheidende Organ der Jakobinerherrschaft. Es ist dies die Zeit der Terreur. Sieben Ausschussmitglieder gehörten dem Jakobinerclub an, zwei den Cordeliers, drei waren wegen besonderer Kompetenzen in den Ausschuss gewählt worden. Tatsächlich wurde der Ausschuss von Robespierre dominiert, der sowohl die Innen- als auch die Außenpolitik bestimmte.

Marat[1] fand in der im Nationalkonvent gehaltenen Rede mit der Formel „Despotismus der Freiheit" einen Begriff, den Robespierre später zur Begründung der Jakobinerherrschaft benutzen sollte.

Die unheilvollen Ereignisse, die ein Ergebnis des Verrats der Generäle[2] sind, die beträchtlichen Kräfte, die die feindliche Koalition an unseren Grenzen versammelt hat, die Notwendigkeit, das Vaterland zu retten, zwingen euch heute dazu, einen neuen Ausschuß einzusetzen.

Ich will diese Institution nicht unter politischen und verfassungsmäßigen Prinzipien untersuchen; sie ist keine Einrichtung der Staatsgewalt, sie ist eine Übergangseinrichtung mit der Aufgabe, die Nationalgarde zu organisieren und sie gegen den Feind zu werfen. Man hat euch mit diesem Ausschuß Angst einzuflößen versucht, indem man sagte, das sei die Diktatur; aber Diktatur ist dann gegeben, wenn alle Macht in der Hand eines Mannes liegt, vor dem alle Gesetze zu schweigen haben; dieser Ausschuß hingegen ist euch unterstellt, und ihr habt das Recht ihn aufzulösen.

---

1 Jeant-Paul Marat (1743-1793), von Geburt Schweizer, besuchte die Schule im damals preußischen Neuchâtel/Neuenburg; kam 1762 nach Paris; reiste 1763 nach London, wo er als Arzt arbeitete. 1774 veröffentlichte er „in englischer Sprache die Schrift ‚Die Ketten der Sklaverei', in der er nicht nur Kritik an der unbeschränkten Monarchie und den Unterschieden zwischen Armen und Reichen übte, sondern auch den bewaffneten Aufstand zum unbestreitbarsten Recht des Volkes erklärte" (Jeschonnek, S. 68). Marat gründete am 12.9.1789 die Zeitung „Le Publiciste parisien", die er später „L'Ami du Peuple" nannte. Darin attackierte er den in der Bevölkerung populären Finanzminister Jacques Necker (1732-1804) als Freund der Bankiers und Spekulanten, Lafayette als Haupt der Gegenrevolution und Mirabeau als verdorbenen Adligen und forderte früh die Amtsenthebung des Königs. Im September 1792 wurde er in den Konvent gewählt, wo er einer der Wortführer der Bergpartei war, und bekämpfte die Girondisten, die ihn ihrerseits verhaften ließen. Nach dem Freispruch des Revolutionstribunals Ende April 1793 wurde er von einer riesigen Menge in die Nationalversammlung begleitet. Von einer schweren Hautkrankheit geplagt, ging er kaum noch in die Öffentlichkeit und fand Linderung oft nur im Bad, wo er, wie das berühmte Gemälde von David festhält, von der frommen Royalistin Charlotte Corday am 13. Juli 1793 erstochen wurde.

2 Anspielung auf General Dumouriez (s. zu seiner Person S. 232, Anm. 2), der am 5. April 1793 ins Lager der Feinde übergewechselt war.

Doch wer sind die Männer, die Einwände erheben? Es sind dieselben Männer, welche die Diktatur in die Hand von Roland[1] legen wollten, die Millionen in die Hand eines treulosen Ministers gelegt haben.

Aber vielleicht ist dieser Ausschuß mit den Befugnissen, die ihr ihm übertragen habt, nicht in der Lage, die Freiheit zu retten; die Freiheit muß durch Gewalt begründet werden, und es ist jetzt der Augenblick gekommen, da man den vorübergehenden Despotismus der Freiheit einrichten muß, um den Despotismus der Könige zu vernichten. Ich spreche mich für den Entwurf des Ausschusses aus. (Tobender Beifall auf den Tribünen, etwas Beifall auch aus der Versammlung.)

Aus: Kuhn, Axel: die Französische Revolution, Stuttgart 1999, S.236f.

3.1.4 Maximilien de Robespierre (1758-1794)

Maximilien de Robespierre (1758-guillotiniert 1794), genannt „L'Incorruptible" (der Unbestechliche), gilt als in jeder Hinsicht bedeutendste Persönlichkeit der Französische Revolution – für die einen derjenige, der die Revolution rastlos vorantrieb, für andere ein Monster, das sie im Blut ersäufte, jedenfalls „la figure la plus mystérieuse de la Révolution" (Tulard, S. 1071). Geboren in Arras als Sohn eines Anwalts, früh Vollwaise, war er ein brillanter Schüler; gefördert durch Stipendien schloss er sein Jurastudium erfolgreich ab und wurde Anwalt in seiner Heimatstadt. 1789 wurde er vom Dritten Stand seiner Heimatstadt in die Generalstände gewählt. Klug, fleißig, ehrgeizig, prinzipienfest, aber auch pedantisch war er bald einer der führenden Köpfe in der Constituante. Früh trat er in den Jakobinerklub ein, wo er oft das Wort ergriff und sich vor allem für die unteren Volksschichten stark machte. Er war ein Gegner des Zensuswahlrechts. Nach der Flucht des Königs (Juni 1791) forderte er dessen Bestrafung, hielt aber den Zeitpunkt für die Ausrufung der Republik für noch nicht geeignet, da er befürchtete, sie würde zu diesem Zeitpunkt von Groß- und Wirtschaftsbürgern beherrscht. Er bekämpfte die Anhänger des Hofes, die Feuillants und die Anhänger Brissots. Im September 1792 in den Konvent gewählt, sah er sich schon bald Angriffen der Girondisten gegenüber, die ihn verdächtigten, nach einer Alleinherrschaft zu streben. Robespierre zählte zur knappen Mehrheit, die die Hinrichtung des Königs forderte. Im Mai 1793 stachelte er die Sansculotten zum Aufstand gegen die Gironde auf; Ende Juli 1793 wurde er in den Wohlfahrtsausschuss gewählt, den er zusammen mit Saint-Just zur zentralen Schaltstelle der Macht ausbaute. Im Oktober 1793 mit uneingeschränkten Vollmachten ausgestattet, war der Wohlfahrtsausschuss das Organ der Schreckensherrschaft („Terreur"). So radikal Robespierre als entschiedener Jakobiner auch auftrat, gingen ihm die Forderungen der Enragés doch zu weit; diese wurden auf sein Betreiben hin im August und September 1793 hingerichtet. Dasselbe Schicksal ereilte im März 1794 die Hébertisten, die Ideen der Enragés übernahmen und radikalisierten, sowie die „Indulgents" (die Nachsichtigen)

1 Jean Marie Roland de la Platière (1734-Selbstmord 15.11.1793), hoher Beamter und Autor bedeutender Schriften zu Wirtschaftsfragen im Ancien Régime. Ab März 1792 war er Innenminister, führender Girondist und Gegner Robespierres. Am 31.5.1793 floh er aus Paris, um sich seiner Verhaftung zu entziehen. Nachdem er am 8.11.1793 von der Hinrichtung seiner politisch ehrgeizigen Frau („Madame Roland") erfahren hatte, nahm er sich kurz darauf das Leben.

um Danton, die ein Ende des revolutionären Terrors forderten. Zur gleichen Zeit trieb Robespierre den Entchristlichungsprozess voran („Kult des Höchsten Wesens"). Der Umsturz vom 9. Thermidor (27. Juli 1794) brachte auch das Ende Robespierres, der am 28. Juli 1794 guillotiniert wurde.

a) Portrait Robespierres, anonymer Künstler, etwa 1790

b) Brissot[1] über Robespierre (April 1792)

Drei Meinungen findet man unter dem Publikum über Robespierre verbreitet. Die einen glauben, daß er ein Narr ist, die andern führen sein Verhalten auf seine verletzte Eitelkeit zurück, die dritten meinen, daß er durch die Zivilliste zu seinen Leistungen bewogen wird. Wir glauben solche Korruption nicht, bis sie nicht erwiesen ist; aber auch wir sind der Ansicht, daß er

1 Zu Brissot s. S. 90

närrisch oder recht eitel sein muß. Herr Robespierre ist zweifellos derjenige, der die Spaltung verursacht hat, die den Klub [der Jakobiner] zerklüftet. Das einzige Mittel, seinen Ruf wieder herzustellen, ist, daß er sich mit den wahren Freunden der Wahrheit und der Verfassung wieder aussöhnt, nicht mehr das Wort bei den Jakobinern mit Beschlag belegt, der Manie abschwört, fortwährend Denunziationen vorzubringen, die er nicht zu beweisen vermag, und dadurch endlich ermöglicht, daß die Gesellschaft [der Jakobiner] sich mit wichtigeren Sachen befassen kann, als mit den Quertreibereien der Herren Robespierre und Collot-d'Herbois[1]. Sicherlich sind diese Debatten schmachvoll. Sie können nur die Freude der Aristokraten erregen.

Aus: „Patriote francais", April 1792, in: Cunow, Heinrich (Hrsg.): Die Parteien der großen französischen Revolution und ihre Presse, Berlin 1912, S. 220

c) Robespierre – wie ihn ein deutscher Zeitgenosse sah (1792)

Auf seiner Reise nach Paris im Jahr 1792 besuchte der preußische Komponist und Publizist Johann Friedrich Reichardt wiederholt Sitzungen der Nationalversammlung wie auch des Jakobinerklubs. In einem Brief vom 18. März 1792 beschreibt er, wie er Robespierre in einer Sitzung des Jakobinerklubs erlebt hat.

Robespierre zeichnete sich heute, ohne ein Wort zu sprechen, durch sein auffallend übermütiges Betragen aus. Sowie er hineintrat, warf er sich gleich mit trotzender Gebärde auf einen Stuhl, der etwas vorgerückt dicht am Eingange stand, und saß mit in die Höhe geworfenem, elegant frisiertem Kopfe und übereinander geschlagenen Beinen unbeweglich da, ohne dass er irgend einen Anteil an den Verhandlungen nahm: gerade, als müsse er sich unter die Burschen bloß deshalb mengen, weil er sie brauche, und als erwarte er nur, dass etwas ihn Betreffendes vorkommen werde. Sein flaches, etwas eingedrücktes Gesicht von blasser Farbe und sein heimtückisches Auge machten seine Insolenz [etwa: anmaßendes Benehmen] in Stellung und Gebärden noch beleidigender.

Aus: Reichardt, Johann Friedrich: Vertraute Briefe aus Paris 1792, hrsg. v. Weber, Rolf, Berlin (Ost) 1980, S. 171

---

1 Jean-Marie Collot (1749-1796), Schauspieler, der sich seit 1787 Collot d'Herbois nannte, und erfolgreicher Autor von Theaterstücken. Mit Beginn der Revolution wurde er Mitglied der Cordeliers und der Jakobiner und war beteiligt an der Vorbereitung des Tuileriensturms und der Septembermorde 1792. Im September dieses Jahres wurde er in den Konvent gewählt, wo er zur Bergpartei zählte. Gemeinsam mit Robespierre erreichte er den Ausschluss von Jacques Roux aus dem Klub der Cordeliers. Seit September 1793 Mitglied des Wohlfahrtsauschusses, war er vom Konvent beauftragt worden, Lyon wegen seiner Erhebung gegen Paris zu bestrafen. Er griff dort mit brutaler Härte durch, und ein von ihm eingesetztes Sondergericht verurteilte knapp die Hälfte der mehr als 3500 angeklagten Männer, Frauen und Kinder zum Tode. Collot betrieb die Eliminierung Dantons und der Girondisten und wechselte noch kurz vor dem 9. Thermidor ins Lager der Gegner Robespierres über. Nach Klageerhebung gegen ihn Ende Dezember 1794 wurde er am 1. April 1795 ohne Gerichtsurteil nach Cayenne (Französisch-Guyana, Südamerika) deportiert, wo er bereits im darauf folgenden Jahr starb.

3.1.5 Die Sansculotten

a) Sansculotten

Als „Culottes" bezeichnete man die typischen Männerhosen in Form von Kniebundhosen, wie sie im 18. Jahrhundert in großen Teilen Europas von Männern aller Schichten, nicht nur des Adels, getragen wurden. Die Revolutionäre trugen ganz überwiegend lange Hosen, waren also „ohne Culottes" (sans culottes).

Colorierter Stich aus dem 19. Jahrhundert, Männer mit Jakobinermützen, zum Teil ohne, zum Teil mit Culotten

b) Der Sansculotte Jean Baptiste Vingternier, geb. 1764: „Antwort auf die unverschämte Frage: Was ist eigentlich ein Sansculotte?" (wohl April 1793)[1]

Ein Sansculotte, Ihr Herren Schufte? Das ist einer, der immer zu Fuß geht, der keine Millionen besitzt, wie Ihr sie alle gerne hättet, keine Schlösser, keine Lakaien zu

1 „Offenbar der Entwurf für eine Veröffentlichung, der später bei dem Verfasser Vingternier beschlagnahmt wurde und so als undatiertes und anonymes Stück in die Akten geriet" (Markov, Walter/ Soboul, Albert [Hrsg.]: Die Sansculotten von Paris. Dokumente zur Geschichte der Volksbewegung 1793-1794, Berlin 1957, S. 3, Anm. 1.

seiner Bedienung, und der mit seiner Frau und seinen Kindern, wenn er welche hat, ganz schlicht im vierten oder fünften Stock wohnt.

Er ist nützlich, denn er versteht ein Feld zu pflügen, zu schmieden, zu sägen, zu feilen, ein Dach zu decken, Schuhe zu machen und bis zum letzten Tropfen sein Blut für das Wohl der Republik zu vergießen.

Und da er arbeitet, kann man sicher sein, weder im Café Chartres auf ihn zu stoßen, noch in den Spielhöllen, wo man konspiriert; weder im Nationaltheater, wenn man den *Freund der Gesetze*[1] gibt, noch im Vaudeville bei der Aufführung der *Keuschen Susanne*[2], noch in jenen literarischen Kabinetten, wo man Euch für 2 Sous, die ihm so kostbar sind, mit der *Chronique* und dem *Patriote Français* Gorsas' Unflat[3] vorsetzt.

Am Abend tritt er vor seine Sektion, nicht etwa mit einer hübschen Larve, gepudert und gestiefelt, in der Hoffnung, dass ihn alle Bürgerinnen auf den Tribünen beachten, sondern vielmehr, um mit all seiner Kraft die aufrichtigen Anträge zu unterstützen und jene zunichte zu machen, die von der erbärmlichen Clique der regierenden Polikaster stammen.

Übrigens: Ein Sansculotte hat immer seinen Säbel blank, um allen Feinden der Revolution die Ohren abzuschneiden. Manchmal geht er mit seiner Pike ruhig seiner Wege; aber beim ersten Trommelschlag sieht man ihn nach der Vendée [s. S. 242ff.] ziehen, zur Alpenarmee oder zur Nordarmee.

Aus: Markov, Walter/Soboul, Albert (Hrsg.): Die Sansculotten von Paris. Dokumente zur Geschichte der Volksbewegung 1793-1794, Berlin 1957, S. 3

c) August Schlözer: Was ist ein Sansculotte?

August Ludwig (seit 1803: von) Schlözer, ein umfassend gebildeter Historiker, Staatsrechtler, Statistiker und Publizist, war seit 1769 Professor an der Universität Göttingen. Dass die Göttinger Universität am Ende des 18. Jahrhunderts die wohl berühmteste Universität Deutschlands war und von vielen Persönlichkeiten, die später wichtige Positionen im Staat einnehmen sollten (u. a. vom Stein, von Hardenberg), besucht wurde, lag mit an Schlözers außerordentlicher Reputati-

1 „L'ami des lois", Komödie von Jean Louis Laya, Uraufführung 1793 (ebd., Anm. 2).

2 „La chaste Suzanne", Operette von Gilbert, noch heute auf dem Spielplan (ebd., Anm. 3). Heutige Aufführungen basieren allerdings auf der Neufassung des Stückes in deutscher Sprache (Uraufführung Magdeburg 1910). „Vaudeville" bezeichnet ein Theater, in dem meist leichte Stücke mit Gesang (auch mit Liedern zum Mitsingen) und Instrumentalbegleitung, ferner Tänze zur Aufführung gebracht werden. „Boulevardtheater" entspräche am ehesten dem Begriff „Vaudeville".

3 Die beiden Titel beziehen sich auf girondistische Blätter. Antoine Joseph Gorsas (1752-guillotiniert am 7. Oktober 1793), eröffnete 1779 in Versailles eine halb-militärische, halb-zivile Erziehungsanstalt. Er wurde 1788 inhaftiert, weil er die Sitten seiner Schüler korrumpiert hätte. Dann gründete er mehrere Zeitschriften, zuletzt den bis zum 2. Juni 1793 erscheinenden „Courrier des 83 départements". Gorsas bekämpfte den Hof und dessen Anhänger – so schrieb er im September 1793: „Plus de roi, mort aux tyrans! Liberté, Égalité! Que ce cri salutaire et sacré retentisse dans toutes les âmes" („Keine Könige mehr, Tod den Tyrannen! Freiheit! Gleichheit! Dass dieser heilsame und geheiligte Schrei widerhallen möge in allen Seelen!"). Die Septembermassaker vom 2. bis 6. September 1792 wurden von ihm als „journées necessaires" („notwendige Tage") bezeichnet. Als Anhänger der Girondisten sollte er am 2. Juni 1793 verhaftet werden, konnte aber fliehen. Bei seiner heimlichen Rückkehr nach Paris wurde er erkannt und vom Revolutionstribunal zum Tode verurteilt (nach Tulard, a.a.O., S. 853f.).

on. „Schlözer's Staatsanzeigen" erschienen ab 1782. Getragen vom Geist der Aufklärung, war die Kritik der „Staatsanzeigen" der Obrigkeit ein Ärgernis. Weil in ihnen gegen Despotismus und für bürgerliche Emanzipation gestritten wurde, wurden sie verboten und stellten zum Ende des Jahres 1793 ihr Erscheinen ein. Antimonarchisch oder gar demokratisch waren sie allerdings nicht, und wie viele andere Zeitgenossen verurteilte Schlözer die Hinrichtung des französischen Königs. Im 16. und letzten Band der „Staatsanzeigen", der von Dezember 1792 bis Dezember 1793 erschien, schreibt Schlözer über die Sansculotten:

Er [der Sansculotte] ist ein Mensch [...], der a. kein Landesgesetz respektiert; b. zur Beschönigung seines Frevels von großen Worten blökt, die er nicht versteht, von Droit de l'homme [Menschenrecht], von Observanz [Gewohnheitsrecht] etc.; c. keinen Unterschied der Stände und vom Staat sanktionierter Charaktere [mit Amtsbefugnis ausgestattete Personen] erkennt; und d. da, wo die Anarchie allgemein triumphiert, sich Mord und Totschlag erlaubt, da aber, wo Justiz ist, es doch auf gut Glück probiert, seiner Sansculotterie durch Flegeleien und Aberwitz Luft zu machen.

Aus: Bethmann, Anke/Dongowski, Gerhard: Schlözers „Staatsanzeigen" – ein Organ der deutschen Aufklärung zur Zeit der Französischen Revolution, in: Schneider, Gerhard (Hrsg.): Kurhannover im Zeichen der Französischen Revolution. Personen und Ereignisse, Bielefeld 1990, S. 95

3.1.6 Erklärung, was ein Gemäßigter, ein Feuillant, ein Aristokrat ist

Der nachstehende Text ist ein Auszug aus einem Brief, der 1793 aus der Provinz anonym an den Konvent geschickt wurde. Der Verfasser ist zweifellos ein Sansculotte, der seiner Furcht vor konterrevolutionären Bestrebungen Ausdruck verleiht.

Aristokrat ist derjenige, der sich aus Missachtung oder Gleichgültigkeit nicht in die Liste der Nationalgarde[1] eintragen ließ und den Bürgereid[2] nicht geleistet hat. [...] Derjenige, der durch seine Haltung, seine Tätigkeit, seine Reden, seine Schriften und seine Verbindungen den Beweis geliefert hat, dass er dem alten Regime nachtrauert, und dass er die Revolution mit allen

1 „Am 13.7.1789 fasste der ‚Ständige Ausschuss' der Pariser Wahlmänner den Beschluss, eine Bürgerwehr aufzustellen. Er appellierte an die 60 Distrikte der Hauptstadt, je 800 bewaffnete Männer aufzubieten, um einerseits für einen Angriff der königlichen Armee gerüstet zu sein und andererseits das Eigentum gegen Übergriffe zu schützen." Diese paramilitärische Formation erhielt den Namen Nationalgarde (Garde nationale), wurde allerdings aus Mangel an Waffen und Ausrüstung auf die Stärke von 400 Mann je Distrikt reduziert. Die Nationalgarde trat entschieden für die Revolution ein. Zeitweise wurden nur sog. Aktivbürger in die Nationalgarde aufgenommen, nicht aber die Armen, die gerade auch von der zeitweise gezahlten Löhnung (15 Sous Sold je Tag) profitiert hätten. Die Nationalgarde war an vielen revolutionären Aktionen beteiligt, auch – neben der regulären Armee – an Feldzügen gegen die Armeen Österreichs und Preußens. Ihre Einheiten trugen als Kennzeichen eine Fahne in den Farben blau, weiß, rot und mit der Aufschrift: „Das französische Volk. Freiheit oder Tod". Nach dem Sturz Robespierres musste die Nationalgarde ihre Bewaffnung (Kanonen und Piken) abgeben (nach Jeschonnek, S. 183f.).

2 Nach der Verfassung vom 3.9.1791 musste jeder Bürger Frankreichs den Bürgereid leisten. Er hatte während der Französischen Revolution als heiliges Treueversprechen große Bedeutung. Schon zuvor beim Fest der Föderation am 14. Juli 1790 schwor man „d'être fidèle à la Nation, à la Loi et au Roi" („treu zu sein der Nation, dem Gesetz und dem König").

ihren Ergebnissen verachtet. Derjenige, der durch sein Verhalten zur Vermutung Anlass gegeben hat, dass er den Emigranten Geld schicken oder sich der feindlichen Armee anschließen würde, wenn es ihm schließlich nicht am Vermögen fehlte, das eine, und an der Gelegenheit, das andere zu tun. Derjenige, der jemals am Triumph der Revolution gezweifelt hat. Derjenige, der unheilvolle und offenkundig falsche Nachrichten verbreitet hat. Derjenige, der infolge schlechter Bewirtschaftung Ländereien unbebaut lässt und sie weder in Halbpacht geben noch verpachten noch für einen gerechten Preis verkaufen will. Derjenige, der, obwohl er die Gelegenheit und das Vermögen dazu hatte, keine Nationalgüter[1] gekauft hat. Und vor allem jener, der erklärt hat, er wage nicht, welche zu kaufen, und der geraten hat, diesen Akt des Bürgersinns nicht zu vollziehen. Derjenige, der, obwohl er das Vermögen und die Gelegenheit dazu hatte, den Arbeitern und Tagelöhnern nicht Arbeit zu einem den Lebensmittelkosten angemessenen Lohn verschafft hat. Derjenige, der nichts für die Freiwilligen gezeichnet hat, und vor allem jeder, der niemals etwas entsprechend seinem Vermögen gegeben hat. Derjenige, der aus Hochmut die Priester nicht aufsucht, die die Verfassung beschworen haben, und besonders, wer geraten hat, es nicht zu tun. Derjenige, der den armen Patrioten nicht ihr Los erleichtert hat, obwohl er offenkundig die Möglichkeit dazu hatte. Derjenige, der aus Böswilligkeit keine Kokarde von drei Zoll Umfang trägt; derjenige, der andere Kleidung als nationale gekauft hat, und besonders all die, die sich Titel und Tracht eines Sansculotten nicht zur Ehre anrechnen.

Aus: Markov, Walter/Soboul, Albert (Hrsg.): Die Sansculotten von Paris. Dokumente zur Geschichte der Volksbewegung 1793-1794, Berlin 1957, S. 5

3.1.7 Der Aufstand in der Vendée (ab März 1793)

Der Aufstand brach am 3. März 1793 aus, nachdem der Konvent am 24. Februar 1793 beschlossen hatte, 300 000 Mann für die Armee auszuheben, die an Frankreichs Ostgrenze in die Defensive geraten war, sodass eine Invasion Frankreichs unmittelbar bevorzustehen schien. Der Aufstand wurde überall schnell unterdrückt; nur im Westen Frankreichs, vor allem in der Vendée, einer Region an der Atlantikküste südlich der Loire, steigerte sich der Widerstand vor allem der tief religiösen und noch royalistischen Bauern gegen das revolutionäre Paris zum offenen Aufruhr. Die dortige Bevölkerung hatte auch nach der Ausrufung der Republik ihre monarchische Gesinnung nicht aufgegeben. Die offene Rebellion in der Vendée begann im März 1793. Sie richtete sich zunächst gegen Staatsbedienstete, gegen Priester, die den Eid auf die Verfassung geleistet hatten und gegen die

1 Bereits im November 1789 beschloss die Verfassunggebende Versammlung die Einziehung des Kirchenguts zugunsten der Nation. 1790 wurden diese jetzt „Nationalgüter" genannten Ländereien und Immobilien zum Verkauf angeboten. Die Regierung erhoffte sich von diesem Verkauf die Sanierung der prekären staatlichen Finanzsituation. Im Februar/März 1792 wurde auch der Besitz der Emigranten konfisziert, ebenfalls zu Nationalgütern erklärt und zum Verkauf frei gegeben. Die arme Landbevölkerung und die Tagelöhner profitierten insgesamt nur wenig von dieser Umverteilung des Landbesitzes. Es waren in erster Linie die reicheren Bauern und die wohl situierten Bürger, die Nationalgüter erwerben konnten, obwohl in der Zeit der Terreur Anstrengungen gemacht wurden, auch Armen den Erwerb solcher Güter zu ermöglichen.

Nationalgarde. Hinzu kam, dass der vom Staat eingezogene und als „Nationalgüter" zum Verkauf frei gegebene Kirchenbesitz ganz überwiegend von der wohlhabenderen kleinstädtischen Bevölkerung aufgekauft wurde, während die Bauern, die dieses Land von der Kirche gepachtet hatten, bei diesen Käufen aus Geldmangel leer ausgegangen waren.

Die Bauern vertrieben die zur Rekrutierung abkommandierten Einheiten der Nationalgarden, wobei ihre Bewaffnung im Wesentlichen aus Heugabeln und Knüppeln bestand. Ihre Wortführer waren zunächst der Fuhrmann und Mesmer Jaques Cathelineau (1759-Juli 1793) und der Jagdhüter Jean-Nicolas Stofflet (1751-erschossen am 15.2.1796). Ende März 1793 beherrschten die Aufständischen das ganze Gebiet. An der Bekämpfung des regionalen Adels hatten sich die Vendéer, anders als in anderen Gegenden Frankreichs, nicht beteiligt. Deren Besitz blieb weitgehend unangetastet. Sie fanden deshalb Unterstützung bei lokalen Adligen, die, anders als die Adligen, die am Hof in Versailles die Zinsen und Abgaben aus ihren Gütern verprassten, ihren Grund und Boden selbst bestellten. Diese Adligen übenahmen nach und nach die Führung des Aufstands. Die bis Ende Juni 1793 in vielen Kämpfen siegreiche Armee der Aufständischen bezeichnete sich als „katholisch" und „königlich". Die Kämpfe zogen sich noch bis weit in den Dezember 1793 hin und führten schließlich zur totalen Niederlage der Aufständischen, auch wenn es bis zum Sturz Robespierres und danach noch zu einzelnen Widerstandsaktionen kam. Die Bekämpfung des Aufstandes wurde seitens der Pariser Regierung äußerst unerbittlich geführt, was auch daran lag, dass man in Paris befürchtete, der an der Atlantikküste gelegene Landstrich könnte als Einfallstor für eine von England aus agierende Invasionsarmee der Emigranten dienen.

Heute wird der Aufstand der Vendée häufig verkürzt als antirevolutionäre, katholisch-royalistische Erhebung bezeichnet. Was oft unerwähnt bleibt: Die Revolte der ländlichen Bevölkerung der Vendée richtete sich auch gegen die kleinstädtische Bourgeoisie, die zu Lasten der bäuerlichen Bevölkerung auf dem Lande von den Folgen der Revolution profitiert hatte.

a) Kennzeichen der Aufständischen in der Vendée 1793

b) Die Niederschlagung des Aufstands

Die erwartete Hilfe französischer Emigranten aus England blieb aus. Im Jahr 1794 setzten die Vendéer ihren Kampf in Form eines Guerillakriegs fort. Bis zum Ende des Jahres 1794 hatten die Revolutionstruppen („les colonnes infernales" – „die hölli-

schen Truppen") mit ihrem Zermürbungs- und Ausrottungskrieg aber den Sieg errungen. Von etwa 815 000 Einwohnern der Vendée verloren ca. 117 000 Einwohner, darunter auch Frauen, Greise und Kinder, ihr Leben. Der Revolutionsgeneral François Joseph Westermann (1751-1794) meldete am 24. Dezember 1793 nach Paris:

Es gibt keine Vendée mehr. Sie ist mit unserem Säbel der Freiheit niedergemacht worden, mitsamt Frauen und Kindern. Ich habe sie in den Sümpfen und Wäldern von Savenay begraben. Es gibt keine Gefangenen, die mich anklagen könnten. Ich habe alles ausgelöscht. [...] Wir machen keine Gefangenen. Man müsste ihnen das Brot der Freiheit geben, aber das Mitleid ist nicht revolutionär.

Aus: Marambaud, Pierre: Les Lucs. La Vendée, la Terreur et la Mémoire, Fromentine 1993, S. 77 (Übersetzung G.S.)

c) Vernehmung eines Drechslers

Die nachstehende Quelle ist ein Auszug aus dem Protokoll über die Vernehmung des Drechslers Jacques Chanson, der von den Regierungstruppen etwa 14 Tage nach Beginn des Aufstands gefangen genommen worden war. In der Gerichtsverhandlung am 26. März 1793 wurde ihm vorgeworfen, er habe „à la suite de l'attroupement des brigands" (im Zuge des Aufstands der Briganten) bei der Belagerung einer Stadt Zerstörungen vorgenommen.

Befragt, welchen Plan die Aufständischen mit der Einnahme der Stadt Les Sables[1] verfolgten, antwortete er, dass das geschah, um die Landung der Emigranten zu erleichtern, deren Schiffe auf dem Meer wären;

befragt, welchen Anteil er an der Rückkehr der Emigrierten hätte haben können und ob man jenen Belohnungen versprochen hätte, die für sie kämpfen würden, antwortete er, dass man für den katholischen Glauben kämpfte und dass es um nichts anderes gegangen sei;

befragt, warum er die Möbel und die Fensterscheiben im Haus des Bürgers Pezot zerschlagen habe, antwortete er, er habe das Haus des Bürgers Pezot nur betreten, um sich dort aufzuwärmen, und er habe dort überhaupt nichts Böses getan;

befragt, warum er die Altäre der Kirche zu Olonne in Stücke gehauen hätte, antwortete er, dass das wegen des Glaubens geschehen sei, weil er die besagte Kirche als verboten („interdite") angesehen habe;[2]

befragt, ob er und die anderen Aufständischen die weiße Kokarde [s. 3.1.9, Anm. 1] getragen und sich als die Armee des Königs bezeichnet hätten, antwortete er mit ja;

befragt, woher die Aufständischen ihren Lebensunterhalt genommen hätten, antwortete er, von überall, wo sie ihn fanden.

Aus: Marambaud, Pierre: Les Lucs. La Vendée, la Terreur et la Mémoire, Fromentine 1993, S. 64 (Übers. G.S.)

1 Heute: Les Sables-d'Olonne, Hafen-, Bade- und Fischerstadt an der Atlantikküste.
2 Offensichtlich handelte es sich hier um die Kirche eines Priesters, der den Eid auf die Verfassung geschworen hatte und die deshalb für einen gläubigen Katholiken „interdite" gewesen ist.

d) Eine Art Kriegerdenkmal in der Kirche St. Pierre de Cholet

Die mehrfach umgebaute, im Wesentlichen aber spätgotische Kirche in Cholet (gut 300 km westlich von Paris in der Vendée gelegen) bewahrt ein Denkmal, das an die „Gefallenen" des Vendée-Aufstandes von 1793/94 erinnert. Die Inschrift lautet: „Zum Gedenken an die Einwohner der Pfarrgemeinde St. Pierre von Cholet, die im Zuge der Verteidigung ihrer Altäre auf dem Schlachtfeld der Vendée den Tod gefunden haben oder aus Hass gegen den katholischen Glauben in Cholet, Angers, Saumur, Nantes und an anderen Orten im Verlauf der Jahre 1793-94 niedergemetzelt wurden, als der Herr Abbé Boinaud Pfarrer dieser Pfarrei gewesen ist. Die Namen vieler von ihnen sind nur Gott bekannt. Die Geschichte hat nur diejenigen festgehalten, deren Namen hier folgen." (Übersetzung G.S.)

3.1.8 Dekret über gegenrevolutionären Aufruhr (19. März 1793)

Dieses Gesetz ist eine unnmittelbare Antwort auf das, was in der Vendée am 10. März 1793 geschah, als sich nämlich anlässlich der Losziehung zum Wehrdienst Bauern gegen die Rekrutierung ihrer Söhne erhoben.

Der Nationalkonvent dekretiert nach Anhörung des Berichtes seines Gesetzgebungsausschusses wie folgt:

Artikel 1. Alle, die gegenwärtig oder zukünftig der Teilnahme an einer während der Rekrutierung in den verschiedenen Departements der Republik ausgebrochenen oder ausbrechenden gegenrevolutionären Revolte oder Meuterei beschuldigt werden, sowie alle, die gegenwärtig oder zukünftig die weiße Kokarde[1] oder irgendein anderes Abzeichen des Aufruhrs annehmen, stellen sich damit außerhalb des Gesetzes und können folglich nicht in den Genuss der gesetzlichen Bestimmungen hinsichtlich des Kriminalprozessverfahrens und der Einsetzung von Geschworenen kommen.

Artikel 2. Falls die Betreffenden mit der Waffe in der Hand ergriffen oder verhaftet werden, werden sie binnen vierundzwanzig Stunden dem Scharfrichter überantwortet und hingerichtet, nachdem der Tatbestand von der Militärkommission, die aus den Offizieren aller gegen die Rebellen eingesetzten Divisionen gebildet wird, festgestellt und durch Beweise erhärtet erklärt worden ist. […]

Artikel 3. Der Tatbestand der Rebellion ist erhärtet entweder durch ein mit zwei Unterschriften versehenes Protokoll oder durch ein mit *einer* Unterschrift versehenes und durch *eine* Zeugenaussage bestätigtes Protokoll oder durch die mündliche und gleichlautende Aussage *zweier* Zeugen. […]

Artikel 6. Mit dem Tode bestraft werden die Priester, die vormaligen Adligen und Grundherren, die Bevollmächtigung und Bedienten derselben, Ausländer, alle, die unter der früheren Regierung oder seit der Revolution ein Amt bekleidet oder eine öffentliche Funktion ausgeübt haben, alle, die irgendwelche Rebellen aufgehetzt oder erhalten haben, die Anführer, Anstifter und alle, die bei diesem Zusammenrottungen eine Rolle gespielt haben, sowie alle, die des Mordes, der Brandstiftung oder der Plünderei überführt worden sind.

Aus: Grab, Walter (Hrsg.): Die Französische Revolution. Eine Dokumentation, München, S.136f.

3.1.9 Petition an den Konvent über die Verhaftung der girondistischen Konventsmitglieder (2. Juni 1793)

Die Girondisten – seit einer Veröffentlichung des Dichters Lamartine aus dem Jahr 1847 so genannt, weil ihre bedeutendsten Redner aus dem Departement Gironde (Bordeaux) stammten – waren nicht etwa die Mitglieder einer Partei im modernen Sinne. Vielmehr wird damit eher eine politische Orientierung bezeichnet, der sich von Fall zu Fall eine wechselnde Anzahl von Abgeordneten zugehörig fühlte. Die Girondisten gehörten überwiegend dem mittleren Bürgertum (zahlreiche Advokaten und Journalisten) an und waren im Durchschnitt zehn Jahre älter als die Abge-

1 Die weiße Kokarde war das Kennzeichen der Royalisten (zu diesem Symbol s. S. 222ff.).

ordneten der „Bergpartei". Ihr Hauptziel war zunächst die Durchsetzung einer konstitutionellen Monarchie, wie dies die Verfassung von 1791 vorsah. Die Girondisten, damals meist noch Brissotins genannt (nach dem Abgeordneten Brissot, s. 2.6.2), machten im Winter 1791/92 heftige Propaganda für einen Krieg gegen Österreich (Kriegserklärung am 20. April 1792). An dieser Frage entwickelte sich innerhalb der Nationalversammlung ein Streit, aus dem heraus sich die „Bergpartei" („Montagne") herausbildete. Mit deren Anhängern waren nicht wenige Girondisten zunächst noch im Jakobinerklub vereinigt, der erst im Laufe des Jahres 1793 – im September 1792 wurden die letzten Girondisten aus dem Jakobinerklub ausgeschlossen – zum Zentrum der Montagne und bald zur Schaltstelle der Terreur wurde. Als sich im Sturm auf die Tuilerien am 10. August 1792 eine Volksbewegung artikulierte, die den Sturz der Monarchie zum Ziel hatte (und diesen schließlich auch herbeiführte), hatte dies zunächst keine negativen Auswirkungen auf die Machtposition der Girondisten. Diese verfügten nämlich auch noch in der ersten Phase des Konvents dank des Zuspruchs der „Ebene" oder des „Sumpfs" („Marais") über eine sichere Mehrheit. Als „Marais" bezeichnete man die mehrere hundert Abgeordnete umfassende Gruppe von Abgeordneten, die sich keinem politischen Lager eindeutig zugehörig fühlte. Zudem besetzten die Girondisten die wichtigsten Ministerien und stellten auch die meisten Vorsitzenden der Ausschüsse. Die Hinrichtung des Königs, die sie ablehnten, konnten sie aber nicht verhindern. Folgende Umstände führten in der ersten Hälfte des Jahres 1793 jedoch zu einem Ansehensverlust der Girondisten und zu einer immer stärker und radikaler werdenden Opposition im Konvent: Verschlechterung der Versorgungslage, Anstieg der Lebensmittelpreise, militärische Rückschläge mit dem Seitenwechsel Dumouriez' (s. 3.1.1, Anm. 2), der zu den Girondisten zählte, Beginn des Vendéeaufstandes, der nicht sogleich niedergeschlagen werden konnte, und unterlassene Maßnahmen zur Verbesserung der Lebenshaltung der Volksmassen. In eben diese Zeit der Polarisierung fiel auch die Einrichtung des Revolutionstribunals am 10. März 1793 (s. 3.1.2) und des Wohlfahrtsausschusses am 6. April 1793 (s.3.1.3). Der Volksaufstand Ende Mai/Anfang Juni 1793 führte zum Sturz der Girondisten. Viele von ihnen wurden in den folgenden Monaten guillotiniert, einige flohen in die Provinz, wo die Girondisten noch immer großen Rückhalt hatten.

Die nachstehende Petition wurde von Jean Henri Hassenfratz (1755–1827) im Konvent verlesen. Die genannten Personen zählten zu den Girondisten. Hassenfratz erwarb sich als Autodidakt Kenntnisse in Chemie und erlangte Zugang zum Laboratorium des bedeutenden Chemikers Antoine de Lavoisier. Er wurde während der Revolution Verwaltungsdirektor für das Kriegsmaterial, bekämpfte die Girondisten und entging der Verfolgung nach dem Sturz Robespierres. Hassenfratz beteiligte sich am Prairial-Aufstand (20. Mai 1795), profitierte aber von einer Amnestie. Später betätigte er sich als Lehrer der Physik und Chemie an der École des Mines und an der École polytechnique.

Volksvertreter, die 48 Sektionen von Paris und die gewählten Körperschaften der Departements erscheinen hier, um von euch ein Dekret zu fordern, das unter Anklage stellt: Die Kommission der Zwölf[1]; die Spießgesellen von Dumouriez; alle, die die Bewohner der Departements gegen die Einwohner von Paris aufwiegeln, diejenigen, welche die Bürger von Paris verleumden, die

1 Auf Antrag der Girondisten hatte der Konvent am 18. Mai 1793 die „Kommission der Zwölf" eingerichtet, die die Tätigkeit der radikalen Pariser Stadtverwaltung („Commune de Paris") überprüfen sollte.

am 14. Juli und am 10. August[1] die Freiheit erobert haben und sie immer aufs neue vor Gefahr schützen werden, von welcher Zahl und Art ihre Feinde auch sein mögen; schließlich alle, die die Departements föderalisieren wollen, während das Volk die eine und unteilbare Republik will. Das Volk hat sich erhoben und ist aufgestanden. Es schickt uns in eure Mitte, wie es uns in die Gesetzgebende Versammlung gesandt hat, um die Amtsenthebung des Tyrannen [des Königs] zu fordern. [...]

Wir fordern den Anklagebeschluß gegen Pétion, Guadet, Gensonné, Vergniaud, Buzot, Brissot, Barbaroux, Chambon, Birotteau, Rabaut, Gorsas, Fonfrède, Lanthenas, Grangeneuve, Lehardi, Lesage und so weiter, insgesamt 27 an der Zahl.

Gesetzgeber, man muß endlich damit Schluß machen, mit dieser Konterrevolution aufräumen und alle Verschwörer ohne jede Rücksichtnahme dem Schwert des Gesetzes überantworten. Patrioten, die ihr mehr als einmal das Vaterland errettet habt, versetzt alle diese Verräter in den Anklagestand! Sagt, ob ihr uns die Freiheit zusichern könnt! Wir haben uns alle erhoben, und wir werden sie retten. Die letzten Verschwörer werden ins Gras beißen!

Aus: Markov, Walter: Revolution im Zeugenstand. Frankreich 1789-1799, Band 2, Leipzig 1982, S. 421f.

3.1.10 Die Verfassung der Französischen Republik vom 24. Juni 1793

Der Text der Verfassung wurde am 24. Juni 1793 im Konvent verabschiedet und in einer Volksabstimmung am 10. August 1793 mit großer Mehrheit angenommen. Auf den vollständigen Abdruck von Verfassungsartikeln wird verzichtet, da diese Verfassung zwar vom Konvent angenommen, aber nicht angewendet wurde.

Am Beginn des Verfassungstextes steht die Erklärung der Menschen- und Bürgerrechte, allerdings nicht in der Fassung vom 26. August 1789. Artikel 16 fixiert das Recht auf Eigentum. Jedem Bürger ist es erlaubt, „seine Güter und seine Einkünfte, den Ertrag seiner Arbeit und seines Fleißes nach freiem Belieben zu genießen und darüber zu verfügen". In Artikel 19 heißt es ergänzend: „Ohne seine Einwilligung darf niemand des geringsten Teiles seines Eigentums beraubt werden, wenn es nicht die gesetzlich festgestellte öffentliche Ordnung erfordert, und unter der Bedingung einer gerechten und vorher festgesetzten Entschädigung." In Artikel 22 wird allen Bürgern der Zugang zur Bildung verheißen. „Der Unterricht ist für alle ein Bedürfnis. Die Gesellschaft soll mit aller Macht die Fortschritte der öffentlichen Aufklärung fördern und den Unterricht allen Bürgern zugänglich machen. Tatsächlich erging am 19. Dezember 1793 ein Gesetz über die allgemeine Schulpflicht und über kostenlosen Unterricht. Bemerkenswert ist die Fixierung eines Widerstandsrechtes in der Verfassung. Artikel 35: Verletzt die Regierung die Rechte des Volkes, ist der Aufstand für das Volk und für jede Gruppe des Volkes die heiligste und unbedingte Verpflichtung." Das Wahlrecht sollte nicht mehr nur den Aktivbürgern zukommen, sondern allen Bürgern, allerdings ausschließlich Männern. Im Unterkapitel „Von der Volkssouveränität" heißt es Art. 7: Das souveräne Volk ist die Gesamtheit der französischen Bürger." Art. 8: „Es wählt unmittelbar seine Abgeordneten". Art. 10:

1 Am 14. Juli 1792, dem Tag des 3. Fest der Föderation zur Erinnerung an den Sturm auf die Bastille, war es auf dem Marsfeld zu blutigen Unruihen gekommen. 10. August 1792: Sturm auf die Tuilerien mit anschließender Internierung der königlichen Familie im Temple (s. S. 94).

„Es beschließt über die Gesetze." Art. 11: „Die Urversammlungen bestehen aus den Bürgern, die seit 6 Monaten in einem Kanton wohnen."

Ein vollständiger Abdruck der Verfassung findet sich bei Walter Grab (Hrsg.): Die Französische Revolution. Eine Dokumentation, München 1973, S.150-162, auch im Internet: http://www.verfassungen.eu/f/fverf93.htm (10.1.2011).

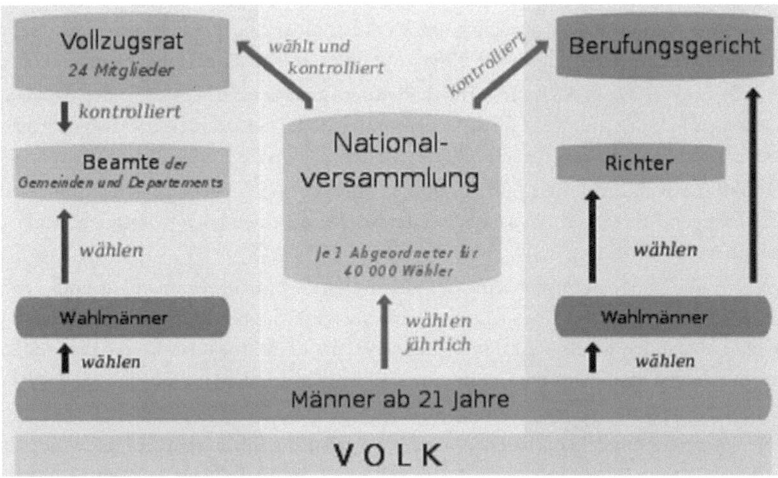

3.1.11 Jacques Roux: Das „Manifest der Enragés" (Juni 1793)

Jacques Roux (1752-1794), der Verfasser des nachstehenden Textes, leistete als einer der ersten Priester den Eid auf die Zivilverfassung des Klerus und war Mitglied des Cordelier-Klubs. Er gründete die Enragés (dt. etwa: die Wuterfüllten), als deren Wortführer er einen „plebejischen Egalitarismus" (Bernd Jeschonnek) postulierte, der weit über das übliche Gleichheitspostulat hinausging. Er forderte die Verfolgung und harte Aburteilung der Schieber, Hamsterer, Wucherer und Spekulanten, Enteignung der Grundbesitzer, Beschlagnahmung des Getreides, und Zwangsbewirtschaftung, um der städtischen Armut wirksam zu begegnen. Von der Sektion Gravilliers mit der höchsten Stimmenzahl in den Generalrat der Commune von Paris gewählt, geleitete er Ludwig XVI. zum Schaffot. Seine radikalen Forderungen, die in dem „Manifest der Enragés" aufgestellt wurden, brachten ihn in Konflikt mit Robespierre und der Bergpartei. Ersterer befürchtete eine Spaltung der Volksbewegung und bewirkte Roux' Ausschluss aus dem Klub der Cordeliers. Im September 1793 festgenommen und zum Tode verurteilt, beging Roux am 10. Februar 1794 Selbstmord. „Roux war das erste linke Opfer des revolutionären Terrors" (Bernd Jeschonnek).

Abgeordnete des französischen Volkes!

Hundertmal hat dieser geheiligte Saal von den Verbrechen der Egoisten und Schurken widergehallt; immer wieder habt ihr uns versprochen, die Blutsauger des Volkes zu vernichten. Jetzt soll die Konstitutionsakte dem Volkssouverän zur Billigung vorgelegt werden; habt ihr darin die Börsenspekulation geächtet? Nein! Habt ihr die Todesstrafe gegen die Hamsterer ausgesprochen? Nein! Habt ihr festgelegt, worin die Handelsfreiheit besteht? Nein! Habt ihr den Verkauf von Münzgeld verboten? Nein! Nun denn, so erklären wir euch, daß ihr nicht alles für das Glück des Volkes getan habt.

Die Freiheit ist nur ein leerer Wahn, solange eine Klasse die andere ungestraft verhungern lassen kann. Die Gleichheit ist nur ein leerer Wahn, solange der Reiche kraft seines Monopols über Leben und Tod seiner Mitmenschen entscheidet. Die Republik ist nur ein leerer Wahn, solange die Gegenrevolution tagtäglich am Werk ist, indem sie alle Lebensmittelpreise hinaufschraubt, die von Dreivierteln der Bürger nur unter Tränen aufgebraucht werden können.

Und doch, nur wenn man die Erpressermethoden der Geschäftemacher ausschaltet, hat Handel Anspruch auf Achtung; nur wenn ihr die Lebensmittel für die Sansculotten erschwinglich macht, werdet ihr diese an die Sache der Revolution binden, sie um die Verfassungsgesetze scharen.

Wie? Weil die Politiker, ihrem Auftrag untreu, in unser unglückliches Vaterland die Geißel des auswärtigen Krieges gerufen haben, soll der Reiche uns einen noch schrecklicheren im Inneren erklären dürfen? [...]

Heute, wo der Nationalkonvent seine Würde und Kraft zurückgewonnen hat und, um das Gute zu tun, es nur zu wollen braucht, heute beschwören wir euch im Namen des Wohles der Republik: Schleudert euren Verfassungsbann gegen die Börsenspekulation und die Hamsterkäufe und dekretiert als obersten Grundsatz, daß der Handel nicht dazu da ist, die Bürger zugrunde zu richten, sie der Verzweiflung und dem Hunger zu überantworten.

Seit vier Jahren haben allein die Reichen von den Vorteilen der Revolution profitiert. Die Händleraristokratie, schrecklicher als die Adels- und Priesteraristokratie, hat sich ein grausames Spiel daraus gemacht, die Privatvermögen und die Finanzen der Republik an sich zu reißen; noch wissen wir nicht, bis zu welchem Punkt ihre Erpressung gehen wird, denn die Warenpreise steigen täglich, vom Morgen bis zum Abend, auf beängstigende Weise. Bürger Repräsentanten, es ist Zeit, daß der Kampf auf Leben und Tod, den die Egoisten gegen die am meisten arbeitende Klasse der Gesellschaft führen, ein Ende hat. Sagt den Börsenspekulanten und Hamsterern deutlich: Entweder sie gehorchen euren Dekreten in Zukunft, oder sie gehorchen ihnen nicht. Im ersten Falle werdet ihr das Vaterland gerettet haben; aber auch wenn der andere Fall eintritt, werdet ihr es gerettet haben, denn wir werden Manns genug sein, die Blutsauger des Volkes herauszufinden und zu vernichten.

Wie? Eigentum von Schurken sollte etwas Heiligeres sein als das menschliche Leben? Die bewaffnete Macht untersteht den Verwaltungsbehörden, und die Lebensmittel sollten ihnen nicht auf Anforderung zur Verfügung stehen? Der Gesetzgeber hat das Recht, den Krieg zu erklären, das heißt, Menschen in den Tod zu schicken, und er sollte nicht das Recht haben, zu verhindern, daß man die Daheimgebliebenen aussaugt und dem Hungertode preisgibt?

Freiheit des Handels bedeutet das Recht, Waren zu gebrauchen, andere sie gebrauchen zu lassen, nicht aber das Recht, zu unterdrücken und den Warengebrauch zu verhindern. Was man zum Leben braucht, muß zu einem für jedermann erschwinglichen Preis erhältlich sein. Nochmals, befehlt [...]. Die Sansculotten werden mit ihren Piken für die Ausführung der Dekrete sorgen. [...]

Ihr habt nicht gezögert, diejenigen mit der Todesstrafe zu bedrohen, die es wagen würden, für die Monarchie einzutreten, und ihr habt gut daran getan; ihr habt soeben die Gegenrevolutionäre, die in Marseille das Schafott mit dem Blut der Patrioten gerötet haben, außerhalb des Gesetzes gestellt, und ihr habt gut daran getan. Ihr hättet euch weitere Verdienste um das Vaterland erworben, wenn ihr eine Belohnung auf die Köpfe der flüchtigen Capets und der von ihrem Posten desertierten Abgeordneten ausgesetzt hättet; wenn ihr aus unseren Armeen die Adligen und die Offiziere mit königlichem Patent ausgestoßen hättet; wenn ihr die Frauen und Kinder der Emigranten und Verschwörer als Geiseln genommen hättet; wenn ihr die Pensionen der vormals Privilegierten zur Bestreitung der Kriegskosten einbehalten, die seit der Revolution von den Bankiers und Hamsterern angehäuften Schätze zugunsten der Freiwilligen und der Witwen konfisziert hättet; [...] und schließlich, wenn ihr alle die hinter Schloß und Riegel gebracht hättet, die die bürgerfeindlichen Petitionen unterzeichnet haben usw. usw. [...] Nun denn, sind die Börsenspekulanten und Hamsterer nicht ebenso, ja noch viel mehr schuldig? Sind sie nicht, wie jene, wahre Mörder der Nation?

Aus: Markov, Walter: Revolution im Zeugenstand 1789-1799, Bd. 2, Frankfurt/Main 1987, S.450ff.

3.1.12 Arbeit und Stimmung in den Pariser Sektionen – drei Beispiele

a) Petition der Vollversammlung der Pariser Sektion „Panthéon Français“ an den Nationalkonvent bezüglich der neuen Verfassung (27. Juni 1793)

Im Zuge der Französischen Revolution veränderten sich auch die Prozesse der politischen Meinungsbildung grundlegend. Als Beispiel für die politischen Diskussionen, wie sie auf der untersten Ebene, den 48 Sektionen, geführt wurden, in die die Stadt Paris seit dem 21. Mai 1790 unterteilt war, sei hier der Beschluss der Vollversammlung der Sektion „Panthéon Français“ vom 27. Juni 1793 in Auszügen zitiert. Die Sektionen dienten als Wahlkreise, waren aber zugleich Verwaltungseinheiten der Commune von Paris. Sie unterschieden sich erheblich hinsichtlich ihrer Größe und demnach auch der Zahl der in ihnen stimmberechtigten Bürger sowie hinsichtlich ihrer sozialen Zusammensetzung. Es gab Sektionen mit besonders ausgeprägtem revolutionärem Elan (z. B. die Sektion Gravilliers, aus der der Enragé Jacques Roux hervorging). Andere verfochten gemäßigtere Positionen. Die Vollversammlung der Bürger war das höchste politische Organ der Sektionen. Hier wurden die unmittelbaren Probleme des jeweiligen Stadtbezirks (z. B. die Nahrungsmittelversorgung), aber auch die Politik des Nationalkonvents diskutiert. Beschlüsse der Vollversammlungen wurden dem Konvent mitgeteilt. Die Sitzungen der Vollversammlung begannen nachmittags um 17 Uhr und zogen sich gelegentlich bis in die Nachstunden hin. Im Sommer 1792 wurde die Trennung in „Aktiv“- und „Passiv“-Bürger aufgehoben – nur erstere hatten bis dahin Zugang zu den Vollversammlungen; nun gewannen dort die bisher ausgeschlossenen Sansculotten zunehmend Einfluss auf die politischen Diskussionen.

In dem hier zitierten Beschluss nimmt die Vollversammlung der Sektion „Panthéon Français“ Stellung zu der am 24. Juni 1793 im Konvent beschlossenen Verfassung. Sie lobt eingangs diese „republikanische und demokratische Verfassung“, um dann aber mit Nachdruck darauf hinzuweisen, dass es zu deren Durchführung Sicherungsmaßnahmen bedarf, um sie „vor dem Zugriff Böswilliger und vor Verschwörern“ zu schützen. Der Beschluss ist darüber hinaus eine Quelle für das Selbstverständnis der Sansculotten.

Es ist Eure Pflicht, dem Verrat vorzubeugen, in keinem öffentlichen Amt irgendeinen Keim der Beunruhigung, ja mehr noch, des Verdachts zu dulden; mit einem Wort, aus allen zivilen und militärischen Funktionen die Männer zu entfernen, die einst durch ihre Geburt oder durch ihr priesterliches Supremat [ihren Führungsanspruch] bevorrechtigt waren.

Wir wollen Euch nicht die Leiden ins Gedächtnis rufen, die diese beiden für das Verbrechen privilegierten Kasten der Menschheit gebracht haben, nicht die Racheschreie der Millionen Menschen wiederholen, die ihrer abscheulichen Hinterhältigkeit geopfert wurden, nicht die Ströme des Blutes Euch zeigen, mit denen diese menschenfressenden Tyrannen die Oberfläche der Erde bedeckt haben, mit denen sie nun sogar einen Teil der Republik überschwemmen. [...]

Zweifellos gibt es unter den ehemaligen Adligen, unter den Priestern wahrhafte Bürger, Freunde der Freiheit und Gleichheit, und in Eurer Mitte, Gesetzgeber, sehen wir einige, die uns vom Beginn der Revolution an Beispiel waren; aber die Mehrzahl dieser Leute bewahrt doch brandige Reste ihrer alten Vorurteile, ihrer bürgerfeindlichen Verbindungen, und ihr falscher Patriotismus ist um so gefährlicher, als er der Sache des Volkes zu dienen scheint, um desto besser der unserer Feinde dienen zu können. Gesetze werden für alle erlassen, und die gesunde Minderheit [unter den ehemaligen Adligen und Priestern] kann Maßnahmen zur allgemeinen Sicherheit nur Beifall zollen. [...]

Man soll aufhören, uns von der Abschaffung der Stände zu reden; es ist wahr, dem Namen nach gibt es keine Unterschiede mehr, aber tatsächlich bestehen sie noch; die obersten Ämter, vor allem die in der Armee, sind geradezu das Erbteil der einstigen Adligen, man rühmt ihre militärischen Talente, ihre Siege, man würde gerne vergessen machen, dass der Sieger von Jemappes[1] unsere Niederlage in Belgien vorbereitete.

Die militärischen Talente und die Erziehung fehlen, sagt man, dem braven Sansculotten; er ist also nicht fähig, an der Spitze unserer Armeen zu stehen? Kann ein Franzose so sprechen? Wer hat denn die Bastille zerstört? Wer hat denn den Tyrannen von der Spitze seines Thrones gestoßen? Wer hat den Freiheitsbaum in Chambéry, in Nizza, in Mainz aufgepflanzt? [...] Vier Jahre Dienst an der Verteidigung der Freiheit wiegen Jahrhunderte von Lektionen in der Schule des Despotismus auf. Hören wir endlich auf die Stimme der Erfahrung; die Talente eines bisherigen Adligen aufzählen, heißt das nicht die Mittel aufzählen, die er hat, uns zu verderben? [...]

Ihr habt die Verfassung geschaffen. [...] Gestützt auf eine demokratische Volksbildung, wird dieses Evangelium der Freiheit im tiefsten Frieden schnellere, beständigere Eroberungen machen als die Armeen der verbündeten Tyrannen mit ihren Siegen, die Nationen zerstören und daher vergänglich sind.

Gesetzgeber, wir fordern von Euch im Namen des Vaterlandes und im Interesse der Allgemeinheit die zwei folgenden Dekrete:

1. Entfernung aller ehemaligen Adligen und Priester aus allen zivilen und militärischen Funktionen. Wenn die Konstituierende Versammlung gleich nach der Erstürmung der Bastille dieses Dekret erlassen hätte, wäre die Revolution gekrönt gewesen und die Republik hätte in Frieden errichtet werden können.

1 Gemeint ist der adlige General Dumouriez (1739-1823), s. S. 232, Anm. 2.

2. Schnellster Aufbau einer Nationalerziehung als des besten Mittels, um die Sansculotten in den Stand zu versetzen, alle Ämter auszufüllen.

Aus: Markov, Walter/Soboul, Albert (Hrsg.): Die Sansculotten von Paris. Dokumente zur Geschichte der Volksbewegung 1793-1794, Berlin 1957, S. 85-89

b) Bericht eines Polizeispitzels über die Stimmung im einfachen Volk (24. Juni 1793)

Während in den Sektionsversammlungen die „großen Fragen" der Revolution und ihres Fortgangs diskutiert wurden und die Berichte darüber von einer allgemein revolutionären Stimmung zeugten, scheint die Stimmung der Bevölkerung außerhalb dieser Versammlungen, wenn man dem nachstehenden Spitzelbericht glauben darf, ganz anders gewesen zu sein. Über die schlechte Versorgungslage in der Stadt wurde in den Sektionen sehr oft debattiert.

Heute morgen war ich bei einem Kaufmann in der Markthalle und habe festgestellt, dass die Fleischer beider Klassen, der hohen wie der niedrigen, Aristokraten geworden sind.

Die Marktfrauen fluchen, schimpfen, wettern, nörgeln, außer einigen, die im Sold der Regierung stehen oder mit Jakobinern verheiratet sind; aber sie trauen sich nicht, laut zu sprechen, weil sie alle Angst vor dem Revolutionskomitee und der Guillotine haben. „Heute morgen", erklärte mir der Kaufmann, „waren vier oder fünf von ihnen hier. Sie wollen nicht mehr *Bürgerinnen* genannt werden. Sie sagen, sie scheißen auf die Republik."

Ich gehe oft durch die Markthallen und muss gestehen, dass ich erstaunt war über die große Stille, die da herrscht; denn ich hatte immer bemerkt, dass es dort sehr laut war. Vor allem die Gärtner aus der Umgebung von Paris machen dort jeden Morgen ihrer schlechten Laune Luft.

Aus: Paschold, Chris E./Gier, Albert (Hrsg.): Die Französische Revolution. Ein Lesebuch mit zeitgenössischen Berichten und Dokumenten, Stuttgart 1989, S. 274f.

c) Das Certificat de Civisme (28. Juni 1793)

Dieses Certificat de Civisme – übersetzt etwa: Zeugnis staatsbürgerlicher Gesinnung – war eine Art Führungszeugnis, das den Bürgern bescheinigte, die Bürgerpflichten erfüllt zu haben und entsprechend der geforderten Bürgertugenden zu leben. Es wurde vom Generalrat der Commune von Paris ausgestellt. Im Prinzip war das Zeugnis nur für solche Personen vorgesehen, die öffentliche Ämter übernahmen. Während der Terreur haben sich aber auch viele andere Personen um die Ausstellung eines solchen Zeugnisses bemüht, wohl weil sie damit die Hoffnung verbanden, es könnte ihnen in bestimmten Situationen gute Dienste leisten. Dies war vor allem der Fall, nachdem das „Gesetz über die Verdächtigen" (17.9.1793) ergangen war. Die nachstehende Quelle dokumentiert, welche Fragen von einem Bürger zu beantworten waren, wenn er sich um die Ausstellung eines solchen Dokuments bemühte.

Aus dem Protokollbuch des Revolutionskomitees der Sektion „Panthéon Français" vom 28. Juni 1793 […]

Bevor Ihr Euch hier vorgestellt habt, um die staatsbürgerliche Gesinnung des Bürgers …[1] zu bezeugen, habt Ihr gut überlegt, dass Ihr Euch einer schrecklichen Verantwortung gegenüber

1 Hier wurde der Name der betreffenden Person eingetragen.

Euren Mitbürgern aussetzt, erweist Ihr Euch vor Eurem Gewissen für stark genug dazu? Habt Ihr seit dem 14. Juli 1789 Beweise Eurer Bürgertreue gegeben, indem Ihr persönlich Euren Wachtdienst geleistet habt, indem Ihr immer an den Versammlungen der Sektion teilgenommen habt, indem Ihr jedes Mal zu den Waffen geeilt seid, wenn die Sicherheit von Personen und des Eigentums in Gefahr war und wenn die öffentliche Ruhe es erforderte?

Seit wann kennt Ihr den Bürger?

Seid Ihr verwandt oder verschwägert mit dem Antragsteller, seid Ihr sein Bedienter oder Mieter, habt Ihr irgendwelche besondere Verpflichtungen ihm gegenüber, die Euch gezwungen haben könnten, ihm ein Zeugnis auszustellen, das Euer Gewissen unter anderen Umständen zurückweisen würde, wenn Ihr nicht von ihm abhängig gewesen wäret nach der Euch angetragenen Bitte, ihm als Zeuge zu dienen?

Wie alt seid Ihr? Was ist Euer Beruf, wo wohnt Ihr? Womit bestreitet Ihr Euren Lebensunterhalt?

Wart Ihr jemals Mitglied eines gegen den Bürgersinn gerichteten Clubs gewesen?[1]

Habt Ihr jemals eine Bittschrift gegen die Rechte des Volks unterzeichnet?

Ihr erklärt also vor Eurer Seele und Eurem Gewissen, dass der Bürger …[1] wie Ihr selbst mit all seiner Kraft seit dem 14. Juli 1789 bis zum heutigen Tag der Revolution als Freund der Freiheit, der Gleichheit und als guter Republikaner gedient hat, dass er persönlich seinen Wachtdienst geleistet hat, dass er jedes Mal zu den Waffen geeilt ist, wenn es für das öffentliche Wohl erforderlich war; Ihr versichert auch, dass die Offiziere seiner Kompanie bereit sind, dies zu bestätigen, wenn wir es von ihnen verlangen.

Das Komitee beschließt, dass eine Abschrift des Vorliegenden in das Protokollbuch eingetragen und dem Revolutionskomitee am Hauptort jeder Division zugeschickt werden soll.

Das Revolutionskomitee der Sektion beschließt in Anbetracht dessen, dass es seine Pflicht ist, die Missbräuche, die sich bei der Beantragung der *Certificats de Civisme* eingeschlichen haben, soweit es in seiner Kraft steht, abzustellen,

dass die Antragsteller für die *Certificats de civisme* ihren eigenen Zeugen erst dann als Zeugen dienen können, wenn sie selbst dieses Zertifikat erhalten haben und dass der vorliegende Beschluss den Kommissaren für die Ausstellung der *Certificats de civisme* mitgeteilt wird.

Coisnon Lasserre Lamine

Aus: Markov, Walter/Soboul, Albert (Hrsg.): Die Sansculotten von Paris. Dokumente zur Geschichte der Volksbewegung 1793-1794, Berlin 1957, S. 90-93 (Übersetzung leicht verändert)

3.1.13 Gesetz über die Verdächtigen (17. September 1793)

Ein wirksames Instrument der Notstandsregierung, bestehend aus Wohlfahrtsausschuss und Sicherheitsausschuss, zur Ausschaltung jeglicher Opposition war das nachstehend zitierte Gesetz. Mit ihm erhielt der Staatsterror eine Scheinlegalität. Das Gesetz erlaubte die umstandslose Verhaftung aller

---

1 Diese Passage ist schwer zu übersetzen; in der Quelle heißt es: „N'avez vous jamais été d'aucun club anticivique?“ Gemeint ist ein antirevolutionärer, möglicherweise gemäßigter oder gar monarchistischer Klub.

Verdächtigen. Als verdächtig galten alle, die sich nicht als entschiedene Verfechter der Revolution ausgezeichnet hatten. Im kommenden Frühjahr wurde dieses Gesetz durch zwei weitere Gesetzeswerke ergänzt: durch die Ventôse-Dekrete vom 26. Februar und 3. März 1794, die es ermöglichten, den Besitz der Verdächtigen zugunsten der bedürftigen Patrioten, in der Regel also der Sansculotten, einzuziehen (die Ventôse-Dekrete wurden allerdings nie in Kraft gesetzt), und das Prairial-Gesetz vom 10. Juni 1794 (s. 3.1.29), das ein Vorgehen gegen Anhänger der Monarchie, Gegner der Republik und des Konvents ermöglichte, wobei als solche jeder Bürger denunziert werden konnte. Spätestens mit diesem Gesetz begann die Schreckensherrschaft.

Artikel 1. Sofort nach Verkündung des vorliegenden Dekrets werden alle verdächtigen Personen, die sich auf dem Territorium der Republik aufhalten und noch in Freiheit befinden, in Haft genommen.

Artikel 2. Als verdächtige Personen gelten: 1. alle, die sich durch ihr Verhalten oder ihre Beziehungen oder durch ihre mündlich oder schriftlich geäußerten Ansichten als Parteigänger der Tyrannen, des Föderalismus und Feinde der Freiheit zu erkennen gegeben haben; 2. alle, die sich nicht auf die durch das Gesetz vom 21. März dieses Jahres vorgeschriebene Weise über ihre Existenzmittel und die Erfüllung ihrer Bürgerpflichten ausweisen können; 3. alle, denen das Bürgerzeugnis [s. 3.1.12 c] verweigert worden ist; 4. die durch den Nationalkonvent oder seine Kommissare von ihren Ämtern suspendierten oder abgesetzten und nicht wiedereingesetzten Staatsbeamten, insbesondere diejenigen, die kraft des Gesetzes vom 12. August dieses Jahres abgesetzt worden sind oder noch abgesetzt werden müssen; 5. alle diejenigen vormaligen Adligen, ob Männer, Frauen, Väter, Mütter, Söhne oder Töchter, Brüder oder Schwestern sowie Bevollmächtigten der Emigranten, die nicht dauernd ihre Verbundenheit mit der Revolution unter Beweis gestellt haben; 6. alle, die in dem Zeitraum zwischen dem 1. Juli 1789 und der Verkündung des Gesetzes vom 8. April 1792 emigriert sind, auch wenn sie in der durch dieses Gesetz gesetzten Frist oder auch früher nach Frankreich zurückgekehrt sind.

Artikel 3. Die gemäß dem Gesetz vom 21. März dieses Jahres eingesetzten Überwachungsausschüsse bzw. die – sei es durch Erlasse der in Mission bei den Armeen und in den Departements weilenden Volksvertreter, sei es kraft besonderer Dekrete des Nationalkonvents – an ihre Stelle getretenen Ausschüsse werden beauftragt, jeweils für ihren Amtsbereich eine Liste der verdächtigen Personen aufzustellen, Verhaftungsbefehle gegen sie auszustellen und ihre Papiere amtlich zu versiegeln. Die Militärkommandanten, denen die Verhaftungsbefehle ausgehändigt werden, sind, bei Strafe ihrer Absetzung, verpflichtet, sie auf der Stelle auszuführen.

Artikel 4. Die Mitglieder des Ausschusses können die Verhaftung irgendeiner Person nur anordnen, wenn mindestens sieben von ihnen versammelt sind und der Beschluß mit absoluter Mehrheit der Stimmen gefaßt wurde.

Artikel 5. Die als verdächtig verhafteten Personen werden zunächst in das örtliche Untersuchungsgefängnis eingeliefert; in Ermangelung eines solchen werden sie in ihrer Wohnung unter Hausarrest gestellt.

Artikel 6. Innerhalb der darauffolgenden 8 Tage werden die Verhafteten in die staatlichen Gebäude überführt, welche die Departementsverwaltungen sofort nach Erhalt des vorliegenden Dekrets zu bestimmen und für ihren Zweck herzurichten verpflichtet sind.

Artikel 7. Die Verhafteten dürfen zu ihrem Gebrauch die allernötigsten Möbel in dieses Gebäude schaffen lassen; sie bleiben hier bis zum Friedensschluß in Haft.

Artikel 8. Die Haftkosten gehen zu Lasten des Inhaftierten und werden zu gleichen Teilen unter sie aufgeteilt. Die Bewachung wird vorzugsweise Familienvätern und Eltern von an der Front stehenden oder dorthin abgehenden Bürgern anvertraut. Das Gehalt wird für jeden Wärter auf den Gegenwert von eineinhalb Arbeitstagen festgesetzt.

Artikel 9. Die Überwachungsausschüsse übersenden unverzüglich dem Allgemeinen Sicherheitsausschuß des Nationalkonvents eine Liste der von ihnen in Haft genommenen Personen, unter Angabe der Haftgründe und Beifügung der bei ihnen sichergestellten Papiere.

Artikel 10. Die Zivil- und Kriminaltribunale können bei Personen, welche wegen Vergehen angeklagt sind, betreffs derer eine Anklage für unstatthaft erklärt worden ist, oder welche von der gegen sie erhobenen Anklage freigesprochen worden sind, eine Aufrechterhaltung der Haft aus Verdachtsgründen und die Einlieferung in die obengenannten Haftanstalten verfügen, falls dies erforderlich erscheint.

Aus: Duvergier, Jean-Baptiste (Hrsg.): Collection complète des lois, décrets, ordonnances, réglements, avis du conseil d'état. 2. Aufl. Bd. 6, S. 172 f.; zit. nach: Behschnitt, Wolf D.: Die Französische Revolution, Quellen und Darstellungen, in: Politische Bildung, Materialien für den Unterricht. Stuttgart 1978, S. 82f.

3.1.14 Merkmale der Verdächtigen (Oktober 1793)

Auszug aus dem Protokollbuch des Generalrats der Commune von Paris:

Merkmale, die die Verdächtigen kennzeichnen, denen man die Beglaubigung der Bürgertreue verweigern soll:

1. Wer in den Volksversammlungen deren Wirksamkeit durch hinterhältige Reden, Zwischenrufe und Drohungen hemmt.
2. Wer klüger als jene, geheimnistuerisch von dem Unglück der Republik spricht, sich mitleidsvoll über das harte Los des Volkes auslässt und immer bereit ist, mit geheucheltem Schmerz schlimme Nachrichten zu verbreiten.
3. [...] Wer, den Verbrechen der Royalisten und Föderalisten gegenüber stumm, mit Nachdruck über die leichten Fehler der Patrioten herzieht; wer, um als Republikaner zu erscheinen, eine einstudierte Strenge und Härte an den Tag legt und nachgibt, sobald es sich um einen Gemäßigten oder Aristokraten handelt.
4. Wer die Großpächter und habgierigen Händler bedauert, gegen die das Gesetz Maßnahmen zu ergreifen gezwungen ist.
5. Wer dauernd die Worte *Freiheit, Republik* und *Vaterland* auf den Lippen hat und mit früheren Adligen, konterrevolutionären Priestern, Aristokraten, Feuillants und Gemäßigten verkehrt und an ihrem Schicksal Anteil nimmt.
6. Wer nie aktiv an dem teilgenommen hat, was die Revolution angeht, und, um sich zu entschuldigen, die Bezahlung seiner Abgaben, seine patriotischen Gaben, seinen Dienst in der Nationalgarde oder sonst etwas als Ersatz ins Feld führt, usw. [...]

8. *Wer zwar nichts gegen die Freiheit, aber auch nichts für sie getan hat.*
9. Wer seine Sektion nicht aufsucht und als Entschuldigung angibt, er könne nicht reden oder seine Geschäfte hielten ihn ab.
10. Wer verächtlich von den demokratischen Behörden, den gesetzlichen Hoheitszeichen, den Volksgesellschaften, den Verteidigern der Freiheit usw. spricht.
11. Wer konterrevolutionäre Petitionen unterzeichnet oder bürgerfeindliche Gesellschaften und Klubs besucht hat.
12. Die Parteigänger Lafayettes [s. S. 51, Anm. 1] und die Mörder, die auf dem Marsfeld[1] gewütet haben. [...]

Aus: Markov, Walter/Soboul, Albert (Hrsg.): Die Sansculotten von Paris. Dokumente zur Geschichte der Volksbewegung 1793-1794, Berlin 1957, S. 215f.

3.1.15 Gesetz über das „große" Maximum – Festsetzung von Höchstpreisen für Grundlebensmittel und Bedarfswaren (29. September 1793)

Mit diesem Gesetz wie mit einigen vergleichbaren früheren Gesetzen (z. B. Gesetz über das Hamsterverbot vom 27. Juli 1793) sollten Missstände in der Versorgung behoben oder doch zumindest gemildert werden. Unter diesen Missständen hatte vor allem die ärmere (städtische) Bevölkerung zu leiden, die ja im Wesentlichen die Trägerin der Revolution gewesen ist, ohne von ihr zu profitieren. Wucherer oder Händler, die Lebensmittel zurückhielten, galten nach dem Gesetz vom 17. September 1793 als „Verdächtige" (s. 3.1.14). Dies bedeutete für sie die Hinrichtung.

Artikel 1. Die Waren, denen der Nationalkonvent unbedingten Bedarfscharakter zuerkannt hat und für die er einen Maximal- oder Höchstpreis festsetzen zu müssen geglaubt hat, sind: Frischfleisch, Pökelfleisch und Speck, Butter, Speiseöl, Rindfleisch, Salzfisch, Wein, Branntwein, Essig, Apfelwein, Bier, Brennholz, Holzkohle, Steinkohle, Kerzen, Brennöl, Salz, Soda, Zucker, Honig, unbeschriebenes Papier, Leder, Eisen, Gußeisen, Blei, Stahl, Kupfer, Hanf, Leinen, Wolle, Stoffe, Gewebe, alle für die Fabrikation benötigten Rohstoffe, Holzpantinen, Schuhe, Raps und Rübsamen, Seife, Pottasche, Tabak. [...]

Artikel 3. Die Höchstpreise für alle anderen in Artikel 1 aufgeführten Lebensmittel und Waren entsprechen im gesamten Geltungsbereich der Republik bis zum September des nächsten Jahres den jeweiligen Preisen von 1790, so wie sie aus den Marktberichten oder Preislisten jedes Departements hervorgehen, zuzüglich eines Drittels des damaligen Preises und nach Abzug aller fiskalischen und sonstiger Belastungen, denen die Waren damals, unter welchem Rechtstitel auch immer, unterworfen waren. [...]

---

1 Blutbad auf dem Marsfeld (17. Juli 1791): Nach der fehlgeschlagenen Flucht des Königs (20./21. Juni 1791) wurde auf dem Marsfeld auf dem dort errichteten „Altar des Vaterlandes" von dem Klub der Cordeliers eine Petition zur Abschaffung der Monarchie und zur Ausrufung der Republik ausgelegt und die Pariser Bevölkerung zur Unterzeichnung aufgerufen. Soldaten der Nationalgarde unter dem Kommando von Lafayette überwachten den Vorgang. Der Bürgermeister von Paris erklärte die Versammlung für ungesetzlich, Lafayette und die Nationalgarde sollten die Menschenansammlung auflösen. Als sich ein Schuss löste, eröffnete die Nationalgarde das Feuer. Zwischen 30 und 50 Personen fanden den Tod; zahlreiche wurden verletzt, die Leichen wurden in die Seine geworfen.

Artikel 7. Alle Personen, welche die in Artikel 1 aufgeführten Waren zu einem höheren als dem festgesetzten und in jedem Departement durch Anschlag bekanntgemachten Höchstpreis kaufen oder verkaufen, zahlen eine gemeinsam aufzubringende gemeindepolizeiliche Geldbuße in Höhe des doppelten Wertes des Kaufobjektes, die der Denunziant erhält. Ihre Namen werden in die Liste der verdächtigen Personen eingetragen, und sie werden als solche behandelt. Der Käufer wird von der oben ausgesprochenen Strafe befreit, wenn er selbst die Übertretung des Verkäufers zur Anzeige bringt. Jeder Händler ist verpflichtet, in seinem Laden eine deutlich sichtbare Liste mit den Maximal- oder Höchstpreisen seiner Waren auszuhängen.

Artikel 8. Der jeweilige örtlichen Maximal- oder Höchsttarif der Löhne, Gehälter, Arbeitsentgelte und Tagelöhne wird, beginnend mit der Verkündung dieses Gesetzes und bis zum September des nächsten Jahres, von den Generalräten der Gemeinden festgesetzt, wobei zu dem Satz von 1790 ein Aufschlag in Höhe der Hälfte hinzukommt. [...]

Artikel 17. Für die Dauer des Krieges ist jede Ausfuhr von Bedarfsartikeln und Grundlebensmitteln ins Ausland, unter welcher Benennung, in wessen Auftrag auch immer, untersagt, ausgenommen Salz.

Aus: Grab, Walter (Hrsg.): Die Französische Revolution, München 1973, S.178f.

3.1.16 Camille Desmoulins fordert das Ende der Terreur (20. Dezember 1793)

Vom Dezember 1793 bis Januar 1794 redigierte Camille Desmoulins [s. 2.1.9b] unter der Devise „Vivre libre ou mourir" („Frei leben oder sterben") sieben Ausgaben des „Vieux Cordelier". Die siebte Ausgabe, die Ende Januar 1794 erscheinen sollte, wagte der Drucker nicht mehr zu veröffentlichen. Sie erschien erst lange nach dem Tod Desmoulins' im Juni 1795. Desmoulins hatte seit dem Sommer 1793 nur noch selten an den Sitzungen des Konvents und des Jakobinerklubs teilgenommen und neigte wie auch Danton den „Nachsichtigen" („Indulgents") zu. Letzterer forderte im Spätjahr 1793 eine Politik der Mäßigung, eine Rückkehr zur Normalität und eine Aufhebung des Gesetzes gegen die Verdächtigen vom 17. September 1793 (s. S. 256f.). In diesem Sinne versuchte Desmoulins in den Ausgaben des „Vieux Cordelier" Einfluss auf die öffentliche Meinung zu nehmen. Im nachfolgend zitierten Text fordert Desmoulins ein Ende der Terreur und die Freilassung der 200 000 Verdächtigen, schließlich auch die Einrichtung eines „Comité de clémence" (etwa: „Gnadenkomitee"). Damit machte er sich Robespierre zum erbitterten Feind. Dieser stellte im Jakobinerklub Anfang Januar 1794 den Antrag, die Ausgaben des „Vieux Cordelier" zu verbrennen. Diese deutliche Warnung an die Adresse Desmoulins' hielt diesen nicht von seinen Angriffen gegen Robespierre und dessen Gefolgsleuten zurück. Am 30. März 1794 gemeinsam mit Danton und anderen festgenommen, wurde Desmoulins am 4. April vom Revolutionstribunal verurteilt und einen Tag später guillotiniert.

Le Vieux Cordelier Nr. 4 v. 20. Dezember 1793

O, meine lieben Mitbürger! Sollten wir schon derart erniedrigt sein, dass wir vor solchen Gottheiten auf den Knien lägen? Nein, die vom Himmel herabgestiegene Freiheit ist keine Schönheit von der Oper, keine phrygische Mütze, kein schmutziges Hemd oder Lumpen. Die Freiheit ist Glück, Vernunft, Gleichheit, Gerechtigkeit, die Menschenrechtserklärung, eure erhabene

Verfassung! Wollt ihr, dass ich mich zu ihr bekenne, dass ich ihr zu Füßen falle, all mein Blut für sie vergieße? Öffnet die Gefängnistore für jene 200 000 Bürger, die ihr verdächtig nennt, denn in der Menschenrechtserklärung ist keine Anstalt für Verdächtige vorgesehen; es gibt nur Haftanstalten. Nicht der Verdacht hat Gefängnisse, sondern der öffentliche Ankläger; es gibt keine Verdächtigen, sondern nur Leute, die durch die Gesetze definierter Verbrechen angeklagt sind. Und glaubt nicht, diese Maßnahme wäre der Republik abträglich. Es wäre der revolutionärste Schritt, den ihr vollzogen hättet. Ihr wollt alle eure Feinde durch die Guillotine ausrotten! Aber hat es jemals größeren Irrsinn gegeben? Könnt ihr einen einzigen auf dem Schafott hinrichten, ohne euch zehn Feinde in seiner Familie oder unter seinen Freunden zu machen? Glaubt ihr, die Frauen, Greise, die Schwachen, Egoisten, Nachzügler der Revolution, die ihr einsperrt, wären gefährlich? Von euren Feinden sind nur noch Feiglinge und Kranke übrig geblieben. Die Tapferen und Starken sind emigriert. Sie sind in Lyon oder der Vendée umgekommen; der Rest verdient eure Wut nicht.

Aus: Paschold, Chris E./Gier, Albert (Hrsg.): Die Französische Revolution. Ein Lesebuch mit zeitgenössischen Berichten und Dokumenten, Stuttgart 1989, S. 328f. Der hier wiedergegebene Text entspricht nicht ganz der Originalvorlage.

3.1.17 Rede Robespierres im Konvent über die Grundsätze der revolutionären Regierung, 25. Dezember 1793 (4. Nivôse II)

Die konstitutionelle Regierung befaßt sich hauptsächlich mit der Freiheit der Bürger, die revolutionäre Regierung mit der Freiheit des Staates. Unter dem konstitutionellen Regime genügt es fast, die einzelnen Bürger vor den Übergriffen der Staatsgewalt zu schützen; unter dem revolutionären Regime dagegen muß sich die Staatsgewalt selbst gegen alle Parteien, die sie angreifen, verteidigen.

Die revolutionäre Regierung schuldet allen guten Bürgern den ganzen Schutz der Nation; den Feinden des Volkes schuldet sie den Tod. [...]

Wenn die revolutionäre Regierung in ihrer Arbeit aktiver und freier sein muß als die gewöhnliche Regierung, ist sie deshalb weniger gerecht und weniger legitim? Nein, sie stützt sich auf das heiligste aller Gesetze, nämlich auf das Wohl des Volkes, und auf die unbestreitbarste aller Vollmachten, nämlich auf die Notwendigkeit.

Auch ihre Regeln basieren auf Gerechtigkeit und öffentlicher Ordnung. Mit Anarchie und Unordnung hat sie nichts gemein. Im Gegenteil!

Ihr Ziel ist die Beseitigung der Anarchie und der Unordnung, um die Herrschaft der Gesetze herbeizuführen und zu festigen. Sie hat nichts mit Willkür gemein, denn es sind keine persönlichen Leidenschaften, die sie leiten sollen, sondern das öffentliche Interesse. Sie muß sich an die gewöhnlichen und allgemeinen Grundsätze in all jenen Fällen halten, in denen diese streng angewendet werden können, ohne die öffentliche Freiheit zu gefährden. Ihre Kraft muß sich nach der Kühnheit und der Perfidie ihrer Feinde richten. Je grausamer sie gegenüber böswilligen Menschen auftritt, desto günstiger ist sie für die guten Bürger. Je mehr ihr die Umstände unerbittliche Härte diktieren, desto behutsamer muß sie vor Maßnahmen zurückschrecken, die unnötigerweise die Freiheit einschränken und die privaten Interessen antasten, ohne daß sich ein Vorteil für die Allgemeinheit zeigt. [...]

Was ist also zu tun? Man muß die schuldigen Erfinder verräterischer Systeme verfolgen und den Patriotismus trotz seiner Irrtümer fördern; man muß die Patrioten aufklären und das Volk immer wieder stolz machen auf seine Rechte und seine Aufgaben. Wenn ihr diese Regel nicht beachtet, werdet ihr alles verlieren. [...]

Der Wohlfahrtsausschuß hat erkannt, daß das Gesetz die durchtriebenen Verbrecher nicht mit der nötigen Eile bestraft. Ausländer, bekannte Agenten der alliierten Könige, Generäle, die vom Blute von Franzosen befleckt sind, [...] sind schon lange in Haft, aber noch nicht gerichtet.

Die Verschwörer sind zahlreich, es scheinen ständig mehr zu werden, und dennoch wird selten ein Exempel statuiert. Die Bestrafung von hundert unbekannten und subalternen Schuldigen dient der Freiheit indessen weniger als die Ergreifung und Vernichtung eines der Anführer der Verschwörung. Die Mitglieder des Revolutionstribunals, deren Patriotismus und Rechtschaffenheit im allgemeinen nur lobenswert genannt werden können, haben dem Wohlfahrtsausschuß selbst die Gründe genannt, die ihre Arbeit behindern. Sie haben aber keine Abhilfe vorschlagen können. Wir haben daraufhin die Reform eines veralteten Gesetzes gefordert, das sich noch auf die unglücklichen Zeiten bezieht, in denen es entstand. [...]

Wir schlagen vor, ab sofort die Verurteilung jener Fremden und Generäle zu beschleunigen, die der Verschwörung mit den uns feindlichen Tyrannen beschuldigt werden.

Aus: Grab, Walter (Hrsg.): Die Französische Revolution. Eine Dokumentation, München 1973, S. 215-221

3.1.18 Rede Robespierres im Konvent über die leitenden Prinzipien der politischen Moral (5. Februar 1794)

Bürger und Vertreter des Volkes!

[...] Welches Ziel haben wir? Es heißt: friedlicher Genuß der Freiheit und Gleichheit, Herrschaft der ewigen Gerechtigkeit. [...] Was wir in unserem Land einführen wollen, ist Gemeinschaftsverantwortung statt Eigensucht, Anständigkeit statt Ehrgehabe, Grundätze statt alter Gewohnheiten, Bürgerpflichten satt Anstandsregeln, Vernunftherrschaft statt Modentyrannei, Verachtung des Lasters statt Verachtung des Unglücks, Selbstachtung statt Dünkel, Seelengröße statt Eitelkeit, Ruhmesliebe statt Geldgier, die guten und einfachen Leute statt der Leute der feinen Gesellschaft, Verdienst statt Intrigenspiel, Erfindungskraft [génie] statt Schöngeisterei, Wahrheit statt hohlen Glanz, die Freuden den Glücks statt schaler Genußsucht, Größe des Menschen statt Bedeutungslosigkeit der Großen, ein großmütiges, mächtiges und glückliches Volk statt eines liebenswerten, aber leichtlebigen und verelendeten Volkes, das heißt Tugenden und wunderbare Wohltaten der Republik statt all der Laster und Lächerlichkeiten der Monarchie. Mit einem Wort, wir wollen den Auftrag der Natur ausführen, die Menschheit ihrer Bestimmung zuführen, die Verheißungen der Aufklärung erfüllen. [...]

Welche Art von Regierung kann diese Wunder vollbringen? Allein die demokratische oder republikanische Regierung; diese beiden Wörter sind bedeutungsgleich, mögen sie auch in der gewöhnlichen Sprache mißbraucht werden; denn die Aristokratie ist ebensowenig republikanisch wie die Monarchie. [...]

Was ist nun das Grundprinzip der demokratischen Volksregierung? Wie heißt die Kraft, welche die Regierung trägt und handlungsfähig macht? Es ist die Tugend [vertu]; ich meine jene öffentliche Tüchtigkeit, die im alten Griechenland und im alten Rom so viele Wunder vollbracht hat und im republikanischen Frankreich noch viel erstaunlichere Wunder vollbringen wird; jene Tugend, die nichts anderes ist als die Liebe zum Vaterland und dessen Gesetzen. – Da aber das Wesen der Republik oder der Demokratie in der Gleichheit besteht, so folgt daraus, daß die Vaterlandsliebe notwendig die Liebe der Gleichheit einschließt. [...] Die Tugend ist nicht nur die Seele der Demokratie, sondern sie kann auch nur in dieser Regierungsform bestehen [...]

Wenn die treibende Kraft der Volksregierung während des Friedens in der Tugend besteht, so besteht sie während der Revolution in der Tugend und in der *Terreur* zugleich; denn ohne Tugend ist die Terreur verderblich, und ohne Terreur ist die Tugend machtlos. Die Terreur ist nichts anderes als unmittelbare, strenge, unbeugsame Gerechtigkeit [justice]; sie ist also ein Ausfluß der Tugend; sie ist weniger ein besonderes Prinzip als vielmehr die Konsequenz des allgemeinen Prinzips der Demokratie in seiner Anwendung auf die dringendsten Bedürfnisse des Vaterlandes. [...] Die Regierung der Revolution ist der Despotismus der Freiheit gegen die Tyrannei.

Aus: Robespierre, Maximilien: Œuvres complètes, hrsg. von der Société des Études Robespierristes, Bd. 9, Paris 1958, S.376-382), in: Reichardt, Rolf (Hrsg.): Die Französische Revolution, Würzburg 1988, S. 68f.

3.1.19 Eine Verhaftung zur Zeit der Terreur – der Fall Danyaud (Frühjahr 1794)

Der Sansculotte Danyaud war im August 1793 vom Wohlfahrtsausschuss in die Normandie geschickt worden, um dort die Glockenabnahme zu organisieren (das Metall wurde zur Herstellung von Kriegswaffen und Munition benötigt) und Nussbaumholz zu beschaffen, das für die Herstellung von Gewehrkolben benötigt wurde. Danyaud scheint, eigen Aussagen zufolge, erfolgreich gewesen zu sein: So schickte er am 27. Ventôse II (17. März 1794) 10 000 Pfund Kupfer nach Paris. Ein Mitarbeiter hatte ihn bewogen, in Caen, wo Danyaud sich gerade aufhielt, in die Versammlung der dortigen Volksgesellschaft zu gehen. Dort erfuhr er und äußerte sich erstaunt darüber, dass man zu seiner Überraschung in Paris die Hébertisten Vincent und Momoro als Verschwörer und Vaterlandsverräter angeklagt hatte. Diese Parteinahme Danyauds blieb nicht ohne Folgen: Er wurde nach einer Denunziation am 3. Germinal II (23. März 1794) in Caen verhaftet und zur Aburteilung durch das Revolutionstribunal nach Paris gebracht. Nachstehend wird aus zwei umfangreiche Rechtfertigungseingaben Danyauds zitiert, die er am 24. Germinal II (13. April 1794) an den Wohlfahrtsausschuss und den Sicherheitsausschuss des Konvents gerichtet hat. Danyaud, ein politisch aktiver Sansculotte, hatte mit seiner Verteidigung Erfolg. Das Datum seiner Entlassung aus der Haft ist allerdings nicht bekannt.

Nach Beendigung unserer Aufgabe [der Beschaffung von Nussbaumholz etc.] schlug mir mein Gehilfe vor, zur Volksgesellschaft [in Caen] zu gehen, was ich annahm. (Da ich immer auf Reisen oder mit tausenderlei Dingen beschäftigt war, die meine Zeit ganz in Anspruch nahmen, hatte ich seit mehr als acht Tagen keinerlei Nachrichten gelesen.) Daher war meine Überraschung groß, als ich hörte, dass man Vincent und Momoro[1] als Verschwörer und Vaterlandsverräter anklagte. Es war sieben Monate her, dass ich Paris verlassen hatte, und damals genossen sie das Ansehen von Patrioten. Sie waren verdächtigt, angezeigt und verhaftet, dann aber wieder freigelassen und auf einen Bericht des Wohlfahrtsausschusses hin in ihre Ämter wieder eingesetzt worden. Ich bat ums Wort und gab meine Meinung über sie ab, wobei ich hinzufügte, man müsse, ehe man über einen Bürger ein Urteil fällt, abwarten, ob das Gesetz ihn schuldig spricht. Diese Ansicht rief Missbilligung hervor; ein Mitglied schlug sogar vor, mich sofort zu verhaften. Nun wies ich meine Bestallung und meine Vollmachten vor und erklärte, dass, wenn es sich nicht bloß um eine einfache Diskussion unter Jakobinern handelte (wie ich geglaubt hatte), sondern um einen Bericht des Wohlfahrtsausschusses an den Konvent (wie ich nun erfuhr), ich die Verräter der Rache des Gesetzes überantwortet und sie selbst angezeigt hätte, wenn ich das Mindeste über ihr Komplott gewusst hätte. Darauf wurde vorgeschlagen, zur Tagesordnung überzugehen; die Gesellschaft merkte wohl, dass ich nicht unterrichtet war; der Antrag wurde angenommen und ich empfing den Bruderkuss.

Danyaud verließ daraufhin Caen, um andernorts seine Aufgaben weiter zu verfolgen. In der Zwischenzeit hatte ihn der Präsident der Volksversammlung in Caen, der bei der geschilderten Diskussion gar nicht anwesend war, angezeigt und zur Fahndung ausgeschrieben. Als Danyaud hiervon erfuhr, begab er sich sofort wieder nach Caen.

Ich schrieb der Volksgesellschaft, dass ein Republikaner nicht flieht und dass ich mich am nächsten Tag um 9 Uhr morgens zum Überwachungskomitee begeben würde, was ich auch tat. Meine Verhaftung wurde verfügt, man hörte keinerlei Gründe an noch die Forderung, den Volksvertretern vorgeführt zu werden, und ich wurde sofort ins Haftgefängnis gebracht, wo ich bis zum 18. Germinal (7. April) blieb und von wo ich in die Conciergerie [Gefängnis in Paris] gebracht wurde. Am 27. wurde ich verhört.

---

1 François Nicolas Vincent (1767-guillotiniert am 24. März 1794) und Antoine François Momoro (1756-guillotiniert am 24. März 1794), beide Mitglieder der Cordeliers und ab Sommer 1793 Wortführer der Hébertisten, eines linken Flügels der Jakobiner, zu denen sich vor allem radikale, mit dem Verlauf der Revolution unzufriedene Revolutionäre, kleinbürgerliche Radikale und sozial Deklassierte bekannten. Im Organ der Hébertisten, der viel gelesenen Zeitung „Le Père Duchesne", machten sie die noch uneingelösten Ansprüche der unteren Volksschichten bekannt, Forderungen, die sie teilweise von den „Enragés" übernahmen. Sie traten für den revolutionären Terror, die Festnahme der Verdächtigen und eine Revolutionsarmee ein, forderten radikale Maßnahmen zur Verbesserung der Versorgungslage und trieben den Entchristlichungsprozess voran. Den Wohlfahrtsausschuss bezeichneten sie in dessen Kampf gegen die „Nachsichtigen" („Indulgents") als zu lasch. Ihre Angriffe richteten sich auch gegen die Anhänger Robespierres im Wohlfahrtsausschuss. Mit den Ventôse-Dekrete (26.2./3.3.1794) versuchten diese, den Hébertisten den Wind aus den Segeln zu nehmen, was aber misslang. Am 13./14. März 1794 festgenommen und des Komplotts gegen die Regierung des Konvents angeklagt, wurden sie mit ihrem Anführer Jacques René Hébert (1757-1794) am 24.3.1794 hingerichtet (insgesamt 18 Personen).

Bürger Abgeordnete, das ist das Verbrechen, dessen ich angeklagt bin. Ich habe mich in allen gefährlichen und ruhmreichen Epochen der Revolution als aufrechter Republikaner gezeigt, und ich rufe dazu das Zeugnis meiner Sektion („Mutius Scévola") an. Ich habe ihr Vertrauen und das des Wohlfahrtsausschusses und der Zentralen Waffenkommission verdient. Ich bin Vater von vier Kindern; das älteste ist noch nicht sechs Jahre. Von Paris seit sieben Monaten abwesend, konnte ich wie viele andere durch die patriotische Maske von Vincent und Momoro getäuscht werden, die ich jedoch nur in den Volksgesellschaften gesehen und mit denen ich weder irgendwelche Verbindungen noch persönliche Gespräche noch Briefwechsel gehabt habe. Ja, die Unvorsichtigkeit, mit der ich ihre Partei ergriffen habe, da ich nicht wusste, dass sie überführt waren, ist zweifellos der beste Beweis meiner Unschuld, denn andernfalls hätte ich geschwiegen oder mich beeilt, Zeter und Mordio zu schreien, um jeden Verdacht der Mitschuld von mir abzuwenden. Daher erbitte ich mit größtem Vertrauen Euer Urteil; meine Frau steht kurz vor ihrer Niederkunft, und ich habe kein anderes Vermögen als meine Hingabe an de Republik und das Gehalt, mit dem mein Eifer belohnt wird.

Danyaud

Aus: Markov, Walter/Soboul, Albert (Hrsg.): Die Sansculotten von Paris. Dokumente zur Geschichte der Volksbewegung 1793-1794, Berlin 1957, S. 353ff.

3.1.20 Die Abschaffung der Negersklaverei in den Kolonien, 4. Februar 1794 (16. Pluviôse II)

Schon vor der Revolution, im Frühjahr 1788, war eine „Société des amis des Noirs" („Gesellschaft der Freunde der Schwarzen") gegründet worden, der es aber nicht gelang, die Abschaffung der Sklaverei in der Verfassung vom September 1791 als besonderen Artikel zu verankern. Dies geschah erst mit dem hier abgedruckten Konventsdekret. Gegner der Sklavenbefreiung waren v. a. die weißen Siedler in den Kolonien, die von den Sklaven als billigen Arbeitskräften profitierten. Napoleon hat per Gesetz vom 20. Floréal des Jahres X (10. Mai 1802) die Sklaverei wieder eingeführt. Frankreich besaß im späten 18. Jahrhundert Kolonien in Amerika (Guyana, Guadeloupe, Martinique, einige Inseln der kleinen Antillen, Saint-Domingue [Westteil von Hispaniola, heute Haiti], Saint-Pierre et Miquelon), einige Handelsplätze in Indien, einige Inseln im Indischen Ozean vor der Ostküste Afrikas (La Réunion, Mauritius, Seychellen).

Der Nationalkonvent erklärt die Sklaverei der Neger in allen Kolonien für abgeschafft. Demzufolge dekretiert er, dass alle Menschen ohne Unterschied der Hautfarbe, die in den Kolonien ihren Wohnsitz haben, französische Bürger sind und sämtliche durch die Verfassung garantierten Rechte genießen.

Aus: Grab, Walter (Hrsg.): Die Französische Revolution. Eine Dokumentation, München 1973, S. 222.

3.1.21 Das Ventôse-Gesetz vom 3. März 1794

Die sog. Ventôse-Dekrete (26. Februar/3. März 1794) erlaubten es, den Besitz der Verdächtigen (s. S. 256f.) zugunsten bedürftiger „Patrioten" zu beschlagnahmen.

Das zweite Ventôse-Dekret vom 3. März 1794, das Saint-Just (s. S. 141, Anm. 1) in der nachstehenden Quelle vorstellt und erläutert, ist, wohl auch wegen der umständlichen Feststellung der Bedürftigen, kaum zur Ausführung gekommen und wurde nach dem gewaltsamen Tod Robespierres am 28. Juli 1794 nicht mehr angewendet.

[...] *Art. 2.* Das Eigentum der Patrioten ist unverletzlich und heilig. Die Güter der als Feinde der Republik bekannten Personen[1], werden zugunsten der Republik sequestriert [beschlagnahmt]. Diese Personen bleiben bis zum Frieden in Haft und werden dann auf immer verbannt.

Saint-Just begründete das Gesetz am 3. März 1794 wie folgt:

Das Mittel zur Festigung die Revolution besteht darin, ihr eine Wendung zugunsten jener zu geben, die sie unterstützen und zum Schaden jener, die sie bekämpfen. [...]

Um das Gesetz umzusetzen, schlägt Saint-Just folgendes Dekret vor:

Artikel I. Alle Gemeinden der Republik werden ein Verzeichnis der bedürftigen Patrioten in ihrem Gebiet aufstellen mit Angabe des Namens, Alters, Gewerbes, der Anzahl und des Alters ihrer Kinder. Die Distriktsdirektorien werden diese Verzeichnisse dem Wohlfahrtsausschuss in der kürzest möglichen Zeit zusenden.

Artikel II. Wenn der Wohlfahrtsausschuss diese Verzeichnisse erhalten hat, wird er einen Bericht über die Maßnahmen vorlegen, wie alle Unglücklichen aus dem Besitz der Feinde der Revolution zu entschädigen sind. [...]

Aus: Fischer, Peter (Hrsg.): Reden der Französischen Revolution, München 1974, S. 376f.

3.1.22 Öffentliche Resonanz auf die Ventôse-Dekrete (März 1794)

Die Beobachtungen eines Agenten vom 4. März 1794.

In allen Gruppen, allen Cafés spricht man nur über das Gesetz, das die Aufteilung der Adelsgüter an die Sansculotten verfügt. Dieses populäre Gesetz hat überall Freude ausgelöst. Die Bürger beglückwünschen, umarmen sich gegenseitig. „Endlich ein Gesetz“, sagte einer, „das mehr wert ist als zehn gegen den Feind errungene Schlachten, was wird es den Soldaten der Freiheit für eine neue Kraft geben! Jetzt werden sie sagen können: Wir haben ein Vaterland, und darum kämpfen wir.“ „Jetzt ruht die Politik auf unerschütterbaren Säulen, kein Revolutionsfeind wird mehr Eigentümer sein, kein Patriot mehr ohne Eigentum. [...] Allein, es gilt schlimmen Missbräuchen, die sich dabei einschleichen könnten und die den Ruin der Republik nach sich zögen, zuvorzukommen. Wenn die Reichen nach und nach ein Mittel fänden, die an das Volk verteilten Länder an sich zu bringen, brächte die Verelendung bald den Despotismus hervor. Es ist notwendig, dass die heiligen Güter, unter welchem Vorwand auch im-

1 Bei dem angesprochenen Vermögen der „Feinde der Revolution“ handelt es sich in erster Linie um den Besitz der etwa 300 000 Emigranten und der als Royalisten verdächtigten Personen (Zahlen nach Tulard u. a., S. 1137; Jeschonnek, S. 237, spricht von „rund 100 000 Verdächtigen“).

mer, niemals mehr ihren Besitzern weggenommen werden. Dann werden diese Bürger ein für allemal über ein Eigentum verfügen, das sie an ihr Vaterland bindet."

Aus: Petersen, Susanne: Die Große Revolution und die Kleinen Leute. Französischer Alltag 1789/95. Kommentare, Dokumente, Bilder, Köln 1988, S. 95f.

3.1.23 Rechtfertigungsschreiben eines Verdächtigten, 14. Mai 1794 (25. Floréal II)

Jean Antoine Rossignol[1]*, ein des „Hébertismus" (s. 3.1.19, Anm. 1) verdächtigter Sansculottengeneral, an seine Sektion*[2]*:*

Bürger!

Eben erfahre ich, dass in der Hauptstadt das Gerücht geht, ich sei zu den Feinden der Republik übergegangen. Zweifellos wollen damit Böswillige diejenigen verleumden, die bisher das Vertrauen der Nation besessen haben: Glaubt mir, Kameraden, ich werde mir eine Pflicht daraus machen, eine solche Anschuldigung zu entkräften. Ich wage mit dem Freimut, den ihr immer an mir gekannt habt, zu sagen, dass mir eine solche Idee niemals gekommen ist.

Die Verschwörer, deren Komplott aufgedeckt ist, mögen wohl für alle Fälle dergleichen Absichten haben, nicht aber ein Patriot, der nie einen anderen Ehrgeiz besessen hat als den, seinem Vaterland nützlich zu sein. Ich wage mir zu schmeicheln, dass meine Haltung einwandfrei ist.

Ich war fast ein Jahr lang General und bin ohne Reichtümer zu diesem Dienstgrad gelangt. Ich habe ihn ohne Vermögen abgelegt. Das ist meine Antwort an die Verleumder.

Ihr kennt mich alle, und ich hoffe, Ihr werdet Anstrengungen machen, dass gute Republikaner nicht wieder auf schimpfliche Weise wie ich verleumdet werden.

Brüderlichen Gruß

Rossignol

Ehemals Kommandierender General der Küstenarmee von Brest

P.S. Ich bitte Euch, allen guten Republikanern in der Vollversammlung der Sektion von diesem Brief Mitteilung zu machen.

Orléans, den 25. Floréal des Jahres II der einen und unteilbaren Republik

Aus: Markov, Walter/Soboul, Albert (Hrsg.): Die Sansculotten von Paris. Dokumente zur Geschichte der Volksbewegung 1793-1794, Berlin 1957, S. 377

---

1 Jean Antoine Rossignol (1759-1802), Goldschmiedearbeiter in Paris, war vom Sturm auf die Bastille an bis zum Tuileriensturm am 10. August 1792 an allen großen Ereignissen der Revolution beteiligt. Ab März 1793 bekämpfte er zunächst mit einigem Erfolg den Aufstand in der Vendée und wurde zum Divisionsgeneral und Oberbefehlshaber der Küstenarmee von La Rochelle befördert, wegen Erfolglosigkeit aber Ende April 1794 abgesetzt. Nach dem 9. Thermidor (27. Juli 1794) wurde er inhaftiert, im Oktober 1795 aber amnestiert. Er war am Staatsstreich vom 18. Fructidor V (4.9.1797) beteiligt. Nach dem Attentat auf Napoleon am 24.12.1800 wurde er zunächst auf die Seychellen, kurz darauf auf eine Komoreninsel deportiert, wo er 1802 starb.

2 Das Schreiben ist an die Bürger des Überwachungsausschusses der Sektion „Quinze-Vingts" gerichtet, aus der Rossignol stammt.

3.1.24 Das Fest des „Höchsten Wesens" (8. Juni 1794)

Der „Kult des Höchsten Wesens" erhielt im Frühjahr 1794 staatsreligiösen Charakter, verlor aber mit dem Sturz Robespierres Ende Juli 1794 sofort wieder an Bedeutung. Dieser Kult, der auf der Vorstellung von einem höchsten Wesen basiert, das die Welt erschaffen hat, sollte das Christentum bzw. den Katholizismus als Religion ersetzen. Obwohl der Konvent die Freiheit des religiösen Bekenntnisses garantierte, schloss die Commune von Paris am 24. November 1793 alle dortigen Kirchen. Zusammen mit dem Kult der Vernunft, der schon zuvor vor allem von den Anhängern Héberts (s. 3.1.19, Anm. 1) propagiert worden war, bildete der Kult des Höchsten Wesens ein zivilreligiöses Fest, mit dem der Prozess der Entchristlichung vorangetrieben und gleichzeitig dem Republikanismus ein metaphysischer Überbau verschafft werden sollte. Dieser schien Robespierre nötig, da er in der fortschreitenden Gottlosigkeit der Bevölkerung eine Ursache für den moralischen Niedergang erblickte. Die Wurzeln beider Kulte liegen in der Aufklärung. Mit der Einführung des Kults des höchsten Wesens wurde zugleich die Feier republikanischer Feste beschlossen, die an die Stelle der katholischen Kirchenfeste treten sollten. Als Nationalfeste galten der 14. Juli (1789: Erstürmung der Bastille), der 10. August (1792: Tuileriensturm), der 21. Januar (1793: Hinrichtung des Königs), 31. Mai (1793: Volksaufstand; Entmachtung der Girondisten; Beginn der Jakobinerherrschaft). Jeder Dekadi, also jeder 10. Tag im republikanischen Kalender, der den früheren Sonntag ersetzte, sollte einer staatsbürgerlichen oder sozialen Tugend gewidmet sein und auf diese Weise nach Robespierre „développer le civisme et la morale républicaine" („die staatsbürgerliche Gesinnung und die republikanische Moral entwickeln").

Das Fest des Höchsten Wesens am 8. Juni 1794 war Ausdruck dieser Ideen. An diesem Tag wurde von einer riesigen Menschenmenge von den Tuilerien bis zum Marsfeld die Hymne des Höchsten Wesens (L'Hymne à l'Être suprême) gesungen, die der revolutionäre Dichter Théodore Desorgues (1764-1808)[1] geschrieben und François Joseph Gossec (1734-1829) vertont hatte. Von Robespierre wird berichtet, dass er in einem himmelblauen Gewand und von einer Schärpe in den Nationalfarben umschlungen den Festzug allein angeführt habe, gefolgt von den Abgeordneten des Konvents. In den Händen habe er ein Blumenbukett und Kornähren gehalten. Der Zug führte zu einem auf dem Marsfeld künstlich errichteten Berg, wo man gemeinsam ewigen Hass auf die Tyrannei der Könige schwor. Alles gipfelte in dem Ruf „Vive la République!". Manche Konventsabgeordnete ließen während des Verlaufs der Feier deutlich ihr Missfallen gegenüber dieser Veranstaltung erkennen, in der sie nichts anderes als ein Possenspiel sahen. Sie weigerten sich im Gleichschritt zu gehen und schwatzten während der Zeremonie.

---

1 Desorgues, Jakobiner und Anhänger Robespierres, entging nach dessen Sturz nur knapp der Guillotine. Zur Zeit des Direktoriums geriet er in Vergessenheit. Unter Napoleon blieb er entschiedener Republikaner und schrieb jetzt Lieder und Gedichte, in denen er sich über Napoleon lustig machte. Mit „Napoléon, ce caméléon" hatte er zum Ärger des Konsuls Napoleons einigen Erfolg. Dieser ließ ihn 1803 zusammen mit dem Marquis de Sade in der psychiatrischen Anstalt Charenton (im 1968 südöstlich von Paris im Weichbild der Stadt neu geschaffenenen Departement Val-de-Marne) inhaftieren.

„Anblick des Gebirges, das auf dem Vereinigungsfeld für das Fest errichtet wurde, das am 20. Dekadi des Prairéal im Jahr II der französischen Republik gefeiert wurde." Das „Gebirge", auf dessen Gipfel ein von der Tricolore und der Jakobinermütze bekrönter Freiheitsbaum steht, ist eine deutliche Anspielung auf Rousseaus wilde Natur. Dazu zählen auch die acht Ochsen, die einen mit Getreidegarben und Ackergeräten beladenen Wagen ziehen.

Aus: Reichardt, Rolf (Hrsg.): Die Französische Revolution, Würzburg 1988, S. 226.

Inschrift an der Mauer der Kirche in Ivry-la-Bataille („Tempel der Vernunft und der Philosophie")

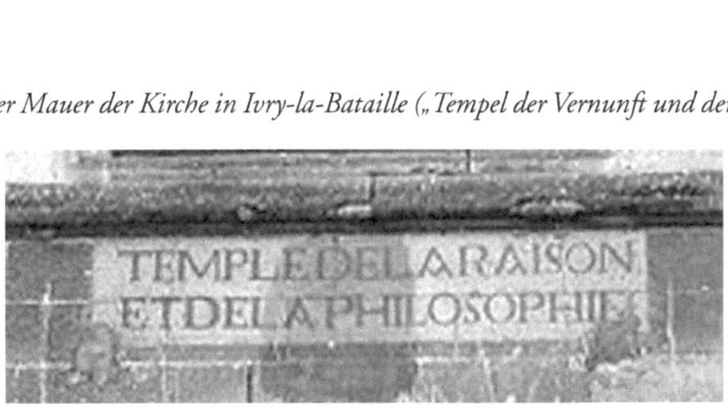

Inschrift an der Kathedrale von Clermont-Ferrand: „LE PEUPLE FRANÇAIS RECONNOIT L'ETRE SUPRÊME ET L'IMMORTALITÉ DE L'AME („Das französische Volk erkennt das Höchste Wesen und die Unsterblichkeit der Seele an"): Die Inschrift wurde bei einer Restaurierung der Kathedrale wieder entdeckt.

3.1.25 Verordnung des Konvents über das Höchste Wesen und seine Verehrung (7. Mai 1794)

1. Das französische Volk erkennt die Existenz des Höchsten Wesens und die Unsterblichkeit der Seele an.
2. Es erkennt, daß die des Höchsten Wesens würdige Verehrung in der Ausübung der menschlichen Pflichten besteht.
3. An die erste Stelle unter diesen Pflichten stellt es die Verachtung der Gewissenslosigkeit und der Gewaltherrschaft, die Bestrafung der Gewaltherrscher und Verräter, die Unterstützung der Unglücklichen, die Achtung der Schwachen, die Verteidigung der Unterdrückten, weitestgehende Hilfeleistung für die Mitmenschen und Gerechtigkeit gegenüber jedermann.
4. Feste werden eingeführt, um den Menschen an den Begriff der Gottheit und an seine Menschenwürde zu erinnern.
5. Sie erhalten ihren Namen nach glorreichen Ereignissen unserer Revolution, nach den wertvollsten und dem Menschen nützlichsten Tugenden, nach den größten Wohltaten der Natur.

Aus: Hartig, Irmgard und Paul: Die Französische Revolution, Stuttgart 1984, S.101f.

3.1.26 Entchristianisierung in den besetzten Gebieten

In Paris und teilweise auch in der französischen Provinz waren der Prozess der Entchristlichung und die Ablösung des christlichen Glaubens durch den neuen „Kult des höchsten Wesens" gegen teilweise beträchtlichen Widerstand der Bevölkerung vor allem auf dem Lande bereits weit vorangeschritten. Auch in den besetzten Gebieten wurde der Versuch unternommen, den neuen Kult zu installieren.[1] Ausführlich berichteten im Mai 1794 die rheinischen Tageszeitungen über einen Beschluss des Konvents, der auf Antrag Robespierres gefasst wurde.

1 Vgl. hierzu Buchholz, Christopher: Französischer Staatskult 1792-1813 im linksrheinischen Deutschland. Mit Vergleichen zu den Nachbardepartements der habsburgischen Niederlande, Frankfurt/M. usw. 1997.

Es ist Tatsache, und man mag dagegen schreien, so viel man will, so ist und bleibt es doch Wahrheit, dass man im vorigen Jahr in Paris damit umging, alle Religion durchaus abzuschaffen, und keine andere Gottheit als die der Vernunft zu erkennen. Es sei ferne von uns, die schändlichen und gräuelvollen Auftritte hier zu wiederholen, welche in dem vorigen November und Dezember [1793] bei dieser Gelegenheit in dem ausgearteten Frankreich vorgingen, und die jeder in den damaligen öffentlichen Pariser Blättern selbst nachlesen kann. Nur bemerken wir hier, dass es Robespierre allein war, der sich damals der gänzlichen Verdammung aller Religion entgegensetzte; jedoch ging seine Absicht dabei auf nichts weniger, als einen Apostel der christlichen Religion abzugeben. Dieser Schlaukopf sah die Schwierigkeiten wohl ein, ein zügelloses Volk blos durch politische Gesetze im Zaume zu halten, und trug deswegen darauf an, man könnte wohl allen öffentlichen Gottesdienst abschaffen, jedoch sollte man jeden in Religionssachen glauben und denken lassen, was er nach seiner Überzeugung für gut fände. [...] Eben dieser Robespierre trat nun in der Sitzung [des Konvents] vom 7. Mai mit einem Antrage über die Nationalfeste und über die Feier des zehnten Tages auf. Nach dem neuen Kalender wird nämlich allemal der zehnte Tag statt des ehemaligen Sonntags gefeiert.[1]
[Der Beschluss[2] lautete:]

1. Das französische Volk erkennt ein Höchstes Wesen und die Unsterblichkeit der Seele an. [...] Dieses Volk hat zu seinem Grundsatze angenommen, den Meineid und die Tyrannei zu verfluchen, Unglücklichen beizuspringen, Unterdrückte zu verteidigen, anderen nach Vermögen alles Gute zu erzeigen und gegen niemand ungerecht zu sein. [...]
4. Die Freiheit der Religion wird nach dem Inhalt des Gesetzes vom 18. Frimaire (8. Dezember) beibehalten. Alle aristokratischen, der öffentlichen Ordnung entgegen zielenden Versammlungen werden verboten. Ebenso sollen alle fanatischen Predigten, revolutionswidrigen Anstalten und Handlungen („insinuations") nach der Strenge der Gesetze bestraft werden.
5. Am 20. des nächsten Prairial (8. Juni) soll das Fest des Höchsten Wesens gefeiert werden.

Aus: Hansen, Joseph (Hrsg.): Quellen zur Geschichte des Rheinlandes im Zeitalter der Französischen Revolution 1780-1801, 3. Bd., Bonn 1935, S. 114ff.

3.1.27 Ein „Tempel der Vernunft" in Aachen

a) „Wonne und Moral" für die Freiheitsfreunde

Als in Aachen Ende 1794 ein „Tempel der Vernunft" eingeweiht wurde, berichtete die Zeitung „Aachener Zuschauer":

Um in allen Herzen der guten Bürger den Hang der Bürger-Tugend immer mehr keimen zu machen und den Geschmack für republikanische Grundsätze auch in die Gemüter verblendeter und irre geführter Bürger zu verpflanzen, sollen künftig, auf Veranlassung der hier an-

1 Der Revolutionskalender war am 5. Oktober 1793 eingeführt worden. Die neue Zählung der Tage, Monate und Jahre begann rückwirkend mit dem 21. September 1792, dem Tag der Ausrufung der Republik. An die Stelle der Woche mit sieben Tagen trat die Dekade mit zehn Tagen. Der zehnte Tag der Woche (Dekade) hieß Dekadi und entsprach dem Sonntag. Zum Kalender s. S. 251 ff.

2 Gemeint ist der vorstehend zitierte Beschluss (s. S. 268), allerdings ist die hier aus rheinischen Tageszeitungen zitierte Passage (bis auf Punkt 1) keine wortgleiche Wiedergabe des Gesetzestextes.

wesenden französischen Volks-Repräsentanten und der nunmehr förmlich installierten General-Verwaltung für die Lande zwischen der Maas und dem Rheine, in einem dazu eigens einzuweihenden Vernunfts-Tempel allemal die Dekaden-Feste gefeiert werden. Diese sämtlichen Feste, welche bei der französischen Nation an die Stelle der vormaligen religiösen Feste eingeführt worden sind, erinnern mit jeder Dekade insbesondere an irgend eine patriotischen Tugend, an Vaterlands-Liebe, Tyrannen-Hass, Gerechtigkeit, Mut u.s.w., und so ergießt sich Wonne und Moral in den Busen jedes Freiheits-Freundes. Am nächsten Decadi soll damit angefangen werden.

Aus: Kraus, Thomas R.: Auf dem Weg in die Moderne. Aachen in französischer Zeit 1792/93, 1794-1814, Aachen 1994, S. 93

b) „Lächerliche Prozession"

Die Aachener Chronik 1770-1796 berichtet über dieses erste Fest des Höchsten Wesens:

Den 20. Decembris [1794] haben die Franzosen den großen Redoutensaal dem Gott der Vernunft zum Tempel eingeweiht. Bei diesem Feste haben sie, ein jedes Departement mit seinen Nationalfahnen, eine lächerliche Prozession durch die Stadt gehalten. Der Volksrepräsentant hielt allda eine lange Rede von Ausrottung der Tyrannen (so nannten sie die Fürsten), von Freiheit, Gleichheit und Bruderliebe. Die Feier war den kirchengläubigen Bürgern umso anstößiger, als die Franzosen jetzt (wie 1792/93) vielfach die katholischen Kirchen [zu Pferdeställen] entweihten.

Aus: Hansen, Joseph (Hrsg.): Quellen zur Geschichte des Rheinlandes im Zeitalter der Französischen Revolution 1780-1801, 3. Bd., Bonn 1935, S. 335

3.1.28 Trotz Wiederzulassung der Kirchen blieben kirchenfeindliche Bestimmungen bestehen

Der „Kult des Höchsten Wesens", der in Frankreich mit dem Tod Robespierres aufgegeben wurde, konnte in den besetzten Gebieten nicht durchgesetzt werden. In Aachen musste der dortige „Tempel der Vernunft" bereits im Februar 1795 aus Mangel an Beteiligung der Bevölkerung wieder aufgegeben werden. Auch der Revolutionskalender fand nur in den von den Franzosen kontrollierten Verwaltungen Anwendung. Mit einem Dekret vom 21. Februar 1795 wurden in Frankreich und in den besetzten Gebieten christliche Gottesdienste wieder zugelassen. Gebäude zur Ausübung der Religion und Wohnungen für die Pfarrer werden vom Staat nicht zur Verfügung gestellt. Am 30. Mai 1795 gestattete der Staat aber die Wiederbenutzung der Kirchen in Frankreich, soweit sie in der Zwischenzeit nicht als Nationalgüter verkauft worden waren. Mit dem genannten Dekret blieben einige kirchenfeindliche Bestimmungen aber weiterhin in Kraft. Zum Beispiel:

4. Zeremonien aller Art von Religionen sind außer in dem für ihre Ausübung gewählten Lokal verboten.
5. Das Gesetz erkennt keinen Religionsdiener an, und kein solcher mag öffentlich in religiöser Kleidung [...] erscheinen.

6. Jede Versammlung von Bürgern zu irgendeiner Art von Religionsübung bleibt der Aufsicht der staatlichen Gewalten unterworfen. [...]
7. Kein besonderes Zeichen irgendeiner Religionsverehrung mag an einem öffentlichen Platze weder auswärts noch auf irgendeine Weise ausgestellt werden. Keine Inschrift mag den dazu angewiesenen Ort bezeichnen. Keine Proklamation noch öffentliche Zusammenberufung mag geschehen, um die Bürger dazu einzuladen. [...]
10. Wer immer die Zeremonien irgendeiner Religionsverehrung gewalttätig stören oder die Gegenstände derselben verunglimpfen würde, soll nach den Polizeigesetzen bestraft werden.

Aus: Hansen, Joseph (Hrsg.): Quellen zur Geschichte des Rheinlandes im Zeitalter der Französischen Revolution 1780-1801, 3. Bd., Bonn 1935, S. 400f.

3.1.29 Gesetz vom 22. Prairial II (10. Juni 1794)

Mit diesem Gesetz beginnt die Hochphase der Terreur. Es ließ nur zwei Gerichtsentscheidungen zu: Freispruch oder Todesstrafe. Das Gesetz war nur gut sechs Wochen in Kraft und wurde nach der Hinrichtung Robespierres am 9. Thermidor II (27. Juli 1794) wieder abgeschafft. Während dieser Zeit wurden in Paris 1376 Personen guillotiniert – das sind fast 30 Hinrichtungen pro Tag. Gerade die Angaben in Artikel 6 vermitteln eine Vorstellung davon, dass im Grunde jedes Verhalten eine Untersuchung bzw. Bestrafung des Revolutionstribunals nach sich ziehen konnte (s. auch 3.1.2).

Der Nationalkonvent dekretiert nach Anhörung des Berichtes des Wohlfahrtsaussusses wie folgt: [...]

Artikel 4. Der Zweck der Einsetzung des Revolutionstribunals ist es, die Feinde des Volkes zu bestrafen.

Artikel 5. Feinde des Volkes sind alle diejenigen, die die öffentliche Freiheit durch Gewalt oder List vernichten wollen.

Artikel 6. Als Feind des Volkes gilt, wer die Wiedererrichtung des Königtums betreibt oder die Verächtlichmachung oder Auflösung des Nationalkonvents und der republikanischen Revolutionsregierung, deren Zentrum er ist, anstrebt;

wer als Standort- oder Armeebefehlshaber oder in irgendeiner anderen militärischen Funktion die Republik verrät, geheime Beziehungen mit den Feinden der Republik unterhält oder vorsätzlich Mängel in der Versorgung und beim Heeresdienst herbeiführt;

wer die Lebensmittelversorgung von Paris zu behindern oder die Teuerung in der Republik auszulösen bestrebt ist;

wer die Pläne der Feinde Frankreichs begünstigt dadurch, daß er Verschwörern und Aristokraten behilflich ist, heimlich zu fliehen und sich der Strafe zu entziehen, oder dadurch, daß er Patrioten verfolgt und verleumdet, Volksvertreter bestiecht oder die Prinzipien der Revolution und die Gesetze und Maßnahmen der Regierung durch falsche und böswillige Ausführung mißbraucht;

wer das Volk und seine Repräsentanten täuscht, um sie zu Maßnahmen zu veranlassen, die dem Interesse der Freiheit zuwiderlaufen;

wer Mutlosigkeit zu verbreiten sucht mit der Absicht, die Unternehmungen der gegen die Republik verbündeten Tyrannen zu fördern;

wer falsche Nachrichten ausstreut, um das Volk zu spalten oder zu verwirren;

wer die öffentliche Meinung irrezuführen und die Information des Volkes zu behindern, wer die Sitten zu verderben und das öffentliche Bewußtsein zu trüben, wer die Kraft und Reinheit der revolutionären und republikanischen Prinzipien zu verfälschen oder ihren Fortschritt duch gegenrevolutionäre oder Hetzschriften oder mit sonstwie arglistigen Mitteln aufzuhalten versucht;

jeder unehrliche Lieferant, der das Wohl der Republik gefährdet, und jeder, der öffentliches Vermögen vergeudet, soweit er nicht unter die Bestimmungen des Gesetzes vom 7. Frimaire fällt;

wer, mit der Ausübung eines öffentlichen Amtes betraut, dieses dazu missbraucht, den Feinden der Revolution zu dienen, die Patrioten zu drangsalieren und das Volk zu unterdrücken;

schließlich alle, die in den vorangegangenen Gesetzen über die Bestrafung der Verschwörer und Gegenrevolutionäre genannt sind und die – mit welchen Mitteln und unter welcher Maske auch immer – die Freiheit, Einheit und Sicherheit der Republik angreifen oder an ihrer Unterhöhlung arbeiten.

Artikel 7. Die Strafe für alle Delikte, deren Aburteilung dem Revolutionstribunal vorbehalten ist, ist der Tod. [...]

Artikel 9. Jeder Bürger hat das Recht, Verschwörer und Gegenrevolutionäre festzunehmen und vor die Behörden zu bringen; er ist zur Anzeige verpflichtet, sobald er von ihrer Tätigkeit erfährt. [...]

Artikel 12. Der Angeklagte wird in öffentlicher Gerichtsverhandlung verhört. [...]

Artikel 13. Liegen unabhängig von der Zeugenaussage materielle oder moralische Beweise vor, so erübrigt sich die Zeugenvernehmung, es sei denn, dieser Formalität erscheint notwendig, um Mitschuldige zu entdecken, oder aus anderen zwingenden im öffentlichen Interesse liegenden Gründen.

Artikel 14. Falls es zu einer Zeugenvernehmung kommt, läßt der öffentliche Ankläger diejenigen Zeugen vorladen, die der Gerechtigkeit zum Sieg verhelfen können, ohne Rücksicht darauf, ob sie den Angeklagten belasten oder entlasten.

Artikel 15. Alle Zeugenaussagen werden öffentlich gemacht. Schriftliche Aussagen werden nicht angenommen, außer wenn es den Zeugen unmöglich ist, vor dem Tribunal zu erscheinen; in diesem Fall bedarf es einer ausdrücklichen Genehmigung des Wohlfahrts- und Allgemeinen Sicherheitsausschusses.

Artikel 16. Das Gesetz gibt den verleumdeten Patrioten patriotisch gesinnte Geschworene als Verteidiger bei; die Verschwörer erhalten keine Verteidiger. [...]

Artikel 20. Der Konvent annulliert alle diejenigen Bestimmungen der vorangegangenen Gesetze, die mit vorliegendem Dekret nicht übereinstimmen; er wünscht nicht, daß die die Organisation der gewöhnlichen Gerichte regelnden Gesetze auf gegenrevolutionäre Vergehen und die Tätigkeit des Revolutionstribunals Anwendung finden. [...]

Aus: Grab, Walter (Hrsg.): Die Französische Revolution. Eine Dokumentation, München 1973, S. 224-227

3.2 Der Sturz Robespierres und die Zeit bis zum Ende des Konvents

3.2.1 „Verweigert ihm das Wort"

Joseph Fouché[1] über die Vorbereitung zum Sturz Robespierres (1794):

Wir hatten den Höhepunkt von Revolution und Schrecken erreicht. Regiert wurde nur noch mit dem Eisen, das die Köpfe abschnitt. Verdacht und Mißtrauen nagten an allen Herzen, und das blanke Entsetzen lag über allen. Selbst die Männer, die in ihren Händen die Waffe des Terrors hielten, waren von ihm bedroht. Ein einziger Mann im Konvent schien eine unangreifbare Popularität zu genießen, das war Robespierre aus dem Artois, voller Verschlagenheit und Stolz, ein neidischer, haßerfüllter, rachgieriger Mensch, der sich an dem Blut seiner Kollegen nicht sättigen konnte, und der durch seine Veranlagung, sein Verhalten, den Weg seiner Ideen und seine Zähigkeit sich oft auf das Niveau der schrecklichsten Umstände zu erheben vermochte. Gestützt auf sein Übergewicht im Wohlfahrtsausschuß, strebte er ganz offen [...] zum Despotismus einer Diktatur, wie Marius und Sulla[2] sie ausgeübt hatten. Er brauchte nur noch einen einzigen Schritt zu tun, um absoluter Herr der Revolution zu sein, aber er brauchte dazu noch dreißig Köpfe, und er hatte sie bereits im Konvent gekennzeichnet[3]. Er wußte, daß ich ihn durchschaut hatte, und also hatte ich die Ehre, in seinem Notizbuch auf die Mordliste gesetzt zu werden. Ich war noch fern auf Mission, als er mich anklagte, ich unterdrücke die Patrioten und vertrüge mich gut mit den Aristokraten. Ich wagte es, von der Tribüne herab von ihm zu fordern, er solle seine Anklage beweisen. Aus dem Jakobinerklub, dessen Hoher Priester er war, ließ er mich ausschließen, was für mich so viel bedeutete wie eine Proskription [Ächtung]. Es machte mir nicht das geringste Vergnügen, um meinen Kopf kämpfen oder bei heimlichen Treffen mit Kollegen, die ebenso wie ich bedroht waren, lange Beratungen halten zu müssen. Ich begnügte mich damit, ihnen, unter anderen Legendre, Dubois de Crancé, Daunou, Chénier,[4] zu sagen: „Ihr seid auf der Liste! Ihr seid genau so auf der

---

1 Joseph Fouché (1759-1820), Sohn eines Kapitäns, besuchte die Schule des Ordens der Oratorianer, ohne je Priester zu werden. Zu Beginn der Revolution war er in seiner Geburtsstadt Nantes aktiv. 1792 in den Konvent gewählt, stimmte er für die Hinrichtung Ludwigs XVI. Er war zunächst Anhänger der Girondisten, ohne groß in Erscheinung zu treten. 1793 ging er zur Bergpartei über und organisierte die Verteidigung Nantes' gegen die Aufständischen der Vendée. Er war aktiv in der Entchristlichungskampagne und unterwarf die gegenrevolutionäre Stadt Lyon mit brutaler Gewalt. Im März 1794 geriet er jedoch in Verdacht des Moderantismus und der Gegenrevolution. Der Moderantismus ist eine politische Richtung, die gegenüber Robespierre gemäßigtere – moderatere – Positionen vertrat. Beim Sturz Robespierres wirkte er maßgeblich mit und machte im Direktorium und auch später in der Zeit Napoleons Karriere (Polizeiminister 1799, Erhebung zum Herzog von Otranto 1808). Unter Ludwig XVIII. war er 1815 zunächst wieder Polizeiminister, dann Gesandter in Dresden. 1816 wurde er als „Régicide" (Königsmörder) auf Betreiben der Royalisten am Hof in Paris gestürzt.

2 Marius und Sulla waren römische Feldherren und Politiker um 100 v. Chr.

3 Diese von der Hinrichtung bedrohten Personen tauchten in Paris unter, hatten wechselnde Quartiere, um der Überwachung bzw. Verhaftung zu entgehen. Auch Fouché war zeitweise im Untergrund.

4 Bei den hier genannten Personen handelt es sich um Gegner Robespierres, die auch an dessen Sturz beteiligt waren.

Liste wie ich, dessen bin ich ganz sicher!" Tallien, Barras, Bourdon de l'Oise und Dubois de Crancé zeigten einige Energie. Tallien [...] war sogar entschlossen, den zukünftigen Diktator im Konvent mit seinem Dolche niederzustechen. Aber wie gefährlich war das! Robespierres Volkstümlichkeit hätte ihn überlebt, und uns hätte man auf seinem Grabe geschlachtet. Ich redete Tallien einen solchen Alleingang aus, der zwar den Mann zu Fall gebracht, sein System aber erhalten hätte. Überzeugt, daß es anderer Mittel bedürfe, ging ich geradewegs zu denen, die mit Robespierre an der Schreckensherrschaft teilhatten, von denen ich aber wußte, daß sie auf seine immense Popularität neidisch waren oder sie fürchteten. [...] „Zählt doch die Stimmen", sagte ich zu ihnen, „in eurem Komitee! Ihr werdet sehen, daß er, wenn ihr nur wirklich wollt, nur die ohnmächtige Minderheit Couthon und Saint-Just für sich hat! Verweigert ihm das Wort, und ihr isoliert ihn durch euren passiven Widerstand!"

Aus: Lautemann, Wolfgang (Hrsg.): Geschichte in Quellen Bd. 4: Amerikanische und französische Revolution, München 1981, S. 435f.

3.2.2 Robespierres letzte Rede vor dem Konvent (26. Juli 1794)

In seiner letzten Rede, die Robespierre sowohl im Konvent als auch im Jakobinerklub gehalten hat, geht er nicht auf die Politik des Tages ein. Vielmehr setzt er sich in dieser sehr langen Rede mit seinen politischen Gegnern auseinander, die er als „Verleumder" und „Verschwörer" bezeichnet, ohne sie allerdings beim Namen zu nennen. Die Rede war lange erwartet worden, nachdem Robespierre sich mehere Wochen lang weder im Konvent noch im Wohlfahrtsausschuss hatte sehen lassen. Wenn er von „Verrätern" sprach, von „Säuberungen" des Wohlfahrtausschusses, die notwendig seien, von „Horden der Schurken", die regieren würden, also ganz unbestimmte Drohungen aussprach, dann dürften sich – und das mag Robespierre beabsichtigt haben – viele bedroht gefühlt haben.

Bürger,

andere werden Euch geschönte Bilder malen; ich werde Euch nützliche Wahrheiten sagen. [...]

Die Revolutionen, die bisher das Aussehen der Reiche verändert haben, zielten nur auf einen Wechsel der Dynastie oder auf den Übergang von der Monarchie zur Oligarchie ab. Die französische Revolution gründet als erste auf der Theorie der Menschenrechte und den Prinzipien der Gerechtigkeit. Die anderen Revolutionen forderten lediglich Ehrgeiz; unsere zwingt zur Tugend. Unwissenheit und Gewalt haben die anderen in einem neuen Despotismus aufgehen lassen; unsere, die aus der Gerechtigkeit hervorgeht, kann nur in deren Schoß ruhen. [...] Alle Verschwörer haben sich sogar eifriger als jeder andere sämtliche Formeln und Parolen des Patriotismus zu eigen gemacht. [...] Sie bekämpften unsere Prinzipien nicht, sondern korrumpierten sie; sie lästerten nicht die Revolution, sondern suchten sie zu entehren unter dem Vorwand, ihr zu dienen. Sie hielten Reden gegen die Tyrannen und konspirierten für die Tyrannei. [...] Wenn dieses System einmal die Oberhand gewonnen hat, ist die Freiheit verloren. [...]

Ihr kennt die Gangart Eurer Feinde. Sie haben massenhaft die Convention nationale [den Konvent] angegriffen; dieses Vorhaben ist gescheitert. Sie haben den Wohlfahrtsausschuß angegriffen; dieses Vorhaben ist gescheitert, Seit einiger Zeit erklären sie einzelnen Mitgliedern des Wohlfahrtsausschusses den Krieg; es scheint, als wollten sie nur einen einzigen Mann treffen[1]; sie gehen immer auf das gleiche Ziel los. Dass die Tyrannen Europas es wagen, einen Repräsentanten des französischen Volkes zu ächten, ist zweifellos der Gipfel der Unverschämtheit; aber dass die Franzosen, die sich Republikaner nennen, darauf hinarbeiten, das von den Tyrannen verhängte Todesurteil zu vollstrecken, ist der Gipfel des Skandals und der Schande! Ist es wahr, dass man schändliche Listen herumgereicht hat, in denen eine gewisse Zahl von Mitgliedern des Konvents zu Opfern bestimmt wurden, und dass man behauptete, das wäre das Werk des Wohlfahrtsausschusses, und letztendlich das meine? Ist es wahr, dass man Sitzungen dieses Ausschusses und strenge Beschlüsse zu erfinden wagte, die es nie gegeben hat, und nicht weniger phantastische Verhaftungen? [...] Ist es wahr, dass diese Verleumdung mit so viel Geschick und Dreistigkeit verbreitet wurde, dass eine große Zahl von Mitgliedern nicht mehr wagte, nachts in ihrer eigenen Wohnung zu schlafen? [...]

Die lächerliche Seite dieser Beschuldigungen mögen andere wahrnehmen; ich kann nur ihre Entsetzlichkeit sehen. Ihr werdet wenigstens der öffentlichen Meinung Rechenschaft ablegen müssen für die schreckliche Beharrlichkeit, mit der Ihr den Plan verfolgt, alle Freunde des Vaterlandes zu morden, Ihr Ungeheuer, die Ihr mir die Achtung des Konvents zu rauben versucht, also den ruhmreichsten Lohn für die Mühen eines Sterblichen, den ich nicht an mich gerissen oder mir erschlichen habe, sondern den ich mir gezwungenermaßen erwerben musste! In den Augen derer, die man verehrt und liebt, als Gegenstand des Schreckens zu erscheinen, ist für einen empfindsamen und rechtschaffenen Mann die grässlichste Qual; sie ihm zuzufügen, ist die größte Schandtat. Aber ich rufe Eure ganze Empörung auf die grässlichen Machenschaften herab, die eingesetzt werden, um diese ungereimten Verleumdungen zu erhärten. [...]

Sie nennen mich Tyrann ... Wenn ich einer wäre, lägen sie mir zu Füßen, ich würde sie mit Gold vollstopfen, ich würde ihnen das Recht einräumen, alle Verbrechen zu begehen, und sie wären dankbar dafür. Wenn ich so einer wäre, würden mir die Könige, die wir besiegt haben, ihre schuldhafte Unterstützung gewähren, statt mich zu denunzieren (wie besorgt nehmen sie doch Anteil an unserer Freiheit!); ich würde mich mit ihnen arrangieren. Was erwarten sie in ihrer Hilflosigkeit anderes als den Beistand einer Partei, die sie protegieren und die ihnen den Ruhm und die Freiheit unseres Landes verkaufen soll? Zur Tyrannei gelangt man mit Hilfe von Schurken; wohin bewegen sich aber jene, die sie bekämpfen? Zum Grab oder zur Unsterblichkeit. Welcher Tyrann schützt mich? Welcher Partei gehöre ich an? Der Eurigen. Welche Partei hat seit Beginn der Revolution die Parteien niedergeworfen und so viele geachtete Verräter verschwinden lassen? Das seid Ihr, das ist das Volk, das sind die Prinzipien. Das ist die Partei, der ich mich mit Leib und Seele verschrieben habe und gegen die alle Verbrechen gerichtet sind. [...]

Lassen wir uns nicht täuschen: Eine gewaltige Republik auf den Grundlagen der Vernunft und der Gleichheit zu errichten und alle Teile dieses ungeheuren Reichs durch ein starkes Band zu vereinigen, ist kein Unternehmen, das man so nebenher vollbringen kann: Es ist das Meisterwerk der Tugend und der menschlichen Vernunft. In einer großen Revolution entstehen alle Arten von Parteien. Wie könnte man sie unterdrücken, wenn man nicht ständig alle

1 Hier meint Robespierre sich selbst. Auf ihn waren erfolglos mehrere Attentate verübt worden.

Leidenschaften der Gerechtigkeit unterordnet? Ihr habt keine andere Gewähr für die Freiheit als die strenge Befolgung der Prinzipien und der allgemeinen Moral, die Ihr verkündet habt. Wenn nicht die Vernunft herrscht, herrschen zwangsläufig Verbrechen und Ehrgeiz; ohne die Vernunft ist der Sieg nur ein Mittel, den Ehrgeiz zu befriedigen, und eine Gefahr für die Freiheit. [...]

Inmitten so vieler glühender Leidenschaften, in einem so ausgedehnten Reich ziehen sich die Tyrannen, deren Armeen ich auf der Flucht, aber nicht eingekesselt und nicht vernichtet sehe, zurück, damit Ihr die Beute Eurer inneren Streitigkeiten werdet, die sie selbst schüren, und die Beute einer Armee verbrecherischer Agenten, die Ihr nicht einmal wahrzunehmen vermögt. Lasst nur einen Augenblick die Zügel der Revolution schleifen: Ihr werdet sehen, wie sie der militärische Despotismus ergreift und der Führer der Parteien die ihrer Würde beraubte Volksvertretung stürzt. Ein Jahrhundert voller Bürgerkriege und Elend wird unser Vaterland verwüsten, und wir werden untergehen, weil wir nicht bereit waren, die Gunst eines Augenblicks zu ergreifen, der in der Menschheitsgeschichte dazu bestimmt war, die Freiheit zu begründen; wir werden unser Vaterland einem Jahrhundert voller Elend ausliefern, und das Volk wird unser Andenken verwünschen, das doch dem Menschengeschlecht teuer sein sollte!

Aus: Paschold, Chris E./Gier, Albert (Hrsg.): Die Französische Revolution. Ein Lesebuch mit zeitgenössischen Berichten und Dokumenten, Stuttgart 1989, S. 360-369

3.2.3 Exekution Robespierres, Saint-Justs u.a. am 28. Juli 1794

Der nachfolgende Bericht über die Hinrichtung Robespierres und einiger seiner engsten Vertrauten stammt von Louis Sébastien Mercier (1740-1814), dem Autor des Buches „Tableau de Paris“, aus dem die oben zitierte Beschreibung von Paris am Vorabend der Revolution (s. 1.2.3) stammt. Mercier war als Autor nicht nur genauer Beobachter der Ereignisse in der Hauptstadt während der Revolution; er war auch als Politiker Beteiligter. Als Gemäßigter, der Gironde nahe stehender Abgeordneter im Konvent wurde er im Oktober 1793 verhaftet, weil er gegen den Sansculottenaufstand vom 31. Mai bis 2. Juni 1793 protestiert hatte. Er entging nur knapp der Guillotine. Nach Robespierres Hinrichtung nahm er sein Abgeordnetenmandat im Konvent wieder wahr. Das Departement Nord wählte Mercier zur Zeit des Direktoriums in den Rat der Fünfhundert. Ab 1798 hielt er sich von der Politik fern.

Woher soll ich die Farben nehmen, um den allgemeinen Aufschrei öffentlicher Freude inmitten des furchtbarsten Schauspiels zu malen, die Explosion lärmender Fröhlichkeit, die sich ausbreitet und bis zu den Stufen des Schafotts widerhallt? Sein Name ist in aller Munde, und Verwünschungen begleiten ihn: Er ist nicht mehr der *unbestechliche*, der *tugendhafte* Robespierre; die Maske ist gefallen; man verflucht ihn und macht ihn verantwortlich für alle Verbrechen der beiden Ausschüsse[1]. Die Leute drängen sich auf den Buden, in den Läden und an den Fenstern; die Dächer sind schwarz von Menschen und von einer bunten Zuschauermenge aus allen Schichten besetzt, die nur ein Ziel hat: zu sehen, wie Robespierre zum Tode geführt wird.

Statt auf dem Thron des Diktators zu sitzen, liegt er halb in seinem Karren, in dem auch seine Komplizen Couthon und Hanriot sind. Geschrei, Tumult toben um ihn herum, die aus einem Durcheinander von tausend Freudenschreien und Glückwünschen bestehen. Um den Kopf trägt er eine schmutzige, blutige Binde; man sieht sein blasses Gesicht nur zur Hälfte[2]. Seine verstümmelten, entstellten Gefährten[3] gleichen weniger Verbrechern als wilden Tieren, die in eine Falle geraten sind und denen man erst einige Glieder zerquetschen musste, um sie zu erwischen. Die sengende Sonne hinderte die Frauen nicht daran, das Lilienweiß und Rosenrot ihrer zarten Wangen den Strahlen auszusetzen, sie wollen den „Henker seiner Mitbürger“ sehen. Die Reiter, die den Karren eskortieren, schwingen ihre Säbel und zeigten mit der blanken Spitze auf ihn. [...] Er scheint nur deshalb noch am Leben zu sein, damit er von der göttlichen Gerechtigkeit und ihrer furchtbaren Rache an heuchlerischen und blutrünstigen Menschen Zeugnis ablegen kann.

Als er kurz vor der Hinrichtungsstätte an dem Haus vorbeikam, wo er wohnte, erzwang das Volk einen Halt, und eine Gruppe Frauen führte unter rhythmischem Klatschen der Menge einen Tanz auf. Eine von ihnen nutzte diese Gelegenheit, um sich mit Wort und Ges-

1 Gemeint sind der Wohlfahrtsausschuss und der Sicherheitsausschuss. Letzterer hatte u. a. die Funktion einer politischen Polizei.

2 Es heißt, dass sich Robespierre nach seiner Verhaftung in der Absicht, Selbstmord zu begehen, eine Kugel in den Mund geschossen habe. Dabei wurde aber nur der Kiefer zerschmettert. Robespierre war notdürftig ärztlich behandelt worden. Ob sich Robespierre tatsächlich das Leben hatte nehmen wollen, ist nicht zweifelsfrei erwiesen.

3 Robespierre wurde gemeinsam mit 21 Anhängern, darunter auch St. Just, der bei Mercier nicht genannt wird, hingerichtet.

te an ihn zu wenden; sie schrie ihm zu: „Die Freude über deine Hinrichtung macht mich betrunken; fahr zur Hölle mit den Verwünschungen aller Ehefrauen und Mütter.“ Er blieb stumm.

Auf dem Schafott riss ihm der Henker, gleichsam angesteckt vom allgemeinen Hass, den Verband von seiner Wunde; er schrie wie ein Tiger: Der Unterkiefer fiel herunter, wobei ein Blutschwall herausschoss, und aus diesem menschlichen Antlitz wurde eine Monstervisage, die schrecklichste, die man sich ausmalen kann. Seine beiden Gefährten sahen in ihrer zerrissenen blutigen Kleidung genauso scheußlich aus; sie waren die Handlanger dieses großen Verbrechers, dessen Schmerzen bei niemandem auch nur das geringste Mitleid weckten. Obwohl er tödlich verwundet war, verlangte die öffentliche Rache für ihn noch ein zweites Sterben, und die Leute eilten in Scharen herbei, um nicht den Augenblick zu verpassen, in dem sich dieser Kopf unter das Messer beugen würde, unter das er so viele andere gestoßen hatte. Man klatschte mehr als fünfzehn Minuten Beifall.

Aus: Paschold, Chris E./Gier, Albert (Hrsg.): Die Französische Revolution. Ein Lesebuch mit zeitgenössischen Berichten und Dokumenten, Stuttgart 1989, S. 374ff.

3.2.4 Die Terreur im Rückblick (Ende 1794)

Der Stich, entstanden nach dem Sturz Robespierres am 27. Juli 1794 (9. Thermidor) illustriert in karikaturhafter Überzeichnung das Regime Robespierres ausschließlich als eine Zeit, in der er selbst mit dem Mordinstrument der Guillotine regierte. Er allein ist der Verantwortliche der Schreckensherrschaft. Die Figur, die Robespierre darstellen soll, ist in der Amtstracht der Mitglieder des Wohlfahrtsausschusses gekleidet; sie tritt die Verfassungen von 1791 und 1793 mit den Füßen. Die Bildunterschrift lautet: „Robespierre, den Henker guillotinierend, nachdem er alle Franzosen hat guillotinieren lassen.“ Die hier weggelassene Legende erläutert den Wald der mit A bis S bezeichneten Guillotinen: Jede Guillotine steht für eine mit diesem Hinrichtungsinstrument ermordeten politischen Gruppe der Revolutionszeit: Brissotins, Girodins, Cordeliers, Hébertisten, Adel, Geistlichkeit, Volksgesellschaften, Alte, Soldaten bis hin selbst zu den Revolutionsgerichten, die bekanntlich dide größte Zahl der Hinrichtungen veranlasst und zu verantworten hatten. Robespierre sitzt auf dem Sockel eines Grabmals in Form einer Pyramide mit aufgespießter phrygischer Mütze. Als Inschrift ist zu lesen: „Ici gyt toute la France“ („Hier liegt ganz Frankreich“).

Anonymer Kupferstich, Musée Carnavalet, Paris

Anzahl der Opfer unter der Guillotine

Unter der Guillotine ließen während der Französischen Revolution ungefähr 17 500 Menschen ihr Leben. Die erste Hinrichtung mit der Guillotine fand am 21. August 1792 statt. Exekutiert wurde ein Royalist. Man geht davon aus, dass jeder zwanzigste Franzose einen Vorfahren hat, der damals guillotiniert wurde. Aus Anlass der Zweihundertjahrfeier der Französischen Revolution im Jahr 1989 erschienen mehrere Nummern einer Zeitung mit dem Titel „Le Journal des Guillotinés“. Darin wurden unter der Überschrift „Ils ont perdu la tête“ und in alphabetischer Reihenfolge die Namen aller Guillotinierten veröffentlicht. Hier ein Beispiel:

LAVAISSIÈRE, aîné (Jacq.), ex-noble, ci-devant chanoine, âgé de 66 ans, né et dom. à la Réole, dép. de la Gironde, cond. à mort, le 8 pluv., an 2, par la comm. milit. de Bordeaux, comme contre-révol., pour avoir engagé les curés à ne point prêter le serment exigé par la loi.

Übersetzung:

Lavaissière, der Ältere (Jacques), Ex-Adliger, ehemaliger Kanoniker [also: Geistlicher], 66 Jahre alt, geboren und wohnhaft in La Réole, Departement Gironde, als Konterrevolutionär am 8. Pluviôse des Jahres 2 [27. Januar 1794] zum Tode verurteilt von der Militärkommission in Bordeaux, weil er die Pfarrer aufgefordert hatte, auf keinen Fall den vom Gesetz geforderten Eid [auf die Verfassung] zu schwören.

Aus: Le Journal des Guillotinés No. 3, September 1989, S. 1. (Übers. G. S.)

3.2.5 Die Sansculottenverfolgung nach dem Sturz Robespierres

Zitiert werden hier nur wenige Abschnitte aus dem mehrere Seiten langen Dokument vom 2. November 1794, das folgende Überschrift trägt.

Ansichten, Charakter und Führung der hauptsächlichsten Rädelsführer und Unruhestifter in der Sektion „Faubourg du Nord“ (November 1794)

Der Grundsatz, Gerechtigkeit walten zu lassen, den der Nationalkonvent soeben feierlich bekräftigt hat; seine Absicht, alle Behörden zu überprüfen und aus ihnen alle Intriganten, Quertreiber und falschen Patrioten zu entfernen; das Wohl der Republik – im kleinen wie im großen –: all das zwingt uns, zwei Männer aus der Sektion „Faubourg du Nord“ aller Welt vor Augen zu führen, die dort Ämter bekleiden und aber auch jedes Vertrauens unwürdig sind.

Der eine ist Isambert, Friedensrichter, der andere ist Dupont, sein Sekretär und Präsident des Revolutionskomitees, das soeben aufgelöst wurde.

Diese zwei Männer sind allgemein als die Haupträdelsführer der Sektion bekannt, in der sie eine allumfassende Schreckensherrschaft errichtet und die Stimme der guten Bürger, der aufrechten Freunde der Republik, der Gerechtigkeit und der Ordnung erstickt haben.

Sie sind dafür bekannt, dass sie seit 1792 alle Ernennungen gelenkt und das Revolutionskomitee mit Leuten haben besetzen lassen, die ihnen ganz ergeben waren.

Sie sind dafür bekannt, dass sie die verabscheuungswürdigen Grundsätze eines Robespierre, eines Hébert, eines Hanriot und anderer Verräter am Vaterland gepredigt und unterstützt haben, deren Wortführer und Werkzeuge sie allezeit waren.

Sie sind endlich dafür bekannt, dass sie die Urheber der Verhaftung einer ganzen Anzahl von ehrbaren Bürgern und guten Familienvätern als Verdächtige gewesen sind, deren ganzes Verbrechen darin bestand, dass sie ihnen missfielen. [...]

Es wird ihm [Isambert] vorgeworfen, intrigant, ehrgeizig und despotisch zu sein. [...]

Es wird ihm vorgeworfen, hinterlistig, bösartig und grausam zu sein, was aus seinem Verhalten bei manchen Anlässen hervorgeht, an die wir erinnern. [...]

Man hält Isambert endlich vor, der Scharfmacher der Sektion und des Revolutionskomitees, ein falscher Patriot und einer der eifrigsten Parteigänger Robespierres, Héberts, Hanriots und anderer Verräter zu sein:

1. Weil er während der Zeit, in der er Präsident der Vollversammlung war, die Bürger durch seinen Hochmut und Despotismus und mit seiner fortgesetzten Rederei von Jakobinern, von Terror und Blut dermaßen eingeschüchtert hat, dass der größere Teil von ihnen keine andere Meinung mehr zu vertreten wagte als die seine. [...]
2. Weil sein Patriotismus, der so plötzlich entstand, zu übertrieben war, um aufrichtig sein zu können. [...]
3. Weil er alles tat, was in seiner Macht stand, seinen Sohn, einen großen Burschen von 18 oder 20 Jahren, daran zu hindern, dass er an die Front zurückkehrte, von der er zurückgekommen war. Er hat zu diesem Zweck den Bürger Chirurgen Guilbart gebeten, ihm eine Zurückstellungsbescheinigung zu geben wegen einer Krankheit, die er durchaus nicht hat-

te. Die Verweigerung dieser Bescheinigung hat nicht wenig dazu beigetragen, diesen Chirurgen als Verdächtigen verhaften zu lassen.

4. Weil er, als er Präsident der Volksgesellschaft der Sektion war, den Kandidaten diese Frage stellte: Bist Du Jakobiner?, und wenn sie es verneinten, fügte er mit Nachdruck hinzu: Du bist also ein schlechter Republikaner. [...]
5. Weil er einige Zeit vor dem Tode Robespierres die Vornamen seiner Tochter abgeändert hat, die er Maximilienne [nach Robespierres Vornamen Maximilien] nennen ließ zum Zeugnis der Freundschaft und Zuneigung, die er für diesen heuchlerischen Schurken hatte, dem er so völlig gleichkommt. [...]

   Dupont, der würdige Spießgeselle Isamberts, ist ein durch und durch unmoralisches, hinterhältiges, bösartiges und verächtliches Geschöpf. [...]

Auf die Wiedergabe der Beschuldigungen gegen Dupont wird verzichtet, da sie sich in ihrer Art und Qualität kaum von jenen gegen Isambert unterscheiden. Über die Personen Isambert und Dupont ist nichts weiter bekannt.

Aus: Markov, Walter/Soboul, Albert (Hrsg.): Die Sansculotten von Paris. Dokumente zur Geschichte der Volksbewegung 1793-1794, Berlin 1957, S. 431-447

3.2.6 Die Forderungen der Aufständischen vom 1. Prairial III (20. Mai 1795)

Am 12. November 1794 war der Pariser Jakobinerklub geschlossen worden. Das Gesetz über das Große Maximum, mit dem am 29. September 1793 Höchstpreise für Grundnahrungsmittel festgesetzt worden waren (s. S. 257f.), um die Lebenshaltungskosten der unteren Volksschichten nicht noch weiter steigen zu lassen, war am 24. Dezember 1794 abgeschafft worden. Am 8. Februar 1795 wurden die Marseillaise und die Freiheitsmützen, zwei Symbole der Sansculotten, verboten, die radikale Presse, die die Herrschaft der Sansculotten stets unterstützt hatte, war durch Unterwanderung in ihrer Bedeutung geschwächt worden. Der Widerstand gegen diese Maßnahmen artikulierte sich in den beiden letzten großen Volksaufständen der Französischen Revolution am 1. April 1795 (Germinal-Aufstand) und vom 20. bis 23. Mai 1795 (Prairial-Aufstand). Als sich die Versorgungslage in Paris im Frühjahr 1795 weiter verschärfte, überfielen am 1. Prairial III (20. Mai 1795) jakobinisch gesinnte Mitglieder zweier Pariser Sektionen unter dem Schlachtruf „du pain et la constitution de l'an I" („Brot und Inkraftsetzung der Verfassung des Jahres I" [1793]) den Konvent, ermordeten einen Abgeordneten und steckten dessen Kopf auf eine Pike. Der Versuch, die revolutionäre Regierung der Zeit vor dem Sturz Robespierres wiederherzustellen, misslang, nachdem vom Konvent Truppen herbeigeführt worden waren, die die Aufständischen entwaffneten. 36 Personen, darunter die letzten Mitglieder der Bergpartei im Konvent, wurden zum Tode verurteilt. In die Nationalgarde durften fortan nur noch begüterte Bürger eintreten, was diese zu einem verlässlichen Machtinstrument der Regierung machte. Mit der Niederschlagung dieses Aufstandes war der Einfluss der im Konvent verbliebenen Jakobiner und der Sansculotten auf die Politik gebrochen. Über diese Vorgänge wurde auch in der deutschen Presse eingehend berichtet.[1]

1 Vgl. hierzu Hansen, 3. Bd., a.a.O., S. 524 (mit vielen Zitaten aus Zeitungen des Rheinlands).

Die Aufständischen legten dem Konvent die folgenden Forderungen vor. Dies war „die letzte freie und programmatische Wortmeldung der Pariser Sansculotterie in der politischen Öffentlichkeit“ (Rolf Reichardt).

Art. 1 Noch heute begeben sich ohne weitere Verzögerung die Bürger und Bürgerinnen von Paris *in Massen* zum Nationalkonvent, um von ihm zu fordern:

1. Brot;
2. die Absetzung der Revolutionsregierung, deren verschiedene Faktionen der Reihe nach sämtlich ihre Macht dazu missbraucht haben, das Volk zugrunde zu richten, es auszuhungern und zu versklaven;
3. um vom Nationalkonvent die sofortige Proklamation und Inkraftsetzung der demokratischen Verfassung von 1793 zu fordern;
4. die Absetzung der gegenwärtigen Regierung, ihre sofortige Ersetzung durch andere aus den Reihen des Nationalkonvents kommende Persönlichkeiten und die Verhaftung aller in den gegenwärtigen Regierungsausschüssen sitzenden Konventsmitglieder, da sie sich des Verbrechens der Nationsbeleidigung und der Tyrannei gegenüber dem Volk schuldig gemacht haben;
5. die sofortige Freilassung aller Bürger, die in Haft gehalten werden, weil sie Brot verlangt und ihre Meinung frei geäußert haben; [...].
7. die Einberufung der Gesetzgebenden Nationalversammlung, die den Konvent ablösen soll, auf den 25. Messidor [13. Juli 1795] dieses Jahres. [...]

Art. 4 Das Volk wird sich der Stadttore und des Flusses sowie des Telegraphen, der Alarmglocken und der Trommeln der Nationalgarde bemächtigen, um jede fernere Verwendung derselben auszuschließen.

Für die Dauer des Aufstandes werden allein Bürger, die mit der Versorgung beauftragt sind, die Erlaubnis haben, Paris zu verlassen oder zu betreten. [...]

Art. 5 Die in Paris und Umgebung stationierte Artillerie und Gendarmerie, die Infanterie- und Kavallerietruppen werden aufgefordert, sich unter die Fahnen des Volkes zu begeben und sich mit ihm durch die Bande der Brüderlichkeit zu vereinen, um die gemeinsamen Rechte wieder zu erlangen.

Art. 6 Jeder Agent im Dienste der Regierung, jeder zivile oder militärische Beamte, jeder Privatmann, der sich den im vorliegenden Erlass angekündigten Maßnahmen zu widersetzen versucht, wird als Feind des Volkes betrachtet und als solcher bestraft. Jede nicht vom Volke ausgehende Gewalt ist aufgehoben. Alle Agenten oder Beamten der Regierung, die ihre Ämter nicht augenblicklich niederlegen, werden als mit der Tyrannei im Bunde stehend betrachtet und als Tyrannen bestraft. [...]

Art. 9 Das Volk wird nicht eher Ruhe geben, als bis es den Lebensunterhalt, das Glück, den Frieden und die Freiheit für alle Franzosen gesichert hat.

Art. 10 Der Schlachtruf des Volkes ist: „Brot und die demokratische Verfassung von 1793“. Jeder, der während des Aufstandes diese Parole nicht mit Kreide auf seinen Hut geschrieben trägt, wird als Volksaushungerer und Feind der Freiheit betrachtet.

Alle öffentlich gezeigten Fahnen, Standarten oder Feldzeichen müssen ebenfalls diese Parole tragen. Jedes andere Erkennungszeichen ist strengstens untersagt und wird geahndet.

Art. 11 Es wird ein Aufruf an unsere Brüder in den Departements und Armeen gerichtet, um sie über die Beweggründe und den Erfolg der Revolution wie auch über die zur Sicherung des Glückes der Nation getroffenen Maßnahmen zu unterrichten.

NB. Es ist kein Zweifel, dass die Regierung versuchen wird, die Wirkung der oben erwähnten Maßnahmen zunichte zu machen. Aber es wird ihr nicht gelingen. Sie wird es nicht schaffen, die Empörung des Volkes und sein gerechtes Strafgericht aufzuhalten, selbst wenn sie ihre Lebensmittelmagazine öffnen sollte, die sie jetzt verschlossen hält, um eine Reserve für ihre verbrecherischen Pläne zu behalten.

Aus: Lautemann, Wolfgang (Hrsg.): Amerikanische und Französische Revolution (Geschichte in Quellen, Bd. 4), München 1981, S. 452ff.

3.2.7 Eine Jakobinerin wird denunziert

Diese Anzeige wurde am 10. Prairial des Jahres III (29.5.1795) in der Sektion „L'Indivisibilité“ (Unteilbarkeit) gegen die Witwe Barbau eingebracht. Diese wurde auf Grund dieser Anzeige noch am selben Tag verhaftet und erst am 1.10.1795 wieder entlassen.

Da jeder Bürger, der ein Freund der Ordnung, der Gerechtigkeit und der Menschlichkeit ist, angeben muss, was er von den Ungeheuern, die zu der höllischen Sekte der Jakobiner, Terroristen, Blutsäufer usw. gehören, gesehen und gehört hat, erkläre ich, dass die Barbau, wohnhaft Marché St. Jean an der rechten Ecke, eine von diesen Furien ist, die die Hölle ausgespieen hat, damit sie das Geschlecht der Franzosen zugrunde richten, und die auf die Guillotine gehören. Die Rolle, die sie unter der Herrschaft der Robespierristen gespielt hat, kennzeichnet sie. Sie war die geheime Agentin und Vertraute von Lainé, dem Exkommissar des alten Revolutionskomitees dieser Sektion, weiter saß sie immer mit ihrem Strickstrumpf auf den Tribünen der Jakobinerversammlungen und ist von dort her dem Revolutionstribunal bekannt. Sie sagte jedem, der es hören wollte, sie habe auf ihre bloße Anzeige hin fünfunddreißig Menschen guillotinieren lassen, und sie hätte selbst ihren besten Freund auf die Guillotine geschickt, wenn er nicht als echter Jakobiner gedacht hätte; es wäre ihr nicht darauf angekommen. Vor ungefähr fünf oder sechs Wochen sah und hörte ich sie vor der Tür des Bäckers Patriarche, Rue Culture Cathérine, die umstürzlerischsten, verhetzendsten und blutrünstigsten Reden halten, die man sich denken kann: Sie forderte die Bürger und Bürgerinnen auf, zu revoltieren, ihr Brot den Kommissaren ins Gesicht zu werfen und dann über die neue Regierung herzufallen, die, wie sie sagte, der Urheber davon sei, dass man vor Hunger sterbe, und solange die egoistischen Händler, die „Ehemaligen“, die Reichen, alles, was Priester war oder ist, usw. nicht guillotiniert oder in einem Schub aus dem Lande gejagt seien, so lange werde es nicht anders werden usw. Und dann sagte sie, da ziehe man immer über unseren armen Robespierre her, aber unter seiner Herrschaft habe man wenigstens zu essen gehabt, und da wären die Hinrichtungen aus Menschlichkeit schnell durchgeführt worden, aber die hier, die ließen uns langsam sterben, denn wenn das so weiterginge, da würden wir vor Wut sterben. Aber die guten Patrioten würden auch mal wieder obenauf kommen, und wenn sie es nicht schafften, dann wäre die Republik verloren. In den Tagen vor dem 1. Prairial[1] habe ich in ihrem Gehabe und auf ihrem bösen Gesicht eine ungewöhnlich Genugtuung bemerkt. Man sah sie am frühen Morgen erscheinen und erst am späten Abend wieder heimkehren, und immer war Bewegung um sie. Als sie ihren Triumph gesichert glaubte[2], bezeichnete sie schon diejenigen, die sie guillotinieren lassen wollte. [...] Wenn ein so genannter Muscadin [Stutzer; eitler Mensch] oder andere sauber gekleidete Personen an ihr vorübergingen, sagte sie laut genug: Da ist noch so ein Sch...kerl für die Guillotine. Es liegt aller Grund vor zu glauben, dass sie bezahlt wurde, denn niemand hat sie arbeiten sehen. Sie hat nicht wenig dazu beigetragen, die Unglückstage des 1., 2. und 3. Prairial herbeizuführen. Als sie am 5. sah, dass die Schlacht verloren war, empfahl sie sich und zog noch am gleichen Tag aus. Ich stehe mit meinem Leben für alles ein, was oben gesagt ist.

Fontaine, Rue Culture Cathérine Nr. 529

Aus: Markov, Walter/Soboul, Albert (Hrsg.): Die Sansculotten von Paris. Dokumente zur Geschichte der Volksbewegung 1793-1794, Berlin 1957, S. 491f.

1 Zum 1. Prairial III (20. Mai 1795), s. S. 281 f.

2 Gemeint ist wohl: nach ersten Erfolgen der Aufstandsbewegung.

4. Die Zeit des Direktoriums 1795–1799

Die Direktorialverfassung wurde vom Französischen Nationalkonvent am 22. August 1795 verabschiedet. Mit ihr löste das Direktorium (frz. Le Directoire) den Konvent als Regierungsorgan ab. Das Direktorium bestand formal vom 26. Oktober 1795 bis 24. Dezember 1799, bis zu dem Tag, an dem die Konsulatsverfassung in Kraft trat. Es wurde allerdings schon am 9. November 1799 gestürzt, am Tag des Staatsstreichs Napoleons (18. Brumaire VIII) noch vor Einführung der Konsulatsverfassung.

Das Parlament bestand in der Zeit des Direktoriums aus zwei Kammern, dem Rat der Fünfhundert (Conseil des Cinq-Cent) und dem Rat der Alten (Conseil des Anciens). Die Gesetzgebung lag in der Hand dieser beiden Kammern. Das Direktorium selbst bestand aus fünf Mitgliedern. Der Rat der Fünfhundert schlug zehn Kandidaten zur Wahl vor. Aus diesen wählte der Rat der Alten die fünf Mitglieder des Direktoriums, das als Regierung (Exekutive) fungierte und das seinerseits sechs ihm verantwortliche Minister berief. Aus dem Direktorium schied alljährlich ein Mitglied aus und wurde durch ein neues ersetzt.

Die Ära des Direktoriums war geprägt durch große wirtschaftliche Schwierigkeiten mit sich abwechselnden Phasen der Inflation und Deflation, die zu Versorgungschwierigkeiten führten und Hungerrevolten zur Folge hatten. Die politische Führung in dieser dritten Phase der Revolution war von besitzbürgerlichen Interessen geprägt. Sie behauptete die Macht nur mühsam gegen Volksinitiativen für soziale Gleichheit einerseits und gegen monarchistische Restaurationsbestrebungen andererseits. Außenpolitisch bedeutsam war der Friede von Campo Formio vom 17. Oktober 1797 mit dem Kaiser des Heiligen Römischen Reiches, der Frankreich eine Ausdehnung seines Territoriums im Osten (österreichische Niederlande, Rheingrenze, Gebiete in Oberitalien) einbrachte.

Am 10. November 1799 übernahm Napoleon als Erster Konsul die Macht und erklärte am 15. Dezember 1799 die Revolution für beendet.

4.1 Das Direktorium

4.1.1 Die Direktorialverfassung vom 22. August 1795 (5. Fructidor III)

Wie die Verfassungen von 1791 und 1793 beginnt auch die Direktorialverfassung von 1795 mit einer Erklärung der Rechte der Bürger, an die sich eine weniger umfangreiche Liste der Pflichten der Bürger anschließt.

Im Abschnitt „Politischer Stand der Bürger" heißt es:

8. Jeder in Frankreich geborene und sich aufhaltende Mensch, der, wenn er volle 21 Jahre alt ist, sich in das Bürgerregister seines Kantons hat einschreiben lassen, der hierauf ein Jahr lang auf dem Gebiet der Republik gewohnt hat und eine direkte Grund- oder Personalsteuer zahlt, ist französischer Bürger. [...]

11. Französische Bürger allein können in den Urversammlungen stimmen und zu den durch die Verfassung begründeten Ämtern ernannt werden.

16. Die Jünglinge können nicht in das Bürgerregister eingeschrieben werden, wenn sie nicht beweisen, dass sie lesen und schreiben und ein mechanisches Gewerbe [Handwerk] treiben können. Die Handarbeiten des Ackerbaus zählen zu den mechanischen Gewerben.

Im Abschnitt „Gesetzgebende Gewalt" werden zwei neue Verfassungsorgane vorgestellt:

44. Der gesetzgebende Körper ist aus einem *Rat der Alten* und einem *Rat der Fünfhundert* zusammengesetzt.

74. Um als Mitglied des Rats der Fünfhundert gewählt zu werden, muss man volle 30 Jahre alt sein und das Gebiet der Republik während zehn Jahren unmittelbar vor der Wahl bewohnt haben.

82. Der Rat der Alten besteht aus 250 Mitgliedern.

83. Niemand kann zum Rat der Alten gewählt werden, wenn er nicht volle 40 Jahre alt, wenn er nicht überdies verheiratet oder Witwer ist und wenn er nicht das Gebiet der Republik während der unmittelbar vor seiner Erwählung verflossenen 15 Jahre bewohnt hat.

Über die „Vollziehende Gewalt", also die eigentliche Regierung, heißt es:

132. Die vollziehende Gewalt ist einem Direktorium von fünf Gliedern übertragen, welche durch den gesetzgebenden Körper ernannt werden.

134. Die Mitglieder des Direktoriums müssen mindestens 40 Jahre alt sein.

135. Sie können nur aus Bürgern genommen werden, welche Mitglieder des gesetzgebenden Körpers oder Minister waren.

137. Das Direktorium wird teilweise erneuert durch die Wahl eines neuen Mitgliedes jedes Jahr. Während der vier ersten Jahre entscheidet das Los über das nach und nach folgende Ausscheiden derer, die zum erstenmal ernannt waren.

146. Das Direktorium ernennt die Oberbefehlshaber der Heere.

148. Es ernennt aus seiner Mitte die Minister und entlässt sie, wenn es solches für gut findet.

150. Der gesetzgebende Körper bestimmt die Zuständigkeiten und die Zahl der Minister. Diese Zahl ist wenigstens 6 und höchstens 8.

152. Die Minister sind, jeder für sich, sowohl wegen Nichtvollziehung der Gesetze als auch wegen Nichtvollziehung der Verfügungen des Direktoriums verantwortlich.

Über die richterliche Gewalt wird Folgendes festgelegt:

202. Die richterlichen Amtshandlungen können weder durch den gesetzgebenden Körper noch durch die vollziehende Gewalt ausgeübt werden.

203. Die Richter können sich weder in die Ausübung der gesetzgebenden Gewalt einmischen noch irgendwelche Anordnungen erlassen.

205. Die Rechtsprechung ist unentgeltlich.

Zum ersten Mal in der französischen Geschichte erhält die Schulpflicht Verfassungsstatus:

296. Es gibt in der Republik Primarschulen, in denen die Zöglinge lesen, schreiben, die Grundregeln des Rechnens und der Moral lernen; die Republik sorgt für die Wohnungskosten der Lehrer, welche diesen Schulen vorstehen.

297. Es gibt in den verschiedenen Teilen der Republik über den Primarschulen höhere Schulen, und zwar wenigstens eine für zwei Departements.

Aus: Grab, Walter (Hrsg.): Die Französische Revolution. Eine Dokumentation, München 1973, S. 237ff. (korrigierte Übersetzung)

Die Direktorialverfassung

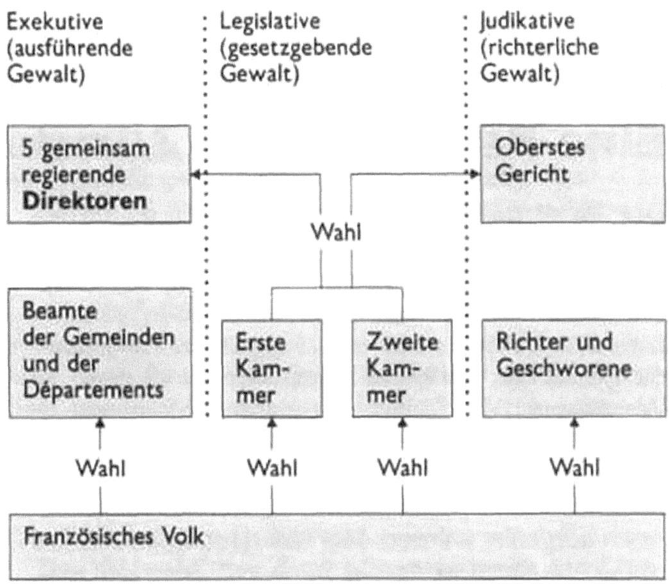

4.1.2 Gracchus Babeuf: Manifest der Plebejer (30. November 1795)

François Noël Babeuf (1760-hingerichtet 1797), nannte sich ab Ende 1794 mit Vornamen Gracchus in Anlehnung an Tiberius Sempronius Gracchus (162-133 v. Chr.), einen römischen Volkstribun, der zusammen mit seinem Bruder Gaius gegen den Widerstand des römischen Senats bedeutende (Agrar-)Reformen durchsetzte. Babeuf stammte aus ärmlichen Verhältnissen und betätigte sich als Landvermesser im Dienste adliger Grundherren und Priester, die ihre Feudalrechte gegenüber Bauern geltend machten; hierbei erhielt er Einblicke in die bedrückende Lebenswelt der ländlichen Bevölkerung. Daraus resultierte noch vor Beginn der Revolution seine Forderung nach Umwandlung des Großgrundbesitzes in Gemeinschaftsbesitz. Er war beteiligt an der Abfassung des Beschwerdeheftes seines Wohnortes Roye (Picardie); 1790 forderte er die Abschaffung der meisten

Steuern und Abgaben, was zu seiner Verhaftung führte, aus der er dank der Fürsprache Marats wieder befreit wurde. Während seiner Tätigkeit in den folgenden Jahren in der Provinz führten seine radikalen Forderungen und eine nicht ganz eindeutige Dienstpflichtverletzung zu einer Verurteilung zu 20 Jahren Haft, der er sich durch Flucht nach Paris entzog. Nach dem Sturz Robespierres brachte er, der bereits zuvor mehrere Zeitungen herausgegeben hatte, seit Oktober 1794 die Zeitung „Le Tribun du Peuple" heraus, in der er die Fortsetzung der Revolution propagierte. Im März 1796 bildete er gemeinsam mit Gesinnungsgenossen, darunter Sylvain Maréchal, das „Directoire secret de salut public" („Geheimes Direktorium für öffentliche Wohlfahrt"), eine „Verschwörung der Gleichen". Diese Verschwörung wurde mit Hilfe eines eingeschleusten Spitzels aufgedeckt; Babeuf wurde mit etwa 50 Anhänger verhaftet und zum Tode verurteilt. Sein Versuch, sich das Leben zu nehmen, misslang. Babeuf hatte für die Ausbildung einer sozialistischen Doktrin in der Zeit des Frühsozialismus große Bedeutung.

Wir werden in voller Klarheit darlegen, was das allgemeine Glück, Ziel der Gesellschaft, ist.

Wir werden dartun, dass das Los eines jeden sich beim Übergang vom Naturzustand zum gesellschaftlichen Zustand nicht hätte verschlechtern dürfen.

Wir werden definieren, was Eigentum ist.

Wir werden beweisen, dass der Grund und Boden nicht einem Einzelnen, sondern allen gehört.

Wir werden beweisen, dass alles, was ein Individuum von diesem Grund und Boden jenseits dessen, was es zu seiner Ernährung braucht, zusammenkauft, Diebstahl an der Gesellschaft ist.

Wir werden beweisen, dass das vorgebliche Veräußerungsrecht [gemeint ist der Verkauf von Grund und Boden] ein infames, volksmörderisches Attentat ist.

Wir werden beweisen, dass das Vererben innerhalb der Familien einen nicht weniger großen Gräuel darstellt; dass es alle Glieder der Gesellschaft voneinander isoliert und aus jedem Haushalt eine kleine Republik macht, die sich nur gegen die große Republik verschwören und die Ungleichheit verewigen kann.

Wir werden beweisen, dass alles, was ein Glied des Gesellschaftskörpers weniger besitzt, als es zur Befriedigung seiner tagtäglichen Bedürfnisse aller Art braucht, das Resultat einer Beraubung seines natürlichen persönlichen Eigentums ist, begangen von jenen, die das gemeinschaftliche Gut an sich gerissen haben.

Dass mit derselben Konsequenz alles, was ein Glied des Gesellschaftskörpers mehr besitzt, als es zur Befriedigung seiner tagtäglichen Bedürfnisse aller Art braucht, das Resultat einer Beraubung seiner Mit-Gesellschaftsglieder [coassociés] ist, die notwendigerweise eine mehr oder weniger große Zahl von Menschen ihres Anteils an dem gemeinschaftlichen Gut berauben.

[...] Dass die Überlegenheit an Talenten und Fleiß nur ein Hirngespinst, ein trügerischer Köder ist, der zu allen Zeiten den Komplotten der Verschwörer gegen die Gleichheit auf ungebührliche Art und Weise gedient hat. [...]

Dass zweifellos zu Unrecht diese Ansicht dazu verleitet hat, dass der Tag eines Uhrmachers 20 mal mehr wert ist als der Tag dessen, der Furchen zieht.

Dass jedoch aufgrund dieser falschen Einschätzung der Verdienst des Uhrmachers diesem dazu verhilft, das Erbteil von 20 Pflügern zu erwerben, die er auf diese Weise enteignet hat. [...]

Dass der Anspruch auf eine größere Belohnung desjenigen, dessen Aufgabe ein höheres Maß an Intelligenz, größere Geschicklichkeit und Geistesanstrengung erfordert, eine Absurdität und Ungerechtigkeit darstellt: dass dieses keineswegs die Fassungskraft seines Magens vergrößert. [...]

Dass der Wert der Intelligenz nichts mehr als eine Ansichtssache ist und es vielleicht noch zu untersuchen ist, ob der Wert der natürlichen und rein physischen Körperkraft ihm nicht gleichkommt. [...]

Dass man ohne diese Gleichsetzung den Intelligentesten, den Fleißigsten eine Wuchervollmacht und einen Rechtstitel gibt, um straflos jene zu berauben, die es weniger sind.

Dass so im Gesellschaftszustand das Gleichgewicht des Wohlstands zerstört und umgestoßen wird, denn nichts ist besser bewiesen als unser Grundsatz: dass man nur dazu gelangt, zuviel zu haben, dass andere nicht genug haben. [...]

Dass es nach dem, was zuvor gesagt wurde, klar ist, dass alles, was diejenigen besitzen, die mehr haben als ihren entsprechenden individuellen Anteil an den Besitztümern der Gesellschaft, Raub und unrechtmäßig Aneignung ist.

Dass es also gerecht ist, es ihnen wieder zu nehmen. [...]

Aus: Le Tribun du Peuple [dt. Der Volkstribun] No. 35 vom 9. Frimaire IV (30. November 1795), S. 79ff.; in Mazauric, Claude: Babeuf. Ècrits. Introduction et annotations, Paris 1988, S. 274ff. (Übersetzung G.S.)

4.1.3 Pierre Sylvain Maréchal: Manifest der Gleichen (Januar 1796)

Pierre Sylvain Maréchal (1750-1803) wurde nach dem Studium der Rechte zunächst Hilfsbibliothekar, schrieb gleichzeitig Gedichte, die er mit „le Berger Sylvain" (der Schäfer Sylvain) unterzeichnete, veröffentlichte ferner Schriften gegen Religion, Kirche und Königtum, was ihn seine Stelle kostete und ihn 1788 für kurze Zeit ins Gefängnis brachte. 1791 veröffentlichte er den Artikel „Des Pauvres et des Riches" (Reiche und Arme), in dem er ein Agrargesetz forderte, das die Aufteilung des Grundbesitzes zum Ziel hatte; schrieb eine Hymne auf das Höchste Wesen („Hymne à l'Être suprême"); schloss sich 1795 Babeuf an und gehörte zu den Führern der „Verschwörung der Gleichen". Babeuf lehnte das nachstehend zitierte Manifest ab. Dem Prozess gegen Babeuf und seine Anhänger entging Maréchal. In der Folgezeit zog er sich aus der Politik zurück, setzte aber seine schriftstellerische Tätigkeit fort, z. B. mit seinem „Dictionniare des athées" (Wörterbuch der Atheisten, 1800).

Volk von Frankreich!

15 Jahrhunderte lang hast du im Zustand der Sklaverei und demzufolge unglücklich gelebt. Seit 6 Jahren erst atmest du etwas auf, in Erwartung der Unabhängigkeit, des Glücks und der Gleichheit.

Gleichheit! Erstes Verlangen der Natur, erstes Bedürfnis des Menschen und wichtigstes Band jeder legitimen Gesellschaftsbildung! [...]

Wir sind alle gleich, nicht wahr? Dieses Prinzip bleibt unbestritten, denn wenn man nicht gerade vom Wahnsinn besessen ist, kann man nicht im Ernst sagen, dass es Nacht ist, wenn es Tag ist.

Also gut! Wir streben von nun an danach, gleich zu leben und zu sterben, wie wir gleich geboren sind: Wir wollen die wirkliche Gleichheit oder den Tod; das ist es, was wir brauchen.

Und wir werden diese wirkliche Gleichheit erlangen, zu welchem Preis es auch sei. [...]

Die Französische Revolution ist nur die Vorbotin einer anderen, noch viel größeren, viel feierlicheren Revolution, die die letzte sein wird. [...]

Was wir außer der Rechtsgleichheit brauchen?

Wir brauchen nicht nur die in der Erklärung der Menschen- und Bürgerrechte niedergelegte Gleichheit, wir wollen sie auch mitten unter uns, unter dem Dach unserer Häuser haben. Wenn es um sie geht, stimmen wir allem zu, auch, reinen Tisch mit allem zu machen und uns an sie allein zu halten. Mögen, wenn es sein muss, alle Künste zugrunde gehen, wenn uns nur die wirkliche Gleichheit bleibt! [...]

Das Ackergesetz oder die Aufteilung der Felder war der momentane Wunsch einiger prinzipienloser Soldaten, einiger Volksgruppen, die sich mehr von ihrem Instinkt als von der Vernunft leiten ließen. Wir trachten nach etwas Erhabenerem und Gerechterem, dem Gemeinwohl oder der Gütergemeinschaft! Der Grund und Boden darf kein persönliches Eigentum mehr sein – die Erde gehört niemandem. Wir fordern, wir verlangen, dass die Früchte der Erde Gemeineigentum werden – die Früchte gehören allen.

Wir erklären, nicht länger dulden zu können, dass die übergroße Mehrheit der Menschen im Dienst und zum Vergnügen einer übersättigten kleinen Minderheit arbeitet und sich abrackert.

Lange genug, zu lange schon verfügten weniger als eine Million Menschen über das, was mehr als 20 Millionen ihresgleichen gehört.

Er möge endlich aufhören, dieser große Skandal, den unsere Nachkommen nicht für möglich halten werden. Verschwindet endlich, ihr empörenden Unterschiede zwischen arm und reich, groß und klein, Herr und Knecht, Regierenden und Regierten!

Es soll zwischen den Menschen keinen anderen Unterschied mehr geben als den des Alters und des Geschlechts. Da alle die gleichen Bedürfnisse und die gleichen Fähigkeiten haben, muß man sie also auch alle gleich erziehen und ernähren. Mit der gleichen Sonne und der gleichen Luft geben sich alle zufrieden: Warum sollte die gleiche Menge und die gleiche Qualität der Speisen nicht jedem von ihnen genügen? [...]

Der Augenblick ist gekommen, große Maßnahmen ins Auge zu fassen. Das Übel hat seinen Höhepunkt erreicht; es verdeckt das Antlitz der Erde. Das Politik genannte Chaos herrscht seit vielen Jahrhunderten. Die Ordnung soll wiederhergestellt und alles an Ort und Stelle gerückt werden. Dem Ruf nach Gleichheit folgend, ordnen sich die Elemente der Gerechtigkeit und des Glücks: Der Augenblick ist gekommen, die Republik der Gleichen zu gründen, diese große Herberge, die für alle Menschen offen steht. Die Tage der allgemeinen Wiedergutmachung sind angebrochen. [...]

Die aristokratischen Verfassungsurkunden von 1791 und 1795 machten deine Fesseln nur drückender, statt sie zu lösen. Die von 1793 war tatsächlich ein großer Schritt zur wahren Gleichheit hin; man war ihr noch nie so nahe gekommen. Auch sie jedoch traf noch nicht ins Schwarze und brachte noch keineswegs das allgemeine Glück, deren großes Prinzip sie jedoch feierlich bestätigt hat.

Volk Frankreichs,
öffne Augen und Herz der Fülle des höchsten Glücks: Stimme der Republik der Gleichen zu und proklamiere sie mit uns!

Aus: Markov, Walter: Revolution im Zeugenstand. Frankreich 1789-1799, Bd. 2: Gesprochenes und Geschriebenes, Leipzig 1982, S. 679ff.

4.1.4 Krieg – die Auswirkungen auf eine deutsche Kleinstadt

Mit dem Frieden von Basel (1795) war zwar Preußen aus dem Krieg mit dem revolutionären Frankreich ausgeschieden (s. S. 127f.), der Kaiser des Heiligen Römischen Reiches Deutscher Nation und Großbritannien setzten den Krieg aber fort. Wie sich dies auf das Städtchen Bruchsal auswirkte, zeigt die nachfolgende Quelle. Bruchsal, etwa 20 km nördlich von Karlsruhe gelegen, war seit 1716 Residenzstadt des Fürstbistums Speyer. Zu Beginn des Jahres 1795 hatte der emigrierte Prinz Condé sein Hauptquartier nach Bruchsal verlegt, was wegen der dadurch notwendig werdenden Einquartierungen zu Belastungen für die Bevölkerung führte. Fürstbischof August hatte seine Bruchsaler Residenz wegen der französischen Bedrohung verlassen, war aber 1794 wieder zurückgekehrt. Als im September 1795 Mannheim von den Franzosen besetzt wurde, floh der Fürstbischof zum zweitenmal aus Bruchsal. Bis in den Juni 1796 blieb die Lage im nördlichen Baden ruhig. Im Juni wurde Bruchsal schließlich von französischen Truppen besetzt.

Wendelin Thierry (gestorben 1811), zeitgenössischer Chronist und späterer Oberamtmann von Bruchsal schrieb 1796:

Endlich am 28. Juli [1796] kam der französische General Scherb mittags 12 Uhr mit 20 Reitern und 80 Grenadieren an, der sich im Schloss einquartierte, dem um 2 Uhr noch 2500 Mann nachfolgten, wovon 200 in die Stadt gelegt wurden. [...] Diese Truppen mussten mit Fleisch, Brot, Wein, Fourage [Pferdefutter] und Schuhen verpflegt werden.

Der französische Obergeneral Moreau gewährte dem Fürstbistum Speyer Neutralität, verlangte aber hierfür im Gegenzug 400 000 Thaler bares Geld, 8000 Zentner Getreide, 8000 Zentner Heu und 1000 Zentner Hafer, ferner 100 Pferde. Immer wieder kam es in Bruchsal und Umgebung zu kleineren Attacken der ortsansässigen Bevölkerung auf die Franzosen. Daraufhin geschah Folgendes:

Am besagten 6. September [1796] ließ General Scherb die Bruchsaler Bürgerschaft zu sein und seiner Truppe Sicherheit entwaffnen; es mussten alle Gewehre und Seitengewehre auf das Rathaus geliefert werden. Bei all diesen und noch mehreren Kriegsdrangsalen fanden sich doch Verräter und Anhänger der Franzosen unter den Einwohnern Bruchsals, die jenen alles, was von der Herrschaft an Mobilien und Gerätschaften versteckt, eingemauert oder vergraben worden war, pflichtvergessen verrieten, worüber sich selbst Scherb verwunderte und gelegentlich äußerte, dass er von derlei Verrätern mehr erführe, als er wissen wollte. [...]

Fürst August hatte bald nach seinem Regierungsantritt 12 metallene Kanonen [...] gießen lassen, die 6000 fl. [frz. florin, Gulden] gekostet, und diese wurden wegen des besorgten Einmarsches der Franzosen vergraben, dem General Scherb aber verraten, und er ließ sie so wie andere Militärgerätschaften an Musketen, Säbel, Bandeliers [über die Schulter gelegter, schräg über den Oberkörper getragener breiter Lederriemen, an dem militärische Ausrüstungsgegenstände befestigt waren], Grenadiermützen, Feldkessel, Tornister, messingne Trommeln und türkische Musikinstrumente hinwegnehmen und fortführen. Von sonstigen, auch versteckt gewesenen fürstlichen Küchengerätschaften, ob sie ihm auch gleich verraten waren, nahm er nichts. Die fürstlichen Weine in den Hofkellern so wie die Früchte auf den Speichern wurden zwar von den raubgesichtigen Kriegskommissären in Beschlag genommen und sollten abgeführt werden. Scherb hingegen, der den Charakter eines ehrlichen Mannes hatte, [...] ließ nichts abführen. [...] Scherb begehrte und bekam auch für seine Freundschaft keine douceur [Bestechungsgeld, besondere Annehmlichkeiten], sondern begnügte sich mit der im Schloss erhaltenen ziemlich guten, doch nicht übertriebenen Kost und Wartung mit seinen Offizieren, gab auch etliche Male Freibälle auf Kosten des Hofes, wozu er nebst seinen Offizieren auch die fürstliche Dienerschaft und ihre Weiber und Töchter einladen und bewirten ließ.

Aus: Roegele, Otto B.: Wendelin Thierry. Bruchsaler Chronik 1581-1797, in: Zeitschrift für Geschichte des Oberrheins 96 (1948), S. 402ff.

4.1.5 Aufruf an die Bevölkerung des linken Rheinufers (Ende Juli 1797)

Als dieser Aufruf Ende Juli 1797 in Bingen in Form eines Plakats erschien und dann in mehreren Städten am mittleren Rhein Verbreitung fand, konnte noch nicht abgesehen werden, was mit den von Frankreich besetzten linksrheinischen Gebieten geschehen würde. Zwar war bekannt, dass die französische Regierung den Rhein als Ostgrenze Frankreichs anstrebte, dies sollte aber erst knapp drei Monate später im Frieden von Campo Formio so auch beschlossen werden. Spätestens zu diesem Zeitpunkt war dann das in diesem Aufruf proklamierte Ziel, die linkrheinischen Gebiete sollten sich vom Reich lossagen und eine eigene cisrhenanische[1] Republik gründen, überholt. Als Zeitdokument ist der Aufruf gleichwohl interessant, weil er den Zeitgenossen gleichsam als Menetekel die „alte Ordnung" vor Augen stellt, die für den Fall wiederhergestellt werden würde, dass die alten Herren wieder zurückkehrten.

An die Bewohner des linken Rheinufers

Drei Jahre schon bluten wir an den Folgen eines verheerenden Krieges, in den uns die Dummheit und Raubsucht größerer, die abenteuerliche Ruhmsucht kleinerer Fürsten und der Geiz schlechter Minister und Maitressen gestürzt haben. Gleich anfangs der französischen Revolution fürchteten die Fürsten, ihre Alleinherrschaft zu verlieren. Der Adel aller Länder, der an Höfen und auf seinen Schlössern, die ihr in der Frohnde oder von eurem Gelde bauen musstet, der Adel, [...] der von eurem Schweiße schwelgte, der sich überall steuer- und abgabenfrei erklärte, fürchtete den Verlust seines Wohllebens und der sog. hohen Vorrechte. Die Geistlichkeit, welche sich von euren Zehnden, von euren Gütern, die sie euren Vorvätern abschlichen, mästet und sich bis ans Ende der Welt zu mästen gedenkt, schrie euch zu, man wolle euch euren Gott, eure Religion nehmen. Durch diesen Betrug suchten euch diese Menschen in ihrer Unterwürfigkeit zu erhalten; unter diesem Vorwande nahmen auch die Fürsten eure Söh-

1 Das Präfix „cis" bedeutet „diesseits". Da der Aufruf aus dem von seiner Quelle her gesehen links, d. h. westlich des Rheins gelegenen Koblenz stammt, wird „cisrhenanisch" mit „linksrheinisch" übersetzt.

ne zu Soldaten, beraubten alte Eltern ihrer letzten Stütze und gebrauchten sie schändlich, um euch zu unterdrücken, um euch unter ihrem Joche und unter dem Joche des Adels und der Geistlichkeit zu halten. [...]

Eure alten Beamten und Priester [...] leben von dem Marke, was euch ausgepresst wird, von dem Blute, das sie euch aussaugen, und hoffen deswegen auf die Zurückkunft eurer Tyrannen [die früheren adligen Herren], damit auch sie desto ungestrafter mitrauben können.

Als eure Fürsten euch das Geld abgenommen hatten, flüchteten sie mit ihren Anhängern auf jene Seite des Rheines und überließen euch allen Drangsalen, die mit jedem Kriege unvermeidlich sind. Sie flohen, und ihr bezahltet die Brandschatzungen, Requisitionen[1] und ernährtet die Armen, behieltet kaum übrig, für euer Leben zu fristen. Sie hingegen lebten in jenen Ländern lustig von eurem Gelde, bis es zu Ende war, und machten Schulden, die ihr noch bezahlen müsstet. Jetzt sind die Herren ausgehungert und warten nur auf die Gelegenheit, euch wieder an der Nase herumzuführen, euch so viel Geld abzulügen und abzuzwingen, damit sie ihre Magen und Taschen wieder füllen, dass sie eure Töchter verführen und zu Maitressen, das ist zu ihren Huren machen können wie vorher. Werden oder können diese Leute es denn im Ernste gut meinen, euch wieder aufzuhelfen? Nein! Sie werden ihre Zehnten, Zinsen, Frohnden noch höher treiben als vorher. [...]

Was bleibt euch übrig als Verzweiflung? Lasst ihr eure Fürsten einmal wieder herüberkommen [ins linksrheinische Gebiet], und ihr wollt euch nachher gegen die Unterdrückungen wehren, so werden sie euch als Rebellen behandeln. [...] Aber wie könnt ihr diesem allen vorbeugen? [...] Es bleibt euch kein Weg übrig, euch von allen gegenwärtigen und zukünftigen Drangsalen, vielleicht und sogar wahrscheinlich von der gegenwärtigen Kontribution zu befreien, als wenn ihr euch an die französische Nation [an]schließt, um mit ihr vereinigt zu werden, oder einen eigenen Freistaat zu bilden. [...]

Den wesentlichen Vorteil [einer solchen Entscheidung] darf man euch nicht erst zu beweisen suchen, er ist klar: 1. Erwählt ihr eure Beamten selbst wie in Frankreich [...]. 2. Gebt ihr nicht mehr Abgaben, als zur Bestreitung der Notdurft erfordert wird. 3. Seid ihr zehnten-, zinsen- und frohndenfrei. 4. Wählt ihr euch eure Seelsorger selbst, wie sie sich für euch am besten schicken. 5. Können von den Domänengütern nicht nur die Interessen [Zinsen] eurer großen Schulden bezahlt, sondern auch das Kapital in kurzer Zeit selbst getilgt werden. 6. Wird der Landmann nicht mehr Tagelöhner der Adligen und Geistlichen, sondern leicht selbst Besitzer der Güter werden können. 7. Werdet ihr freien und ausgedehnten Handel haben und also euern Wohlstand auch dadurch befördern können. 8. Werdet ihr gegen zukünftige Kriege immer geschützt sein, weil niemand euch angreifen kann, da ihr von der Republik und all ihren alliierten Freistaaten geschützt sein werdet. 9. Kann [von] euch niemand Abgaben fordern, ohne euch die genaueste Rechnung darüber zu führen. [...]

Ich fordere euch also auf, [...] dass ihr alles aufbietet, [um] mit Frankreich vereinigt oder für einen eigenen Freistaat erklärt zu werden. [...] Lasst euch dabei von euern Priestern und alten Beamten nicht irreführen oder Furcht einjagen; sie sind ein kleines Häufchen und schwache Menschen, die nichts ausrichten können, sobald ihr ihnen nicht freies Spiel lasst. Ihr

1 Beschlagnahmungen ziviler Güter.

könnt und müsst glücklich werden. Ihr seid ein ehrliches braves Volk und verdient ein besseres Schicksal, als auf alle Zukunft ausgesaugt und von jedem Fürsten, Adeligen und Priester unterjocht zu bleiben.

Aus: Hansen, Joseph (Hrsg.): Quellen zur Geschichte des Rheinlandes im Zeitalter der Französischen Revolution 1780-1801, 3. Bd., Bonn 1935, S. 1081-1085

4.1.6 Gegenaufruf an die Bewohner der linksrheinischen Gebiete (August 1797)

Natürlich rief der Aufruf zur Abtrennung der linksrheinischen Gebiete vom Reich mit dem Ziel, eine eigene Republik zu bilden oder den Anschluss an Frankreich zu suchen, erbitterten Widerstand bei den Herren hervor, die aus ihren Ländern geflohen waren (vor allem der Kurfürsten von Trier, Köln und Mainz). Der Verfasser dieses Gegenaufrufs ist der kurtrierische Geheimrat Weckbecker, der davon 4000 Exemplare drucken ließ und sie auf geheimen Wegen in die besetzten linksrheinischen Gebiete einschleusen ließ.[1] *Der Verfasser hoffte, dass der in Kürze zu erwartende Friedensvertrag zwischen dem Reich und Frankreich die alten Herrschaftsverhältnisse links des Rheins wieder herstellen würde. Er fährt in seinem Gegenaufruf dann fort:*

Ihr, guten Bewohner des linken Rheinufers, werdet also nun bald wieder unter das sanfte Zepter eurer vorigen Fürsten zurückkehren. Aber je näher wir gegen diesen glücklichen Zeitpunkt anrücken, desto schrecklicher wird die Angst jener Rotte von Bösewichtern, die unter der Benennung „deutsche Jakobiner" berüchtigt durch ihre Habsucht und durch die gräulichen Mittel, die sie zu ihrer Sättigung anwandten, euch größtenteils die Übel bereiteten, die euch nun schon seit drei Jahren so empfindlich drücken. [...] Euch, guter Mitbürger, wollen sie nun zu Grunde richten, um sich zu retten und hoffen alles von der Wirksamkeit und dem Erfolge der abscheulichen Ränke, die sie in Klubs und nächtlichen Zusammenkünften ausbrüten [...], und besonders durch einen Aufruf verbreiten, den sie zu dem Ende in allen Ländern des linken Rheinufers mit Verschwendung ausgeteilt und durch öffentliche Anheftungen verkündet haben. O, lasst euch, ihr guten Mitbürger, durch das heuchlerische Geschrei dieser verderbten Menschen nicht hintergehen! Das Unglück, das ihr bisher erduldetet, war größtenteils ihr Werk, und die Glückseligkeit, die sie euch für die Zukunft verheißen, gleicht einem mit Gift angefüllten Becher, dessen Rand mit Honig überstrichen ist.

Sie predigen euch Losreißung von eurer rechtmäßigen Obrigkeit, unter deren wachsamer Leitung ihr doch bisher so glücklich waret; Losreißung von Religion, die euch bisher den kräftigsten Trost in Widerwärtigkeiten und die süße Hoffnung einer besseren Zukunft gewährte; Loßreißung von Tugend und guten Sitten, durch die allein ihr bisher in dem Zirkel eurer Familien glücklich lebtet; Losreißung von Gesetzen, ohne welche ihr auf kein Eigentum zählen könnt; Losreißung von guter Ordnung, ohne die kein Staat, keine Familie bestehen kann. [...]

Zuerst suchen diese bösen Menschen durch die abgeschmacktesten Lästerungen eurer Fürsten und ihrer Minister eure Aufmerksamkeit zu reizen. Man sucht euch zu dem Glauben zu bereden, dass sie, die bisher so väterlich für euch gesorgt haben, ganz allein die Ursache dieses so verheerenden Krieges gewesen seien. Nein, Menschen von Gesinnungen und Grundsätzen

1 Zur Abfassung und Verteilung dieses Gegenaufrufs, s. Hansen, 3. Bd., a.a.O., S. 1151ff.

wie diejenigen, die euch nun verführen, euch euer Gut und Leben rauben wollen, diese waren die Urheber des Krieges. Diese äußerten gleich beim Ausbruch der Revolution in Frankreich: Man müsse, um der Staatsumwälzung ihre Kraft und Dauer zu geben, das Kriegsfeuer an den vier Enden von Europa anzünden. [...] So suchte seit dem Anfange der Revolution der Aufrührer die Laster, deren er selbst schuldig war und durch die er seinen Zweck erreichen wollte, auf diejenigen hinzuschieben, welche er zu seinem Schlachtopfer ausersehen hatte. [...]
Dem Adel und der Geistlichkeit will der deutsche Jakobiner kein Recht zum Besitze und Genusses eines rechtmäßig erworbenen Eigentums zugestehen. [...] Der Adel soll sich steuer- und abgabenfrei erklärt haben, und doch weiß es die ganze Welt, dass der Adel ebenso starke Abgaben wie ihr, und vielleicht noch stärkere und zu dem nämlichen [selben] Zwecke wie ihr, von jeher entrichtet hat und noch entrichtet. [...] Der Geistlichkeit will der deutsche Jakobiner keine Zehnten, keine Güter lassen. [...] Wovon aber sollten eure Seelsorger, eure Priester leben, wenn man ihnen die Mittel entzöge, die zu ihrem Unterhalte bestimmt sind und in deren ruhigem und rechtlichem Genusse sie sich befinden? Der Jakobiner will euch also wirklich euren Gott, eure Religion nehmen, indem er euch vorschlägt, euren Priester die Mittel zu ihrem Unterhalte wegzurauben. Hier seht ihr also, meine lieben Mitbürger, den Betrüger entkleidet und in seiner Blöße dastehen.
Er [der deutsche Jakobiner] lästert die wohltätigen Gesinnungen eurer Fürsten und Obrigkeiten, denen nichts so sehr am Herzen liegt, als euer Schicksal zu verbessern und die Wunden zu heilen, die euch der Krieg geschlagen hat. Er sucht euch den empörenden Gedanken beizubringen, dass ihr allein die Bürde der Staatsschulden tragen, dass eure Fürsten bei ihrer Rückkehr sogar eure Lasten vermehren würden. Seht ihr nicht, [ihr] guten Mitbürger, in dieser abscheulichen Verleumdung das Bild der schwarzen Seelen eurer schändlichen Verführer. Er macht es euren Fürsten zum Verbrechen, dass sie ihre Lande verlassen und in ruhigeren Gegenden ihren Aufenthalt genommen haben. Ist es denn ein Verbrechen, persönliche Sicherheit zu suchen, wenn man allen Arten von Drangsalen ausgesetzt ist, wenn man in der Mitte von einer zügellosen Rotte blutdürstiger Empörer jeden Augenblick Einkerkerung, Gift oder Dolche befürchten muss? Es wäre Unsinn von Seiten eines Fürsten, sich seinem Feinde freiwillig in die Hände zu liefern, unsinnig und treulos von einem Volke, solches von seinem Fürsten zu verlangen. [...]
Nun sucht euch unser Jakobiner mit der Furcht zu beängstigen, dass eure Fürsten, die, wie ihr besser wisst, von jeher blos euren Wohlstand, euer Glück gewollt haben und noch immer nach ihren äußersten Kräften daran arbeiten, dass diese Fürsten euch durch ungerechte Prozesse zur Bezahlung der vorhandenen Schulden und zur Entrichtung eurer ungeheuren Abgaben nötigen würden, und schlägt euch als das wirksamste Gegenmittel den Verkauf der Domanialgefälle eurer Fürsten, den Verkauf der Güter eurer Geistlichkeit und dergleichen vor. Gesetzt nun, das geschähe, wie es dieser edle Patriot wünscht, glaubt ihr dann wohl, ihr guten Mitbürger, dass das Geld von diesen Gütern, das Geld von dem Verkauf eurer Abteien, Stifter, Klöster, Pfarreien, Hospitäler, von euren Glocken, von den Steinen, von dem Gehölze, von den heiligen Gefäßen eurer Kirchen zu dieser Bestimmung gelangte? Nein. [...] Euer Verführer sucht weiter nichts als in der neuen Republik, die er bilden will, einen reichen Fonds zur Sättigung des Golddurstes deutscher Blutegel, zur Befriedigung des Heißhungers verderbter Klubisten [Mitglieder der Jakobinerklubs] und rasender Jakobiner von der eifrigen Art,

wie euer Prediger ist. Er will nach dem Beispiel Frankreichs einen Fonds zur Aufstellung einer euch vollends niederdrückenden Nationalgarde, zur Bezahlung republikanischer Gastmähler, zur Begehung sog. Bürgerfeste und dergleichen mehr. Was bliebe euch armen Unglücklichen dann übrig, als der nagende Schmerz, alle Quellen zu eurer bisherigen Glückseligkeit ausgetrocknet zu sehen? Wo wären dann die Hospitäler für eure Armen und Kranken, wo die Anstalten zur Erziehung eurer Jugend, wo die Abteien, Stifter und Klöster zur Versorgung eurer diesen Beruf fühlenden Kinder? [...]

Ihr werdet, sagt er, 1) eure Beamten selbst wählen wie in Frankreich. Nein, ihr guten Bewohner des linken Rheinufers, das werdet ihr nicht. Eure Klubs, eure Jakobiner, diese Prediger des Aufruhrs, diese Rotte absichtlich betrügerischer Menschen, die überall in Flecken und Dörfern herumlaufen, um den harmlosen, guten, nicht Arges denkenden Landmann zu hintergehen, diese sind es, die euch eure Magistrate, eure Beamte geben oder sich selbst als solche eindringen werden; Menschen, die ihr selbst als den Auswurf und den Abschaum bürgerlicher Gesellschaft verabscheutet, ehrsüchtige Buben ohne Beruf und Talente, Menschen ohne Sitten, ohne Tugend, ohne Glücksgüter, hungrige Taugenichtse, Bankrotteure und dergleichen Gesindel werden die Stelle eurer alten Magistratspersonen und Beamten einnehmen und euch bis aufs Blut aussaugen.

2) Man verspricht nicht mehr Abgaben erheben zu wollen, als zur Bestreitung der Notdurft erfordert wird. Aber wer wird diese Notdurft beschränken? [...]

3) Der Jakobiner will euch zehnten-, zinsen- und frondenfrei machen. Wie blendend war nicht dieses Versprechen für den guten Landmann in Frankreich! [...] Freilich hörten die alten Abgaben auf; allein wie sehr wurden sie durch die neueren vervielfacht. An ihre Stelle traten Auflagen, die man vorher nicht kannte. [...]

Ihr werdet 4), sagt der Heuchler, eure Seelsorger selbst wählen; so wie sie sich für euch am besten schicken. Aber wofür dann noch Seelsorger und Priester? Die Frankenrepublik hat sich ja von der katholischen Kirche losgesagt. Die Tempel Gottes sind ja in Tempel der Vernunft umgewandelt. Die einigen Gottheiten, die man dem Volke darin zur Anbetung vorstellt, sind Theatermädchen, öffentliche Metzen [Huren]. Wofür also Priester, so lange es Schauspieler gibt, die ihre Stelle einnehmen können? Gesetzt aber, man wolle euch noch einige Zeitlang eure Religion lassen: Welche Seelsorger wird man euch dann wohl geben? Geistliche von dem ärgerlichsten und verrufensten Lebenswandel, unwissende, dumme, verdorbene Menschen, um nach und nach euren Glauben und jenen eurer Kinder ganz auszurotten.

Im Folgenden versucht der Verfasser dieses Gegenaufrufs die übrigen Punkte des Aufrufs vom Ende Juli 1797 zu entkräften.

Zählt also noch, ihr guten Leute, unter die unendlichen Vorteile, die man euch verspricht, die Zeit, Arbeit und Glück verderbenden ewigen Klubs, Volksgesellschaften, rote Käppchen, republikanische Feste, die abgenötigten patriotischen Geschenke, die gewaltsamen Anleihen, die gezwungene Aushebung zum Soldatendienste, die aufgedrungene Religion, die Laternenpfähle[1], die Guillotine [...], lauter neue Erfindungen der Revolution zur Ehre der Gotthei-

1 Anspielung auf das Lied „Ça ira, les Aristocrats à la lanterne...", also dass man die Aristokraten an Laternenpfählen aufhängen sollte.

ten Freiheit und Gleichheit, die einer Anzahl von mehr als 200 000 Menschen das Leben gekostet haben. [...] Dann urteilt selbst, wer es gut mit euch meint, eure Fürsten und rechtmäßigen Obrigkeiten oder diejenigen Menschen, welche euch solche Dinge predigen. Denkt an euer Heil, an das Heil eurer Kinder und eurer Nachkommenschaft, und handelt nun nach den Eingebungen eurer Herzen, eurer Gewissen und eurer Religion.

Aus: Hansen, Joseph (Hrsg.): Quellen zur Geschichte des Rheinlandes im Zeitalter der Französischen Revolution 1780-1801, 3. Bd., Bonn 1935, S. 1154-1161.

4.1.7 Die Armee erstickt den Versuch eines royalistischen Staatsstreichs (September 1797)

Im Frühjahr 1796 war Napoleon mit einer Armee nach Italien aufgebrochen. Im Laufe des Jahres haben er bzw. seine Generale mehrere Gefechte gegen österreichische Truppen errungen und bewirkt, dass Österreichs Bereitschaft zum Abschluss eines Friedensvertrags wuchs. 1797 hat Napoleon einen Teil seiner Truppen unter dem Befehl des Generals Augereau (1757-1816) von Italien nach Paris kommandiert, wo dieser am 4. September 1797 (18. Fructidor V) den royalistischen Staatsstreich niederschlug. Aus den Wahlen, die dem Staatsstreich folgten, ging eine radikale Regierung hervor, jedoch erst nachdem der Rat der Fünfhundert und der Rat der Alten die Wahlen in 48 der damals 83 Departements für ungültig erklärt hatten. Die beiden Verfassungsorgane hatten moniert, dass „Feinde der Republik“ die Wahlen so beeinflusst hätten, dass sie zugunsten von Parteigängern des Königtums und Emigranten ausgefallen wären. Diese Maßnahme sei auch deshalb notwendig gewesen, um einen Bürgerkrieg zu verhindern.

In der letzten Nacht wurde um drei Uhr morgens die Alarmkanone abgefeuert, die Sitzungssäle der beiden Räte[1] wurden besetzt und die Schranken geschlossen. Um sieben Uhr wurde der Befehlshaber der Grenadiere des Gesetzgebenden Körpers des Kommandos enthoben und verhaftet, und die Genadiere folgten mit Rufen: „Es lebe die Republik!“ dem General Augereau, der sie bis dicht an das Hauptquartier der 17. Militärdivision führte. Die Truppen besetzen den Pont-au-Change, den Pont-Neuf, die Tuilerienbrücke und die Revolutionsbrücke. Mehrere Geschütze sperrten den Weg über jede dieser Brücken.

Plakate, die in allen Straßen angeschlagen wurden, enthielten Pichegru[2] zugeschriebene Briefe, in denen er mit Vertretern Ludwigs XVIII. und dem Prinzen Condé Gedanken über die Mittel austauschte, den Prätendenten[3] auf den Thron zu setzen.

1 Rat der Fünfhundert, Rat der Alten (s. das Schema der Verfassung s. 4.4.1).

2 Der Royalist Jean-Charles Pichegru (1761-1804), ursprünglich Revolutionsgeneral, der sich bei der Eroberung der habsburgischen Niederlande und Hollands und später bei Kämpfen im linksrheinischen Gebiet Deutschlands ausgezeichnet hatte, hatte dort Kontakt zu französischen Emigranten aufgenommen. 1797 wurde er neuer Vorsitzender des Rates der 500. Am 4. September 1797 wurde er verhaftet. Das Urteil lautete: Deportation nach Cayenne (Französisch Guyana). Von dort konnte er nach England fliehen. Gemeinsam mit einem Komplizen wollte er Napoleon zur Zeit, als dieser Erster Konsul war, ermorden. Der Plan schlug fehl. Pichegru wurde verhaftet und starb in der Haft unter nicht ganz geklärten Umständen.

3 Der spätere König Ludwig XVIII. (1755-1824; König von 1814/15-1824).

Diese Briefe schienen nach den Einzelheiten, die sie enthielten, in der Zeit geschrieben zu sein, da Pichegru an der Spitze der Armee stand, denn er schlug vor, den Rhein an dem Punkte, den man ihm nennen würde, mit soviel Truppen zu überschreiten, wie man wünschte, sich mit dem Prinzen von Condé zu vereinigen und gemeinsam mit ihm auf Paris zu marschieren, nachdem österreichische Garnisonen nach Hüningen und anderen französischen Festungen verlegt worden wären.

Aus: Moniteur vom 4.9.1797, in: Lautemann, Wolfgang (Hrsg.): Geschichte in Quellen. Amerikanische und Französische Revolution, a.a.O., S. 465

4.1.8 Aufruf der Cisrhenanischen Föderation (Anfang September 1797)

Die öffentliche Agitation im cisrhenanischen[1] Gebiet war mit dem Erscheinen des oben abgedruckten Gegenaufrufs (s. 4.1.6) noch nicht beendet. Anhänger der Französischen Revolution verbreiteten in den ersten Septembertagen ein Plakat, das sowohl auf den Aufruf vom 29. Juli als auch auf den Gegenaufruf vom August 1797 Bezug nahm.[2] Verfasser waren ein Professor Gerhards und der damalige Student Joseph Görres (1776-1848). Dieser, in Koblenz geboren, war zum Zeitpunkt, da er dieses Plakat mitverfasste, noch Student und Demokrat sowie ein glühender Verfechter der Ideen der Französischen Revolution. In der von ihm herausgegebenen Zeitschrift „Das rote Blatt" propagierte er die Errichtung einer cisrhenanischen Republik. Nach Paris entsandt, um dort den Anschluss der linksrheinischen Gebiete an die französische Republik in die Wege zu leiten, entdeckte er so starke Defekte in der Regierungspraxis der französischen Republik, dass er sich zunehmend von seinen früheren Überzeugungen und Ideen abkehrte. In der Etablierung der Alleinherrschaft Napoleons sah er dann die vollständige Preisgabe der revolutionären Ideen von 1789. In der Folgezeit entwickelte sich Görres zu einem entschiedenen Gegner Napoleons. Sein publizistischer Einfluss war enorm. Nach 1815 warb Görres für die Einheit Deutschlands unter Einschluss Österreichs, für Selbstbestimmung und Demokratisierung Deutschlands auf christlichem Fundament. Dies brachte ihn in Konflikt mit der preußischen Regierung und zwang ihn zur Flucht nach Straßburg. In den folgenden Jahren wandelte er sich zum katholischen Publizisten, was ihm 1827 eine Berufung als Professor für Geschichte an die Universität München und 1839 auch die Nobilitierung eintrug.

Görres' Haltung war nicht untypisch für einen Teil des Bürgertums in den besetzten Gebieten. Man lehnte zwar die Terreur von 1793/94 entschieden ab, bewahrte aber seine Sympathien für die liberalen Ideen der frühen Revolutionsjahre. Eine Massenbewegung zugunsten des Anschlusses an Frankreich oder zugunsten einer linksrheinischen Republik von Frankreichs Gnaden entstand zwar auch jetzt nicht, da große Teile der Bevölkerung – so etwa die zünftigen Handwerker in den Städten – die überkommenen Verhältnisse und die bedrohte Religion nicht preiszugeben bereit waren;

---

1 S. 4.1.5, Anm. 1.

2 Auch auf diesen hier auszugsweise zitierten Aufruf gab es kurz darauf eine Antwort in Form eines Antrags der kurtrierischen Landstände vom 11. September 1797, die Gesellschaft der „Freunde des Volkes und der Freiheit" und deren Agitation für eine Vereinigung des linksrheinischen Gebiets mit Frankreich bzw. für die Errichtung einer Cisrhenanischen Republik zu verbieten. Vgl. hierzu Hansen, 3. Bd., a.a.O., S. 1204-1209.

für Intellektuelle, die protestantische Minderheit und die Großkaufleute galt dies aber nicht im selben Maße. Ob eine Cisrhenanische Republik entstehen würde oder nicht, hing allein vom Wohlwollen der Direktoriumsregierung ab. Alle Pläne für eine solche Republik waren in dem Moment ohne jede Chance auf Realisierung, als in Frankreich nach dem Fructidor-Aufstand vom September 1797 wieder jene Politiker das Sagen hatten, die Frankreichs „natürliche Grenzen" postulierten und im Osten damit natürlich den Rhein meinten. Es ging also um die Eingliederung der cisrhenanischen Gebiete in die Französische Republik. „Von vielen Bauern, etlichen Unternehmern sowie Juden und Protestanten konnte die Reunion mit Frankreich daher durchaus als Fortschritt empfunden werden. Auch dürfte die Einführung der Gleichheit aller Bürger vor dem Gesetz und vor der Steuer angesichts der am Rhein bislang weitgehend intakten Ständegesellschaft sozial ebenso revolutionär wie befreiend' gewirkt haben – zumindest für die bisher zurückgesetzten Mittel- und Unterschichten."[1]

Die Freunde des Volks und der Freiheit an die Landleute des linken Rheinufers

[...] Sie [„Eure Blutsauger, Eure Amtleute"] drohen Euch, sie wollen die Verbreiter unserer Proklamation einsetzen, den Kaiserlichen ausliefern etc. [...] Warum wollt Ihr Euch also vor diesen Leuten fürchten? Sie berühmten sich zwar vor kurzem noch, als sei ihre Wiedereinsetzung ein sicheres Zeichen, dass die vorigen Despoten wieder zurückkämen; aber schon sind ihnen die Hände wieder auf den Rücken gebunden. [...] Wir versichern Euch, dass sie Euch kein Haar krümmen werden. Außerdem sind in Eurem Amte [etwa: Landkreis] wohl 2000 bis 3000 Bürger und nur einige Beamte; wenn Ihr nun sprecht: Wir wollen eine freie Verfassung haben, wir wollen Menschen und keine Sklaven mehr sein, werden dann die Despotenknechte Euch daran hindern? Sonst war es freilich anders. Wenn Ihr da so etwas getan hättet, dann hätten die Beamten in die Stadt geschickt und Soldaten zur Exekution geholt. Aber diese Zeiten sind vorüber; die Franzosen werden Euch euern Unterdrückern nicht preisgeben. Erklärt Ihr Euch frei, so seid Ihr unter dem Schutze der Republik, und die vorigen Despoten werden den Gedanken ganz aufgeben, wieder zurückzukommen. [...]

Man hat Euch wohl auch gesagt, die Sachen, die wir von Euch forderten, seien Landesverrätereien, mit denen Ihr Euch nicht abgeben dürftet. Aber sagt einmal, wer hat Verräterei getrieben? Als die Franzosen bei uns einrückten, ließ da das Land den Fürsten im Stiche oder der Fürst das Land? Wir denken das letztere; denn sie liefen ja, so weit sie ihre Beine trugen. [...] Wenn nun ein solcher Staatsdiener gar entläuft, oder wenn der Staat überhaupt sagt: Es ist mir zu kostspielig, ferner noch einen solchen Bedienten zu halten; ich will inskünftige [zukünftig] die Arbeiten, die er für mich tun sollte, selbst verrichten; glaubt Ihr, dass alsdann der Staat nicht das Recht habe, diesem Diener den Abschied zu geben, das ist, den Fürsten abzusetzen? [...] Ihr könnt also sagen, der Krieg hat uns zu viel gekostet, als dass wir noch fernerhin Bediente halten sollten, wir wollen keinen Fürsten mehr; wir wollen selbst Fürst sein. [...]

Endlich schreckt man Euch auch mit der Lüge, man wolle Euch Eure Religion nehmen. Aber sprecht einmal selbst: Ist es Religion, wenn Pfaffen Jahr aus Jahr ein fressen, saufen, schlemmen und für das alles dem lieben Herr Gott ein Dutzend lateinische Gebete herausplärren oder hermurmeln, während sich der arme Landmann nach einem kummervollen Tage im Schweiß

1 Vgl. hierzu Dumont, a.a.O., S. 103ff. (Zitat S. 104).

seines Angesichts sich kaum so viel erarbeitet hat, dass seine Familie nicht Hungers stirbt? Ist es Religion, dass üppige Abtei-, Stifts- und Dompfaffen Summen verprassen, von denen hunderte Familien sich anständig ernähren könnten? Ist es Religion, wenn sie mit ihren dem Lande abgestohlenen Früchten den schändlichsten Wucher treiben; wenn sie eher den hilflosen Bedürftigen Hungers sterben ließen, als dass sie ihre Speicher öffneten? Ist es endlich Religion, [...] wenn sie sich den Lasten des Krieges und des Staates zu entziehen und sie auf ihren ärmeren Nachbarn zu wälzen suchen? Von alledem wusste Christus nichts. Seine Religion ist rein von jenem Unrat. Pfaffen beflecken sie damit. [...]

Ihr seht also, dass alle Einwürfe und Schreckbilder, womit unsere und eure Gegner Euch in die Enge zu treiben suchen, wie Spreu im Winde zerstäuben. [...] Wir wollen frei sein und von keinen Despoten mehr gehudelt [geplagt] werden. Habt Ihr diese Erklärung einmal von Euch gegeben, die cisrhenanische Kokarde aufgesteckt, Freiheitsbäume gepflanzt, dann wählt Ihr Männer, denen Ihr Euer Zutrauen schenkt und die Ihr als brave, es gut mit Euch meinende Patrioten kennt, zu Euren Wortführern. [...] Ihr bekommt dann eine Verfassung, worin der Landmann als die erste arbeitende und erwerbende Klasse des Staates auch den ersten Rang besitzt; wo jeder von Euch, wenn er Talente dazu hat, sich zur höchsten Stelle emporschwingen kann. Die Justiz wird schnell, unparteiisch und unentgeltlich sein. [...] In einem Tage werden Prozesse entschieden sein, die sonst dreißig Jahre dauerten. Ihr werdet nicht jene Scharen von Advokaten, die so oft Eure Beutel ausgeleert, zu füttern haben. Eure Abgaben werden mäßig sein; eure Beamten werden Euch nicht mehr ungestraft schinden können, denn Ihr wählt Euch selbst die Rechtschaffensten zu euren Oberen und zieht sie zur Rechnung [Rechenschaft]. Das Wild wird nicht mehr Eure Felder verwüsten.[1] Ihr werdet nicht mehr die Straßen in Eurem Schweiße bauen, damit Ihr nachher den nötigen Gebrauch derselben allein zahlen müsset[2], während die Adligen bei ihren Lustfahrten nichts zahlen. [...] Zaudert nicht, die Zeit ist jetzt gekommen! Wenn Ihr sie verstreichen lasst, so werdet Ihr sie einst umsonst zurückwünschen, indem sie vielleicht in Jahrhunderten nicht zurückkommt! Befolget das Beispiel der pfälzischen Städte Neustadt, Dürkheim, Grünstadt, Kaiserslautern und anderer, die den Freiheitsbaum[3] gepflanzt haben. [...] Es lebe die cisrhenanische Republik!

Aus: Hansen, Joseph (Hrsg.): Quellen zur Geschichte des Rheinlandes im Zeitalter der Französischen Revolution 1780-1801, 3. Bd., Bonn 1935, S. 1189-1194

1 In vielen Teilen Deutschlands und Frankreichs war es den Bauern verboten, das Wild (Hasen, Tauben usw.), das sich über die Feldfrüchte hermachte und die Ernteerträge dezimierte, zu bejagen. Es musste geschont werden, um den Herren ein ergiebiges Jagdvergnügen zu garantieren – oft auch in solchen Gegenden, in denen die Herren niemals zur Jagd gingen.

2 Wegebau gehörte vielerorts zu den Frondiensten der Landbevölkerung, d. h. sie mussten dem Grundherrn beim Wegebau ohne Bezahlung ihre Arbeitskraft zur Verfügung stellen. Waren die Wege erst einmal fertig gestellt, war es üblich, von denjenigen, die die Straßen benutzten, eine Gebühr zu kassieren (für gepflasterte Straßen: Pflastergeld; für andere Straßen: Wegezoll; heute etwa vergleichbar mit Maut).

3 Über das Aufstellen weiterer Freiheitsbäume in den cisrhenanischen Gebieten (Koblenz am 14.9.1797, Köln am 17.9.1797, Bonn am 22.9.1797, s. die Quellen bei Hansen, Joseph (Hrsg.): Quellen zur Geschichte des Rheinlandes im Zeitalter der Französischen Revolution 1780-1801, 4. Bd.: 1797-1801, Bonn 1938, S. 3ff., 21ff., 77ff.

4.1.9 Der Friede von Campo Formio (17. Oktober 1797)

Noch vor Beendigung des Ersten Koalitionskrieges wurden in Paris Pläne entwickelt, die von der französischen Republik eroberten deutschen Gebiete westlich des Rheins in eine eigene, allerdings nicht selbstständige, sondern von Frankreich abhängige sog. Cisrhenanische Republik (s. 4.1.5) zu transformieren. Mit dem Friedensvertrag von Campo Formio (Provinz Udine, Italien) zwischen Frankreich (Napoleon) und dem Landesherrn der habsburgischen Erblande (Kaiser Franz II.) wurde der Erste Koalitionskrieg beendet. (Preußen war bereits im Frieden von Basel 1795 aus der Koalition gegen Frankreich ausgeschieden; s. S. 124) Kaiser Franz II. verzichtete in diesem Vertrag auf die österreichischen Niederlande zugunsten Frankreichs. In einem geheimen Zusatzartikel erkannte der Kaiser den Rhein als Ostgrenze Frankreichs an. Die weltlichen Fürsten sollten für ihre Verluste westlich des Rheins mit östlich des Rheins gelegenen Gebieten entschädigt werden. Diese Entschädigung konnte nur durch Säkularisierung von Kirchenbesitz realisiert werden. Mit dieser Abtretung der linksrheinischen Gebiete an Frankreich, für die sich der Kaiser angemessene Entschädigen erhoffte, verletzte das Oberhaupt des Reiches (wie auch schon zuvor der König von Preußen im Frieden von Basel) die Verfassung des Heiligen Römischen Reiches deutscher Nation. Klarsichtige Zeitgenossen erkannten, dass damit das Heilige Römische Reich Deutscher Nation an sein Ende gekommen war. Als Mainz am 30. Dezember 1797 an die Franzosen übergeben wurde und eine Restitution (Wiedererrichtung) der alten Herrschaften westlich des Rheins nun nicht mehr zu erwarten war, hielt Joseph Görres am 1. Januar 1798 vor der patriotischen Gesellschaft in Koblenz eine Rede, in der er die Reichsintegrität als Schimäre verspottete; am 7. Januar 1798 folgte an gleicher Stelle seine Grabrede auf das Reich, als dessen Todestag er den Fall von Mainz ansah: „Am dreysigsten December 1797 am Tage des Übergangs von Maynz, nachmittags um drey Uhr starb zu Regensburg, in dem blühenden Alter von 955 Jahren 5 Monaten 28 Tagen sanft und seelig an einer gänzlichen Entkräftung und hinzugekommenen Schlagflusse bei völligem Bewußtseyn und mit allen heiligen Sakramenten versehen das heilige römische Reich schwerfälligen Andenkens."[1]

Mit dem Vertrag von Campo Formio wurden Pläne für den Aufbau einer Cisrhenanischen Republik hinfällig (s. S. 298). Statt dessen wurde das jetzt französische Gebiet nach französischem Vorbild in Departements gegliedert (s. S. 302).

Im ersten von insgesamt 17 geheimen Zusatzartikeln zum Friedensvertrag heißt es:

Art. 1 Seine Majestät der Kaiser und König von Ungarn und Böhmen stimmt zu, dass die Grenzen der französischen Republik bis zu einer weiter unten beschriebenen Linie reichen. [Weiter unten in diesem Artikel heißt es dann zum Grenzverlauf:] Das linke Rheinufer von der Schweizer Grenze unterhalb von Basel bis zur Einmündung der Nette [in den Rhein] oberhalb von Andernach, eingeschlossen der Brückenkopf von Mannheim am linken Rheinufer und die Stadt und Festung von Mainz. [Nachfolgend wird der Grenzverlauf bis nach Venlo, das damals zur Batavischen Republik gehörte, beschrieben.]

1 Görres, Joseph: Gesammelte Schriften, Bd. I: Politische Schriften der Freiheit, 1795-1800, hrsg. v. Max Braubach, Köln 1928, S. 94. Regensburg steht für den Sitz des Immerwährenden Reichstags, der Vertretung der Stände im Heiligen Römischen Reich.

Art. 2 Seine Majestät der Kaiser und König von Ungarn und Böhmen wird sich vom Zeitpunkt des Friedensschlusses [an] mit dem deutschen Kaiserreich dafür einsetzen, dass 1. die Schiffahrt auf dem Rhein für die französische Republik frei sei.

Aus: Hansen, Joseph (Hrsg.): Quellen zur Geschichte des Rheinlandes im Zeitalter der Französischen Revolution 1780-1801, 4. Bd.: 1797-1801, Bonn 1938, S. 218.

4.1.10 Die Departements links des Rheins nach dem Frieden von Campo Formio

Département de la Roer (Rur-Departement)
mit den Arrondissements Aachen, Kleve, Köln und Krefeld; Hauptort des Departements war Aachen (Aix-la-Chapelle)
Département de Rhin-et-Moselle (Rhein-Mosel-Departement)
mit den Arrondissements Bonn, Koblenz und Simmern; Hauptort war Koblenz (Coblence)
Département du Mont-Tonnerre (Donnersberg-Departement)
mit den Arrondissements Mainz, Kaiserslautern, Speyer, Zweibrücken; Hauptort war Mainz (Mayence); die Südpfalz wurde dem Département Bas-Rhin (Hauptprt: Straßburg) zugeschlagen.
Département de la Sarre (Saar-Departement)
mit den Arrondissements Trier, Birkenfeld, Prüm und Saarbrücken; Hauptort war Trier (Trèves).

4.1.11 Das linksrheinische Gebiet wird Teil Frankreichs (13. November 1797)

Frankreich hatte mit diesem Friedensvertrag das erreicht, was schon seit Ludwig XIV. Ziel französischer Außenpolitik gewesen ist: Der Rhein bildete jetzt die Ostgrenze Frankreichs. Die nachstehende Proklamation des „Generalausschusses der Cisrhenanischen Föderation“ war der Abschluss der auf Etablierung eines linksrheinischen Staates gerichteten Bemühungen deutscher Anhänger der französischen Republik. Diese Gebiete waren ab sofort Teil Frankreichs. Nach ausführlichen Vorerwägungen waren in dieser Proklamation elf Punkte vereinbart:

1. Die ehemaligen Prinzen oder sog. Souveräne dieser Länder [links des Rheines] sind Feinde der Nation und auf immer aus diesen Gegenden verbannt;
2. die Bewohner besagter Länder sind frei und unabhängig;
3. das Volk nimmt zur Garantie seiner Freiheit die Französische Konstitution [Verfassung] an, die auf die Rechte des Menschen und der Gleichheit gründet;
4. das Volk zwischen Maas, Rhein und Mosel verbindet sich, um seine politische Interdependenz [gegenseitige Abhängigkeit] zu sichern, mit dem Französischen Volke und inkorporiert sein Gebiet mit jenem der Republik [...];
5. die Verbindung mit dem Deutschen Reiche ist für immer aufgehoben;
6. das Volk dieser Länder wird nie gegen das Deutsche Volk, wiewohl es sich von demselben trennt, die Gefühle der aufrichtigsten Bruderliebe verleugnen [...];

7. alle Militär-, Administrativ- und richterliche Gewalten, unter was für Benennungen sie bestehen mögen, die von den ehemaligen Fürsten oder der alten Ordnung der Dinge herrühren, sind vernichtet;
8. die Titel von Adel, Unterscheidungsorden, allgemeine und besondere Privilegien, Exemtionen, Feudalrechte, herrschaftliche Zinsen, Zehnten jeder Art usw. sowie alle Einrichtungen, welche die Ungleichheit unter den Ständen hervorbringen, sind und bleiben aufgehoben;
9. die ehemaligen Fürstendomänen [Grundbesitz der Fürsten] sowie die angeblichen Kirchengüter sind Eigentum des Volkes geworden; [...]
11. Gewissensfreiheit und Ausübung der Gottesdienste ist in der ganzen Ausdehnung des Wortes angenommen, aber der Staat besoldet keine Diener für dieselben.

Aus: Hansen, Joseph (Hrsg.): Quellen zur Geschichte des Rheinlandes im Zeitalter der Französischen Revolution 1780-1801, 4. Bd., Bonn 1938, S. 321-326

4.1.12 Ergebenheitsbekundung von Bürgern in den besetzten Gebieten (1798)

Mit dem Abschluss des Vertrags von Campo Formio (1797) zeichnete sich ab, dass die Gebiete des Heiligen Römischen Reiches Deutscher Nation westlich des Rheins dauerhaft der französischen Republik angehören würden. Um diesen Vorgang zu unterstützen, bildeten sich in den besetzten Gebieten – oft von der französischen Besatzungsmacht heftig betriebene – sog. Reunionsgesellschaften, die den Anschluss der deutschen Territorien an Frankreich propagandistisch begleiten sollten. Diesem Zirkel gehörten nur solche Männer an, die sich zur französischen Nation und zur Verfassung von 1795 bekannten. Anders als in den zuvor existierenden sog. Volksgesellschaften, deren Anhänger sich aus den unteren Volksschichten rekrutierten, gehörten die Mitglieder der Reunionsgesellschaften meist dem mittleren, wohlhabenderen Bürgertum an. Sie versprachen sich von einem Bekenntnis zu Frankreich wirtschaftliche Vorteile. Man muss davon ausgehen, dass die von der Regierung in Paris erwünschten Reunionsadressen (wie die nachstehend abgedruckte) von den französischen Regierungskommissaren nicht nur angeregt, sondern auch inhaltlich mitbestimmt wurden. Die Unterstützung dieser Reunionsadressen in der breiten Bevölkerung war gering.

Diese hier im originalen Wortlaut wiedergegebene Ergebenheitsadresse konstruiert eine angeblich seit altersher begründete Zusammengehörigkeit des linksrheinischen (deutschen) Gebiets mit Frankreich. Am Anfang dieser Zusammengehörigkeit, die nun wiederhergestellt sei (daher der Name „Reunion"), habe die Schlacht von Tolbiac – im Deutschen meist Schlacht von Zülpich (etwa 60 km östlich der deutsch-belgischen Grenze) genannt – im Jahr 496 gestanden, in der der Franke Chlodwig die Alemannen geschlagen hat. Nach der Schlacht sei Chlodwig zum Christentum übergetreten und getauft worden. Die nachstehend aufgeführten Namen Eburonen usw. bezeichnen keltische bzw. germanische Stämme, die an Rhein und Maas beheimatet gewesen sein sollen. Sie waren zum Zeitpunkt der Schlacht von Zülpich bereits seit mehreren Jahrhunderten von den Römern besiegt und unterworfen worden. Mit Lothar und Ludwig dem Deutschen sind zwei der drei Söhne König Ludwigs des Frommen (778-840) – der dritte Sohn war Karl der Kahle – gemeint. Die drei

Brüder hatten im Vertrag von Verdun 843 das Reich, das ihr Großvater begründet hatte, unter sich aufgeteilt, wobei Karl der Kahle das Westfrankenreich (später: Frankreich), Lothar das Mittelreich und Ludwig das Ostfrankenreich (später: Deutschland) bekamen. Die Gebiete des Rur-Departements waren 843 teils Lothar, teils Ludwig zugefallen.

Adresse des 54köpfigen Aachener Reunionszirkel an den französischen Regierungskommissar Rudler vom 5. Pluviose VI (24. Januar 1798)

Freyheit! Gleichheit!

Die unterzeichneten Republikaner, versammelt im Reunions-Zirkel zu Aachen,

An den Bürger Rudler, Regierungs-Kommissair in den eroberten Landen zwischen Maas und Rhein und Mosel.

Bürger-Kommissair!

Ha! Wie sie wiederhallen – die Roer- [Rur-]Ufer – von dem Jubel des Volkes, das von neuem vereinigt ist mit der *großen Nation* [Frankreich], zurückgeschenkt seiner Ur-Familie!

In den Feldern von Tolbiac war es, wo der Stifter des Fränkischen Reichs unsre Väter über die Alemannen rächte, und den Rhein wiedereroberte, der von je die Grenze Galliens gewesen war. Die Eburonen, Suniker, Gugernier, Ubier, Trevirer, Karakaren, Vangionen vereinigten ihre Schaaren mit jenen des Siegers von Tolbiac, und ganz Gallien ward befreyt von den Römern und Westgothen, und von den übrigen Räuber-Horden. Durch welches Geschick mußten die Cisrhenanischen Ufer-Bewohner dann wieder zu Theile werden einem *Lothar,* und *Ludwigen* dem *Deutschen!*

Allein Dank dem Genius der Freyheit, der Französischen Revolution, dem Heroism[us] ihrer Vertheidiger, der Weisheit derer, welche die erste Nation der Welt regieren! Vergolten sind nun die Ungerechtigkeiten und Unbilden von zehn, von zwanzig Jahrhunderten. [...] Ihr habt noch mehr gethan, Helden! Gesetzgeber! Regenten von Frankreich! Chlodewich befestigte die Herrschaft der Franken in Gallien, und ihn begünstigte in seinen Eroberungen der Fanatism[us]; er verfaßte das Salische Gesetz[1]. Ihr habt die einige und untheilbare Republik gegründet, die Koalition der Könige in Staub geschmettert, unter der Aegide der Vernunft; ihr habt die Konstitution von J. III.[2] verfaßt. Der Sieg bey Tolbiac war unsern Vätern das nicht, was der 18. Fructidor geworden ist.

Bürger Kommissair der Französischen Regierung! Empfangen Sie hiermit die Huldigung von den Republikanern der Roer. Seyen Sie das Organ unsrer Gesinnungen bey dem vollziehenden Direktorium, das Sie gesandt hat in unsere Gegenden, um hier die Glückseligkeit zu organisiren.

Schon schwebt der Genius des freyen Frankreichs über die Rhein-Ufer, und verzeichnet in seine Fasta [Jahrbücher, Festkalender] die neuen Verfechter, worauf fortan die Republik wird rechnen können. Die Feinde von aussen, wie die Verschwornen im Innern, werden hier furcht-

1 Die Lex salica, so die lateinische Bezeichnung, ist das älteste erhalten gebliebene germanische Stammesrecht, das zu Beginn des 6. Jahrhunderts auf Befehl König Chlodwigs verfasst wurde. Das Adjektiv „salica“ kommt von den sog. Salfranken, einem Teilstamm der Franken.

2 Das Jahr III des Revolutionskalenders beginnt im September 1794; gemeint ist die am 22. August 1795 (=Jahr III) vom Konvent verabschiedete Verfassung (s. 4.1.1).

bare Gegner haben, die ein unübersehbares Bataillon bilden werden, bereit sich hinzuwälzen, wo die Stimme des Vaterlandes es erfordern sollte.

Wir schwören Haß dem Königthume und der Anarchie, Anhänglichkeit und Treue der Republik, und der Konstitution von J. III.

Aus: Kraus, Thomas R.: Auf dem Weg in die Moderne. Aachen in französischer Zeit 1792/93, 1794-1814, Aachen 1994, S. 459

4.1.13 Die Französische Revolution und die gebildeten Kreise in Deutschland (1798)

Wie sehr die Französische Revolution und ihre Folgen auch noch neun Jahre nach ihrem Ausbruch die Gemüter der gebildeten Kreise bewegten, erfahren wir aus dem Reisebericht des reformierten Pfarrers Johann Friedrich Abegg (1765-1840), der am 25. April 1798 vom kurpfälzischen Städtchen Boxberg (Nordbaden), wo er eine Pfarrerstelle inne hatte (1819 wurde er ordentlicher Professor der praktischen Theologie an der Universität Heidelberg), zu einer bis in den August 1798 dauernden Reise zu seinem Bruder Georg Philipp Abegg nach Königsberg aufbrach. Dieser war dort als Reeder und Handelsmann zu einigem Reichtum gekommen und geachtetes Mitglied des dortigen Wirtschafts- und Bildungsbürgertums. Johann Friedrich Abegg besuchte auf dieser Reise viele damals (und auch heute noch) berühmte Geistesgrößen wie etwa den Pädagogen Christian Gotthilf Salzmann in Schnepfenthal, den Philosophen Fichte in Jena, Goethe, den Schauspieler Iffland, Herder, August Wilhelm Schlegel in Weimar, Jean Paul in Leipzig, in Berlin den Verleger Friedrich Nicolai und Henriette Herz sowie den Abbé Sieyès, damals Generalbevollmächtigter Frankreichs am preußischen Hof, Wieland in Osmanstädt, Kant in Königsberg u. a. Sehr häufig ist dabei die Französische Revolution Gesprächsstoff; die Ziele der militärischen Aktionen Napoleons in diesem Jahr sind Gegenstand von Mutmaßungen. Nachstehend einige Äußerungen aus Abeggs Reisebericht:

Aus einem Gespräch mit Christian Gotthilf Salzmann (1744-1811), evangelischer Pfarrer und Pädagoge, 1784 Gründer der Erziehungsanstalt in Schnepfenthal bei Gotha (Thüringen):

Zuerst unterredeten wir uns eine halbe Stunde in seinem [Salzmanns] Zimmer. Wir redeten von politischen Gegenständen, und ihm, gestand er, sey bange, daß die Franzosen die Absicht hätten, die ganze Welt zu republikanisieren. Für das französische System ist er durchaus nicht. Er hatte [in Schnepfenthal] einen Lehrer Meyer, welcher ihm wegen seiner Revolutionsgrundsätze vielen Kummer gemacht habe, und den er deswegen demittiert [entlassen] habe.

Aus: Abegg, Johann Friedrich: Reisetagebuch von 1798, hrsg. v. Abegg, Walter und Jolanda, Frankfurt am Main 1987, S. 40 (Eintrag zum 30.4.1798)

Aus einem Gespräch mit Johann Georg Scheffner (1736-1820), Jurist, preußischer Beamter (Kriegsrat) in Königsberg, Verfasser von Schriften zur Ästhetik, Übersetzer, langjähriger und enger Freund Kants:

Wenn ich auch nicht fest glaube, daß die französische Republik bestehen werde, so verdienen doch die Franzosen großen Dank; sie haben Ideen in Bewegung gebracht, verbreitet, die nicht mehr auszutilgen sein werden. Wie bei der Schöpfung alles chaotisch aufgerollt war, so auch durch die Revolution: Nur schwebt der Geist Gottes darüber und wird nach und nach scheiden und ordnen.

Aus: Abegg a. a. O., S. 198 (Eintrag zum 19. Juni 1798).

Aus einem Gespräch, das Abegg mit verschiedenen Persönlichkeiten in Gotha führte:
Endlich sprachen wir auch von den politischen Erscheinungen, und inwiefern zu erwarten stände, daß eine Republik in Frankreich Bestand haben würde. S.[1] versicherte mich, Weishaupt[2] glaube aus dem Grund nicht an den Bestand der Republik, weil die Geschichte kein Beispiel aufzeige, daß aus einer verdorbenen Monarchie ein Freystaat entstanden sey. Ich erwiderte, daß es mir scheine, man müßte auf solche Data nicht gerade ein Urtheil gründen, das erst ein neues Datum voraussetze; – eine neue Erfahrung, die man erst machen könne. „Zudem", setzte L.[3] hinzu, „kann man auch selbst auf die in unseren Geschichtsquellen erwähnten Data nicht als auf zuverlässige sich berufen." – „Es kommt", sagte ich, „darauf an, ob diejenigen, welche an der Spitze stehen, moralische gute Menschen sind, daß man ihnen ohne Gefahr gestatten kann, zur Erreichung des nächsten Endzieles die Menge an eine freyere Verfassung zu gewöhnen, auch Gewalt zu gebrauchen. Denn *ohne Gewalt* kann auch das Beste nicht ausgeführt werden, weil die Majorität der Menschen nichtswürdiger u. unwissender ist, als man vor dem Revolutionskriege geglaubt hatte." [...] L. sprach nun von einer Reform der religiösen Verfassungen unserer deutschen monarchischen Staaten, um durch dieses Mittel nach und nach die Menschen zu einer höheren Moralität zu führen, damit sodann, wenn die Mehrheit gut und verständig geworden wäre, es gleichgültig sein könnte, ob die Verfassung monarchisch oder republikanisch wäre.

Aus: Abegg a.a.O., S.33f. (Eintrag zum 28. April 1798)

Aus einem Gespräch Abeggs mit Immanuel Kant:
Ich mußte ihm [Kant], nach eigener wahrhafter Überzeugung, mein Meynung sagen über die Franzosen, ihre abscheulichen Betrügereyen und das Betragen derjenigen, die hierinnen billigere Grundsätze aufstellten und doch nachher oft treulos gegen die Republik empfunden wurden.

Ich sagte: „Leute wie ein Merlin von Thionville pp.[4] haben keinen moralischen Grundsatz, den sie zur Maxime erhöben. Sie sind eifrige Republikaner, sie sind für dieselbe [die Republik] mit Aufopferung ihrer Ruhe, selbst ihres Lebens. An Muth fehlt es ihnen nicht, auch weichen sie in Gefahren nicht zurück, aber daneben, gleichsam als Lohn dafür, rauben sie ungescheut, überlassen sich aller Gelüstung ihres depravirten [schlechten, verderbten] Herzens. Hingegen die moderirten, die hiergegen predigen, eifern, sind gewöhnlich Royalisten, die die-

1 Adolf Heinrich Friedrich Schlichtegroll (1765-1822), Professor am Gymnasium in Gotha, Bibliothekar, Numismatiker, Archäologe.

2 Johann Adam Weishaupt (1748-1830), Gründer des Illuminatenordens, 1773 Professor für Kirchenrecht an der Universität Ingolstadt. Nach dem Verbot des Ordens in Bayern verlor er seine Stellung in Ingolstadt; Herzog Ernst II. von Sachsen-Gotha-Altenburg, selbst Mitglied des Ordens, gewährte ihm Asyl in Gotha und verlieh ihm Titel und Pension eines Hofrats.

3 Karl Gotthold Lenz (1763-1809), klassischer Philologe, Professor am Gymnasium in Gotha.

4 Antoine Christoph Merlin (1762-1833), genannt nach seinem Geburtsort: Merlin de Thionville, bedeutende Persönlichkeit der Revolution, beantragte die Deportation der Priester, die den Eid auf die Verfassung verweigerten, und die Konfiskation des Besitzes all jener, die im Zuge der Revolution emigrierten. Er hat den Sturz Robespierres betrieben und übernahm nach Einführung der Verfassung des Jahres III (1795) verschiedene politische und militärische Posten. Er stimmte gegen das lebenslängliche Konsulat Napoleons und wurde deshalb seines Amtes enthoben; lebte zurückgezogen auf einem Landgut in der Picardie (Nordostfrankreich). – pp.: lat. perge perge: dt.: usw.

se Maske vornehmen, sich beliebt, jene abscheulicher zu machen. Sie sind falscher als erstere, denn daß man bei diesem Aushängeschild ebenso betrügerisch, ebenso raubsüchtig und lüderlich sein könne, haben wir an den diesseitigen Truppen vielfältig wahrgenommen." – „So dachte ich es mir auch", sagte er [Kant].

Im Gespräch mit Abegg sagte Johann Georg Scheffner zu Abegg, Theodor Johann von Hippel (1741-1796), Oberbürgermeister von Königsberg und satirischer Schriftsteller, „sey ein Despot gewesen, wiewohl er die Freiheit vertheidigt habe, sagte ich [Abegg], solche Erscheinungen hätten wir in Menge gehabt, daher sey ich von einem glühenden Demokraten ein sehr gemäßigter Republikaner durch die Demokraten selbst geworden. Wenn sie mich mit ihrem Feuereifer umgeben hätten, hätte ich zu mir sagen müssen, was würden diese Menschen thun, wenn sie diese Freiheit hätten, die sie vertheidigen und wollen?"

Aus: Abegg, a.a.O., S. 198 (Eintrag zum 19. Juni 1798)

Aus einem anderen Gespräch mit Scheffner:
Wir kamen auch wieder auf die franz. Revolution. Ich redete mit ihm von der deutschen Hoffnung des Gelingens, u. der großen Besorgnis, daß im Gegentheil Despotismus durch Rußland in Preußen und Deutschland so würde geboten werden, wie jetzo Republikanismus von den Franzosen.

Aus: Abegg, a.a.O., S. 235 (Eintrag zum 2. Juli 1798)

In einer Unterhaltung im Kreis mehrerer Königsberger Honoratioren im Hause Scheffners sagte Abegg:
Wenn eine Republik seyn soll, so muß sie durch Willkühr, durch Neurepublikaner gegründet werden. Was helfen noch so viele zerstreute Anhänger der Republik, wenn, wie es wahr ist, die meisten Städte aristokratisch sind u. beisammen viel mehr würken können.

Aus: Abegg, a.a.O., S. 227 (Eintrag zum 29. Juni 1798)

4.2 Der Staatsstreich Napoleons und das Ende der Revolution

4.2.1 Bonapartes Rückkehr aus Ägypten, Oktober 1799

Mit seinem Feldzug nach Ägypten versuchte Napoleon Bonaparte die Vormachtstellung Großbritanniens im Mittelmeer zu erschüttern und gleichzeitig auch dessen Handelsbeziehungen zu stören. Eine geostrategische Überlegung kam hinzu: Großbritannien war die einzige verbliebene Großmacht, die Frankreich noch Paroli bieten konnte und von den französischen Truppen noch nicht besiegt worden war. Einen direkten Angriff auf die britische Insel konnte Napoleon wegen der Überlegenheit der britischen Flotte nicht wagen und schien daher wenig erfolgversprechend. Eine Eroberung Ägyptens hätte Frankreich den direkten Zugriff auf eine Reihe wichtiger Handelsgüter verschafft (u.a. Reis, Getreide, Baumwolle; auch innerafrikanische Produkte wie Elfenbein, Kaffee usw.). Zum französischen Expeditionsheer zählten auch zahlreiche Wissenschaftler, Ingenieure und Künstler, die wie auch das 1798 in Kairo gegründete Institut d'Egypte zur Erforschung Ägyptens beitragen sollten.Auf dem Weg nach Ägypten lief Napoleons Flotte Malta an; der Malteserorden, der die Herr-

schaft über die Insel ausübte, zog sich kampflos zurück. Nach der Landung der französischen Flotte in Ägypten wurde Alexandria eingenommen und kurz darauf, am 21. Juli 1798, ein ägyptisches Herr in der Schlacht bei den Pyramiden vernichtend geschlagen. Wiederum nur wenige Tage später, am 1./2. August 1798, wurde die französische Flotte bei Abukir von der britischen Flotte unter Admiral Nelson entscheidend besiegt, sodass Napoleon von jedem Nachschub aus Frankreich abgeschnitten war. Nach mehreren Feldzügen, die Napoleon bis nach Palästina führten, zog er sich mit seinen Truppen nach Ägypten zurück, wo er am 25. Juli 1799 ein Osmanisches Heer bei Abukir besiegte. Ende August 1799 verließ Napoleon heimlich Ägypten, nachdem er von heftigen innenpolitischen Auseinandersetzungen in Paris Nachricht erhalten hatte. Die Nachricht von der Rückkehr Napoleons aus Ägypten wurde von der Bevölkerung begeistert aufgenommen. Im „Messager des relations extérieures" vom 24. Vendémiaire des Jahres VIII (26. Oktober 1799) war Folgendes zu lesen:

Alle Welt erwartet Bonaparte mit Ungeduld, weil er jedermann die Hoffnung wiedergibt. [...] Bonaparte hat bewiesen, dass man den Sieg mit Mäßigung und den Frieden mit Menschlichkeit paaren kann. Man glaubt, dass der Ruhm, der Frieden und das Glück in seinem Gefolge sein werden. Das ist nicht die Begleitung unserer vom Teufel Besessenen [die keinen Frieden wollen, G.S.]; diese aber könnten von ihm lernen, dass man mittels Gerechtigkeit und Edelmut alle Parteien zwingen kann, die Republik zu lieben.

Einen Tag zuvor, am 15. Oktober 1799, hatte schon der „Moniteur" über den enthusiastischen Empfang Napoleons bei seiner Landung in Südfrankreich berichtet. Der Bericht vermittelt einen Eindruck von der Napoleon-Begeisterung, die in großen Teilen der Bevölkerung herrschte und zeugt von den Hoffnungen, die man in die Person Napoleons setzte.

Der General Bonaparte ist am 17. dieses Monats [Vendémiaire] in Fréjus gelandet. [...] Er wurde von einer ungeheuren Volksmenge unter den Rufen „Es lebe die Republik" empfangen. Das Heer von Ägypten hat er in der zufriedenstellendsten Lage zurück gelassen. Es ist unmöglich, die Freude zu beschreiben, die man empfand, als man gestern diese Nachrichten in den Theatern ausrufen hörte. Allenthalben rief man: „Vive la république!", „Vive Bonaparte!" Begeisternde Beifallsrufe, die man immer wiederholte, wurden von allen Seiten laut. Jedermann war wie im Taumel! Der Sieg, der Bonaparte immer begleitet, war ihm diesmal vorangegangen, und er kommt, um der in den letzten Zügen liegenden Koalition[1] die letzten Schläge zu versetzen. Ach, Herr Pitt![2] Welch schreckliche Nachricht, die man der der gänzlichen Niederlage der Anglo-Russen in Holland beifügen muss! Der Verlust dreier anderer Schlachten wäre besser für sie [die Engländer] gewesen als die Ankunft Bonapartes!

Aus: Lautemann, Wolfgang (Hrsg.): Amerikanische und Französische Revolution (Geschichte in Quellen, Bd. 4, München 1981, S. 536

---

1 Anspielung auf die 2. Koalition gegen Frankreich. Ihr gehörten Großbritannien, Österreich, Russland, das Osmanische Reich, Portugal, Neapel und der Kirchenstaat an. Auch dieses Bündnis gegen Frankreich scheiterte wie schon die 1. Koalition.

2 William Pitt der Jüngere (1759-1806), britischer Premierminister und Führer der 2. Koalition gegen Frankreich.

4.2.2 Bonaparte verkündet das Ende der Direktorialregierung (1799)

Die nachstehende Proklamation Napoleons an seine Soldaten erschien am 10. November 1799 im „Moniteur". Der Staatsstreich vom 18. Brumaire bedeutete das Ende des Direktoriums und bezeichnete den Beginn einer weiteren Etappe im Aufstieg Napoleons zum Alleinherrscher in Frankreich. Die Bemerkung Napoleons, Frankreich sei in den letzten zwei Jahren schlecht regiert worden, mag ein ebenso vorgeschobenes Argument gewesen sein, wie es die Maßnahme war, die beiden Kammern der Nationalversammlung, den Rat der Alten und den Rat der Fünfhundert, unter dem Vorwand eines bevorstehenden neojakobinischen Putsches aus Paris in das vorgeblich sichere Schloss von St. Cloud zu entfernen. Napoleon hatte auf diese Weise freie Hand, um seinen Putsch zu realisieren.

Hauptquartier Paris, am 18. Brumaire des Jahres VIII [9. November 1799] der einen und unteilbaren französischen Republik.

Soldaten,

das außerordentliche Dekret des Rates der Alten stimmt mit den Artikeln 102 und 103 der Verfassungsakte überein. Er hat mir den Befehl über die Stadt und die Armee übertragen. Ich habe den Befehl angenommen, um die Maßnahmen zu unterstützen, die er ergreifen wird, und die ganz zugunsten des Volkes sind.

Seit zwei Jahren wird die Republik schlecht regiert. Ihr habt gehofft, meine Rückkehr werde so viel Übeln ein Ende bereiten; ihr habt sie mit einer Einmütigkeit gefeiert, die mir Verpflichtungen auferlegt, die ich erfüllen werde; ihr werdet eure Pflicht tun und eurem General Hilfe leisten mit der Energie, der Festigkeit und dem Zutrauen, wie ich es bei euch immer gesehen habe. Freiheit, Sieg und Frieden werden die französische Republik auf den Rang erheben, der ihr in Europa gebührt, und den sie nur durch Ungeschicklichkeit oder Verrat verlieren konnte.

Es lebe die Republik!

Bonaparte

Aus: Lautemann, Wolfgang (Hrsg.): Amerikanische und Französische Revolution (Geschichte in Quellen Bd. 4), München 1981, S. 537

4.2.3 Die Konsulatsverfassung vom 13. Dezember 1799 (22. Frimaire VIII)

Die Herrschaft des Direktoriums wurde durch den Staatsstreich am 18. Brumaire VIII (9. November 1799) beendet. Ein Tag später wurde Napoleon Bonaparte vom Nationalkonvent zum Ersten Konsul ernannt. Bereits am Tag nach dem Staatsstreich arbeitete eine aus zwölf Mitgliedern bestehende Kommission unter der Oberaufsicht von Napoleon und Sièyes eine neue Verfassung aus, die ganz auf Napoleon als ersten Konsul zugeschnitten war. In der Konsulatsverfassung waren kaum Grundrechte enthalten. Auch fehlte, wie dies in den Präambeln der Verfassungen von 1791, 1793 und 1795 der Fall gewesen war, die Erklärung der Menschen- und Bürgerrechte. Wahlberechtigt waren alle (männlichen) Bürger, die älter als 21 Jahre sind. Sie wählten auf kommunaler und departementaler Ebene ihre Abgeordneten. Die Wahl der Abgeordneten vollzog sich in einem recht komplizierten mehrstufigen Verfahren: Die wahlberechtigten Bürger „élisent à plusieurs niveaux une partie des leurs sur des ‚listes de confiance' communales et départementales. Il y a ainsi, pour 8 millions d'électeurs, 800 000 noms sur les listes de confiances communales, 80 000 sur les listes de confiance départementales et 8 000 sur la liste de confiance nationale." Sièyes hatte sich diese pyramidale Konstruktion nach dem Prinzip ausgedacht: „L'autorité vient d'en haut, la confiance d'en bas." („Die Autorität kommt von oben, das Vertrauen von unten")[1] *Zentrales Verfassungsorgan war der Senat („le sénat conservateur"), der aus 80 auf Lebenszeit gewählten Mitgliedern bestand. Er ergänzte sich durch Kooptation neuer Mitglieder, die der Erste Konsul ihm vorschlug. Der Senat wählte die Mitglieder der Gesetzgebenden Versammlung („Corps législatif"), des Tribunats, die Konsuln und die obersten Richter des Kassationsgerichts. Er konnte Gesetzesbeschlüsse und Entscheidungen der Regierung und vorgesehene Volkswahlen als verfassungswidrig und damit für nichtig erklären. Die Legislative war auf vier Kammern aufgeteilt: Staatsrat, Tribunat, Gesetzgebender Körper (Corps législatif) und Senat. Von dieser Aufteilung profitierte Napleon als Erster Konsul, der der Exekutive vorstand. Die Exekutive wurde durch drei auf zehn Jahre gewählte Konsuln gebildet, wobei der Erste Konsul eine besondere Entscheidungskompetenz hatte. So ernannte dieser allein die Minister (die ihm allein verantwortlich waren), die Botschafter, die höheren Richter, Beamten und Offiziere. Den Konsuln waren die Minister als ausführende Organe nachgeordnet. Das Tribunat diskutierte die Gesetzesvorschläge der Regierung, konnte Änderungswünsche formulieren, hatte aber keine Entscheidungsgewalt. Zur Unterstützung der Regierung bzw. der Konsuln wurde ein Staatsrat gebildet. Man hat diese Verfassung zu Recht „une dictature déguisée" genannt, „eine verschleierte (oder verkappte) Diktatur".*

Die Konsulatsverfassung

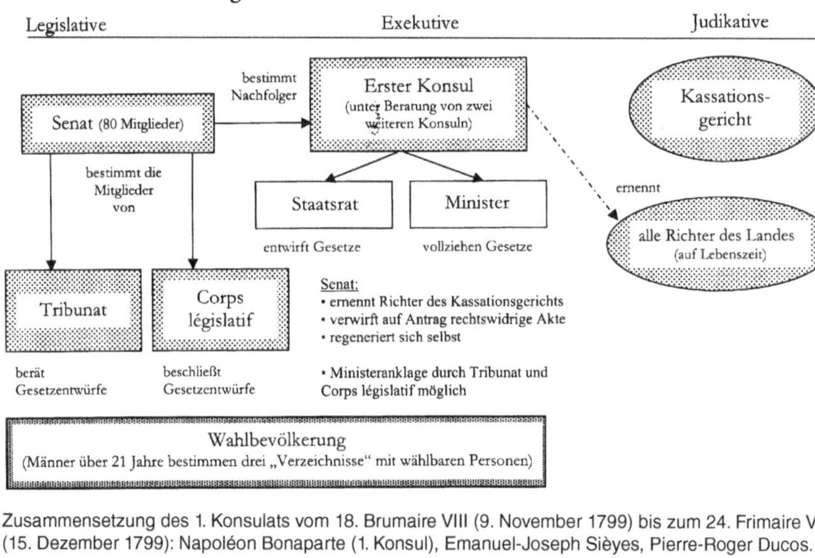

Zusammensetzung des 1. Konsulats vom 18. Brumaire VIII (9. November 1799) bis zum 24. Frimaire VIII (15. Dezember 1799): Napoléon Bonaparte (1. Konsul), Emanuel-Joseph Sièyes, Pierre-Roger Ducos.

Zusammensetzung des 2. Konsulats ab dem 24. Frimaire VIII (15. Dezember 1799): Napoléon Bonaparte (1. Konsul), Jean-Jacques Régis de Cambacérès, Charles-François Lebrun.

1 Zitate nach Tulard, Jean/ Fayard, Jean-François/ Fierro, Alfred: Histoire et dictionnaire de la Rèvolution française 1789-1799, Paris 1987, S. 723.

Emblem Napoleons als Erster Konsul

4.2.4 Proklamation Napoleons über die Beendigung der Revolution 24. Frimaire VIII (15. Dezember 1799)

Eine neue Verfassung wird euch vorgelegt. Sie beseitigt die Unklarheiten, die unter der provisorischen Regierung [seit dem Staatsstreich vom 18. Brumaire VIII (9. November 1799)] in den äußeren Beziehungen, in der inneren und militärischen Lage herrschten. Sie stellt an die Spitze der von ihr geschaffenen Institutionen die ersten Beamten, deren Hingabe sich als für ihre Tätigkeit notwendig erwiesen hat.
Die Verfassung gründet sich auf die wahren Prinzipien der Repräsentativregierung, auf die geheiligten Rechte des Eigentums, der Gleichheit und Freiheit.
Die von ihr eingesetzten Gewalten werden stark und zuverlässig sein, wie sie es sein müssen, wenn sie die Rechte der Bürger und die Interessen des Staates schützen sollen.
Bürger, die Revolution hält an den Grundsätzen, die an ihrem Beginn standen, fest. Sie ist beendet.
Bonaparte. Roger Duclos. Sièyes

Aus: Grab, Walter (Hrsg.): Die Französische Revolution. Eine Dokumentation, München 1973, S. 300f.

Bibliografie

1. Literaturberichte

Dippel, Horst: Austritt aus dem Ghetto? Deutsche Neuerscheinungen zur Französischen Revolution, in: Historische Zeitschrift 252 (1991), S. 339-394

Kraus, Andreas: Geschichte der Aufklärung – Aktuelles politisches Interesse oder historiographische Sachlichkeit? In: Zeitschrift für bayerische Landesgeschichte 57 (1994), S. 69-117

Reichardt, Rolf: Mehr geschichtliches Verstehen durch Bildillustrationen? In: Francia 13 (1985), S. 510-523 [zu neu erschienenen illustrierten Revolutionsgeschichten]

2. Anthologien und Quellensammlungen

Eberle, Friedrich/Stammen, Theo (Hrsg.): Die Französische Revolution in Deutschland. Zeitgenössische Texte deutscher Autoren. Augenzeugen, Pamphletisten, Publizisten, Dichter und Philosophen, Stuttgart 1989

Engels, Hans Werner (Hrsg.): Gedichte und Lieder deutscher Jakobiner, Stuttgart 1971

Fischer, Peter (Hrsg.): Reden der Französischen Revolution, München 1974

Grab, Walter (Hrsg.): Die Französische Revolution. Eine Dokumentation, München 1973

Günther, Horst (Hrsg.): Die Französische Revolution. Berichte und Deutungen deutscher Schriftsteller und Historiker, 4 Bde., Frankfurt/M. 1985

Landauer, Gustav (Hrsg.): Briefe aus der Französischen Revolution, 2 Bde., Frankfurt/M. 1919

Lautemann, Wolfgang (Hrsg.): Amerikanische und Französische Revolution (= Geschichte in Quellen, Bd. 4), München 1981

Markov, Walter: Revolution im Zeugenstand. Frankreich 1789-1799, Bd. 2: Gesprochenes und Geschriebenes, Leipzig 1982

Markov, Walter/Soboul, Albert (Hrsg.): Die Sansculotten von Paris. Dokumente zur Geschichte der Volksbewegung 1793-1794, Berlin 1957 (Dokumente in Originalsprache mit deutscher Übersetzung)

Paschold, Chris E./Gier, Albert (Hrsg.): Die Französische Revolution. Ein Lesebuch mit zeitgenössischen Berichten und Dokumenten, Stuttgart 1989

Pernoud, Georges/Flaissier, Sabine (Hrsg.): Die Französische Revolution in Augenzeugenberichten, 7. Aufl. München 1989

Petersen, Susanne: Die Große Revolution und die Kleinen Leute. Französischer Alltag 1789/95. Kommentare, Dokumente, Bilder, Köln 1988

Scheel, Heinrich (Hrsg.): Jakobinische Flugschriften aus dem deutschen Süden Ende des 18. Jahrhunderts, Berlin 1965

Stammen, Theo/Eberle, Friedrich (Hrsg.): Deutschland und die Französische Revolution 1789-1806, Darmstadt 1988

Tichy, Christiane/Tornow, Lutz (Hrsg.): Französische Revolution. Menschenrechte, Machtkampf, Ideologie, Frankfurt/M. 1989

Träger, Klaus (Hrsg.): Die Französische Revolution im Spiegel der deutschen Literatur, Leipzig 1975 (Lizensausgabe Frankfurt/M. 1979)

Tulard, Jean: Frankreich im Zeitalter der Revolutionen 1789-1851 (= Geschichte Frankreichs, Bd. 4, hrsg. v. Favier, Jean), Stuttgart 1989

3. Wörterbücher/Lexika

Furet, François/Ozouf, Mona (et collaborateurs): Dictionnaire critique de la Révolution française. Acteurs, Paris 1992 (dt. Kritisches Wörterbuch der Französischen Revolution, Bd. 1: Ereignisse und Akteure, Frankfurt/M. 1996)

Diess.: Dictionnaire critique de la Révolution française. Institutions et creations, Paris 1992 (dt. Kritisches Wörterbuch der Französischen Revolution, Bd. 2: Institutionen und Neuerungen, Ideen, Deutungen und Darstellungen, Frankfurt 1996)

Jeschonnek, Bernd: Revolution in Frankreich 1789-1799. Ein Lexikon, Berlin (Ost) 1989

Reinalter, Helmut (Hrsg.): Lexikon zu Demokratie und Liberalismus 1750-1848/49, Frankfurt/M. 1993

Reinalter, Helmut/Kuhn, Axel/Ruiz, Alain (Hrsg.): Lexikon zur Geschichte der demokratischen und liberalen Bewegungen in Mitteleuropa, Bd. 1 (1790-1800), Frankfurt/M. usw. 1992

Tulard, Jean/Fayard, Jean-François/Fierro, Alfred: Histoire et dictionnaire de la Revolution française 1789-1799, Paris 1987

4. Gesamtdarstellungen

Chartier, Roger: Die kulturellen Ursprünge der Französischen Revolution, Frankfurt/M. 1995

Dufraisse, Roger (Hrsg.): Revolution und Gegenrevolution 1789-1830. Zur geistigen Auseinandersetzung in Frankreich und Deutschland, München 1991

Furet, François / Richet, Denis: Die Französische Revolution, München 1981 (frz. Originalausgabe: La Révolution, Zwei Bände, Paris 1965 und 1966)

Griewank, Karl: Die Französische Revolution, 6. Aufl. Köln 1975

Kuhn, Axel: Die Französische Revolution, Stuttgart 1999 [mit einem darstellenden Teil und einem Quellenteil]

Markov, Walter: Revolution im Zeugenstand. Frankreich 1789-1799, Bd. 1: Aussagen und Analysen, Leipzig 1982

Reichardt, Rolf: Das Blut der Freiheit. Französische Revolution und demokratische Kultur, Frankfurt/M. 2002

Reichardt, Rolf (Hrsg.): Die Französische Revolution, Freiburg/Würzburg 1988

Rubenstein, Nina: Die französische Emigration nach 1789, Wien 2000

Schönpflug, Daniel/Voss, Jürgen (Hrsg.): Révolutionnaires et émigrés. Transfer und Migration zwischen Frankreich und Deutschland 1789-1806, Stuttgart 2002

Schulin, Ernst: Die Französische Revolution, 4. Aufl. München 2004

Soboul, Albert: Die Große Französische Revolution, 5. Aufl. Frankfurt/M. 1988

Thamer, Hans-Ulrich: Die Französische Revolution, 3. Auflage München 2009

Vovelle, Michel: Die Französische Revolution. Soziale Bewegung und Umbruch der Mentalitäten, Frankfurt/M. 1985

5. Lokale und regionale Forschungen zu den Auswirkungen der Zeit der Französischen Revolution

Berding, Helmut u.a. (Hrsg.): Deutschland und Frankreich im Zeitalter der Französischen Revolution, Frankfurt/M. 1989

Birtsch, Günter: Soziale Unruhen, ständische Gesellschaft und politische Repräsentation. **Trier** in der Zeit der Französischen Revolution 1781-1794, in: Mentalitäten und Lebensverhältnisse. Festschrift für Rudolf Vierhaus, hrsg. von Mitarbeitern und Schülern, Göttingen 1982, S. 143-159

Blaha, Walter: **Erfurt** unter dem Einfluss der Französischen Bürgerlichen Revolution (1789-1814), in: Geschichte der Stadt Erfurt, Weimar 1986

Blaha, Walter: Jakobinische Publizistik und Auswirkungen der Französischen Revolution 1789/94 auf **Erfurt**, in: Erfurt 742-1992, Weimar 1992, S. 513-524

Burg, Peter: Die Französische Revolution an **Mosel** und **Saar** in Wissenschaft und Unterricht, in: Francia 19/2 (1992), S. 195-209

Dann, Otto: **Jena**: Eine akademische Gesellschaft im Jahrzehnt der Französischen Revolution, in: Berding, Helmut (Hrsg.): Soziale Unruhen in Deutschland während der Französischen Revolution, Göttingen 1988,S. 166-188

Die Französische Revolution und **Baden** (= Badische Heimat 69 [1989], Sonderheft)

Diezinger, Sabine: Französische Emigranten und Flüchtlinge in der **Markgrafschaft Baden** (1789-1800), Frankfurt/M. usw. 1991

Dittler, Erwin: Jakobiner am **Oberrhein**, Kehl 1976

Dumont, Franz: Befreiung oder Fremdherrschaft? Zur französischen Besatzungspolitik am **Rhein** im Zeitalter der Revolution, in: Hüttenberger, Peter/Molitor, Hansgeorg (Hrsg.): Franzosen und Deutsche am Rhein 1789–1918–1945, Essen 1989, S. 91-112

Dumont, Franz: **Mainz** und die Französische Revolution, in: Jürgen Voss (Hrsg.): Deutschland und die Französische Revolution, München 1983, S. 132-148

Dumont, Franz: Okkupation und „Revolution". Der Bericht des französischen Regierungskommissars Simon über seine Tätigkeit in **Mainz** 1793, in: Mainzer Zeitschrift 83 (1988), S. 123-143

Engels, Hans-Werner: „Freye Deutsche! singt die Stunde…" Am 14. Juli 1790 feiert **Hamburgs** Elite ein Freiheitsfest. Ein Beitrag zur norddeutschen Aufklärung, in: Schütt, Rüdiger (Hrsg.): „Ein Mann von Feuer und Talenten". Leben und Werk von Carl Friedrich Cramer, Göttingen 2005, S. 245-270

Fehrenbach, Elisabeth: Soziale Unruhen im Fürstentum **Nassau-Zweibrücken** 1789-1792/93, in: Berding, Helmut (Hrsg.): Soziale Unruhen während der Französischen Revolution, Göttingen 1988, S. 28-44

Gerteis, Klaus: Vorrevolutionäres Konfliktpotential und Reaktionen auf die Französische Revolution in **west- und südwestdeutschen Städten**, in: Helmut Berding: Soziale Unruhen während der Französischen Revolution, Göttingen 1988, S. 67-76

Grab, Walter: Demokratische Strömungen in **Hamburg** und **Schleswig-Holstein** zur Zeit der ersten französischen Republik, Hamburg 1966

Grab, Walter: Leben und Werke **norddeutscher** Jakobiner, Stuttgart 1973

Grab, Walter: **Norddeutsche** Jakobiner. Demokratische Bestrebungen zur Zeit der Französischen Revolution, Frankfurt/M. 1967

Haase, Carl: Obrigkeit und öffentliche Meinung in **Kurhannover** 1789-1803, in: Niedersächsisches Jahrbuch für Landesgeschichte 39 (1967), S. 192-294

Haasis, Hellmut G.: Bibliographie zur deutschen **linksrheinischen** Revolutionsbewegung 1792/93, Kronberg/Ts. 1976

Hansen, Joseph (Hrsg.): Quellen zur Geschichte des **Rheinlandes** im Zeitalter der Französischen Revolution 1780-1801, 4 Bde., Bonn 1931, 1933, 1935, 1938 (Nachdruck 2003, 2004)

Hauptmeyer, Carl-Hans: Bäuerliche Revolten im zentralen **Niedersachsen** am Ausgang des 18. Jahrhunderts, in: Middell, Matthias (Hrsg.): Frankreich und Deutschland im 18. und 19. Jahrhundert, Leipzig 1992, S. 8-22

Hauptmeyer, Carl-Hans: Bauernunruhen in **Schaumburg-Lippe** 1784-1793. Landesherr und Bauern am Ende des 18. Jahrhunderts, in: Niedersächsisches Jahrbuch für Landesgeschichte 49 (1977), S. 149-207

Hauptmeyer, Carl-Hans: Bäuerlicher Widerstand in der Grafschaft **Schaumburg-Lippe**, im Fürstentum **Calenberg** und im Hochstift **Hildesheim**. Zur Frage der qualitativen Veränderung bäuerlicher Opposition am Ende des 18. Jahrhunderts, in: Schulze, Winfried (Hrsg.): Aufstände, Revolten, Prozesse. Beiträge zu bäuerlichen Widerstandsbewegungen im frühneuzeitlichen Europa, Stuttgart 1983

Hauptmeyer, Carl-Hans: Der **Hildesheimer** Bauernprozess 1789-1800, in: Staat und Gesellschaft in Mittelalter und Früher Neuzeit. Gedenkschrift für Joachim Leuschner, Göttingen 1983, S. 260-284

Heckmann, Gerhard/Landau, Michael (Hrsg.): Friede den Hütten und Krieg den Tyrannen und Despoten. Beiträge zur Geschichte der Französischen Revolution und ihrer Folgen im Raum **St. Wendel**, St. Wendel 1989

Henze, Ingrid: Zwei Grabsteine französischer Emigranten in **Helmstedt**: D'Aligre und de Limon-Hallwin, in: Braunschweiger Jahrbuch 73 (1992), S. 25-50

Herzig, Arno u.a. (Hrsg.): „Sie, und nicht wir". Die Französische Revolution und ihre Wirkung auf **Norddeutschland** und das Reich, 2 Bde., Hamburg 1989

Hinrichs, Ernst: Die Auswirkungen der Französischen Revolution auf die **norddeutsche** Stadtgesellschaft, in: Brigitte Pollmann u.a. (Hrsg.): Schicht-Protest-Revolution in Braunschweig 1292 bis 1947/48, Braunschweig 1995

Höpel, Thomas: Emigranten der Französischen Revolution in **Preußen** 1789-1806, Leipzig 2000

Höpel, Thomas: L'attitude des rois de **Prusse** à l'égard des émigrés français durant la Révolution, in: Annales historiques de la Révolution française No. 323 (2001), S. 21-34

Hummel, G.: **Erfurt** und die Ideen der französischen bürgerlichen Revolution von 1789, in: Aus der Vergangenheit der Stadt Erfurt, Reihe 2-2 (1956/59), S. 179-194

Kohnke, Meta: Zur Geschichte der Französischen Revolution von 1789 und zu ihren Auswirkungen auf Deutschland. Quellen im Zentralen Staatsarchiv, Dienststelle Merseburg, in: Archivmitteilungen 39 (1989), Heft 3, S. 67-72. [Die Bestände des Zentralen Staatsarchivs der DDR, Diensstelle Merseburg, sind nach der Wiedervereinigung in den Jahren 1993 und 1994 in das Geheime Staatsarchiv Preußischer Kulturbesitz in Berlin-Dahlem zurückgeführt worden.]

Krebs, M.: Politische und kirchliche Geschichte der **Ortenau,** in: Die Ortenau 40 (1960), S. 133-246, v. a. S. 227ff.

Kreutz, Wilhelm: Einen Freiheitsbaum, den pflanzen wir am Rhein. Die Auswirkungen der Französischen Revolution auf die **rheinisch-pfälzischen** Territorien 1789-1814, Mainz 1989

Kröger, Bernward: Territorialstaatliche Asylpolitik im **Fürstbistum Münster** angesichts der französischen Emigration (1792-1802), in: Westfälische Forschungen 48 (1998), S. 361 ff.

Küntzel, Astrid: Fremde in **Köln**. Integration und Ausgrenzung zwischen 1750 und 1814, Köln usw. 2008 (dort, S. 89ff., weitere regionale Literatur)

Kuhn, Axel: **Linksrheinische** deutsche Jakobiner. Aufrufe, Reden, Protokolle, Briefe und Schriften 1794-1801, Stuttgart 1978

Kuhn, Axel: **Württemberg** und die Französische Revolution, in: Vergangenheit als Verantwortung. Otto Borst zum Fünfundsechzigsten (= Die Alte Stadt 16 [1989]), S. 435-446

Lokers, Jan: Vom revolutionären Freyheits-Schwindel gepackt? Bevölkerung und Obrigkeit in **Bremen-Verden** zur Zeit der Französischen Revolution, in: Stader Jahrbuch 85 (1995), S. 181-195

Möller, Horst: Primat der Außenpolitik: **Preußen** und die Französische Revolution 1789-1795, in: Voss, Jürgen (Hrsg.): Deutschland und die Französische Revolution, München 1983, S. 65-81

Müller, Klaus: Bürgerproteste und Handwerkerunruhen im **Herzogtum Berg** in der Zeit der Französischen Revolution, in: Berding, Helmut (Hrsg.): Soziale Unruhen in Deutschland während der Französischen Revolution, Göttingen 1988, S. 92-102

Müller, Klaus: **Düsseldorf** und das **Herzogtum Berg** in der Zeit der Französischen Revolution, in: Franzosen und Deutsche am Rhein 1789-1918-1945, hrsg. v. Hüttenberger, Peter, und Molitor, Hansgeorg, Essen 1989, S. 311-326

Müller, Klaus: Studien zum Übergang vom Ancien Régime zur Revolution im Rheinland. Bürgerkämpfe und Patriotenbewegung in **Aachen** und **Köln**, in: Rheinische Vierteljahrsblätter 46 (1982), S. 102-160, v. a. S. 151ff.

Müller, Wilhelm: Eine **hessen-darmstädtische** Verordnung von 1793 wider die Revolutionspoesie, in: Hessische Chronik 3 (1914), S. 118-121

Oberschelp, Reinhard (Hrsg.): Die Französische Revolution und **Niedersachsen** 1789-1803, Katalog, Hildesheim 1989

Pillin, Hans-Martin: Auswirkungen der Französischen Revolution auf die beiden Gemeinden **Unter- und Oberachern** im Jahr 1789, in: Die Ortenau 76 (1996), S. 227-238

Press, Volker: **Südwestdeutschland** im Zeitalter der Französischen Revolution und Napoleons, in: Baden und Württemberg im Zeitalter Napoleons. Ausstellung des Landes Baden-Württemberg, Bd. 2: Aufsätze, Stuttgart 1987, S. 9-24

Prößler, Berthold: Eine „Gesellschaft deutscher Freyheitsfreunde am Rhein" im **Kanton Mayen** 1795, in: Landeskundliche Vierteljahrsblätter 37 (1991), S. 61-66

Rakow, Peter-Joachim/Steinbruch, Karl-Heinz: Die Französische Revolution und **Mecklenburg**, in: Archivmitteilungen 39 (1989), Heft 2, S. 75-79

Remling, Franz Xaver: Die **Rheinpfalz** in der Revolutionszeit von 1792 bis 1798, 2 Bde., Speyer 1865, 1867

Revolutionäre Spuren... Beiträge der Saarlouiser Geschichtswerkstatt zur Französischen Revolution im Raum **Saarlouis**, Saarbrücken 1991

Richter, Birgit: Wirkungen der Französischen Revolution auf das **Leipziger Territorium**, in: Archivmitteilungen 39 (1989), Heft 3, S. 72-75

Ries, Klaus: Neue Quellen zum Revolutionskrieg zwischen **Mosel** und **Oberrhein** (1792-1797), in: Jahrbuch für westdeutsche Landesgeschichte 18 (1992), S. 267-301

Saisons d'Alsace. Revue trimestrielle 33 (1989) No. 104: 1789: Nouveaux regards sur la Révolution en **Alsace**

Schaab, Meinrad (Hrsg.): **Oberrheinische** Aspekte des Zeitalters der Französischen Revolution (= Veröffentlichungen der Kommission für Geschichtliche Landeskunde in Baden-Württemberg, Reihe B, Bd. 117), Stuttgart 1990 (Veröffentlichungen zu **Elsass, Baden, deutschsprachige Schweiz, Ortenau)**

Scheel, Heinrich: Jakobinische Flugschriften aus dem **deutschen Süden** Ende des 18. Jahrhunderts, Berlin (Ost) 1965

Scheel, Heinrich: Süddeutsche Jakobiner. Klassenkämpfe und republikanische Bestrebungen im **deutschen Süden** Ende des 18. Jahrhunderts, Berlin (Ost) 1962

Schmidt, Burghart: **Hamburg** im Zeitalter der Französischen Revolution und Napoleons (1789-1813), 2 Teile, Hamburg 1998

Schmidt, Uwe: **Südwestdeutschland** im Zeichen der Französischen Revolution, Stuttgart 1994

Schmitt, Johannes (Hrsg.): Die Französische Revolution an der **Saar**. Quellen und Materialien, Saarbrücken 1989

Schneider, Erich: Der Revolutionskrieg in der **Rheinpfalz** 1792-1795 in der zeitgenössischen Publizistik und der Memoirenliteratur, in: Mitteilungen des Historischen Vereins der Pfalz 75 (1977), S. 133-189

Schneider, Erich: Revolutionserlebnis und Frankreichbild zur Zeit des ersten Koalitionskriegs (1792-1795), in: Francia 8 (1980), S. 277-392

Schneider, Erich (Hrsg.): „Triumph, die Freiheitsfahne weht…" Die **Pfalz** im Banne der Französischen Revolution (1789-1814), Landau 1988

Schneider, Gerhard (Hrsg.): Das Kurfürstentum **Hannover** und die Französische Revolution. Quellen aus den Jahren 1791-1795, Hildesheim 1989

Schneider, Gerhard (Hrsg.): **Kurhannover** im Zeichen der Französischen Revolution. Personen und Ereignisse, Bielefeld 1990

Schunk, E.: Forstunruhen im Herzogtum **Pfalz-Zweibrücken** zu Beginn der Französischen Revolution 1789-1792/93, in: Berding, Helmut (Hrsg.): Soziale Unruhen in Deutschland während der Französischen Revolution, Göttingen 1988,S. 45-66

Smets, Josef: Freiheit, Gleichheit, Brüderlichkeit? Untersuchungen zum Verhalten der **linksrheinischen** Bevölkerung gegenüber der französischen Herrschaft 1794-1801, in: Rheinische Vierteljahresblätter 59 (1995), S. 79-124

Speitkamp, Winfried: Soziale Unruhe und ständische Reaktion in **Hessen-Kassel** zur Zeit der Französischen Revolution, in: Berding, Helmut (Hrsg.): Soziale Unruhen in Deutschland während der Französischen Revolution, Göttingen 1988, S. 130-148

Springer, Max: Die Franzosenherrschaft in der **Pfalz** 1792-1814, Stuttgart 1926

Steger, Hanns-Albert (Hrsg.): Die Auswirkungen der Französischen Revolution außerhalb Frankreichs, Neustadt a.d. Aisch 1991

Van den Heuvel, Christine: Die **Stader** Gesellenunruhen des Jahres 1794, in: Brosius, Dieter, u.a. (Hrsg.): Geschichte in der Region, Hannover 1993, S. 307-314

Van den Heuvel, Christine und Gerd: Begrenzte Politisierung während der Französischen Revolution. Der „Gesmolder Bauerntumult" von 1794 im **Hochstift Osnabrück**, in: Berding, Helmut (Hrsg.): Soziale Unruhen in Deutschland während der Französischen Revolution, Göttingen 1988, S. 111-129

Van den Heuvel, Gerd: Rezeption und Auswirkungen der Französischen Revolution in **Niedersachsen** 1789-1799, in: Niedersächsisches Jahrbuch für Landesgeschichte 63 (1991), S. 283-301

Veddeler, Peter (Hrsg.): Französische Emigranten in **Westfalen**. Ausgewählte Quellen 1792-1802, Münster 1989

Von Aretin, Karl Otmar/Härter, Karl (Hrsg.): Revolution und konservatives Beharren. Das Alte Reich und die Französische Revolution, Mainz 1990 (mit Beiträgen zu **Straßburg, Braunschweig, Fürstentum Leiningen, Speyer, Koblenz, Landau, Denting, Nassau**)

Voss, Jürgen: **Baden** und die Französische Revolution, in: Ders. (Hrsg.): Deutschland und die Französische Revolution, München 1983, S. 98-117

Voss, Jürgen: Die **Kurpfalz** im Zeichen der Französischen Revolution, in: Rödel, Volker (Hrsg.): Die Französische Revolution und die **Oberrheinlande** (1789-1798), Sigmaringen 1991, S. 9-31

Voss, Jürgen: Soziale Unruhen im rechtsrheinischen Teil des Hochstifts **Speyer** im Zeitalter der Französischen Revolution, in: Berding, Helmut (Hrsg.): Soziale Unruhen in Deutschland während der Französischen Revolution, Göttingen 1988, S. 77-91

Wagner, Michael: Der **sächsische** Bauernaufstand und die Französische Revolution in der Perzeption der Zeitgenossen, in: Berding, Helmut (Hrsg.): Soziale Unruhen in Deutschland während der Französischen Revolution, Göttingen 1988, S. 149-165

Weis, Eberhard: Ländliche und städtische Unruhen in den **linksrheinischen** Gebieten von 1789 bis 1792, in: Demel, Walter/ Roeck, Bernd (Hrsg.): Deutschland und Frankreich um 1800. Aufklärung-Revolution-Reform, München 1990, S. 110-124

Weis, Eberhard: **Pfalz-Bayern, Zweibrücken** und die Französische Revolution, in: Voss, Jürgen (Hrsg.): Deutschland und die Französische Revolution, München 1983, S. 118-131

Winkler, Matthias: Die Emigranten der Französischen Revolution in Hochstift und Diözese **Bamberg** (= Bamberger Historische Studien, Bd. 5), Bamberg 2010

Wittmütz, Volkmar: Die Französische Revolution und ihr Widerhall im **Rheinland**, in: Monatshefte für evangelische Kirchengeschichte des Rheinlandes 39 (1990), S. 1-17

Wühr, Wilhelm: Die Emigration der Französischen Revolution **im bayerischen und fränkischen Kreis**, München 1938 (ND Aalen 1974)

Ziegler, H.: Die **Landauer** Gesellschaft der Konstitutionsfreunde. Jakobinerklub 1791-1795, in: Mitteilungen des Historischen Vereins der Pfalz 73 (1976), S. 221-294

6. Ausstellungsbände/Bildbände

Deutschland und die Französische Revolution 1789/1989. Eine Ausstellung des Goethe-Instituts zum Jubiläum des welthistorischen Ereignisses; Leitung: Martin, Uwe, Stuttgart 1989

Die Französische Revolution dargestellt in Kupferstichen, übersetzt und eingeleitet von Heinz Abosch, Gütersloh 1977, Reprint Dreieich o.J.

Die Französische Revolution und die **Saar**. Ausstellung des Landesarchivs Saarbrücken im Auftrag der Regierung des Saarlandes zum 200jährigen Gedenken an den Ausbruch der Französischen Revolution, St. Ingbert 1989

Freiheit, Gleichheit, Brüderlichkeit. Bilder von der Französischen Revolution (= Die bibliophilen Taschenbücher Nr. 313), Dortmund 1982

Freiheit, Gleichheit, Brüderlichkeit. 200 Jahre Französische Revolution in Deutschland. Ausstellung im Germanischen Nationalmuseum Nürnberg 24.6.-1.10.1989. Katalog bearb. v. Schoch, Rainer, Nürnberg 1989

Garrigues, Martine: La Révolution française (Musée de l'histoire de France), Paris 1982

Herding, Klaus/Reichardt, Rolf: Die Bildpublizistik der Französischen Revolution, Frankfurt/M. 1989

Hoffmann, Werner (Hrsg.): Europa 1789. Aufklärung, Verklärung, Verfall, Köln 1989 [Katalog der Ausstellung in der Hamburger Kunsthalle 15.9. bis 19.11.1989]

L'aventure du mètre, Paris 1989 [Katalog zur Ausstellung im Musée national des techniques, Paris vom 4. April bis 30. Oktober 1989]

Markov, Walter/Soboul, Albert: 1789. Die Große Revolution der Franzosen, Köln 1989

Mercier, Alain: L'argent des révolutionnaires. Exposition réalisée du 4 avril au 31 août 1989 (Conservatoire National des Arts et Métiers (Musée National des Techniques), Paris 1989

Poisson, Georges: Paris au temps de la Révolution 1789-1989, Florenz 1989

Politique et polémique. La caricature française et la Révolution, 1789-1799. Catalogue d'une exposition organisée conjointement par l'Université de Californie à Los Angeles et la Bibliothèque Nationale de France, Los Angeles 1988

Schmidt-Linsenhoff, Viktoria (Hrsg.): Sklavin oder Bürgerin? Französische Revolution und neue Weiblichkeit 1760-1830, Frankfurt/M. 1989 [Katalog zur gleichnamigen Ausstellung im Historischen Museum der Stadt Frankfurt vom 4.10. bis 4.12.1989]

Von Plessen, Marie-Louise (Hrsg.): Marianne und Germania 1789-1889. Frankreich und Deutschland. Zwei Welten – Eine Revue, Berlin o.J. [1996] [Katalog zur gleichnamigen Ausstellung im Martin-Gropius-Bau Berlin vom 15.9.1996 bis 5.1.1997]